本书系全国教育科学十二五规划 2013 年度教育部重点课题《美国大学教学学术的理论与实践研究》（课题批准号：DIA130325）的最终成果

美国大学
教学学术研究

何晓雷◎著

中国社会科学出版社

图书在版编目(CIP)数据

美国大学教学学术研究/何晓雷著. —北京：中国社会科学出版社，
2016.6

　　ISBN 978 - 7 - 5161 - 8436 - 3

　　Ⅰ.①美…　Ⅱ.①何…　Ⅲ.①高等教育—教学研究—美国
Ⅳ.①G649.712

　　中国版本图书馆 CIP 数据核字(2016)第 140270 号

出 版 人	赵剑英
责任编辑	孙　萍
责任校对	王佳玉
责任印制	王　超

出　　版	中国社会科学出版社
社　　址	北京鼓楼西大街甲 158 号
邮　　编	100720
网　　址	http://www.csspw.cn
发 行 部	010 - 84083685
门 市 部	010 - 84029450
经　　销	新华书店及其他书店

印刷装订	三河市君旺印务有限公司
版　　次	2016 年 6 月第 1 版
印　　次	2016 年 6 月第 1 次印刷

开　　本	710 × 1000　1/16
印　　张	21.5
插　　页	2
字　　数	364 千字
定　　价	78.00 元

序

1990 年，美国著名高等教育学者、时任卡内基教学促进会主席的博耶在其出版的工作报告《学术反思：教授工作的重点领域》中正式提出了教学学术，并成为当代大学教学学术研究的开端。尽管西方学者对大学教学学术已经开展了一系列研究与实践、我国学者也开始关注大学教学学术的研究，但是，大学教学学术的概念、机理、实践等诸多问题依然值得深入探讨。当前，我国高等教育进入内涵发展的重要时期，教学制度、教育质量等越来越引起人们的高度关注，深入开展大学教学学术研究刻不容缓。

何晓雷博士的专著《美国大学教学学术研究》系统梳理了教学学术概念、争议等问题，分析其社会背景以及来自高等教育的内部动因，描述和论证其实践形式及理论支撑，并提出自己的见解。该书还分析了美国大学教学学术生发过程、美国本科教育改革的经验，对我国大学教学改革与实践具有重要的借鉴价值。

大学教学学术研究牵涉范围广，研究难度大。譬如：由于认识论基础和视角的差异，不同学者对教学学术问题的观点不尽相同，由此导致了实践取向的差异；学校、教学目标、专业、课程、教师、学生等方面的不同必然形成多元性差异，需要深入、具体研究；等等。何晓雷博士的《美国大学教学学术研究》一书厘清了对大学教学学术研究的若干认识，是我国系统研究大学教学学术的力作。

是为序。

陈小洲 教授

浙江大学教育学院院长　博士生导师
2016 年 1 月 12 日

目 录

第一章 绪论 ……………………………………………………… (1)

　第一节 研究缘起与意义 ………………………………………… (1)

　　一 研究缘起 …………………………………………………… (1)

　　二 研究意义 …………………………………………………… (13)

　第二节 文献综述 ………………………………………………… (15)

　　一 国外研究综述 ……………………………………………… (16)

　　二 国内研究综述 ……………………………………………… (24)

　第三节 核心概念的理解与界定 ………………………………… (35)

　　一 学术 ………………………………………………………… (35)

　　二 教学 ………………………………………………………… (36)

　　三 教学学术 …………………………………………………… (36)

　第四节 研究问题、思路与方法 ………………………………… (37)

　　一 研究问题 …………………………………………………… (37)

　　二 研究思路 …………………………………………………… (38)

　　三 研究方法 …………………………………………………… (38)

　第五节 研究创新与不足 ………………………………………… (40)

　　一 研究创新 …………………………………………………… (40)

　　二 研究不足 …………………………………………………… (41)

第二章 美国大学教学学术研究的背景与原因 ………………… (42)

　第一节 背景 ……………………………………………………… (43)

　　一 社会背景 …………………………………………………… (43)

　　二 教育背景 …………………………………………………… (49)

　第二节 原因 ……………………………………………………… (61)

一 间接原因 ……………………………………………（62）

二 直接原因 ……………………………………………（65）

第三节 本章小结 …………………………………………（72）

第三章 美国大学教学学术研究的演进（1990—2015 年） …………（74）

第一节 萌芽（1990 年之前）……………………………（75）

一 早期的有关思想 ……………………………………（75）

二 早期的理论研究 ……………………………………（76）

三 早期的相关实践 ……………………………………（77）

第二节 兴起（1990—1994 年）…………………………（78）

一 教学学术的提出 ……………………………………（79）

二 教学学术的发展 ……………………………………（97）

第三节 形成（1995—1999 年）…………………………（99）

一 1995 年：教学学术研究迈入新时代 ………………（100）

二 《学术评价》（1997 年）：教学学术研究发展的里程碑…………（102）

三 教学学术的确立 ……………………………………（107）

第四节 发展（2000—2015 年）…………………………（117）

一 理论研究的深入 ……………………………………（118）

二 实践的全面展开 ……………………………………（130）

三 多样化资源的形成 …………………………………（131）

第五节 本章小结………………………………………（133）

第四章 美国大学教学学术的理论研究………………………（135）

第一节 概述 ……………………………………………（135）

一 概念与内涵 …………………………………………（135）

二 特征与构成 …………………………………………（144）

三 功能与价值 …………………………………………（150）

第二节 思想渊源与理论基础 ……………………………（153）

一 思想渊源 ……………………………………………（153）

二 理论基础 ……………………………………………（158）

第三节 模式 ……………………………………………（162）

一 经验模式 ……………………………………………（163）

二　理论模式 ……………………………………………（164）

第四节　实施 ………………………………………………（168）

一　基本步骤 ……………………………………………（168）

二　实施路径 ……………………………………………（170）

三　策略与保障 …………………………………………（172）

第五节　成果与评价 ………………………………………（176）

一　成果 …………………………………………………（176）

二　评价 …………………………………………………（180）

第六节　学术规范与伦理 …………………………………（186）

一　近年来兴起的一个新课题 …………………………（186）

二　已有的规定与做法 …………………………………（186）

三　今后的努力方向 ……………………………………（190）

第七节　本章小结 …………………………………………（190）

第五章　美国大学教学学术的实践研究 ………………………（191）

第一节　实践概况与特征 …………………………………（191）

一　实践概况 ……………………………………………（191）

二　实践特征 ……………………………………………（198）

第二节　个案研究 …………………………………………（200）

一　教师实践：以 L 教授为例 …………………………（201）

二　高校实践：以伊利诺伊州立大学为例 ……………（206）

三　机构实践：以卡内基教学促进会为例 ……………（214）

第三节　本章小结 …………………………………………（224）

第六章　美国大学教学学术研究的影响与争议 ………………（225）

第一节　影响 ………………………………………………（225）

一　对大学教学学术的影响 ……………………………（225）

二　对美国教育的影响 …………………………………（235）

三　对美国社会的影响 …………………………………（245）

四　对国际高等教育的影响 ……………………………（247）

第二节　争议 ………………………………………………（252）

一　理论问题 ……………………………………………（252）

　　二　实践障碍 …………………………………………………（261）
　第三节　本章小结 ………………………………………………（265）

第七章　美国大学教学学术研究的思考与启示 ………………（266）
　第一节　审视 ……………………………………………………（268）
　　一　美国大学教学学术研究的回顾 …………………………（268）
　　二　美国大学教学学术研究的审视 …………………………（270）
　　三　结论 ………………………………………………………（286）
　第二节　思考与启示 ……………………………………………（290）
　　一　思考 ………………………………………………………（290）
　　二　启示 ………………………………………………………（292）
　第三节　本书的不足与后续研究展望 …………………………（302）

参考文献 ……………………………………………………………（304）

后　记 ………………………………………………………………（330）

图 目 录

图 1.1　中国大陆学者撰写美国教育论文数量(1980—2009 年) ……… (12)

图 1.2　研究思路与架构 ……………………………………………… (39)

图 2.1　美国公私立学校高等教育的总注册人数(百万) …………… (52)

图 2.2　政府对大学的拨款和大学生的补助(1966—1994 年) ……… (53)

图 2.3　美国公立学校平均学费(1998 年币值) …………………… (55)

图 3.1　博耶的学术观 ………………………………………………… (87)

图 3.2　教学学术与教育研究、教育发展的关系 ………………… (127)

图 3.3　教学学术的起源与演进 …………………………………… (134)

图 4.1　广义的教学学术 …………………………………………… (140)

图 4.2　教学学术的九种成分 ……………………………………… (149)

图 4.3　克莱博等的教学学术模式 ………………………………… (167)

图 4.4　常规路径 …………………………………………………… (171)

图 4.5　发展路径 …………………………………………………… (172)

图 4.6　循环路径 …………………………………………………… (173)

图 4.7　莉莉研讨会论文评判标准 ………………………………… (185)

图 5.1　美国大学教学学术院校实践分布(部分) ………………… (193)

图 6.1　教学学术 …………………………………………………… (265)

图 7.1　理论与实践的脱节 ………………………………………… (275)

图 7.2　理论与实践的整合 ………………………………………… (275)

图 7.3　教学学术的理论与实践循环互动机制 …………………… (276)

图 7.4　2009—2012 年全国高考报名人数 ……………………… (297)

图 7.5　2009—2012 年全国出国留学人数 ……………………… (298)

表 目 录

表 1.1 大学生对高校教学的评价 ………………………………………… (7)

表 1.2 八所著名大学对本科教学的满意度 …………………………… (7)

表 1.3 教学与科研之间的区别 ………………………………………… (10)

表 2.1 美国高等教育发展概况(1945—2005 年) …………………… (50)

表 2.2 外国留学生统计表(1954—1989 年) ………………………… (51)

表 2.3 美国不同种族大学生录取比例(1995 年秋) ………………… (51)

表 2.4 美国高校女生在校人数(1976—1993 年) …………………… (52)

表 2.5 1960—1990 年不同渠道提供给大学的研发经费的百分比 …… (54)

表 2.6 美国公私立大学在校人数(1950—1980 年) ………………… (55)

表 2.7 美国本科学位获得人数变化情况(1975—1976 年/
       1994—1995 年) ……………………………………………… (56)

表 2.8 在我系,一个人若没有著作很难取得终身职位 ……………… (66)

表 3.1 美国大学教师对教学与科研的看法(1989 年) ……………… (85)

表 4.1 个人的教学学术概念 …………………………………………… (136)

表 4.2 院校、机构的教学学术概念 …………………………………… (137)

表 4.3 教学学术的多种成分 …………………………………………… (149)

表 4.4 教学学术的四个维度 …………………………………………… (163)

表 4.5 教学学术的参与方法 …………………………………………… (164)

表 4.6 教学学术的指标 ………………………………………………… (167)

表 4.7 研究与教学学术之成果比较 …………………………………… (177)

表 4.8 教学学术与评价的比较 ………………………………………… (181)

表 4.9 教学学术评价 …………………………………………………… (183)

表 5.1 学科教学学术刊物(部分) …………………………………… (194)

表 5.2 卡内基高校教学学术领导群项目 ……………………………… (217)

表5.3 参与卡内基教学学术的学术团体与专业学会 ……………… (218)

表6.1 美国本科学位获得人数变化情况(1994—1995 年/2005—
2006 年) …………………………………………………… (238)

表6.2 2005 年卡内基高等教育机构分类标准 ………………………… (246)

表6.3 伦敦教学学术国际研讨会(Lodon SoTL) ………………………… (249)

表7.1 二元论与大学术观的比较 ……………………………………… (284)

第一章

绪　　论

第一节　研究缘起与意义

一　研究缘起

（一）本土问题

1. 高等教育质量问题

世界银行高等教育专家贾米尔·萨尔米（Jamil Salmi）教授指出："知识日益成为推动经济增长和全球竞争的重要驱动力，大学在其中扮演着关键角色。"①追求与提升高等教育质量已经成为当今世界各国高等教育的迫切要求和发展趋势，中国也不例外。胡锦涛同志在 2011 年 4 月 25 日的清华大学百年校庆讲话中指出："我国高等教育还不完全适应经济社会发展和人民群众接受良好教育的要求，同国际先进水平相比还有明显差距。不断提高质量是高等教育的生命线，必须始终贯穿高等学校人才培养、科学研究、社会服务、文化传承创新的各项工作之中，必须按照适应实现经济社会又好又快发展、促进人的全面发展、推动社会和谐进步的要求，坚持走内涵式发展道路，借鉴国际先进理念和经验，全面提高高等教育质量，不断为社会主义现代化建设提供强有力的人才保证和智力支撑。"②

近年来，中国高等教育在政府与社会各界人士的关怀下取得了突飞猛

---

① 转引自江洋《我们如何创建世界一流大学》，《中国教育报》2009 年 10 月 27 日第 3 版。

② 胡锦涛：《在庆祝清华大学建校 100 周年大会上的讲话》，http://www.gov.cn/ldhd/2011 - 04/24/content_ 1851436. htm，2011 - 04 - 24/2011 - 06 - 24。

进的发展，我国高等教育发展已经迈入大众化阶段。截至 2010 年底，我国各类高等教育总规模已经达到 3105 万人，高等教育毛入学率达到 26.5%，高等教育规模超过美国，居世界第一。① 我国高等教育在发展取得巨大成绩的同时，还存在诸多的问题。其中，高等教育质量问题凸显，近年来成为国民关注的焦点问题之一。温家宝同志在 2012 年的政府工作报告中特别强调，要提高高等教育质量。②中共中央政治局委员、国务委员刘延东在 2012 年 3 月 23 日召开的《全面提高高等教育质量工作会议》中提出"要深入贯彻胡锦涛总书记在清华大学百年校庆上的重要讲话精神，树立科学的高等教育发展观，坚定不移地走以质量提升为核心的内涵式发展道路，推动我国高等教育事业迈上新台阶，实现从高等教育大国向高等教育强国的转变"；并指出："提高高等教育质量是立足我国现代化建设阶段性特征和国际发展潮流提出的深刻命题，是当前我国高等教育改革发展最核心最紧迫的任务。"③我国高等教育发展过程中也一直重视质量问题，但由于工作惯性，过于注重和强调硬件建设，相对忽视内涵发展。④导致我国高等教育质量近年来下滑的原因很多且较为复杂，其中一个重要原因是忽略课堂教学，特别是本科生教育教学。⑤

2. 建设世界一流大学问题

建设世界一流大学和高水平大学，对于我国整个高等教育的发展发挥着支撑和带动作用。⑥1998 年，江泽民同志在庆祝北京大学建校一百周年大会时高瞻远瞩地提出："为了实现现代化，我国要有若干所具有世界先进水平的一流大学。这样的大学，应该是培养和造就高素质的创造性人才的摇篮，应该是认识未知世界、探求客观真理、为人类解决面临的重大课

---

① 教育部：《2010 年全国教育事业发展统计公报》，《中国教育报》2011 年 7 月 6 日第 2 版。

② 温家宝：《2012 年政府工作报告》，http://www.china.com.cn/policy/txt/2012-03/05/content_24808051_8.htm，2012-03-05。

③ 刘延东：《在全面提高高等教育质量工作会议上的讲话》，http://www.moe.gov.cn/publicfiles/business/htmlfiles/moe/moe_838/201203/132981.html，2012-03-23。

④ 袁贵仁：《在全面提高高等教育质量工作会议上的讲话》，http://www.jyb.cn/gd-jyxw/201205/t20120522_493979.html，2012-03-22/2012-05-02。

⑤ 张应强、刘在洲：《高等教育大众化背景下的教学质量保障问题》，《高等教育研究》2003 年第 6 期。

⑥ 周济：《谋划改革的新突破 实现发展的新跨越——关于加快建设世界一流大学和高水平大学的几点思考》，载教育部中外大学校长论坛领导小组编《中外大学校长论坛文集》（第二辑），中国人民大学出版社 2004 年版，第 17 页。

题提供科学依据的前沿，应该是知识创新、推动科学技术成果向现实生产力转化的重要力量，应该是民族优秀文化与世界先进文明成果交流借鉴的桥梁。"①

江泽民同志北大百年校庆讲话之后，教育部相继实施了面向 21 世纪重点建设 100 所高等学校、一批重点学科的"211 工程"和以建成一批世界一流大学和高水平大学为目标的"985 工程"，这是适应世界科技革命和知识经济崛起的新形势，适应中国经济结构战略性调整和社会加速转型要求，促进高等教育整体水平提高的重大举措。我国积极建设世界一流大学和高水平大学的出发点和目的是好的，但在认识和建设方法上却存在一定的问题与误区，诸如：重硬件建设，轻软件建设；重科研，轻教学；重视研究生教育，忽略本科教育；重视理工科，忽视人文教育；科研求数量，忽略质量；一味地贪大求全，忽略特色质量；地方普通院校盲目同 985、211 大学攀比而丧失自身优势和特色；专科教育、高等职业教育和成人教育盲目地向本科教育看齐。②概而言之，中国目前建设世界一流大学和高水平大学，多少有些忽视高等教育发展规律，过于急功近利。③

3. 高校普遍存在"重科研、轻教学"问题

在急功近利思想及其做法的影响下，我国高校当前普遍存在"重科研、轻教学"的现象。为扭转这一现象、强调教学作为大学的核心任务之一，教育部近年来陆续出台了《普通高等学校本科教学工作水平评估方案》（2002）、《2003—2007 教育振兴行动计划》（2003）、"高等教育精品课程""国家级教学团队""高等学校教学名师奖""高等学校本科教学质量与教学改革工程"（2007）、"关于实施高等学校本科教学质量与教学改革工程的意见"（2007）、"关于进一步深化本科教学改革 全面提高教学质量的若干意见"（2007）、"教育部关于普通高等学校本科教育评估工作的意见"（2011）、"教育部关于全面提高高等教育质量的若干意见"（2012）

① 江泽民：《在庆祝北京大学建校一百周年大会上的讲话》，http://news. xinhuanet. com/ziliao/2000 - 12/31/content_ 478452. htm，1998 - 05 - 04。

② 吕诺、邬焕庆：《2015 年，中国将建成世界一流大学？》，http://www. people. com. cn/GB/jiaoyu/1055/2691987. html，2004 - 08 - 06。

③ 许智宏：《中国目前没有世界一流大学，建设急功近利》，http://edu. ifeng. com/news/detail_ 2010_ 04/15/526043_ 0. shtml，2010 - 04 - 15。

等一系列政策文件，予以强调和重视高校教学工作。尤其是在 2012 年颁布的"教育部关于全面提高高等教育质量的若干意见"（以下简称《意见》）中特别强调"要巩固本科教学基础地位，要把本科教学作为高校最基础、最根本的工作，领导精力、师资力量、资源配置、经费安排和工作评价都要体现以教学为中心"；《意见》提出"高校要制订和出台具体办法和措施，把教授为本科生上课作为基本制度，将承担本科教学任务作为教授聘用的基本条件，让最优秀教师为本科一年级学生上课"①。

教育部虽三令五申地强调重视教学，但在现实中却屡屡出现高校、大学教师"重科研轻教学"的现象，以至于从事教学的奖励与回报远远低于科研的情况。例如，上海交通大学的晏才宏老师虽教学优秀但在 57 岁去世时还是讲师职称，浙江大学朱淼华老师的授课虽被评为全校精品课却因为没有发表论文而"下岗"……这些老师的课堂教学被大学生认为是"充满了激情，从头到尾都扣人心弦，简直像一部精彩的电影。书本上那些枯燥的字句，到了他们的嘴里就像活了一样，那些原本晦涩难懂的公式、定理，经过他们的讲解，就变得非常简单明白"②。这样深受大学生喜爱的教师为什么评不上副教授、沦落"下岗"，主要原因是他们没有发表"像样"的论文。据悉，晏才宏老师去世后，上海交通大学的大学生们自发地写了上千篇悼文，并自愿捐款为晏老师出书。一千篇晏老师的悼文，不仅让许多已经不知教师应该干什么的人无地自容，更是拷问着当前中国高校教师的评价体制问题。③根据很多高校现行考核体制，大学教师评职称主要看科研论文的数量，而晏才宏等几乎没有发表过一篇"像样"的学术文章。与此形成鲜明对比的是：年仅 25 岁的广西大学教师张鸿巍博士因科研成果丰硕而破格晋升为大学教授，22 岁的中南大学在校学生刘路因攻克国际数学难题被该校破格聘任正教授级研究员而成为国内最年轻的教授……

国内高校目前重科研、轻教学的评价制度与政策导向，导致大学教师

---

① 教育部：《教育部关于全面提高高等教育质量的若干意见》，http：//www. moe. edu. cn/publicfiles/business/htmlfiles/moe/s6342/201204/134370. html，2012 - 03 - 16。

② 晏才宏：《让学生满意的老师才是好老师》，http：//learning. sohu. com/s2005/yancaihong. shtml。

③ 《一千篇悼文的证明：晏才宏备受哀荣拷问教师评价体系》，http：//learning. sohu. com/s2005/yancaihong. shtml。

作为研究者的责任不断强化。①根据刘献君教授等对国内不同类型高校的抽样调查发现：目前国内高校呈现出过于重视科研的倾向，48.9%的大学教师认为本校存在重科研轻教学的情况，大学教师的工作重点呈现出从教学向科研倾斜的走势；55.9%的大学教师认为工作的重点倾向于科研，24.7%的大学教师认为工作重点倾向于教学，19.4%的大学教师认为工作重点没有变化；在影响教学与科研关系的诸因素中，43.8%的大学教师认为学校和院系的评价政策是影响教学与科研关系的最大因素。②在高校特别强调科研的情况下，很多教授、名师忙于科研，无心为本科生上课，为本科生上课的事情主要落在青年教师的身上，以至于"请教授上讲台为本科生授课"的呼声越来越高。③姚利民教授对高校教学现状的调查结果显示：公众更感兴趣的是教学质量，而不是科研质量，因此，应该高度重视和加强教学，教好学生；教师应该肩负起教学这一重要学术职责，以教学和培养人才为中心，做好本职工作。④

4. 学术内涵理解狭隘，大学教师评价机制单一

国内高等教育界近年来对于学术内涵的认识与理解过于狭隘，突出表现为：将学术等同于研究，把科研成果的发表与出版作为学术的唯一表现形式，导致大学教师的评价与奖励机制过于单一，科研及其成果的发表出版成为大学教师的聘用、评价和晋升奖励的主要依据。"衡量教师水平的指标是看科研能力、承担的课题、发表论文的级别，争取到多少科研经费，在SCI上发表多少篇论文，而不是看上课、教学水平如何。评职称时，论文、科研项目是硬指标，教学是软指标。教学再差，论文够数就行；教学再好，论文不够，职称、待遇都成问题。"⑤

学术内涵理解狭隘、学术成果被简单量化、大学教师评价与奖励机制单一，不仅导致学术质量下降、学术不端行为频现、教学质量下滑，更重要的是忽略了学术的多元化、高等教育的丰富性和高校需要大学教师多种

①　马廷奇：《论大学教师的教学责任》，《高等教育研究》2008年第5期。

②　刘献君、张俊超、吴洪富：《大学教师对于教学与科研关系的认识和处理调查研究》，《高等工程教育研究》2010年第2期。

③　杨燕英、刘燕、周湘林：《高校教学与科研互动：问题、归因及对策》，《教育研究》2011年第8期。

④　姚利民：《高校教学现状调查分析》，《高教探索》2007年第5期。

⑤　张文凌、黄涛：《教授一大拨名师有几许？高校重科研轻教学》，http://edu.cnwest.com/content/2010-02/24/content_2823584.htm。

多样的才能，受伤害的不仅仅是学生、教师、高校，最终受损的将是国家。中国高等教育在取得大众化发展的同时，其使命也日益多样化和丰富化，但与此相反的却是，高校对于学术内涵的理解与教师评价机制却在窄化。教学在很多高校得不到鼓励，教师花了很多时间对学生进行指导和咨询，却面临着越来越暗淡的提级和取得高级职称的前景。要使高等教育保持活力，就需要对大学教师的工作有一个更富创造性的看法，必须摆脱已经令人生厌的所谓教学与科研关系二元对立的论争模式，应以更富创造性的方式确定何谓一个学者。很明显，研究对于高校至关重要；但同时，高校也需要对教学与服务有一个奖励性的承诺。现在该是全面认识大学教师的智力工作和高等教育应当表现出巨大的多样性的时候了；同时，也该是寻求多样性评价方式、建立科学的大学教师评价与奖励制度以适应大学教师全面履行学术职能的时候了。①

5. 大学教学问题与危机

随着我国高等教育大众化、教师教育综合大学化、大学教师博士化、"重科研轻教学"等，高校频现教与学问题，出现了"教书不育人"的大学教学危机，以及由此导致的师生关系淡漠、大学生学习质量与德育水平不断下降问题。

史静寰教授 2010 年的"中国大学生学习型投入调查"结果显示：211 院校师生互动最差；其中，在师生社会性互动上，"211"和"985"院校的得分远远低于一般本科院校；而学习性互动上，一般本科院校与"985"院校得分相差无几，但都显著高于"211"院校，"211"院校成为学习性、社会性互动都最差的群体。②姚利民教授等对大学教师教学现状的研究调查发现：大学教师教学存在不少问题，大学生对教师教学的评价不高，大学教师的教学与大学生对教学的期望存在较大的差距（见表 1.1）。③龚放教授对国内 8 所著名大学的本科教学满意度调查显示：本科生在高校教学满意度上明显存在差异；应该聚焦本科教育质量，重视学生满意度（见

---

① Boyer, E. L.. Scholarship Reconsidered: Priorities of the Professorate ［M］. San Francisco: Jossey-Bass, 1990: XII – XIII.

② 陈竹、周凯：《清华大学一项研究显示：211 院校师生互动最差》，《中国青年报》2012 年 5 月 30 日第 5 版。

③ 姚利民、成黎明：《期望与现实——大学教师教学现状调查分析》，《中国大学教学》2007 年第 3 期。

表 1.2）。①

表 1.1 　　　　　　　　　　大学生对高校教学的评价

调查项目	学生评价（%）						
	赞同	有点赞同	不能确定	有点不赞同	不赞同	平均分	等级
学校课程适合	30.0	43.8	8.4	15.2	2.7	3.84	6
选修课程量多质化	36.6	39.9	9.5	10.9	3.1	3.94	3
教师教学内容适合	18.7	33.1	31.2	13.6	3.5	3.94	16
教学内容满足需要	23.7	39.7	20.4	12.5	3.7	3.67	13
教师因材施教	16.0	31.5	21.2	21.2	10.1	3.22	18
教学理论联系实际	22.2	38.1	21.8	13.6	4.3	3.50	15
教学充满吸引力	17.9	35.2	26.7	17.5	2.7	3.25	17
教学注重师生交流	19.3	37.7	24.3	14.6	4.1	3.54	14
教学给予学习自由	46.3	32.3	10.9	6.6	3.9	4.11	2
教学提供思考机会	26.5	39.3	23.5	7.6	3.1	3.79	9
教学教给了方法	30.7	44.9	15.6	6.2	2.5	3.85	5
教学引起了兴趣	25.5	38.3	24.3	9.3	2.5	3.75	10
学校课程价值很大	28.4	38.5	22.6	7.2	3.1	3.81	7
教师教学价值很大	26.1	38.1	23.5	9.5	2.7	3.75	10
满意学校教学	29.2	44.4	19.3	4.3	2.9	3.92	4
满意教师教学	28.6	44.9	16.7	8.6	1.2	3.81	7
满意教师	25.1	42.0	18.9	10.7	3.3	3.75	10
教师教学认真负责	57.6	32.5	5.6	3.3	1.0	4.43	1

资料来源：姚利民：《高校教学现状调查分析》，《高教探索》2007 年第 5 期。

表 1.2 　　　　　　　八所著名大学对本科教学的满意度

大学名称	满意	一般	不满意	总计
B 大学	78%	19%	3%	286 人
A 大学	61%	34%	5%	368 人
E 大学	55%	37%	8%	362 人
C 大学	53%	37%	10%	346 人

① 龚放：《聚焦本科教育质量：重视"学生满意度"调查》，《江苏高教》2012 年第 1 期。

续表

大学名称	满意	一般	不满意	总计
G 大学	51%	39%	10%	342 人
D 大学	38%	45%	17%	350 人
H 大学	34%	44%	22%	385 人
F 大学	27%	50%	23%	334 人

资料来源：龚放：《聚焦本科教育质量：重视"学生满意度"调查》，《江苏高教》2012 年第1 期。

　　高校与大学教师对于教学存在误解与问题，主要表现为：一是认为教师和教学是简单的技艺性工作，不需要研究与学习；二是高校聘用教师主要依据其科研情况，认为"科研好 = 教学好"；三是高校和教师不重视大学课程与教学研究，而是将精力主要用于专业研究；四是高校举办的教师培训、教学培训等主要被认为是新教师或存在教学问题的教师的事情，而与其他教师无关；五是大学教师很少知晓教学理论和学生的学习过程，很多教师是凭借自己当学生时的学习经验来指导现在的大学生；六是大学教师的教学理念与方法滞后，主要以讲解课本、宣读 PPT、传递知识为主，不能培养大学生批判性思考和创新思维；七是部分大学教师"教学责任感不强、教学投入不够、教学能力较低、教学方法不当"，[1] "没能很好地考虑学生的需要和实际水平、过分地制度化、主体性教学缺失、教学关系僵化、缺乏人性成分"[2] 等。对于目前高校中存在的教学误解及其问题，徐辉教授曾明确指出：大学教学是一项高度复杂的工作，仅凭良好的意愿和勤奋的工作不一定能够成为一名优秀的大学教师；在高等教育大扩张时期，随着大量的新人进入高等院校队伍从事教学工作，提高大学教师的教学水平与教改意识的任务已经迫在眉睫。[3]

　　大学生学习存在的问题主要有：一是大学生学习动机主要受市场需求、家庭的影响，缺乏自主和主动反思；二是大学生缺乏先进的学习方

---

①　姚利民：《高校教学现状调查分析》，《高教探索》2007 年第 5 期。

②　姚利民、成黎明：《期望与现实——大学教师教学现状调查分析》，《中国大学教学》2007 年第 3 期。

③　徐辉：《译序》，载徐辉主编《国外大学教学与教改译丛》，浙江大学出版社 2006 年版，第Ⅲ页。

法，主要依赖中学学习时的经验和方法，不能适应大学学习要求；三是大学生普遍缺乏对教学管理、课程资源等的参与；四是课堂教学缺少互动，大学生的主动参与程度不高；五是应试倾向的大学生学习策略考虑较多，应付考试的临时性、突击性学习居多；六是大学生对学习的自我认识喜忧参半。①简而言之，高校中不少大学生没有明确的学习目标，对大学生活茫然无措，再加我国高等教育体制不完善等主、客观因素，导致大学生整体学习状况不容乐观。②在校大学生的不良学习状况，在一定程度上影响了大学生的就业，以至于大学生就业问题近年来成为国民关注焦点和一项重要的政府工作③。大学生就业难，其中一个重要原因是与高校教学质量、教学规模、教学专业结构及教学活动主体等有关，高校教学质量影响毕业生就业，提高高等教育教学质量、促进毕业生就业是当前高校教学不可推卸的责任。④

6. 教学与科研的矛盾问题

高校中教学与科研的关系问题一直是个很有争议的话题，虽然高德胜教授早在1997年就总结出二者存在正相关（积极关系）、零相关（无关系）和负相关（消极关系）三种关系，⑤但其相关讨论至今还在继续，以至于两者的关系问题一直到现在也没有定论。随着我国高等教育的发展，教学与科研之间的矛盾问题在今后一定时期内凸显并呈现尖锐化。刘献君教授等对于国内不同类型高校"大学教师对于教学与科研关系的认识和处理调查研究"结果表明：教师持有建构主义的教学观和客观主义的科研观；教学与科研在多个维度上存在性质上的差异；教学与科研之间虽然呈正相关关系，但教学对科研的促进作用小于科研对教学的促进作用；影响教学与科研关系的主要因素是学校与院系的政策与制度，目前这种政策制度迫使教师不得不改变自身的信念，认可教学与科研的分离（见表

---

① 葛岳静、张健：《大学生学习状况的分析与思考》，《中国大学教学》2002年第5期。

② 王春清：《大学生学习现状分析及对策研究》，《吉林农业科技学院学报》2010年第3期。

③ 温家宝：《政府始终把大学生就业摆在重要位置》，http://www.gov.cn/zlft2010/content_1543368.htm，2010－02－27。

④ 周劲松：《影响高校毕业生就业的教学因素研究》，博士学位论文，湖南师范大学，2007年，第189页。

⑤ 高德胜：《国外高校教学和科研关系研究述评》，《上海高教研究》1997年第11期。

1. 3）。①

表 1. 3   **教学与科研之间的区别**

观点 ＼ 同意与否	非常同意	比较同意	比较不同意	非常不同意
1. 科研是自己发现知识、教学是帮助学生发现知识	101	394	139	48
2. 科研容易量化，教学不容易量化	100	295	214	70
3. 科研凭的是兴趣，教学需要的是责任感	151	346	147	36
4. 教学需要广博的知识，而科研需要专门、集中的知识	103	335	200	45
5. 科研效果立竿见影，教学效果有内隐性和滞后性	119	328	187	41
6. 教学需要良好的沟通能力，科研需要坐冷板凳	116	332	194	37
7. 科研的社会价值大，教学的社会价值小	34	97	302	252
8. 科研是创造性活动，教学是重复性活动	56	201	335	91
9. 科研受团体及社会因素制约，教学水平提升主要靠个人	68	305	267	44
10. 科研是自己的事情，教学是公共事务	77	249	251	104

资料来源：刘献君、张俊超、吴洪富：《大学教师对于教学与科研关系的认识和处理调查研究》，《高等工程教育研究》2010 年第 2 期。

　　就国内外学者的研究来看，教学与研究之间的争论已经存在很长时间，并且还将持续。这一问题正如韦默（Weimer）所说是"过时的、疲倦的、令人厌倦的，并且是没有新意的"，②现在的确到了需要转换一种新的视角看待二者关系的时候了。

　　（二）国际视野

　　1. 比较与借鉴的重要性

　　历史发展存在着相似或雷同，历史也因此总是不断重演。西班牙著名哲学家、教育家乔治·桑塔亚纳（George Santayana）曾说过："当人类不

　　① 刘献君、张俊超、吴洪富：《大学教师对于教学与科研关系的认识和处理调查研究》，《高等工程教育研究》2010 年第 2 期。

　　② Weimer, M.. Integration of Teaching and Research：Myth, Reality, and Possibility ［J］. New Directions for Teaching and Learning, 1997, （72）：53 – 62.

能保存自己的经验时，他就永远处于婴儿的状态，野蛮人就是这样。忘记过去的人所受的惩罚就是重复过去。"①教育及其发展也是一样，比较教育研究也因此有了存在的价值与必要。一方面，中国的大学基本源于和仿效欧美国家的大学；另一方面，高等教育发展存在基本的规律性。就目前中国高等教育发展中存在的一些问题而言，与 20 世纪八九十年代美国高等教育的发展状况十分类似，因此，了解、学习、借鉴美国高等教育的发展经验，对于我国现阶段高等教育改革与发展来说，显得尤为重要和必要。

20 世纪八九十年代的美国高等教育发展，在经历了"二战"后"黄金"般的大发展之后，随着经济危机、社会转型、高等教育大众化等的到来而遭遇了一系列问题，诸如：大学发展定位雷同，趋向于研究型大学，学校之间竞相效仿而忽视特色与质量；研究型大学重科研而轻教学，重视研究生教育而忽略本科教育教学；将研究等同于学术，把科研成果的发表与出版作为学术的唯一表现形式；聘用、评价和晋升大学教师主要依据科研成果的发表与出版；大学生学习质量下滑，并且德育问题严重；学校问题频现，社会问题增多；等等。时任卡内基教学促进会（Carnegie Foundation for Advancement of Teaching）主席的博耶（Boyer, E. L.）②经过调查后，在 1990 年出版了其经典之作《学术反思：教授工作的重点领域》（下简称《学术反思》）一书。书中认为，解决上述美国高等教育发展问题，在很大程度上取决于对学术内涵的理解及其奖励方式。这种观点用到高校中就是：如果教师用在学生身上的时间得不到最终的认可，那么谈论提高教学质量将会成为一句空话。③在系统考察美国大学学术内涵发展演变的基础上，博耶拓展学术内涵，将学术分为四种相对独立但又相互交叉的学术形式——发现学术（研究）、整合学术、应用学术和教学学术。在博耶看来，作为智力活动的教学应该成为一种学术事业，教学与研究在大学中应置于同等重要地位。博耶的教学学术思想，打破了教学与科研之间的永恒界限，为解决因教学与科研之间的矛盾而引发的一系列高等教育问题提供

① 孙宏：《中美两国教育制度的比较研究》，西北大学出版社 1993 年版，第 7 页。
② 国内也译为厄内斯特·波依尔、欧内斯特·波伊尔、鲍伊尔等。
③ Boyer, E. L. Scholarship Reconsidered：Priorities of the Professorate ［M］. San Francisco：Jossey-Bass, 1990：Ⅺ.

了一个全新的视角，并作为一个有影响的研究话题 ①。

2. 美国作为当代世界高等教育最发达中心，依然是我国学习借鉴的榜样

美国作为当今世界上高等教育最发达的中心，为世界其他国家和地区高等教育发展所效仿，也是我国高等教育今后改革与发展学习借鉴的榜样。根据张斌贤教授的统计：1980—1985 年，我国大陆学者发表的关于美国教育的文章为 888 篇，1986—1990 年为 1154 篇，1991—1995 年为 1383 篇，1996—2000 年为 1847 篇，2001—2005 年为 7290 篇，2006—2009 年间的不完全统计为 4743 篇（见图 1.1）。

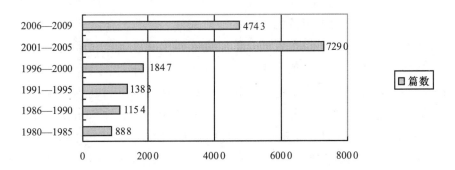

图 1.1　中国大陆学者撰写美国教育论文数量（1980—2009 年）

资料来源：根据张斌贤：《总序》绘制，载张斌贤等主编《美国教育经典译丛》，安徽教育出版社 2010 年版，第 1 页。

统计数据说明两个问题：一是近年来我国关注和研究美国教育超过了国外其他国家和地区；二是我国学者越来越向美国高等教育学习借鉴，研究力度也在加大，尤其关注美国现当代高等教育发展。"无论是在教育的学术研究，还是在教育政策的制定和教育实践的改进，美国的成果、经验和趋势都已经成为中国教育界分外关注的对象。在一定意义上，美国教育已经成为中国教育界自觉或不自觉的'参照指标'。因此，在中国教育界，'美国教育'实际上早已不是某一个或几个学科专有的研究对象或研究领域，对美国教育的理解和研究早已超出了某一个或几个学科的需要，而成

① Bowden, R. G. . Scholarship Reconsidered: Reconsidered ［J］. Journal of the Scholarship of Teaching and Learning, 2007, 7（2）.

为整个教育学科的普遍要求。"①

二　研究意义

本研究对 1990—2015 年美国教学学术 25 年发展的理论与实践进行梳理和研究，主要研究教学学术的三个基本问题："为什么有教学学术？"（Why）、"教学学术是什么？"（What）、"如何开展教学学术？"（How），旨在对教学学术的理论与实践有较为全面的了解和清晰的把握。教学学术的理论与实践研究，不仅有助于我国当前及今后一段时期内提高学术内涵认识和学术研究品质，而且对全面把握大学使命、促进高等教育发展、提升高校教学质量、促进高等教育多样化发展、完善大学教师评价与奖励体制、破除教学与科研之间的矛盾对立、提高大学教师教学及其专业发展和大学生学习及全面发展等方面有着重大的理论价值与现实意义。

（一）理论价值

1. 发展和完善教学学术理论

欧美发达国家关于教学学术的研究已经兴起，国内逐渐开始予以关注。然而就目前国内外理论研究现状而言，国外的理论研究相对散乱、缺乏系统性与逻辑性、忽视理论研究而注重实践操作研究；国内的理论研究则处于刚刚起步阶段，尚未形成体系。本研究将对美国大学教学学术 25 年来的理论发展进行系统探究与分析，主要对教学学术的概念与内涵、内容构成与特征、思想渊源与理论基础、模式与实施、成果与评价、学术规范与伦理等理论问题进行深入探究，旨在发展和完善教学学术理论研究。

2. 加深学术内涵认识，拓展学术内涵研究

对学术内涵的理解与认识，在一定程度上影响和制约着学术的品质与发展方向。将学术等同于研究、把科研成果的出版发表作为学术的唯一表现形式，这样的学术内涵认识不仅过于狭隘，而且容易导致学术发展走向极端、片面。教学学术将教学视为一种学术形式，拓展学术内涵，打破了研究作为学术唯一表现形式及其垄断学术的局面，有助于促进学术内涵的全面认识与理解，并推进新时期学术职业理论的研究。

---

① 张斌贤：《总序》，载张斌贤等主编《美国教育经典译丛》，安徽教育出版社 2010 年版，第 1 页。

3. 全面深刻理解大学使命，更好地履行教学、科研与服务

实证主义思想指导的科技理性占据了现代大学的主流，使得大学唯科技理性是瞻而沦为科技理性的附庸，理论与实践之间的差距越拉越大，近乎"失去灵魂的卓越"，忘却了教书育人与服务社会的使命。教学学术的提出与研究，犹如当头棒喝，重新提醒大学教育的根本目的是把年轻人培养成具有社会责任感的成人，并试图缩小理论与实践之间的差距，与"回归大学之道"遥相呼应、相得益彰，再次平衡了大学的三种基本使命——教学、科研与服务，更好地履行大学使命。

4. 拓展高等教育研究领域，促进大学课程与教学研究

教学学术将教与学的研究上升到学术层面，用一个崭新的视角看待教与学的研究，不仅摆脱了教学与科研二元对立的传统论争，而且将学科研究、教育研究、教学研究与学习研究四者有机地联系起来，破除了以学科专业为界限的传统研究，有利于知识的整合、应用与创新。在一定程度上促进了大学课程与教学研究，拓展了高等教育研究领域。

5. 为大学教师专业发展提供理论基础和发展路径

大学的关键在于教师，大学教师教育及其专业发展问题已经成为当今国际高等教育发展的热点与重点问题之一。教学学术的一个核心观点是，教师不仅传播知识，而且创新和改造知识。也就是说，教师不仅通过课堂教学传递知识，还应把课堂视为实验室，研究、创新和验证知识，走出课堂把理论与实践联系起来，将研究者（学者）与教师二者结合起来。教学学术的这种思路，将为大学教师教育及其专业发展提供理论基础和发展路径。

6. 有助于重新界定与研究新时期大学生的角色与作用

教学学术，不仅包括教的学术，而且包括学的学术。教学学术将学生视为教师的伙伴、研究的合作者、知识的创造者，有助于重新全面认识、界定和研究学生的角色和作用。大学生不仅是知识的接受者，而且也是知识的应用者、验证者、创新者与改造者。大学生既是学习者，又是研究者。

（二）实践意义

1. 为我国开展教学学术实践提供经验和指导

教学学术的理论研究在我国刚刚起步，实践还未充分开展。本研究将详细介绍美国卡内基教学促进会、伊利诺伊州立大学等机构组织、高校以

及教师个人的先进、丰富的教学学术实践经验，为我国高校、机构和教师个人开展教学实践提供借鉴和指导。

2. 有助于促进高等教育多样性和高校特色化发展

我国目前基本形成了研究型大学、综合型大学、教学型大学、高职院校等多元化、多样性的高等教育发展格局，但同时也存在因学术内涵理解过于狭窄而导致的高校发展定位趋同于研究型大学、高校丧失特色化发展的问题。本研究的实践意义在于，将促使不同类型的大学深刻理解学术内涵、明晰大学使命，有助于高校发展定位，突出学校办学特色与优势，促进我国高等教育多样性和院校特色化发展。

3. 有助于改进大学教师评价与奖励机制

传统的大学教师评价与奖励机制中，高校和管理者过于偏重科研考核量化并将科研成果的发表与出版作为聘用、评价与晋升教师的主要依据，不仅束缚了大学教师全面才能的发挥、伤害了大学教师的工作积极性，而且导致"泡沫学术"和学术不端行为增多，最终影响了学术品质、学生的全面发展、教师工作的创造性和学校的丰富性发展。本研究的实践意义在于帮助全面认识大学教师的智力工作，充分发挥不同教师的工作能力与潜力，加强理论联系实践，改进与完善大学教师聘用、评价与晋升机制。

4. 有助于改善师生关系，提升学生地位，促进学生全面发展

长期以来，学生主要被认为是知识的接受者。现实中，无论是教学还是研究，学生始终处于被动和低等地位。教学学术将学生视为知识的创造者和研究者，是教师进行研究的合作者。这在教育、教学和研究中将有助于重新认识和界定学生的角色与作用，改善或改进师生关系，提升学生地位，最终促进学生全面发展。

第二节　文献综述

1990 年，时任卡内基教学促进会主席的博耶在其出版的工作报告《学术反思》中拓展学术内涵、正式提出教学学术，并初步构建了教学学术理论，引发美国很多高校、机构、学者对于教学学术的关注和重视，随即在美国演变成为一场全国范围的学术运动，[1]并波及世界其他国家和地区，相

---

① 王玉衡：《试论大学教学学术运动》，《外国教育研究》2005 年第 12 期。

关理论研究与实践至今方兴未艾。

一　国外研究综述

当代教学学术的讨论与研究，始于 1990 年博耶发表的《学术反思》。①经过 25 年的发展，教学学术的理论研究已经取得一定的成绩，实践业已全面展开。笔者通过卡内基教学促进会官方网站（Carnegie Foundation for Advancement of Teaching）、国际教学学术学会网站（The International Society for the Scholarship of Teaching and Learning，ISSoTL）及其出版物《国际联盟》（*The International Commons*）、美国著名出版社乔西一巴斯（Jossey-Bass）、美国威力在线网站（Wiley Online Library）、美国乔治亚南方大学出版的《国际教学学术杂志》（*International Journal for the Scholarship of Teaching and Learning*）、美国印第安纳大学出版的《教学学术杂志》（*Journal of the Scholarship of Teaching and Learning*，JoSoTL）、美国威斯康星大学、伊利诺伊州立大学等教学学术中心网站、伦敦教学学术国际会议网站（London SOTL）、《加拿大教学学术杂志》（*The Canadian Journal for the Scholarship of Teaching and Learning*，CJSoTL）、斯普林格（Springer）、JSTOR、Google 学术搜索引擎、浙江大学图书馆（文献传递）、北京师范大学图书馆、华东师范大学图书馆、中国国家图书馆、上海图书馆等搜集文献资料，其中，还得到美国伊利诺伊州立大学麦肯尼教授（McKinney，K.）、英国爱丁堡大学克莱博教授（Kreber，C.）、澳大利亚悉尼大学特里格威尔（Trigwell，K.）等国外学者的大力帮助。对文献资料进行整理与分析后初步发现，自从 1990 年博耶提出教学学术之后，欧美国家的相关研究与实践已经大量展开，散、点的文章讨论较多，数量已有上千篇之多；但系统、全面的专著较少，只有二三十部（包括集刊），其中，尤以美国著名出版社乔西－巴斯（Jossey-Bass）出版居多。

25 年来，国外学者对教学学术已有大量研究，经过对国外学者，尤其是欧美学者的相关重要研究文献进行分析和梳理，简而言之，可以从理论研究、实践与问题三个方面进行概括：

---

① Gurung, R. A., & Schwartz, B. M.. Riding the Third Wave of SoTL［J］. International Journal for the Scholarship of Teaching and Learning, 2010, 4（2）.

（一）理论研究

当代教学学术的理论研究，从 1990 年开始至今大致可以分为两个阶段：一是 1990—2000 年的初步研究，主要包括教学学术的提出到正式确立；二是 2000 年至今的深入研究，主要包括教学学术研究的前期总结与反思、理论模型的构建、学术规范与伦理、制度化、性别与文化等更多参数的考虑。

1. 1990—2000 年的初步研究

在 1990—2000 年的国外教学学术研究中，主要有以下经典文献和论著：

（1）博耶的《学术反思》

当代教学学术的讨论与研究始于 1990 年博耶发表的《学术反思》，[①]因此，本研究的文献综述也是从博耶的《学术反思》开始。

时任卡内基教学促进会主席的博耶经过大量实地调查之后，在 1990 年发表了轰动美国高等教育界的《学术反思》一书。[②]书中深刻剖析了当下美国高等教育发展现状及其存在的高等教育质量下降、大学发展定位趋同、研究型大学忽略本科教育教学、大学教师的聘用、评价与晋升主要依据科研成果的发表与出版、大学生学习质量及德育水平下滑等一系列严峻问题，博耶认为，所有问题的根源在于美国高等教育界对学术内涵的认识与理解过于狭隘、学术奖励方式过于单一。据此，他指出：要解决美国高等教育发展中存在的一系列问题、使美国高等教育保持活力，在很大程度上取决于确定学术内涵及其受到奖励的方式。博耶在书中提出了自己的学术观——一种全新的学术观，他将学术划分为发现、整合、应用和教学四种相对独立但又相互交叉的学术形式。他是教学学术研究的集大成者，正式提出了教学学术，并对教学学术的概念与内涵、实施、评价与保障等理论问题进行了初步的建构，从而引发国内外学者对于大学教学学术的关注与重视，并成为一个具有国际性的研究话题 [③]。

---

① Gurung, R. A., & Schwartz, B. M.. Riding the Third Wave of SoTL ［J］. International Journal for the Scholarship of Teaching and Learning, 2010, 4（2）.

② Boyer, E. L.. Scholarship Reconsidered: Priorities of the Professoriate ［M］. San Francisco: Jossey-Bass, 1990.

③ Huber, M. T., & Hutchings, P.. The advancement of Learning: Building the Teaching Commons ［M］. SanFrancisco: Jossey-Bass, 2005. 6.

（2）赖斯的《新型美国学者——学术与大学的使命》

博耶虽然在 1990 年正式提出教学学术并积极予以倡导，但大家对于教学学术的认识与理解主要还停留在认识假想层面。前卡内基教学促进会高级研究员赖斯（Rice，R. E）——博耶的同事——于 1991 年在《大学联盟——国际论坛》（*Metropolitan Universities：An International Forum*）杂志上发表了一篇对于教学学术研究与发展具有重大价值与意义的文章《新型美国学者——学术与大学的使命》。[①]这篇文章解决了教学学术研究的两个重大理论问题：教学学术的科学可行性、教学学术的内容构成，将教学学术研究在理论层面上推进了一大步。

（3）格拉塞克等的《学术评价——教授工作的评价》

博耶虽然在 1990 年提出教学学术，但他因病于 1995 年猝逝未能完成教学学术的评价及其标准研究。1997 年，时任卡内基教学促进会临时过渡主席的格拉塞克（Glassick，C. E.）等发表了被誉为《学术反思》姊妹篇的《学术评价——教授工作的评价》（以下简称《学术评价》）。[②]作者提出，所有学术的评价应该有一个共同的标准。通过对各种学术评价标准的研究，他们发现，有六条是大家几乎都采用的：①学者是否清晰地陈述目标？②学者是否清楚、恰当地界定过程？③学者有无充足的资源和有效使用？④学者团体是否有效地相互交流？⑤学者的努力是否导致显著效果？⑥学者是否参与自我批判反思？进而他们认为，所有学术都可以被这六条标准评价：清晰目标、恰当程序、充足资源、有效交流、明显效果和自我反思。它们不仅适用于所有的学术评价，而且也适用于评价教学学术。格拉塞克等的《学术评价》初步解决了教学学术的评价及其标准问题，成为教学学术理论研究的一个里程碑。[③]

（4）舒尔曼与教学学术

1990 年博耶提出教学学术之后，引发美国很多高校、机构和学者对于

① Rice, R. E.. The New American Scholar: Scholarship and the Purposes of the University ［J］. Metropolitan Universities: An International Forum, 1991, 1 (4): 7 –18.

② Glassick, C. E., Huber, M. T., & Maeroff, G. I.. Scholarship Assessed: Evaluation of the Professoriate ［M］. San Francisco, CA: Jossey-Bass, 1997.

③ Hutchings, P., Babb, M., Bjork, C.. The Scholarship of Teaching and Learning in Higher Education: An Annotated Bibliography ［EB/OL］. Retrieved 2011 – 08 – 16 from: http: //activelearning. uta. edu/QEP/assets/sotl/Scholarship% 20of% 20Teaching% 20and% 20Learning% 20Annotated% 20Bibliography. pdf, Fall 2002/2011 – 07 – 22.

教学学术的关注和重视，但博耶等关于教学学术的研究，一个致命的缺陷是没有将其与优秀教学区分，因此，造成了人们对于教学学术与优秀教学的混淆与等同。美国斯坦福大学著名教育学、心理学教授舒尔曼（Shulman, L. E.）接任博耶成为卡内基教学促进会第八任主席，他不仅继承博耶的教学学术思想，而且还展开深入的理论研究。

1999年，他和哈钦斯（Hutchings, P.）发表了标志着教学学术在学术研究领域得到正式确立的文章《教学学术：新阐释、新发展》。①文章不仅详细阐述了教学学术的基本特征，还指出评价教学学术的三个标准：能够公开、易于回顾和供专业人士使用与发展。从此，教学学术与优秀教学分离，并产生了清晰的教学学术概念。②

2000年，舒尔曼又发表了一篇在教学学术理论研究中具有奠基性的文章《从明斯克到平斯克：为什么研究教学学术?》。③他认为之所以从事教学学术研究主要有三个原因，即教学学术的三个基本原理问题：专业化（Professionalism）、实用主义（Pragmatism）和政策（Policy），简称3P原理。专业化是指成为专业学者或教育者的内在义务和机会，特别是哲学博士的专业责任；实用主义是确保作为教育者的活动能够满足和提高学生的目标和责任；政策是发展高等教育的政策措施。

2. 2000年以后的深入研究

（5）教学学术研究的前期总结与反思

自从博耶1990年提出教学学术之后，教学学术的研究文献大量出现，那么，1990—2000年间的教学学术理论研究及其实践到底进展如何？克莱博（Kreber, C.）通过德尔菲法对前十年的研究进行总结与反思。研究发现：教学学术研究尽管在10年间取得了一定的成绩，如基本得到大家的理解与认可，但同时还存在诸多的争议与问题，如概念与内涵的含糊、如何具体实施及评价尚不清楚。④

---

① Hutchings, P., & Shulman, L. E.. The Scholarship of Teaching: New Elaborations, New Developments [J]. Change, 1999, 31 (5): 10 – 15.

② Bowden, R. G.. Scholarship Reconsidered: Reconsidered [J]. Journal of the Scholarship of Teaching and Learning, 2007, 7 (2).

③ Shulman, L. S.. From Minsk to Pinsk: Why a Scholarship of Teaching and Learning? [J]. The Journal of the Scholarship of Teaching and Learning, 2000, 1 (1): 48 – 53.

④ 代表有：Kreber, C.. Controversy and Consensus on the Scholarship of Teaching [J]. Studies in Higher Education, 2002, 27 (2): 151 – 167. Kreber, C.. The Scholarship of Teaching: A Comparison of Conceptions Held by Experts and Regular Academic Staff [J]. Higher Education, 2003, 46 (1): 93 – 121.

（6）教学学术的模式研究与模型构建

2000 年之后，教学学术理论研究进入深入发展阶段，典型代表就是模式研究与模型构建。一种是经验驱动的模式，如特里格威尔（Trigwell, K.）等的模型①；另外一种是由理论推导出来的模式，如克莱博等的模型②。模式研究与模型构建，在一定程度上推进了教学学术的理论研究。

（7）教学学术与学术性教学的区分

2000 年之后，教学学术理论研究的另一个重大突破是教学学术与学术性教学的区分。里奇林（Richlin, L.）认为，尽管教学学术研究已经超过10 年，但很多研究将教学学术与学术性教学混淆，在一定程度上影响与制约了教学学术的研究与发展。他认为，学术性教学与教学学术既有联系又有差异，二者虽可以循环转化，但应当予以区分。③

（8）教学学术的制度化

布莱斯顿（Braxton, J. M.）等对制度化的概念及其理论研究后认为，教学学术的制度化已经初步形成。其中，主要表现为：一是美国关于教学和教学学术的探讨发生在不同类型的院校、不同层次的大学评议会、学术团体、院系和教学中心；二是教学学术在结构、程序和统合三个层面均有一定发展，但问题与困难并存。④

（9）学科与教学学术研究

教学学术不是一个真空的概念，它依托于一定的学科专业，并在学科专业背景下发展。⑤但是，不同学科专业的认识论、研究主题及方法论等均不同，在学科中如何具体开展教学学术，并进行跨学科间的研究与交流？有学者认为，尽管教学学术因学科而各异，但主题是一致的，都是为了促

---

① Trigwell, K., Martin, E., Benjamin, J., Prosser, M.. Scholarship of Teaching: A Model [J]. Higher Education Research & Development, 2000, 19 (2): 155 – 168.

② Kreber, C.. Controversy and Consensus on the Scholarship of Teaching [J]. Studies in Higher Education, 2002, 27 (2): 151 – 167.

③ Richlin, L.. Scholarly Teaching and the Scholarship of Teaching [J]. New Directions for Teaching and Learning, 2001, (86): 58 – 61.

④ Braxton, J. M., Luckey, W., Helland, P.. Institutionalizing a Broader View of Scholarship through Boyer's Four Domains [M]. San Francisco: Jossey-Bass, 2002. 5.

⑤ Healey, M.. Developing the Scholarship of Teaching in Higher Education: A Discipline-based Approach [J]. Higher Education Research & Development, 2000, 19 (2): 169 – 189.

进学生的学习。①因此，教学学术可以为不同学科专业发展提供共同基础，②达到相互促进发展的目的，这也是教学学术能够作为"大帐篷"（Big Tent）③的原因。

（10）学术规范与伦理

凡是学术，必涉及规范与伦理，教学学术也不例外。教学学术的学术规范与伦理问题是近年来兴起的一个新课题，涉及面广且较为复杂，目前的主要做法是借鉴和使用其他专业研究中已有的学术规范与伦理，如知情权、隐私权和保护免受伤害等。④但是，关注教学学术的学术规范与伦理问题正是为了教学学术的发展与成熟，而且，学术规范与伦理也是教学学术发展的必然之一，同时也反映了当前人们对于人文学科研究的觉醒和更关注。⑤

（11）麦肯尼的《通过教学学术促进学习：挑战与技巧》

国外学者有关教学学术的专著中，较多是介绍高校、机构或个人的教学学术实践及经验，系统、全面探讨教学学术理论的专著不多。其中，美国伊利诺伊州立大学卡洛斯教学学术讲座教授麦肯尼（McKinney, K.）在2007年出版的专著《通过教学学术促进学习：挑战与技巧》，⑥是笔者目前为止见到的国外学者较为系统探讨教学学术理论问题的专著之一。该书简要探讨了教学学术的历史、概念及其相关定义、功能、具体操作、标准、学术规范与伦理、和学科与机构的关系、发展远景等，但遗憾的是，本书依然侧重教学学术的具体操作与实践。全书一共九章，其中只有两章较为集中但粗略地探讨教学学术的理论问题，全书大部分是探讨教师个人如何具体实施教学学术。该书的优点在于，基本可以作为教师个人进行教

---

① Hutchings, P.. Opening Lines: Approaches to the Scholarship of Teaching and Learning [M]. Menlo Park, CA: The Carnegie Foundation for the Advancement of Teaching, 2000.

② Huber, M. T., & Morreale, S. P. (Eds.). Disciplinary Styles in the Scholarship of Teaching and Learning: Exploring Common Ground [M]. Washington, D. C.: American Association for Higher Education and The Carnegie Foundationfor the Advancement of Teaching, 2002.

③ Huber, M. T., & Hutchings, P.. The Advancement of Learning: Building the Teaching Commons [M]. San Francisco: Jossey-Bass, 2005.

④ McKinney, K.. Enhancing Learning through the Scholarship of Teaching and Learning: The Challenges and Joys of Juggling [M]. Bolton: Anker, 2007.

⑤ Hutchings, P.. Ethics of Inquiry: Issues in the Scholarship of Teaching and Learning [M]. Menlo Park, CA: The Carnegie Foundation for the Advancement of Teaching, 2002.

⑥ McKinney, K.. Enhancing Learning through the Scholarship of Teaching and Learning: The Challenges and Joys of Juggling [M]. Bolton: Anker, 2007.

学学术的实践指南。就全书的整体研究来看，该书是笔者目前所见到的国外教学学术理论研究方面较为系统和全面的专著之一，对教学学术的理论研究与发展有一定的价值与意义。

（二）实践

严格地说，真正意义上的美国教学学术实践，始于 1998 年舒尔曼组建的卡内基教学学术学会（Carnegie Academy for the Scholarship of Teaching and Learning，CASTL）。卡内基教学学术在全国范围开展了一系列的教学学术项目，将教学学术从认识假想层面落实到实践操作层面。

到目前为止，美国教学学术实践主要在三个层面展开：机构、高校（院系）和教师个人，相关实践或散见于机构、院校、教师个人网站，或发表出版。

机构的教学学术实践，当以卡内基教学促进会为代表。从 1998 年开始，卡内基教学促进会资助开展了教师个人教学学术培训项目（即卡内基学者，也称皮尤学者）、院校教学学术项目、其他学术与专业团体教学学术项目等一系列实践活动。目前，他们的实践活动已经推进到教学学术机构领导项目等深入实践阶段。

美国很多院校已经开始实践教学学术活动，其中以威斯康星大学、伊利诺伊州立大学、乔治亚南方大学（Georgia Southern University）、印第安纳大学布鲁明顿分校（Indiana University Bloomington）、密歇根大学（University of Michigan）、西华盛顿大学（Western Washington University）等院校的教学学术实践较为成功和有特色，其活动也均公开在学校网站上。另外，由贝克（Becker，W. E.）和安德鲁斯（Andrews，M. L.）编撰、舒尔曼作序的《大学教学学术：研究型大学的贡献》（*The Scholarship of Teaching and Learning in Higher Education：Contributions of Research Universities*），专门介绍美国研究型大学印第安纳大学的教学学术实践活动，为研究型大学如何实施教学学术做出榜样示范。①

美国大学教师个人的教学学术实践已经很多，散见于学校、教师个人网站，其中，较为有代表性的是美国乔治敦大学兰迪·巴斯（Randy Bass）

① Becker, W. E., & Andrew, M. L. (Eds.). The Scholarship of Teaching and Learning in Higher Education：Contributions of Research Universities ［M］. Bloomington, IN：Indiana University Press, 2004.

的教学学术实践；另外，胡博（Huber，M. T. ）和哈钦斯的《促进学习：建立教学同盟》（*The Advancement of Learning：Building the Teaching Commons*）、①哈钦斯的《开放的边界：通向教与学学术之路》（*Opening Lines：Approaches to the Scholarship of Teaching and Learning*）②等也分别介绍了一些不同学科专业教师较为成功的教学学术实践。

（三）问题

尽管美国大学教学学术研究在过去的 25 年中取得了一定的成绩，但还存在诸多的问题，主要表现在理论争议与实践障碍两个方面。

由于博耶未明晰教学学术的概念与内涵，导致教学学术的概念与内涵至今没有一个统一的界定与理解，以至于教学学术到底是什么，不仅仅是个问题，而且是过去多少年讨论的里程碑。③如果没有教学学术概念与内涵的清晰界定和后续应用，博耶的模式将被曲解和导致混乱。例如，有学者认为：教学学术不是一个很准确的词汇，而是用于提高教学地位和"教学型教师"薪水的把戏；将教学作为"学术"可能是旧瓶装新酒，也有可能是教学的艺术堕落为研究科学的开始；另外，还有人认为教学学术不能算作研究，不能充分地被奖励，并且认为教师聘用、晋升等方面的学术政策没有真正改变。尽管在卡内基教学促进会的领导下，美国大学教学学术的理论研究与实践有了一定的发展，但教学学术一词对于绝大多数美国大学教师还是比较陌生的，其实践尚悬滞在半空中，效果也不如人所愿。④教学学术虽然面临尴尬，尽管它作为系统改变机构的使命尚未完成，但它已经开始不断滋润学术实践，已经启发和鼓舞一种新的有意义的学习学术和教师实践者的深刻变革。就教学学术发展而言，机遇与挑战共存，它还没有完全展开它的全部潜力。⑤

综上所述，博耶首次在现代大学思想史上将教学纳入学术范畴，不仅

---

① Huber, M. and Hutchings, P. . The Advancement of Learning：Building the Teaching Commons [M] . San Francisco：Jossey-Bass, 2005.

② Huthings, P. . Opening Lines：Approaches to the Scholarship of Teaching and Learning [M] . Menlo Park, CA：Carnegie foundation for the Advancement of Teaching, 2000.

③ Hutchings, P. & Shulman, L. S. . The Scholarship of Teaching：New Elaborations, New Developments [J] . Change, 1999, 31 (5)：10 – 15.

④ Bender, E. . CASTLs in the Air：The SOTL "Movement" in Mid-Flight [J] . Change, 2005, 37 (5)：40 – 49.

⑤ McKinney, K. . Attitudinal and Structural Factors Contributing to Challenges in the Work of the Scholarship of Teaching and Learning [J] . New Directions for Institutional Research, 2006, 129：37 – 50.

仅是平衡协调教学、科研与服务之间的关系问题，主要在于启发人们对于学术内涵的深层次思考，因此，教学学术具有重大意义和价值，并引起国际学术界的广泛关注和重视。目前，欧美国家对教学学术的理论研究已初具理论化，实践业已全面展开。内容既涉及教学学术的概念、内涵、功能、特征、构成等理论层面，又涉及教学学术的模式、实施、评价标准、伦理、实现障碍以及发展路径等实践层面。欧美国家已有的研究仍然存在许多问题：如教学学术概念与内涵的含糊性问题，到现在还没有一个统一的界定与认识；教学到底是否具有学术性？教学学术观念在大学的实践层面并未被广泛接受，而且遇到许多阻力，出现实践乏力等现象与问题。以上的教学学术理论问题与实践障碍，为后续研究提供可能的空间。

二　国内研究综述

国内文献资料部分，笔者主要通过浙江大学图书馆、中国国家图书馆、上海图书馆、北京师范大学图书馆、华东师范大学图书馆、CNKI（包括学术期刊、博士学位论文、优秀硕士学位论文等）、Google 学术搜索引擎等进行搜集，其中还得到了高等教育出版社王玉衡博士等国内高校、机构和学者等的大力帮助。经过对国内文献资料整理与分析后发现：国内相关研究刚刚兴起，尤以姚利民教授、王玉衡博士为代表，突出表现为目前国内的相关研究中对姚、王二人的文章引用率较高。就国内教学学术研究资料来看，直接相关专著仅为 1 部，即王玉衡在其博士学位论文基础上修订出版的《美国大学教学学术运动》（2011）；博士学位论文两篇：一是北京师范大学王玉衡的《美国大学教学学术运动研究——从帕森斯社会统论的观点看》（2006）；二是华中科技大学宋燕的《大学教学学术及其制度保障》（2011）；硕士学位论文已有 10 余篇，研究题材较为广泛；相比之下，文章探讨较多，已有数十篇之多，而且有上升之势。

国内学者较早进行了大学教学及其相关问题的探索与研究，但主要局限于大学教学的性质、目的、方法、原则、过程、特征、教学与科研之间的关系、师生关系等方面的探讨，①但均没有上升到学术的高度，没能突破

---

① 代表如钱伯毅主编：《大学教学论》，中国科学技术大学出版社 1991 年版；张楚廷：《大学教学学》，湖南师范大学出版社 2002 年版；徐辉、季诚钧：《大学教学概论》，浙江大学出版社 2004 年版；逄锦聚：《大学教育教学论》，高等教育出版社 2005 年版；别敦荣等主编：《高等学校教学论》，高等教育出版社 2008 年版；等等。

教学与科研二元对立的论争框架。1990 年博耶提出教学学术之后，也引起国内学者的关注与重视。就目前国内学者关于教学学术的研究而言，概而言之，主要集中在以下几个方面的探讨：

（一）美国大学教学学术及其相关研究的译介

国家教育发展研究中心 1994 年编译出版了《发达国家教育改革的动向和趋势（第五集）——日本、英国、联邦德国、美国、俄罗斯教育改革文件和报告选编》，①其中，就收录了博耶的《学术水平反思——大学教授的工作重点》；该文后又被吕达、周满生主编的《当代外国教育改革著名文献（美国卷·第三册）》收录 ②。涂艳国、方彤在 2002 年翻译了博耶的演讲集《关于美国教育改革的演讲》，向我国读者较为全面地展示这位教育理论家的教学学术思想梗概。③阎凤桥等译的美国斯坦福大学前校长唐纳德·肯尼迪的专著《学术责任》，其中《教学的责任》一章专门讨论了美国大学教学学术研究的社会背景。④侯定凯等翻译了由前哈佛大学哈佛学院院长哈瑞·刘易斯所著的《失去灵魂的卓越：哈佛是如何忘记教育宗旨的》⑤ 以及前哈佛大学校长、美国著名高等教育研究专家德雷克·博克的专著《回归大学之道——对美国大学本科教育的反思与展望》⑥，不仅反映了美国研究型大学在追求卓越过程中的迷失与回归，而且建议美国高等教育应注重本科教育。书中认为，越来越多的教师开始熟悉"教与学"方面的研究，并开始思考如何将这些新的成果运用到自己的课堂教学中，这种改革思想在美国大学校园悄然兴起，预示着一场新的教学革命的到来。

别敦荣等主编的《国际高等教育译丛》中的《国际学术职业：十四个

---

① 国家教育发展研究中心：《发达国家教育改革的动向和趋势（第五集）——日本、英国、联邦德国、美国、俄罗斯教育改革文件和报告选编》，人民教育出版社 1994 年版。

② 吕达、周满生主编：《当代外国教育改革著名文献（美国卷·第三卷）》，人民教育出版社 2004 年版。

③ ［美］博耶：《关于美国教育改革的演讲》，涂艳国、方彤译，教育科学出版社 2002 年版。

④ ［美］肯尼迪：《学术责任》，阎凤桥等译，新华出版社 2002 年版。

⑤ ［美］刘易斯：《失去灵魂的卓越：哈佛是如何忘记教育宗旨的》，侯定凯等译，华东师范大学出版社 2007 年版。

⑥ ［美］博克：《回归大学之道：对美国大学本科教育的反思与展望》，侯定凯等译，华东师范大学出版社 2008 年版。

国家和地区概览》①、《变革中的学术职业：比较的观点》②、《失落的精神家园：发展中与中等收入国家大学教授职业透视》③等分析了在国际背景下政治、经济、文化、教育变革等对学术职业的影响，以及学术职业自身的发展变化。

（二）对国外（美国）大学教学学术的研究

1. 对国外大学教学学术理论的研究

李硕豪等在 1998 年发表的文章《论教学的学术水平》，是目前国内较早研究教学学术理论的文献资料。作者虽然赞同博耶关于教学学术的观点，但认为他没有说明教学学术的特点。李硕豪等的文章，不仅探讨了学术水平层面上的大学教学特点，还提出了提高教学学术水平的有效途径：以文明的方式将学术性教学内容传递给学生，使教学过程成为智力碰撞的过程；同时，教师应把自己主导的教学过程有效地延伸到课外的学术活动和学生的自学活动中去。④

顾建民、董小燕在《美国高校的学术反思与学术评价》中指出，从 20 世纪 80 年代末以来，美国高等教育界对其高校中存在的学术评价日益窄化和教师奖励制度越来越片面的倾向进行了深刻反思。尤其是博耶在 90 年代初拓展学术内涵、提出了包括发现学术、综合学术、应用学术和教学学术等四种形式的新学术观，并构建了包括学者的品质、学术工作的标准、学术证明和过程的可靠性四条原则的新的学术评价体系。博耶的学术观赋予学术新的内涵，体现了现代大学日益丰富的使命。⑤

谷贤林在其博士学位论文基础上修订出版的专著《美国研究型大学管理——国家、市场和学术权力的平衡与制约》中谈及基金会对美国研究型大学管理的影响时指出，博耶发表的《学术反思》对美国研究型大学的发展有一定的影响。他认为：博耶的新学术观，不仅反映知识演进的特点，也适应现代高等教育使命日益多样化的需要；博耶结合新学术观对美国研

---

① ［美］阿特巴赫主编：《国际学术职业：十四个国家和地区概览》，周艳、沈曦主译，中国海洋大学出版社 2008 年版。

② ［美］阿特巴赫主编：《变革中的学术职业：比较的视角》，别敦荣主译，中国海洋大学出版社 2008 年版。

③ ［美］阿特巴赫主编：《失落的精神家园：发展中与中等收入国家大学教授职业透视》，施晓光主译，中国海洋大学出版社 2006 年版。

④ 李硕豪、代飚：《论教学的学术水平》，《煤炭高等教育》1998 年第 1 期。

⑤ 顾建民、董小燕：《美国高校的学术反思与学术评价》，《高等教育研究》2002 年第 2 期。

究型大学学术工作特征的分析以及针对研究型大学存在的问题所提出的建议,不仅促使美国研究型大学重新审视教学与科研之间的关系,而且有利于它们在学术发展方面做出更加合理的选择。①

北京师范大学王玉衡的博士学位论文《美国大学教学学术运动研究——从帕森斯社会系统论的观点看》,运用帕森斯的社会系统论从思想与实践两个方面对美国大学教学学术运动进行了分析与研究。作者认为,美国大学教学学术运动已经具备帕森斯社会系统论中的维模、整合、达鹄和适应四种社会系统功能,尽管还不太完善,但大学教学学术已经具备存在的必要性和发展的可能性。②

浙江大学李政云的博士学位论文《卡内基教学促进会基金会与美国高等教育》认为,基金会对于美国高等教育的改革与发展有着重大影响。作者指出,自20世纪80年代以来,卡内基教学促进会的工作重点转向关注教学和提高高等教育教学质量,在美国大学教学学术的源起、动因与推进中扮演了重要角色。③

李政云的《卡内基教学促进基金会教学学术运动述评》④、王玉衡的《卡内基教学促进基金会:美国大学教学学术运动的推动者》⑤均认为:卡内基基金会在美国高等教育政策的制定、改革与发展中发挥着重要作用和影响。她们的研究结果表明,卡内基教学促进基金会是美国大学教学学术运动的主要领导者和推动者。

谢方毅的硕士学位论文《欧内斯特·L.博耶的学术思想研究》⑥、魏宏聚的《厄内斯特·博耶"教学学术"思想的内涵与启示》⑦认为:美国前卡内基教学促进会主席博耶针对美国社会对大学偏重科研忽略本科教育教学以及大学学术功利化倾向于1990年提出的教学学术这一理念,引起

① 谷贤林:《美国研究型大学管理:国家、市场和学术权力的平衡与制约》,教育科学出版社2008年版,第176—179页。
② 王玉衡:《美国大学教学学术运动研究——从帕森斯社会系统论的观点看》,博士学位论文,北京师范大学,2006年。
③ 李政云:《卡内基教学促进会与美国高等教育发展》,博士学位论文,浙江大学,2007年。
④ 李政云:《卡内基教学促进基金会教学学术运动述评》,《现代大学教育》2008年第1期。
⑤ 王玉衡:《卡内基教学促进基金会:美国大学教学学术运动的推动者》,《大学·研究与评价》2008年第5期。
⑥ 谢方毅:《欧内斯特·L.博耶的学术思想研究》,硕士学位论文,西南大学,2007年。
⑦ 魏宏聚:《厄内斯特·博耶"教学学术"思想的内涵与启示》,《全球教育展望》2009年第9期。

美国大学近二十年的热烈讨论与实践。该思想的提出，扩展了学术的内涵与外延，旨在促使大学的教学与科研进行整合、让人们重新认识大学教师的工作。不仅有利于提高大学课堂的教学质量，而且为大学教师专业化提供了一个崭新的视角。

荆晓前的硕士学位论文《舒尔曼大学教学学术思想初探》认为：舒尔曼不仅是博耶之后的卡内基教学促进基金会后继主席，而且是其教学学术思想的重要传承者，主要表现为其对博耶教学学术思想进行了丰富和拓展。其中，主要有对"教学学术与学术性教学"和"教学学术与优秀教学"两组概念做了重要的区分；构建"通才知识学习专业化"与"以问题为基础的学习方式"相结合的"如何学习"的理论；提出优秀教学的标准、教学面临的挑战以及应对挑战所采取的策略；如何从教师和学校层面实践教学学术思想。[①]

赵雷的《美国大学的教学学术管理及其启示》认为，教学管理是美国大学学术管理的主要内容之一。教学管理，无论在学校层面还是在院系层面，美国大学均建立起学术管理与行政管理相互协作、以学术管理为主的管理体制。美国大学在教学管理上所采取的"教授决策、民主管理"的管理模式，在很大程度上体现了"学术自由、教授治校"的办学理念。[②]

侯定凯的《博耶报告 20 年：教学学术的制度化进程》从制度化的视角对美国大学教学学术研究 20 年进行回顾与评价后认为，美国及其他国家在大学教学学术理论研究及其实践方面已经取得一定成绩，教学学术的制度化初露端倪。主要表现为：学术界对教学学术内涵的丰富和分化、教学学术的专业组织和成果出版的完善、教学学术评价制度的加强、各国和地区在国家和院校层面教学学术实践的多样化发展。此外，文章在最后还指出了教学学术进一步发展所面临的挑战和对未来的展望。[③]

王晓瑜的文章《极端中创造平衡 构建新型学术范式——论大学教学学术思想的发展轨迹》，简要梳理了美国大学教学学术的思想渊源。作者认为，教学学术思想源于杜威和萧恩（Donald Schon，国内主要译为舍恩）的行动反思理念和帕特·克洛斯（Pat Cross）和汤姆·央格罗（Tom Ange-

---

① 荆晓前：《舒尔曼大学教学学术思想初探》，硕士学位论文，河北大学，2009 年。
② 赵雷：《美国大学的教学学术管理及其启示》，《扬州大学学报》（高教研究版）2008 第 4 期。
③ 侯定凯：《博耶报告 20 年：教学学术的制度化进程》，《复旦教育论坛》2010 年第 6 期。

lo）的课堂研究理论。①

徐明慧等在《"教学学术"运动面临的困境》中认为，教学学术近20年虽然取得一定的发展，但当前面临一定的困境。主要表现为：教学学术概念的模糊、架构的含混性、实践的欠可操作性、评价过于依赖同行评议、应用的狭隘功能主义等。这些因素在一定程度上影响了教学学术的理论研究与实践，使教学学术的研究与实践并不如人愿，尤其是在研究型大学。只有充分认识问题与困境，才能更好地推进教学学术理论研究与实践发展。②

2. 对国外尤其是美国大学教学学术实践的研究

美国威斯康星大学③、印第安纳大学布鲁明顿分校④等院校的大学教学学术实践较为成功也较有特色，我国学者对其进行了介绍和研究。研究认为，博耶"教学学术"理念推动了美国大学的教学改革，反过来，院校实践又促进大学教学学术运动的兴起和发展。作者从实践措施、实践成效和实践特点三方面对两所院校的教学学术实践进行阐释和分析，说明大学（包括研究型大学）对自己的使命要有更加全面的认识，应重视教学改革，将教学上升到学术的高度层面，加强教学研究、提高教学质量，永远不要认为自己现在教学采用的方法就是最好的，再不需要研究。

（三）国内对于大学教学学术理论的探讨与研究

1. 教学学术基本理论的研究

近年来，国内学者开始对大学教学学术的理论进行探讨和研究，代表有姚利民及其指导的硕士研究生开展了一系列关于教学学术理论的研究。此外，姚利民在其专著《大学教师教学论》中也专设章节，探讨了教学学术的基本理论、构成要素、教学学术型大学教师的特征、成为教学学术型

---

① 王晓瑜：《极端中创造平衡 构建新型学术范式——论大学教学学术思想的发展轨迹》，《现代教育科学》（高教研究）2010 年第 2 期。

② 徐明慧、[加] 罗杰·博学：《"教学学术"运动面临的困境》，《高教发展与评估》2012 年第 2 期。

③ 王玉衡：《威斯康星大学实践美国大学教学学术思想述评》，《比较教育研究》2008 年第 1 期。

④ 王玉衡：《美国大学推进教与学学术研究的新举措——以印第安纳大学布鲁明顿分校为例》，《中国大学教学》2009 年第 8 期；黄涛：《美国研究型大学"教学学术"发展研究——以印第安纳大学布鲁明顿分校为例》，硕士学位论文，西南大学，2011 年。

大学教师的路径等。①

一是教学学术的价值研究。姚利民对大学教师有关教学学术的调查研究发现，38%的认为其价值较大或很大，另外有43%的认为一般。研究结果表明，教学学术在多数大学教师心中占有一定地位。姚利民将教学学术的价值总结为六点：①扩大学术内涵，改变大学教师对学术的狭隘理解，更新了他们的学术观念；②促使全面了解大学教师及其教学，大学教学由于具有问题性、研究性、文本性、交流性以及教学任务的多样性、教学内容的高深性、教学对象的差异性、教学情境的复杂性、教学过程的探索性和在教学对象、教学内容、教学方法到教学管理的各个层面都体现出复杂性、创造性、探究性和专门性等学术特质，因而不能简单地理解为一种重复性的操作活动，而要认识到它是一种学术活动；③恢复大学中教学的中心地位；④促使教师努力地研究教学；⑤促进大学教师专业化；⑥指导教师的教学实践。②

二是教学学术的内涵研究。綦珊珊、姚利民，③耿冰冰④等认为，大学教师的学术应包括探究学术、整合学术、应用学术和教学学术，而不是单一的科学研究。他们将教学学术的内涵理解为大学教师在教学实践中表现出来的知识、能力和素质。

三是教学学术的发展研究。陈伟、易芬云认为，应在制度上予以保障教学学术。教学是大学的原生功能，但教学的学术价值一直未能得到充分认可，教学学术在学术职务评审与晋升制度、学术奖励制度以及学术资源分配制度中广泛遭遇遮蔽，且因大学职能的漂移、大学教师教学能力发展制度的缺失以及教学研究屡被专业研究矮化等原因而积重难返。综合谋划、整体建构教学学术的培育制度、繁衍制度以及价值认可制度，是从制度层面促使教学学术"去蔽"进而达到"无蔽"境界的必由之路。⑤

2. 教学学术的制度保障研究

宋燕、张应强认为，从理论上呼吁确立教学学术的思想和观念是不够

---

① 姚利民：《大学教师教学论》，湖南大学出版社2008年版。

② 姚利民：《教学学术及其价值》，《河北科技大学学报》（社会科学版）2010年第4期。

③ 綦珊珊、姚利民：《教学学术内涵初探》，《复旦教育论坛》2004年第6期。

④ 耿冰冰：《大学教师教学学术水平的内涵》，《北京理工大学学报》（社会科学版）2002年第4期。

⑤ 陈伟、易芬云：《从遮蔽到去蔽：教学学术发展的制度分析》，《高教探索》2010年第4期。

的，必须同时确立保障教学学术的相关制度。应该从制度的内、外两个方面形成制度合力确保教学学术在大学中地位的确立。①②杨超认为，制度环境是大学教学学术发展的关键性因素，需要从国家和大学内部两个层面进行制度设计，构建多样化的教学学术培育制度。③张旸认为，推进教学学术的制度化，需要通过确立高校教师学术自由制度，保障教师享有高度的教学与研究自由；重构高校基层学术组织制度，实现教学学术共同体的多渠道融通；改造高校教学学术评价制度，建立适合教学学术评价的新机制；加大教师教学学术中心建设，持续提升教师教学学术专业发展能力等。④

3. 教学学术促进大学教师专业发展的研究

通过教学学术促进大学教师专业发展，是目前国内教学学术研究的热点与重点。时伟⑤、陈明伟、刘小强⑥，王建华⑦等认为：教学学术可以促进大学教师专业化发展，并且可以成为大学教师专业发展的一种模式。姚利民、綦珊珊在对教学学术型教师的成长路径与特征研究后认为，大学、大学管理者和大学教师应关注和重视教学学术；高校在对大学教师开展职前和在职教学培训的同时，大学教师自己也要对教学进行学习、像专业科研一样进行教学研究与实践、反思从而提高成为教学学术型教师。⑧王晓瑜对大学教师发展教学学术的若干理论问题进行考察后认为，教学学术是研究大学教师专业发展的一个新的维度。⑨教学学术能力体现了科教融合的理念，强调大学教师的发展包括学术发展和教学发展。⑩

4. 教学学术与高等教育质量保障的研究

高等教育质量保障问题是近年来我国高等教育发展中的难点与重点，

---

① 宋燕：《大学教学学术及其制度保障》，博士学位论文，华中科技大学，2011 年。

② 宋燕、张应强：《大学教学学术及其制度保障》，《高等教育研究》2013 年第 2 期。

③ 杨超：《大学教学学术发展的制度环境及其治理途径》，《现代教育管理》2014 年第 3 期。

④ 张旸：《高等学校教学学术的价值意蕴及其制度建构》，《高等教育研究》2015 年第 2 期。

⑤ 时伟：《大学教师专业发展模式探析：基于大学教学学术性的视角》，《教育研究》2008 年第 7 期。

⑥ 陈明伟、刘小强：《大学教师发展：教学学术的新视角》，《教育与教学研究》2010 年第 12 期。

⑦ 王建华：《大学教师发展——"教学学术"的维度》，《现代大学教育》2007 年第 2 期。

⑧ 姚利民、綦珊珊：《教学学术型大学教师特征论》，《湖南大学学报》（社会科学版）2007 年第 5 期。

⑨ 王晓瑜：《大学教师发展教学学术的若干理论问题探究》，《教师教育研究》2009 年第 9 期。

⑩ 周光礼、马海泉：《教学学术能力：大学教师发展与评价的新框架》，《教育研究》2013 年第 8 期。

也是教学学术研究领域探讨的重点问题之一。吴向明、方学礼，[①]张安富、靳敏[②]等认为：随着市场经济和高等教育大众化的发展，以及"科研即学术"和"教学只是科研的派生活动"等传统思维方式的影响，大学对自身使命以及如何有效履行使命的认识产生了偏差；教学的基础性和重要性地位，正在大学的办学实践中，在大学教师的履职行为中受到动摇，面临着现实的危机，从而影响到高校办学的质量和声誉，并危及高校的立身之本。作者指出，若能以"教学学术"的思想去引导与革新学校管理者、大学教师和公众的认识与观念，系统构建保障本科教学质量的制度与措施，则有助于落实"质量工程"，并将其推向纵深发展。

（四）国内关于大学教学学术的实践

随着我国高等教育的发展，政府和高校越来越注重高等教育质量及其保障问题，强调通过优化课堂教学、教学与科研互动促进高等教育质量的提高。

1. 实践现状

（1）国家层面

教育部近年来先后实施高等学校本科教学质量与本科教学改革工程、精品课程建设、教学团队与高水平教师队伍建设、实践教学与人才培养模式改革创新、高校特色专业建设等措施，组建全国高等学校教学研究中心，创办专门刊发大学教学学术理论研究与实践的《中国大学教学》杂志，旨在加强课堂教学、通过大学教学学术来保障和促进高等教育质量的提高。[③]

（2）学校层面

高校越来越意识到课堂教学的重要性，纷纷出台一系列有关重视课堂教学和教师教学的政策措施。例如，浙江大学设置教学型特聘教授、求是特聘教学岗，旨在"让最优秀的教授站在教学第一线"，探索建立有效的教育教学保障机制，改变一些高校教师中存在的"重科研、轻教学"倾

---

① 吴向明、方学礼：《教学学术：本科教学质量提升的应然选择》，《高等工程教育研究》2009年第5期。

② 张安富、靳敏：《崇尚教学学术：提高高校教学质量的现实选择》，《中国大学教学》2010年第11期。

③ 教育部：《高等学校本科教学质量与本科教学改革工程》，http：//www.zlgc.org/index.aspx，2011 - 07 - 20。

向，提高本科教育教学质量；①同济大学通过设置"专业建设责任教授"岗位，实现"教学型教授"与"科研型教授"享受同样待遇；②武汉大学专门设立"教学型教授"岗位，使教学业绩突出的教师能够评聘教授职称③。"教学型教授"的设置与讨论虽然还有争议，但已经充分表明，教学已经进入引起国内学校管理者的视域，引起大家的关注和重视。

（3）教师层面

在国家相关政策、学校督促和大学教师自身专业发展认识提高的基础上，大学教师加强了对课堂教学和学生的研究，逐步将课堂纳入学科专业研究与实验的范畴，从而建立起学科专业研究与教学之间的桥梁。

2. 实践调查与分析

史静寰教授等基于2011年44所不同地区和类型高校教师的调查数据，对我国不同高校、不同职称、不同性别、不同学历教师的教学投入、教学准备、教学态度、课堂教学行为、学校的教学保障制度等教学学术状况进行调查研究。调查结果发现：目前我国高校教师的教学投入呈现与院校类型基本相符的角色特征，教学态度也呈现出典型的院校差异；教师对高校教师管理制度的评价不高，且现行教师培训及教学支持系统的运行效果也有待提高。④确切地说，作者是对我国高校教师教学现状的调查，不能算作是真正意义上的教学学术现状调查。但作者经过研究后认为：教学不仅是一种职业行为，更是专门学术，而且是高校教师学术角色的重要组成部分。其结论已经接近教学学术的真正意蕴和思想内涵。

综上所述，随着我国高等教育的发展和大学教学学术思想的引入，国内学者开始关注大学教学学术问题，对教学学术的含义、价值、构成、教学学术型教师特征、教学学术型教师的成长路径等问题进行一定的研究与

---

① 浙江大学：《浙江大学关于印发〈浙江大学求是讲席教授 求是特聘学者岗位制度实施办法〉的通知》，http：//tr. zju. edu. cn/pt19/pg68？ _ p_ i_ i_ m_ = 1&_ p_ i_ i_ i_ = pii_ contentissue_ 35&pii_ contentissue_ 35_ p_ i_ i_ u_ = view&pii_ contentissue_ 35_ a_ i_ d_ = art_ 2899，2011 – 05 – 09/2011 – 07 – 09。

② 李雪林：《同济将聘任"教学型教授"，享受与"科研型"教授同样待遇》，http：// news. tongji. edu. cn/classid-18-newsid-1354-t-show. html，2005 – 4 – 20/2011 – 07 – 20。

③ 武汉大学：《武汉大学教师职务评审暂行办法》，http：//w3. whu. edu. cn/whuhome/7 rsgz/ 9. html，2001 – 10 – 15/2011 – 07 – 20。

④ 史静寰、许甜、李一飞：《我国高校教师教学学术现状研究基于44所高校的调查分析》，《高等教育研究》2011年第12期。

探讨,但还主要处于学习、借鉴和初步研究阶段;另外,国内高校对大学教学的学术性、大学教师探究教学学术的关注和重视依然不够,认识还有待进一步提高。

我们发现,国内外学者关注和研究教学学术主要基于三个原因:高等教育质量保障问题、大学教师角色与评价问题、学术内涵问题。大家开始意识和发现高校发展问题的核心所在,因此,探讨和研究教学学术不仅必要,而且也有价值。国内外对教学学术问题进行了一系列理论与实践方面的积极的和有价值的探索,但从博耶1990年正式提出教学学术算起,至今也不过22年,这对于一个崭新的研究领域来说,时间太短、研究也很肤浅。相比之下,欧美发达国家大学教学学术的理论研究与实践比较成熟,而且业已全面展开;国内的理论研究则刚刚起步,学术意义上的教学学术实践尚未真正展开。概而言之,国内外相关研究尽管已经取得一定的成绩,但问题与不足也十分明显。其中,问题与不足主要有以下几个方面:

(1)国外大学教学学术的理论研究虽然已经全面展开,而且已经从概念与内涵等的浅层次探讨转向模型、机构、制度、文化、领导等深层次的研究。但是,国外大学教学学术的研究主要是依据院校、机构和个人的兴趣进行,不同的研究目的导致教学学术研究呈现点、散与乱状态,缺乏集中、系统与深入的理论研究,不能以理服人,不能深入研究与全面推广。另外,国外相关研究还存在理论研究"点到即止"、侧重实践操作研究与介绍问题,这也是大学教学学术至今未能在欧美主流学术界真正形成气候的原因。

(2)国外大学教学学术的实践在卡内基教学促进会等机构组织等的资助与领导下已经全面展开,并已积累相当丰富的经验,值得我国学习和借鉴。但问题在于,国外大学教学学术的实践还主要限于在美国的"二流院校"中开展,美国"一流院校"中几乎没有开展,这有悖于博耶提出教学学术的初衷;另外,美国的社区学院及职业院校开展大学教学学术也相对很少。大学教学学术对于美国大多数高校教师来说,还是一个比较陌生的领域。[①]因此,很有必要探讨大学教学学术在不同类型院校的实践,尤其是研究型大学的实践,总结其经验予以推广,尽管不要求所有的大学教师必须从事教学学术,但应尽量让更多的教师分享大学教学学术所带来的益处。

---

① Hutchings, P.. Ethics of Inquiry: Issues in the Scholarship of Teaching and Learning [M]. Menlo Park, CA: Carnegie Foundation for the Advancement of Teaching, 2002.1.

（3）国内教学学术的研究主要还处于刚刚起步和初步探讨阶段，深入探讨与研究较少。例如，姚利民等运用马克思主义学说、王玉衡运用帕森斯的社会系统论只是论证了教学的学术性和教学学术的可行性问题，姚利民等对教学学术的内涵、成分、教学学术型教师特征、大学教师发展教学学术路径等进行了初步的研究，王晓瑜对教学学术的思想渊源进行了粗略的探讨，等等。

总而言之，国外教学学术理论研究与实践虽已经全面展开，但过于注重实践操作，理论研究面广而散乱，不利于教学学术的深入研究与发展。国内研究则刚刚起步，主要是译介和初步的理论探讨。就国内外研究现状而言，也还存在诸多的问题与不足。其中，主要有：一是国内缺乏对教学学术在美国兴起与研究的背景与原因的深入梳理、分析与研究，突出表现为，目前国内很多学者关于教学学术的讨论和研究主要参照国内译介的博耶《学术反思》、姚利民和王玉衡等有限的研究，缺乏系统、全面的了解与研究，因此，国内对于教学学术及其研究存在"知其然但不知其所以然"的问题；二是历史作为学术研究的重要方面，教学学术的历史发展脉络对于研究、构建教学学术理论具有重要作用和价值，但是国内外学者缺乏对美国（西方）教学学术发展脉络的明晰；三是国内外学者对教学学术理论与实践缺乏系统、深入、全面的研究，在一定程度上影响与制约了教学学术的研究与发展，尤其是教学学术研究缺乏理论研究的系统性和逻辑性，更无法用于指导教学学术实践。

第三节　核心概念的理解与界定

一　学术

学术，英语对应翻译为 academy 或 scholarship。academy 与 scholarship 含义相似，区别在于 academy 多指群体、组织和机构，而 scholarship 多用于个体与特殊。在西方高等教育中，二者都与"教授"一词密切相关，偏重于"教授"一词所蕴含的职业性质。①

学术一词在欧美国家的理解与界定各不相同，而且其内涵也因时代、

① 黄涛：《美国研究型大学"教学学术"发展研究——以印第安纳大学布鲁明顿分校为例》，硕士学位论文，西南大学，2011 年。

地域、主体的背景和个性不同而有所差异。①学术一词在我国受到关注则是近代的事情，主要是受到欧美国家的影响，现在对其的理解与界定也基本趋同于欧美。目前，对于学术的普遍理解是指有系统的专门学问，对存在物及其规律的学科化论证，泛指高等教育和研究。

本书将学术理解与界定为：是各种学问的系统化，是知识与技能（或者技术）的理论升华，探索、研究、创新和专业性是学术的最基本特征。

二　教学

教学的概念界定与内涵理解一直处于发展变化中，②国内外最早将教学视为一种技艺；学术界目前对于教学的普遍看法是：教学既是科学，又是艺术。

中国与欧美国家对于教学的概念、内涵及用法上存在一定的差异。教学一词在中国一般是单指，专指教师的活动（teaching）；如果说学习（learning），则是指学生的活动，即存在教学与学习两个词汇及相对应的内涵与活动。教学在欧美国家一般是双指，即分开理解与使用，包括教师的教（teaching or instructing）与学生的学（learning）两种活动。

本书将教学理解与界定为："教学是教师与学生以课堂为主渠道的交往过程，是教师的教与学生的学的统一活动，通过这个交往过程和活动，学生掌握一定的知识技能，形成一定能力态度，人格获得一定的发展。"③教学既是技艺，又是科学，属于实践科学范畴。

三　教学学术

教学学术（The Scholarship of Teaching and Learning）④一词对于中国学者而言，是个"舶来品"。教学学术一词在欧美出现较早，由美国学者博耶在1990年发表的《学术反思》中正式提出，从而引发世界范围的当代大学教学学术的讨论与研究。但是，博耶并没有明晰教学学术的概念，以

①　宋燕：《"学术"一解》，《清华大学教育研究》2012年第2期。

②　施良方、崔允漷主编：《教学理论：课堂教学的原理、策略与研究》，华东师范大学出版社1999年版，第11页。

③　张华：《课程与教学论》，上海教育出版社2001年版，第73页。

④　教学学术有多种英语表达，本书主要采用欧美较为普遍的表达（The Scholarship of Teaching and Learning）。

至于在 1995 年博耶因病去世之后，教学学术一词被很多学者演绎，其概念与内涵也迅速发生变化，①目前，欧美虽然已经有大量教学学术研究，但一直没有一个统一、明晰的教学学术概念界定 ②。

综合国内外相关研究，本书将教学学术界定为：用一定的认识论和恰当方法对教与学问题进行研究，研究结果能够公开、易于交流与回顾，能够被他人使用、发展与完善，并对理论与实践产生一定影响。

第四节　研究问题、思路与方法

一　研究问题

本书认为，对大学教学学术的研究，不仅要求从宏观理论层面上进行研究，更需要走向教学实践层面，以大学教师所进行的专业研究、专业教学和教学实践为基础，具体而深入地对教学学术的概念与含义、构成与功能、成果与评价、教学学术型教师的特征与成长途径等进行研究，从而达到丰富大学教学的理论、为教师进行教学学术提供指导、提高大学教学质量和水平的目的。综合国内外相关研究，本书致力于解决大学教学学术的理论与实践问题，并将研究问题主要限定在三个方面：

1. 为什么有教学学术？（Why）

2. 教学学术是什么？（What）

3. 如何实施教学学术？（How）

围绕主要研究问题，本书的主要内容有五个方面：

1. 系统分析教学学术在美国大学兴起与研究的背景与原因；

2. 系统梳理美国大学教学学术的发展脉络，包括演进、重大事件和代表人物；

3. 对教学学术的理论问题进行较为深入、全面和系统地探讨；

4. 了解和把握教学学术在美国大学的实践概况及特征，并对其经验进行研究；

5. 对美国大学教学学术研究中的理论问题及实践障碍进行分析和

---

① Braxton, J., Luckey, W., & Helland, P.. Institutionalizing a Broader View of Scholarship through Boyer's Four Domains [M]. San Francisco, CA: Jossey-Bass, 2002. 59.

② Kreber, C. & Cranton, P. A.. Exploring the Scholarship of Teaching [J]. The Journal of Higher Education, 2000, 71 (4): 476–495.

研究。

二　研究思路

本书主要依据"为什么有教学学术"（Why）、"教学学术是什么"（What）、"如何开展教学学术"（How）的逻辑思路，按照史论相结合的行文架构，对 25 年来美国大学教学学术的理论与实践展开研究。

具体来说，本书主要由五部分七章组成，其中，第一部分即第一章绪论，主要是研究的缘起和研究问题的提出；第二部分是为什么会有大学教学学术，包括第二章美国大学教学学术研究的历史背景与原因；第三部分为大学教学学术是什么，包括第三章、第四两章美国大学教学学术的发展演变和理论问题研究；第四部分为大学教学学术怎么做，即如何实施与开展大学教学学术，第五章分别介绍了美国大学教学学术实践概况及高校、机构和教师个人的教学学术实践个案；第五部包括第六章、第七两章，分别是美国大学教学学术的影响与展望以及本书的结论与启示（见图 1.2）。

三　研究方法

本书主要是运用比较教育研究的惯常研究方法——以历史文献法为主，再辅以个案进行深入研究。具体来说，本研究主要运用了以下几种方法：

1. 文献分析法。文献分析法是比较教育研究中经常使用的一种重要研究方法，该方法主要是搜集、鉴别、整理文献，并通过对文献的分析与研究，形成对事实科学认识的方法。本书通过搜集、鉴别、整理国内外（尤其是美国）关于大学教学学术的研究文献，然后对文献进行整理、分析与研究，形成对大学教学学术的科学认识。

2. 政策文本分析法。政策文本分析法主要是指通过对政府、组织等出台的政策文本等进行分析和解读，从而得出政策制定者的意图和用意，以达到解决研究问题的目的。本书对 20 世纪 80—90 年代美国政府颁发的相关政策（尤其是高等教育政策）文件、有关机构组织等发布的教育报告（特别是高等教育报告）等进行分析与解读，旨在全面、彻底把握大学教学学术在美国兴起与研究的背景与原因。

3. 个案法。个案法是选取某一典型案例进行研究，特点是深入剖析，但研究结论不具备普适性，是其他研究方法的有益补充。本研究在研究美

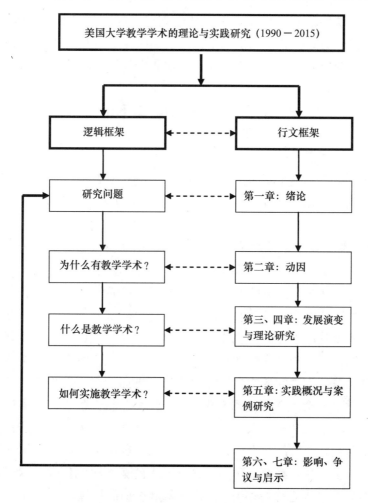

图 1.2　研究思路与架构

国大学教学学术整体情况之外，选取了三个较有代表性的案例对美国大学
教学学术实践进行研究：教师个人个案、机构个案和高校个案，旨在通过
个案对大学教学学术的实践进行深入分析研究。

4. 德尔菲法。德尔菲法是调查者根据一定的程序，对不同专家就某一
问题进行深入调查，它要求被调查的专家之间不能见面、互相讨论、发生
联系，调查人员通过多轮次调查专家对所提问题的看法，并经过多次修
改、征询、归纳，最后形成专家大概一致的看法，作为研究的结果。这种
方法具有一定的代表性，较为可靠。本研究运用德尔菲法就教学学术研究

问题分别与美国伊利诺伊州立大学的麦克尼、英国爱丁堡大学的克莱博、澳大利亚悉尼大学的特里格威尔等国际著名教学学术研究专家进行反复讨教、征询并取得基本一致看法，作为预测研究的结果。

第五节　研究创新与不足

一　研究创新

大学教学学术是个崭新的研究领域，国内外学者进行了一定的相关研究，本书力图站在前人的"肩膀上"，尝试在以下几个方面有所推进和创新。

一是对 25 年来美国大学教学学术的理论研究与实践进行较为全面、系统、深入的研究，这在国内外尚属首次。王玉衡的博士论文《美国教学学术运动——从帕森斯系统论看》运用帕森斯的系统论论证了大学教学学术的可行性，从而为大学教学学术奠定了理论基础。宋燕的博士论文《大学教学学术及其制度保障》侧重探讨大学教学学术实践及其制度保障。那么，本书则是通过美国大学教学学术的探讨与研究，将理论与实践联结起来，弥补两篇论文之间的空白。在理论研究方面，在一定程度上填补了国内外教学学术理论研究缺乏系统性、全面性与逻辑性的空白，虽还不能提出一个逻辑严密的理论体系，但已迈出了坚实的、奠基性的一步；在实践方面，本研究较为系统、全面地研究和总结了美国大学教学学术实践及其经验，既有全面的实践概况研究，又有深入的案例实践研究，从而对美国大学教学学术实践能有一较为清晰的了解和全面的把握。

二是较为详细地梳理了美国大学教学学术研究 25 年的发展演变脉络。美国学者高隆（Regan A. R. Gurung）和舒瓦茨（Beth M. Schwartz）根据历史时期将教学学术研究 20 年分为两个时期：兴起（1990—2000 年）和发展（2000—2010 年）。[①]这样的划分过于笼统，笔者依据教学学术研究的重大、代表性的历史事件将教学学术的历史发展详细划分为四个阶段：萌芽（1990 年之前）、兴起（1990—1995 年）、形成（1995—1999 年）和发展（2000—2015 年），在国内外教学学术研究史上将教学学术发展史研究推

---

① Gurung, R. & Schwartz, B.. Riding the Third Wave of SoTL［J］. International Journal for the Scholarship of Teaching and Learning, 2010, 4（2）.

进了一步。

三是较为系统地研究了大学教学学术的思想渊源和理论基础。国外学者虽然提出了大学教学学术的思想渊源和理论基础，但缺乏系统研究。国内学者宋燕、王晓瑜等虽然注意到了这个问题，但主要限于杜威、舍恩的行动反思思想和卡洛斯等的课堂研究理论的探讨，未能对大学教学学术的思想渊源与理论基础展开全面系统的研究。

二 研究不足

大学教学学术的研究与实践已经在美国全面展开，研究主题也涉及方方面面。然而，大学教学学术作为一个新兴研究领域，在国外研究也才不过25年，国内更是刚刚起步。本书虽尝试做一深入分析与研究，但难免存在疏漏之处，也有颇多待商榷之处。具体来说，本书的不足与后续研究有以下几个方面：

一是本书主要针对美国大学教学学术的理论与实践进行了初步的探讨，主要研究了为什么有教学学术、什么是教学学术、如何开展教学学术等问题，主要从理论与实践两个方面关注和探究了美国大学教学学术。而这些研究相对于教学学术研究来说，还只是处于初级阶段。教学学术，不仅涉及课堂的教与学，而且要超越课堂，具体如何操作？另外，教学学术还涉及教学学术的领导与管理等。这些将是今后研究的问题。

二是教学学术，不仅包括教的学术，而且包括学的学术。本书侧重讨论教的学术，而对学的学术探讨不足。本书将在后续研究中加强对学的学术和学生在教学学术中角色与作用的探究。

三是大学教学学术的一些项目与实践在国外，像美国、英国、加拿大、澳大利亚等欧美发达国家和地区已经展开，但在中国尚未真正地开展，本书的后续研究将在深入探讨教学学术理论研究的基础上，尝试在对国内有关高校开展教学学术项目，并对其实践展开研究。

四是博耶的教学学术思想宏大、内涵深远，其在提出教学学术时认为发现、整合、应用和教学四种学术形式虽相对独立但相互促进，本书几乎没有关注和涉猎教学学术与其他学术，尤其是整合学术、应用学术之间的关系问题。另外，就是作为教学学术专题研究的初级阶段，本书尚存在诸多的问题，如对制度、文化等相关问题关注不够等，这些都还有待后续深入。

第二章

美国大学教学学术研究的背景与原因

教育，既是社会发展的结果，又是社会发展的诱因，因此，教育总是作为历史的存在。"发生在任何时间或地点的教育都是特定社会的一种反映，而教育是该社会不可缺少的组成部分"①。高等教育也是一样，美国大学教学学术更不例外，"大学毕竟要受到社会政治、经济和历史现实的制约"②。美国 20 世纪 80 年代的高等教育改革，源于 1983 年的改革报告《国家处于危险之中》。美国高等教育改革的驱动力不仅来自政府、教师、学生、董事会，更主要是来自公众压力；另外，"二战"后，科研资助泛滥、研究型大学忽略本科教育教学和以科研导向而不是教学的学生教育，使得大学教师的角色变得扭曲。③ 1990 年，代表了先进理念和崭新思想的大学教学学术在美国一经提出，就迅速得到美国很多高校、机构和学者的响应，并在美国逐渐演变成为一场全国范围的学术运动，④后波及世界其他国家和地区。美国大学教学学术的研究与兴起，并不是孤立的事件，它是开始于 20 世纪 80 年代美国学校重建运动的延续，是美国本科教育改革运动的有机组成部分，同时也是美国社会民主运动的构成部分，是美国特定社会发展的一种反映，有着深刻的背景与原因。

---

① ［美］里帕：《自由社会中的教育：美国历程》（第 8 版），於荣译，陈瑶、张斌贤校，安徽教育出版社 2010 年版，第八版前言。

② ［美］阿特巴赫主编：《为美国高等教育辩护》，别敦荣等译，中国海洋大学出版社 2007 年版，第 13 页。

③ Cross, K. P.. Classroom Research: Implementing the Scholarship of Teaching ［J］. American Journal of Pharmaceutical Education, 1996, （60）: 402 – 407.

④ 王玉衡：《试论大学教学学术运动》，《外国教育研究》2005 年第 12 期。

第一节　背景

一　社会背景

通过"二战"，美国从政治、经济、军事、科技等方面更加巩固了它的世界霸主地位。但在"二战"后，随着各国战争创伤的恢复与经济飞速的发展，尤其是日本、德国等战败国家的重新崛起，20世纪五六十年代世界各地民族解放运动高潮迭起，新兴民族国家纷纷登上世界政治舞台，20世纪六七十年代，美国在越战中的失败、国内爆发经济危机、国际贸易地位下降、政府水门丑闻、能源危机、社会与环境问题、民权运动、校园反叛事件、高等教育大众化、教育质量下降，以及以计算机为代表的新科技和脑科学的迅猛发展等，这些都给美国社会发展带来巨大的冲击。20世纪80年代以后，"反思""批判"与"变革"成为美国社会发展的基调。美国政府和民众在积极寻求解决对策、摆脱困境之余，也寄希望于教育。高等教育曾创造多个"美国奇迹"，这次也不例外，也再次被美国政府与社会各界寄予"厚望"。

（一）政治背景

1980年里根当选美国总统，标志着美国政治、社会和教育等领域内保守主义的复苏。[①]里根及后来的布什、克林顿等美国总统，都积极采取了一系列被誉为"保守改革"的政策与措施，不仅强调标准和问责制的重要性，而且改革的重心也从公平转向了优异。那种认为学校是追求社会公平的主流观点，逐渐被学校是增强国际竞争力和实现经济繁荣的核心观点所取代，旨在挽回政府信任危机与重塑政府形象、抑制通货膨胀与促进经济增长、稳定社会、提高教育质量。其中，这一时期美国政府的改革政策与措施主要有：

政治改革：精简政府机构与人员，压缩财政支出；缩减联邦政府权力与权限，将部分权力与责任下放给州和地方政府；积极改善联邦政府与州、地方政府关系，让州和地方政府获得更多权力并承担更多责任，以减

---

① ［美］韦布：《美国教育史：一场伟大的美国实验》，陈露茜等译，安徽教育出版社2010年版，第379—380页。

小联邦政府财政压力。①

经济改革：压缩政府支出、减少财政赤字，逐步实现预算收支平衡；改革社会福利政策、大规模减税；减少规章条例、放宽对企业的限制；严格控制货币供应，实行稳健的货币政策。②

科技改革：受"二战"科技政策的影响，以及积极寻求摆脱经济危机和重振国家及其经济地位的需要，美国政府大力倡导和支持科技发展，并取得了重大突破，逐渐形成了引领美国发展的六大领域：电子信息技术、新材料技术、新能源技术、生物技术、海洋技术和空间技术，为美国后来实施高等教育改革与发展奠定了基础。③

教育改革：各级政府大幅削减教育预算和对高校的科研经费投入与资助；恢复传统纪律、确保学校教育，注重基础知识与基本技能；提高学术标准、鼓励优秀教学和有效教学；加强道德教育；强调职业教育、提倡发展私立学校；恢复家长、州和地方政府在教育过程中的合适地位。④此外，为了回应社会各界对学校教育质量的质疑，拯救美国不断下降的国家经济与智力竞争力，1983年，里根总统任命了一个国家优质教育委员会对美国教育中存在的问题进行彻查，最终形成了在美国教育史上具有划时代影响的《国家处于危机之中》报告。这个报告，不仅开启了20世纪80年代美国教育改革的序幕，同时还引发了包括博耶报告在内的700多份美国教育调查报告。这一大批改革报告绘制出了一幅处于危机之中的美国教育制度的图景，使得政治家们、商业团体和教育家将他们的关注点转向学校改革。⑤

（二）经济背景

20世纪60年代末爆发的经济危机导致美国国内经济停滞、膨胀与衰退，使得20世纪70年代成为美国经济发展最为动荡的十年。尼克松、福特和卡特三届美国总统虽竭力控制通货膨胀、减少失业、降低联邦赤字和缩小对外贸易的不平衡，但都以失败告终。美国国民生产总值年增长率由

---

① 刘绪贻主编：《战后美国史：1945—2000》，人民出版社2002年版，第486—487页。

② 张幼香：《试析80年代以来美国经济政策的调整》，《广东行政学院学报》1999年第2期。

③ 何顺果：《美国史通论》，学林出版社2001年版，第326—327页。

④ 仲健：《里根总统谈美国教育改革》，《全球教育展望》1985年第3期。

⑤ ［美］韦布：《美国教育史：一场伟大的美国实验》，陈露茜等译，安徽教育出版社2010年版，第385页。

20 世纪 60 年代的 3.8% 下降到 70 年代的 2.8%；私人投资的年增长率从 60 年代的 3.9% 下降到 2.9%；劳动生产率的年增长率由 60 年代的 2.7% 下降到 1.2%；年失业率由 60 年代的 4.6% 上升到 6.3%；消费物价指数年增长率由 60 年代的 2.8% 上升到 7.8%，1980 年则突破了两位数，上升到 13.6%。[1] 20 世纪 80 年代，美国国民生产总值年增长率依然持续下降，1984 年为 6.4%，1985 年降为 2.7%，1986 年又降至 2.5%；1984 年美国的固定资本投资增长率为 16.1%，1985 年为 7.7%，1986 年则只有 1.6%；1986 年美国财政赤字高达 2207 亿美元。[2]

另外，美国赖以生计的国际贸易竞争在这一时期也接连遭受重创，日本、德国等战败国家的重新崛起与经济的迅猛发展给美国国际贸易竞争带来巨大冲击。1980 年的美国对日贸易逆差为 93.8 亿美元，1986 年上升为 586 亿美元，六年中增长了 5 倍之多，年平均递增率为 35.7%；美国的出口额在世界出口贸易总额中所占的地位已从 1950 年的 17.8% 降至 1980 年的 11.8%；1986 年，美国外贸赤字高达 1562 亿美元。这些状况对经济严重依赖出口的美国是一个沉重打击，使其不得不检讨所奉行的各种政策。[3]

美国政府与社会各界纷纷开始思考美国经济出了什么问题？政府官员、记者和分析家们四处寻找和分析美国经济下降的种种原因，其中，美国政府与民众在指责美国企业家负有主要责任之余，把次要责任的矛头指向了教育。他们认为，这些失败都与美国的教育有关，尤其是学校教育质量紧密相连，教育应义无反顾地承担起这一责任。大家普遍认为，只有在美国实现最优化教育，才能使国家强盛；而最优化的根本点就是，美国的学校、课堂要面向技术革新和经济发展的挑战进行积极持久的结构性的变革。[4]

（三）文化背景

文化背景表现为开始于 20 世纪 60 年代美国新自由主义文化思潮到 20 世纪 70 年代开始逐渐衰退，随着 1980 年里根当选总统而出现的新保守主义文化思潮的兴起。

---

[1]　张幼香：《试析 80 年代以来美国经济政策的调整》，《广东行政学院学报》1999 年第 2 期。

[2]　王英杰：《美国高等教育的改革与发展》，人民教育出版社 1993 年版，第 84 页。

[3]　同上书，第 84—85 页。

[4]　史静寰：《当代美国教育》，社会科学文献出版社 2001 年版，第 5—6 页。

　　受到"二战"的影响，新自由主义文化思潮在战后美国盛行，其强调"个性、公平与自由"，深深地影响了战后美国各个方面的政策。但是，面对越战失败、经济危机、大学生德育下降等带来的种种问题，"自由主义者已经无法提出有效解决危机的灵丹妙药，自由主义所信奉的价值观念，如绝对的平等、自由等已经造成社会的动荡和不安"①。经济危机、社会动荡、校园反叛运动、大学生道德下降等问题引发了美国社会各界对于新自由主义文化思潮的反思与批判，催生了新保守主义文化思潮的诞生与发展。相对于新自由主义，新保守主义更强调传统道德、尊重宗教与精神价值观，并带有浓厚的传统保守主义色彩。这与当时执政的公开承认自己是保守主义者并痛心于这个国家的人本主义和享乐主义风潮、渴望复兴高尚精神和回归绝对道德准则的里根总统相得益彰。②新保守主义文化思潮也由此迅速崛起，成为1970—1992年间美国社会的主流思潮，影响着美国的各个领域和角落。高校作为一个文化机构，自然也受到新保守主义文化思想的影响。

　　（四）科技背景

　　除了政治、经济、文化等因素之外，科技的迅猛发展也迫使美国更加注重高校育人和教学问题。1971年英特尔公司发明微处理器，1975年第一台微型计算机问世，1977年苹果公司发明个人计算机（又称家用电脑）。进入20世纪80年代以后，以计算机为代表的信息科技发展更是一日千里。计算机网络带来的数字化革命，使得许多高等教育工作可以在全球任何一个角落完成。曾经以拥有世界最优秀教授和顶级实验室为骄傲的美国高等教育，优势已经不再。计算机网络技术使得优质高等教育资源得以共享，美国高校培养优秀人才不再拥有得天独厚的优势。在这种情况下，美国高等教育质量问题比以往任何时候都更为严峻和重要。③

　　技术的进步和新科技的发明，不仅给人类和学校教育带来了许多新机

---

① 施晓光：《美国大学思想论纲》，北京师范大学出版社2001年版，第158页。

② ［美］拉斐柏：《美国世纪：一个超级大国的崛起与兴盛》，黄磷译，海南出版社2008年版，第498—499页。

③ ［美］博克：《回归大学之道——对美国大学本科教育的反思与展望》，侯定凯等译，华东师范大学出版社2008年版，第5—6页。

遇，但同时也带来了更多挑战。[①]科技的迅猛发展使得以实证主义为代表的科技理性占据了美国高等教育的主流学术位置，导致学科专业领域被划分得越来越细，知识也越来越变得支离破碎，科技与人文的距离越拉越大，人本身也越来越变得单薄。威廉·D. 福特在《教育与美国的未来》中曾无比担忧地断言："将来，我们需要的不仅仅是科学家、工程师，我们还需要面对将来的技术，能够理解它、解释它，并利用它作为动力的律师、诗人和哲学家。从而，使我们不至于沦为将来技术的奴仆，而成为它的主宰。"[②]

另外，以计算机网络为代表的新技术在很大程度上改变了知识的储存和传播方式，极大地影响了学校的教育和教学方式。在这种背景下，教师不再以知识的化身而自居，教师和课本也不再是唯一的知识源泉，学生可以通过互联网查找、获取和学习任何知识；而且，学生获取知识可能更快、更新、更全，这就严重挑战了学校的传统教育和教学方式。这就需要教师改变传统教育教学角色，教师需要不断地重新学习和更新知识，教与学由过去的单向传播方式转为多元、相互影响的方式，其中，教师角色由主动变为辅助，学生由过去被动地接受学习知识转向主动学习、探究和创造知识。

（五）社会劳动力需求的变化

"二战"后的美国经济体制发生了根本性的变化，一方面，经济的发展对未来的职业提出了更高的技术要求，这意味着对教育培训等提出了严峻的挑战；另一方面，经济发展也带来了就业结构的变化和调整，美国绝大多数人如今所从事的不是农业、工业生产，而是贸易、运输业、银行业、公用事业等第三产业。有数据表明：20 世纪 50 年代，美国有 55% 的劳动力进工厂，30% 的劳动力从事服务行业和信息工作；但到了 80 年代，美国农业生产只占国内总产值的 3%，工业生产占 34%，而服务业却占 63%。产业结构的变化引起了劳动力分布的变化，从事农业的人员只占就业人口的 2%，产业人员占 32%，而服务业则占 66%；90 年代之后，美国增长最快的 20 种职业中有 14 种属于服务业，其中排在前七位的全部是服

① 王英杰：《美国高等教育的改革与发展》，人民教育出版社 1993 年版，第 83 页。
② 转引自史静寰《当代美国教育》，社会科学文献出版社 2001 年版，第 9 页。

务行业。①

　　另外，新科学技术在生产中的推广无疑引起了一些革命性变化，不仅使生产结构由第一、第二产业向第三产业倾斜，同时还带来了相应的社会、家庭结构的变化。这些变化使现代生产对劳动者的科学文化技术水平提出了更新、更高的要求，这一切无不要求未来社会的劳动者要具有更扎实的基础知识和更为灵活地运用知识的综合能力。对于大学生来说，接受高等教育已经不再仅仅是简单的接受知识和掌握技能，而是创新思维的训练和研发能力的培养。马萨诸塞州理工学院的经济学家莱斯特·瑟诺（Lester C. Thurow）在总结了这种情形后认为，除非以极大的努力来彻底提高美国劳工大军的素质，否则，美国的经济就难得繁荣。②美国前副总统蒙代尔（W. F. Mondale）在 1982 年的美国大学教授联合会《学术》（Academe）杂志上撰文专门强调人力投资对于美国发展的重要性，建议应该通过高等教育提高人们相互合作、有效工作的能力。③

　　（六）系统神经与脑科学的发展

　　恩格斯曾经预言，人类终有一天可以用实验的方法把"思维"归结为脑子的分子和化学运动。④20 世纪 70—90 年代，系统神经与脑科学的研究取得了重大突破，把恩格斯的预言变成了现实。1987 年，俄国心理学带头人、记忆研究专家亚历山大·鲁里亚（Alexander Luria）创立了基本机能联合概念，他根据机能系统把大脑皮层划分成三级——一级皮层是感觉和运动的初级皮层、二级皮层是感觉和运动的联络皮层、三级皮层是高级机能整合的联络皮层，从而突破了人类对于脑认知和记忆传统的模式。1992 年，美国《科学》（SCIENCE）杂志发表了重大研究成果之首的 NO。NO 是非经典性递质，它弥散性释放，并且作用于突触前膜，做逆行信息传递。NO 的发现改变了人们关于神经递质、突触和神经信息传递的传统概念。⑤另外，脑成像的技术、基因敲除技术等分子神经生物学的发展，使人们可以从更高、更深、更广的层次观测和理解大脑的结构和功能。

　　再有就是，随着分子生物学对受体、离子通道、转运体、G 蛋白、第

① 王英杰：《美国高等教育的改革与发展》，人民教育出版社 1993 年版，第 86 页。
② 转引自史静寰《当代美国教育》，社会科学文献出版社 2001 年版，第 5 页。
③ ［美］蒙代尔：《美国教育面临的挑战》，子华译，《国外社会科学》1983 年第 8 期。
④ 转引自孙久荣编著《脑科学导论》，北京大学出版社 2001 年版，第 3 页。
⑤ 同上书，第 7 页。

二信使等研究的深入，人们不仅加深了对于神经元膜结构、功能及脑化学筑构的认识，而且改变了关于脑和神经系统的概念，使人们对大脑的结构和功能有了进一步的认识与了解，并由此揭开了大脑记忆、学习等之谜，从而促进了人类新的认知和学习方式。这些研究与发现，不仅彻底改变了人们对于教育、教学的看法与认识，而且也为教学学术的研究与发展提供了无穷的机会。①

二 教育背景

美国大学教学学术在 20 世纪 90 年代的研究与兴起，除了与社会、政治、经济、文化、科技、人力资本、系统神经与脑科学等因素有关之外，也与美国高等教育自身发展的问题有关。美国高等教育问题，是伴随着整个美国的社会危机、经济危机和公众的信任危机而产生的，②"美国经济衰退和国际竞争能力下降给高等教育所带来的影响是严重的"③。美国高等教育经历了"二战"后黄金般的大发展之后，从 1968 年开始进入被称为求生存时代、调整时代和平稳时代，④而进入 20 世纪 80 年代之后，在新信息技术、终身教育、个别化学习、后现代主义思潮等影响之下，"批判、反思、变革"成为美国高等教育发展的主调。⑤美国各方纷纷为高等教育改革与发展献计献策，一方面试图通过高等教育改革寻求解决社会动荡与经济危机的对策；另一方面也旨在解决因政府大幅削减高等教育经费预算与资助而带来的高校经费危机、美国高等教育大众化所带来的挑战以及高等教育自身发展所存在的问题。

（一）高等教育大众化的挑战

"二战"后，美国高等教育得到迅速发展，不仅迈入大众化阶段，而且向普及化阶段迈进。1945—1975 年间，美国高校数量由 1768 所增至 3004 所；在校学生数由 1677000 增加了近十倍，达到 11185000；大学生入学人数增长了 500%，18—22 岁青年的大学入学比例达到了 40% 多，这

---

① Dewar, J. M.. An Apology for the Scholarship of Teaching and Learning [J]. InSight: A Journal of Scholarly Teaching, 2008, (3): 17 – 22.

② 黄福涛：《外国高等教育史》（第二版），上海教育出版社 2008 年版，第 341 页。

③ 王英杰：《美国高等教育的改革与发展》，人民教育出版社 1993 年版，第 85 页。

④ ［美］格拉汉姆等：《美国研究型大学的兴起：战后年代的精英大学及其挑战者》，张斌贤等译，河北大学出版社 2008 年版，第 77 页。

⑤ 施晓光：《美国大学思想论纲》，北京师范大学出版社 2001 年版，第 162 页。

种扩招与增长情况为世界罕见（见表2.1）。[①]但就在美国高等教育迎来黄金般的大发展之后，20世纪七八十年代却出现了一系列的问题。

表2.1　　　　　　　美国高等教育发展概况（1945—2005年）

	1945	1975	1993	2005
美国人口	139924000	215465000	258939000	295895287
高校在校生人数	1677000	11185000	14305000	17487000
教师数量	150000	628000	915500	1290000
院校数量（包括分校）	1768	3004	3638	4726
学位授予数量（副学士、学士、硕士、专业学位、博士）	157349	1665553	2167038	2936095

资料来源：数据根据 Cohen，A. M.，Kisker，C. B.. The Sharping of American Higher Education：Emergence and Growth of the Contemporary System（2nd. ed）［M］. San Francisco，CA：Jossey-Bass，2010. 188、308、436 汇总。

1. 教学问题

美国高等教育进入大众化后，与精英化阶段的高等教育相比，首先是教师的教学与学生的学习出现了问题。在过去的精英教育时代，大学生是经过千挑万选出来的精英，他们已经掌握了学习方法和技巧等，因此，大学教师的教学不存在任何问题，也不用过多操心学生的学习问题。但进入高等教育大众化之后，面对不同学习水平的大学生及其多样化的需求，还要面对新的教学工具和不断变化的教育权利，大学教师必须开始思考如何教学以回应学生不同水平的学习问题及多元化的需求；同时，还要面对跨学科、机构和不同国家及制度等的多元化学习背景，大学教师开始面临新的教育教学问题，如何更好地让大学生参与学习这些问题，帮助他们拼凑因不同背景下的碎片知识以形成整体意义；大学教师甚至还需要帮助大学生分享这些问题的答案，并尝试改变对于传统高等教育的认识。[②] 这些在精英化时代本不存在问题的教与学，却成为高等教育大众化后大学教师和

① 袁仲孚、仇金泉：《当代美国高等教育》，美国源流出版社1983年版，第66页。

② Huber，M. T.，& Hutchings，P. The Advancement of Learning：Building the Teaching Commons ［M］. San Francisco：Jossey-Bass，2005. 2.

大学生面临的首先需要解决的问题。

2. 大学生结构发生变化

随着美国高等教育进入大众化阶段，留学生、移民、少数民族、女生和大龄学生的比例大大增加。其中，美国高校中的外国留学生由 1954—1955 年度的 34232 人，增长到 1988—1989 年度的 361200 人；占美国大学生总数百分比由 20 世纪 50 年代的 1.4%，到 20 世纪 80 年代则翻了一番，占到了 2.8%（见表 2.2）。截至 1977 年秋季，美国高校中的黑人学生已经由 1969 年的 49 万增长为 110 万（见表 2.3）。女性大学生由 1969 年的大约 300 万增长为 480 万，在校女生比例达到了 50.7%，在美国高等教育历史上首次超过了男生（见表 2.4）。25 岁及以上的在校大龄学生，由 1972 年的 27.9% 上升到 1980 年的 34.3%，非全日制大学生比例由 1970 年的 32.2% 上升到 1980 年的 41.3%。上述情况说明，美国高校大学生主体构成已经发生了变化。美国正规的高等教育正在向非传统的大众化高等教育过渡，向妇女、少数民族等及社会经济地位不利的学生开放，私立高校也得到迅速发展并成为美国高等教育的有机组成部分（见图 2.1），实施终身教育已经成为美国高等教育的一个基本职能。[①]

表 2.2　　　　　　　　　外国留学生统计表（1954—1989 年）

年份	外国留学生（人）	占大学生总数百分比
1954—1955	34232	1.4
1964—1965	82045	1.5
1974—1975	154580	1.5
1984—1985	334600	2.7
1988—1989	361200	2.8

资料来源：王英杰：《美国高等教育的改革与发展》，人民教育出版社 1993 年版，第 148 页。

表 2.3　　　　　　　美国不同种族大学生录取比例（1995 年秋）　　　　（单位：%）

种族	总比例	高校比例	其他中等后教育机构比例
白人	74.1	74.7	64.9

① 陈学飞：《美国高等教育史》，四川大学出版社 1989 年版，第 183—184 页。

续表

种族	总比例	高校比例	其他中等后教育机构比例
黑人	11.0	10.7	16.5
西班牙裔	8.2	7.9	12.7
亚裔	5.7	5.8	4.3
印第安裔	1.0	0.9	1.5

资料来源：Cohen，A. M. ，Kisker，C. B. . The Sharping of American Higher Education：Emergence and Growth of the Contemporary System（2nd. ed）［M］. San Francisco，CA：Jossey-Bass，2010. 337. ）

表2.4　　　　　　　美国高校女生在校人数（1976—1993 年）

院校类型	1976		1993	
	总人数	女生比例（%）	总人数	女生比例（%）
本科	9429000	48	12324000	56
研究生	1333000	46	1688000	54
专业学位	244292	22	292431	41

资料来源：Cohen，A. M. ，Kisker，C. B. . The Sharping of American Higher Education：Emergence and Growth of the Contemporary System（2nd. ed）［M］. San Francisco，CA：Jossey-Bass，2010：334.

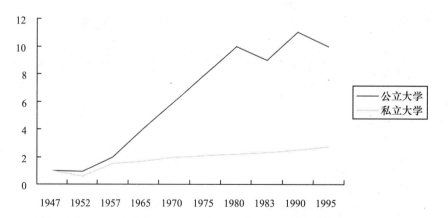

图2.1　美国公私立学校高等教育的总注册人数（百万）

资料来源：［美］斯马特主编：《高等教育学》，吴娟等译，江苏教育出版社 2010 年版，第150 页。

（二）高校经费危机

随着"二战"与冷战的结束、经济危机以及政府公共资助重点的转移[1]，美国各级政府大幅削减了高等教育经费预算和对高校科研经费的投入；另外，自20世纪80年代以来，受国家医疗、公路修理及监狱管理的费用成本、员工薪金等不断增加的影响，高校费用和大学学习成本的费用随之上涨，许多州不得不削减财政支出中对高等教育支持的比例；[2]再加大学生生源减少与招生数下降等，以上因素导致美国包括哈佛大学在内的所有高校都面临财政困境，出现财政赤字，继而引发了高等教育必须面对的各种问题[3]。

由于经济危机和通货膨胀，美国联邦、州和地方政府一方面分别减少了对于大学的拨款和大学生的补助（见图2.2）；另一方面，各级政府提供给高校的科研经费比例也从1970年占经费总额的70%下降到1980年的67%和1990年的59%（见表2.5）。对公立的博士型大学而言，联邦经费所占比例由研究总经费的75%降低到了60%，而对私立博士型大学而言，这个比例从82%下降到了77%。[4]

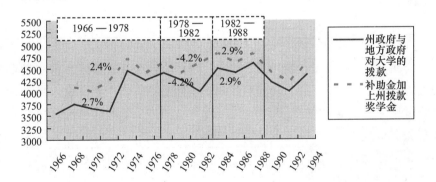

图2.2 政府对大学的拨款和大学生的补助（1966—1994年）

资料来源：［美］斯马特主编：《高等教育学》，吴娟等译，江苏教育出版社2010年版，第155页。

---

① ［美］阿特巴赫主编：《为美国高等教育辩护》，别敦荣等译，中国海洋大学出版社2007年版，第24页。

② ［美］奥恩斯坦等：《教育基础》，杨树兵等译，江苏教育出版社2003年版，第193页。

③ ［美］阿特巴赫主编：《为美国高等教育辩护》，别敦荣等译，中国海洋大学出版社2007年版，第24—25页。

④ ［美］格拉汉姆等：《美国研究型大学的兴起：战后年代的精英大学及其挑战者》，张斌贤等译，河北大学出版社2008年版，第84页。

美国高校深受经济通货膨胀的影响，同时，学校管理成本急剧增加，高校财政收入却明显减少。有数据显示：1971 年美国约有 540 所高校财政处于困难之中，另有 1000 所院校也日趋困难；1973—1974 年，美国几乎所有的高校都在努力控制支出；1969—1975 年，约有 136 所高校由于资不抵债被迫关门；哈佛大学 1991 年有 4200 万美元的财政赤字，耶鲁大学 20 世纪 80 年代以来累积赤字达 10 亿美元，全国高校累积赤字达 600 亿美元。①

表 2.5　　　1960—1990 年不同渠道提供给大学的研发经费的百分比

年份	联邦政府	州/地方	企业	大学	其他
1960	62.7	13.2	6.2	9.9	8.0
1970	70.5	9.4	2.6	10.4	7.1
1980	67.5	8.2	3.9	13.8	6.6
1990	59.0	8.2	6.9	18.5	7.5

资料来源：〔美〕格拉汉姆等：《美国研究型大学的兴起：战后年代的精英大学及其挑战者》，张斌贤等译，河北大学出版社 2008 年版，第 84 页。

这一时期，美国大学教师也明显地感受到了这种冲击。美国大学教授联合会在 1971—1972 年的年度报告中，特别提到用于提高教师工资的经费大为减少，其缩水量已大大超过了物价上涨的速度，并且这一职业的经济状况比一年前更加糟糕。②其中，1967 年至 1975 年期间的教师人均费联邦研究资金从 1.12 万美元下降到了 8400 美元，7 年期间降低了 25%；此外，获得联邦科研资助的教师的百分比也下降了，从 1968 年的 65% 下降到了 1974 年的 57%。③

（三）学生消费至上

20 世纪 70 年代以后，受到高校财政危机、高等教育供大于求、适龄青年入学人数减少、学校成本与学费持续上涨（见图 2.3）、专业化倾向等因素的影响，争取生源成为美国各类高校办学的关键 ④。公立院校收取

① 施晓光：《美国大学思想论纲》，北京师范大学出版社 2001 年版，第 159—160 页。
② 〔美〕格拉汉姆等：《美国研究型大学的兴起：战后年代的精英大学及其挑战者》，张斌贤等译，河北大学出版社 2008 年版，第 78 页。
③ 同上书，第 81 页。
④ 转引自乔玉全《21 世纪美国高等教育》，高等教育出版社 2000 年版，第 12—13 页。

的学费跟私立院校相比虽然较低，但在经济危机和高校经费困境的情况下，学费逐渐成为各类院校重要的资金来源。① 高校之间、院系之间以及高等学校与非正规教育组织之间为争夺生源的斗争尤为激烈（见表2.6）。正是这种对于生源市场空前激烈的竞争，导致了20世纪七八十年代美国高校与大学生之间、大学生与学科之间关系的重大变化，突出表现为：一是大学生普遍选择容易就业的实用性专业（见表2.7）；二是被美国学者普遍称作的"学生消费者至上"（Student Consumerism）观念在高校的兴起与流行，以至于当时美国最经常用来描述最近引起高等教育重大变化力量的词语就是"学生消费者至上"。美国著名高等教育专家克拉克·科尔指出：这种从注重学术的价值到注重学生消费者的转变，是美国高等教育史上两次最重大的方向上的转变之一。②

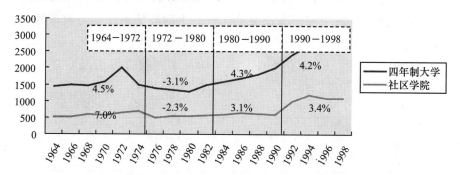

图2.3 美国公立学校平均学费（1998年币值）

资料来源：［美］斯马特主编：《高等教育学》，吴娟等译，江苏教育出版社2010年版，第154页。

表2.6　　　　　　　**美国公私立大学在校人数（1950—1980年）**　　　　　（单位：千）

年份	总数	公立大学	私立大学
1949—1950	2659	1355	1304
1959年秋	3216	1832	1384
1970年秋	8581	6428	2153
1980年秋	12097	9457	2640

资料来源：林玉体：《美国教育史》，台北：三民书局2003年版，第499页。

---

① ［美］斯马特主编：《高等教育学》，吴娟等译，江苏教育出版社2010年版，第150页。
② 转引自陈学飞《美国高等教育史》，四川大学出版社1989年版，第176—177页。

"学生消费至上",一方面是美国高等院校在财政、生源和信誉危机时期所采用的一种求生存与发展的策略;①但另一方面也意味着为"顾客"(学生)提供更高质量的服务。②"学生消费至上"在一定程度上促使美国高等院校尤其是研究型大学,改进高等教育质量、关注本科生教育、改善与加强本科生教学。

在美国这一时期,"学生消费至上"引发的"以学生为中心"的教育理念已从小学、中学广泛而深入地渗透到大学,而重视本科教育正是这一教育本源的回归。美国许多院校逐渐意识到,大学的社会责任首先是对学生负责,大学最好的成果是毕业生,"好的大学就是——一切为了学生的大学"。③此外,本科生教育教学大有改变,本科生从事研究在美国高等院校中渐成风气。美国很多院校要求:本科生的教学不仅要与教师的学科专业研究相结合,而且要让学生参与研究。本科生有机会参与专业研究、站在新知识的前沿,构成了美国一流大学在本科教育方面最明显的竞争优势。

表 2.7　　　　　　　　美国本科学位获得人数变化情况

(1975—1976 年/1994—1995 年)

学科	1975—1976 年总数	1994—1995 年总数	比例变化 1975—1976 年/1994—1995 年
农学	19402	19832	+2
建筑学	9146	8756	-4
生物学/生命科学	54085	55790	+3
经济学	143171	233895	+63
传播学	20045	48104	+140
计算机	5652	24737	+338
教育学	154437	105929	-31
工程	38733	62331	+61
英语	41452	51170	+23

---

① 陈学飞:《美国高等教育史》,四川大学出版社 1989 年版,第 176—177 页。
② 黄福涛:《外国高等教育史》(第二版),上海教育出版社 2008 年版,第 451 页。
③ 张晓鹏:《美国研究型大学加强本科之路》,《上海教育》2005 年第 10B 期。

续表

	1975—1976	1994—1995	比例变化
医疗	53885	81596	+51
社会、历史	126396	128154	+1
数学	15984	13494	-16
现代外语语言学	17068	14558	-15
物理科学	21458	19161	-11

资料来源：Cohen, A. M., Kisker, C. B.. The Sharping of American Higher Education: Emergence and Growth of the Contemporary System (2nd. ed)［M］. San Francisco, CA: Jossey-Bass, 2010. 335.

（四）20 世纪 80 年代的本科教育改革运动

20 世纪六七十年代以来的越战失败、"校园反叛运动"、政府水门丑闻、通货膨胀与经济衰退、社会动荡等问题，使得美国政府与民众认为很大一部分是高等教育出了问题，"教育在很大程度上被认为是加重不平等社会关系的根源"[①]；另外，进入 80 年代之后，美国开始显现出经济复苏的迹象，以计算机为代表的新科技发展日新月异，对高等教育提出了更高的要求。但是，美国高等教育的现状与发展却与美国社会经济需要、科技发展呈现出巨大的反差，主要表现为高校教育质量下降、大学生无所追求和公民意识淡漠，因此，高等教育改革势在必行。虽然由于里根政府主张减少国家干预，因而未能出台新的高等教育法规、未对高等教育发展与改革进行直接干预与控制，但是，美国政府却通过委托教育组织和其他基金会机构提供报告、开展调查研究等方式，对高等教育发展与改革进行着全面、系统的调控与指导。其中，影响最大的当属由里根总统任命的美国优质教育委员会于 1983 年发表的《国家处于危险之中：教育改革势在必行》。该报告揭开了美国 20 世纪 80 年代大规模教育改革的序幕，同时也引发了以本科教育改革运动为代表的高等教育改革。继该报告之后，"美国高质量高等教育研究小组"在 1984 年 1 月发表了《投身学习，发挥美国高等教育潜力》报告。该报告的核心是改进本科生教育，旨在使"本科

---

① 史静寰：《当代美国教育》，社会科学文献出版社 2001 年版，第 7 页。

教育重新获得我们的学生和我们的国家的信任的途径",①使大学生在毕业的时候能够成为受过良好教育的美国公民。"它的公民要有知识、赋予创造、思想开放。首先,他们必须学会怎样学习,从而使他们能够毕生追求知识,并帮助他们的子女也这样去探索知识。"②1983年至1985年间,由州立法制定的高等教育改革章程和其他机构组织发布的教育调查报告多达700多个,著名的如卡内基基金会的《中学:美国中等教育报告》《学院:美国本科生教育的经验》与《国家为培养21世纪的教师作准备》,全国维护学生联盟的《通向高质量的障碍:我们的儿童处于危险之中》等。这些报告内容广泛而全面,涉及了提高教育标准、增加考试、充实课程内容、加强责任心、要求更高质量的教师和更有效的教学等。③上述报告发表之后,美国的本科生教育教学问题日益引起关注,重建本科生教育也成了美国研究型大学的发展蓝图。这既是一个信号,说明美国终于认识到本科生教育的重要性;又是一个转折,即美国开始着手改革本科生教育,将其作为在21世纪能否使美国继续维持世界霸主地位的战略重点,④从而掀起了20世纪80年代轰轰烈烈的本科教育改革运动。

20世纪80年代的美国本科教育改革运动分为两个阶段,分别由1982—1985年和1986—1989年两个时段构成。第一阶段(1982—1985)的本科教育改革与举措主要是重建学校标准、教师教育改革、建议学生投入学习等,是由政府倡导推动的由上而下的高等教育内部改革。这种改革举措虽有一定成效,但主要是在维护现有教育体制基础上的带有局限性的部分改革,因此,改革的整体成效不大。当时,美国高等教育发展出现了一系列问题,主要源于体制滞后,是制度本身问题,因此,改革要取得成功,必须进行根本性变革。卡内基教育与经济论坛(Carnegie Forum on Education and the Economy)明确指出:"我们不认为教育制度只要修修补补就行了,我们认为如果我们打算培养在21世纪富有创造力的新一代,教育制度必须重建,以

①　[美]美国高质量高等教育研究小组:《投身学习,发挥美国高等教育的潜力》,载教育发展与政策研究中心编译《发达国家教育改革的动向和趋势:美国、苏联、日本、法国、英国1981—1986年期间教育改革文件》,人民教育出版社1986年版,第31页。

②　同上书,第32页。

③　肖丽萍:《二战后美国教育政策的演变及启示》,《教育研究》1997年第11期。

④　史朝:《重建本科生教育:美国八九十年代本科生教育的经验及启示》,《外国教育研究》2000年第2期。

适应经济急剧变化的需要。"①因此，引发了由局部改革转向整个体制改革的第二阶段本科教育改革运动。第二阶段改革（1986—1989）的建议主要来自一些著名的教育家，如古德莱德（Goodlad, J.）、赛泽（Sizer, T.）、博耶（Boyer, E. L.）。他们要求进行自下而上而不是自上而下的改革，建议包括分权化、地方管理、教师授权、家长参与和择校等。第二阶段改革的报告还强调要实现专业化的不断发展，在实现专业化的各项建议中，不仅包括要实现教师赋权，还要改革教师培训。这些建议共同孕育了美国全国专业教学标准委员会（National Board for Professional Teaching Standards，NBPTS）的成立。1987 年该委员会成立以来，不仅拟定了教学标准，而且在 30 多个领域内确立了资格认证制度。资格认证制度主要围绕着学生发展水平和学科领域设计，而且获得委员会的资格认证直接关系到教师的评聘职称。美国各州以及 550 多个学区都为教师提供经济上的或者其他方面的奖励，以激励教师考取全国委员会的资格认证书。②截至 2010 年年底，美国已经有 91000 教师获得了专业教学标准资格证书。③

（五）建构主义学习理论的兴起

随着脑科学、心理学等学科的发展，传统的行为主义和认知主义学习理论在学校教育教学中的弊端也逐渐暴露出来。行为主义和认知主义学习理论注重外部客观世界，强调让学生通过反应获取外部世界的知识，对教师的教与学生的学有一定的价值与帮助，但是，它们忽略忽视了教学过程中教师与学生已有的知识与亲身体验。④

20 世纪 80 年代兴起的建构主义学习理论，⑤为教学学术的研究与兴起奠定了一定的心理学基础。建构主义学习理论可用于解释科学知识的形

---

① ［美］卡内基教育和经济论坛：《国家为培养 21 世纪的教师作准备》，载教育发展与政策研究中心编译《发达国家教育改革的动向和趋势（第二集）》，人民教育出版社 1987 年版，第 274 页。

② ［美］韦布：《美国教育史：一场伟大的美国实验》，陈露茜等译，安徽教育出版社 2010 年版，第 388—389 页。

③ Wikipedia. National Board for Professional Teaching Standards［EB/OL］. Retrieved 2012 - 02 - 10 from：http：//en. wikipedia. org/wiki/National_ Board_ for_ Professional_ Teaching_ Standards.

④ ［美］申克：《学习理论：教育的视角》（第三版），韦小满等译，江苏教育出版社 2003 年版，第 23—24 页。

⑤ ［美］帕克等：《课程规划——当代之取向》（第七版），谢登斌等译，浙江教育出版社 2004 年版，第 216 页。

成、学生知识的发展以及知识和现实之间的关系等问题,①并从"新认识论"的视角对客观主义教育认识论进行了批判。建构主义学习理论,不仅将知识分为客观知识（Explicit Knowledge）和缄默知识（Tacit Knowledge），而且道出了知识的复杂性（如结构的开放性、不良性,知识的建构性、协商性和情境性等）,掌握知识需要掌握组织成系统形式的知识的不同方面。建构主义学习理论认为,知识不仅源于客观世界,而且源于个人对知识的建构,即个人创造有关世界的意义而不是发现源于现实的意义。②

在建构主义看来,传统的行为主义和认知主义低估了教和学等环节的复杂性,它要努力创造一个环境,使得学习者能够积极主动地建构他们自己的知识,强调学习者为了创建自己对事物的认识所采取主动与周围沟通的方式。建构主义相信,如果让学习者积极建构自己的知识体系,以这种方式建立的新知识体系不仅不易退化,而且能给学生以主动学习的机会,培养他们的思维创新能力。建构主义认为,人由于经历的不同而对客观世界会有不同的认识,一个人与另一个人对于事物的认识不可能完全一样,因此,建构主义主张,学习者在新知识的学习过程中应结合自己先前的经历以便加深对事物的认识;其中,教师的主要职责是促使学生在学习的过程中新旧知识的有机结合。③

（六）学术职业研究的兴起及教学专业化的提出

最初形态的学术职业虽然早已诞生,但真正独立的学术职业则是出现于欧洲中世纪,后历经多次历史变迁与转型。④因此,学术职业研究在高等教育研究领域却是个崭新的话题,主要与美国大学在国际中的凸显以及"二战"后美国高等教育的大发展有关系。随着高等教育从精英化向大众化转型、政府科研津贴、研究型大学、研究生教育等的兴起,学术职业开始为人所关注。学术职业的概念首先是由洛根·威尔逊（Logan Wilson）

---

① ［美］格莱德勒:《学习与教学:从理论到实践》（第五版）,张奇等译,中国轻工业出版社 2007 年版,第 70 页。

② ［美］斯特弗等编:《教育中的建构主义》,高文等译,华东师范大出版社 2002 年版,总序。

③ 马万华:《建构主义教学观对大学教学改革的启示》,《高等教育研究》1999 年第 5 期。

④ 李志峰、沈红:《学术职业发展:历史变迁与现代转型》,《教师教育研究》2007 年第 1 期。

在 1942 年发表的《学术人》（*The Academic Man*）中提出，①后逐渐引起学者的关注和重视，由 20 世纪 50 年代的经验探究开始，60 年代末研究文献迅速增加，70 年代中期达到批判性高潮，最终形成了可以确认的概念框架、理论命题和普遍叙述（Descriptive Generalizations）的研究领域。②

学术职业研究引起了时任卡内基教学促进会主席博耶的关注和重视，他深刻意识到了学术职业这一研究的价值和重要性。1991—1993 年，在博耶的领导下，卡内基教学促进会对 15 个国家和地区开展了有关学术职业的第一次国际性调查，最后主要形成了由博耶、阿特巴赫等主编的《特别报告：学术职业的国际展望》和阿特巴赫主编的《国际学术职业：十四国透视》。研究结论指出：全世界的学术职业正在发生急剧的变化，学术职业当前面临很大的挑战与危机，并且呈现衰落之态，但教授仍应致力于其基本的研究与教学责任。③

此外，学术职业研究也再次引发了人们对于教师职业及其教学专业问题的关注，教学专业化问题随即被提出并逐渐进入学者的视域。1966 年，国际劳工组织和联合国教科文组织在巴黎会议上发表的《关于教师地位之建议书》中，首次以官方文件形式明确提出"教学应被视为一种专门职业"，并指出教学是一种公共的业务，它要求教师经过严格的、持续的学习，从而获得并保持专门的知识和特别的技术。④由此引发了自 20 世纪 80 年代以来，教学专业化逐渐在世界范围内形成了一场声势浩大的改革运动，势头至今不衰。⑤

第二节　原因

随着高等教育在社会问题中的凸显以及高校学费的持续上涨，美国的

①　沈红：《论学术职业的独特性》，《北京大学教育评论》2011 年第 3 期。

②　Finkelstein, M. J.. The Study of Academic Careers：Looking Back，Looking Forward ［A］. In Smart, J. C. （Eds.）. Higher Education：Handbook of Theory and Research, Vol. XXI ［M］. Netherlands：Springer, 2006：159.

③　［美］阿特巴赫主编：《变革中的学术职业：比较的视角》，别敦荣主译，中国海洋大学出版社 2006 年版，第 15—16 页。

④　国际劳工/教科文组织：《关于教师地位之建议书》，http：//unesdoc. unesco. org/images/0016/001604/160495c. pdf.

⑤　操太圣、卢乃桂：《论教学专业化的理论挑战与现实困境》，《教育研究》2005 年第 9 期。

立法者和学校的董事会，甚至是那些慷慨捐赠高等教育的人，以及家长和学生，都开始关注本科教育教学及其质量问题。①进入 20 世纪 80 年代之后，美国高等教育发展开始进入需要提供"证据"的"责任与评价"时代。美国政府和民众需要知道：政府和民众在教育中投了那么多钱，高校是如何教育新一代公民？教师如何教学？大学生是如何学习的？不仅要知道和了解大学生的学习结果，还要知道和了解大学生的学习过程。因此，高校被要求提供教与学的证据。另外，自 20 世纪 80 年代起，美国高校中的问题愈演愈烈：行政权力的上升与膨胀；高校发展定位趋同，缺乏丰富性与活力；大学聘用、评价与晋升教师主要依据科研而不是教学；大学教师被指责拿着高薪却过着悠闲的日子，大学教师如何使用时间问题被严峻提出；大多数教授的学术研究过于狭窄和自我参考；高校中充斥着老套的教学与科研争论；大学教授的学术被认为过于基础和狭窄而与美国社会脱离；等等。②这些都是 1990 年博耶在《学术反思》中拓展学术内涵，正式提出并积极倡导大学教学学术的原因。

一 间接原因

1. "责任与评价"成为高等教育发展主题

进入 20 世纪 80 年代之后，随着经济危机、国际贸易竞争失败、校园反叛运动、学费持续上涨、高等教育质量问题、就业压力、大学生德育水平下降等，教育受到美国各方的严厉指责，"教育在很大程度上被认为是加重不平等社会关系的根源"③。同时，美国教育改革与发展也频频出现问题，《国家处于危险中》则断言：教育成绩的下降在很大程度上是教育过程本身存在着许多令人忧虑的缺陷。④美国政府与民众开始关注高等教育质量问题，由以前的只关注结果转向现在的结果与过程共同关注，从而引发了 20 世纪 80 年代的大学生学习成绩评价运动，及后来的全面监督考核大

① Rice, R. E.. Beyond Scholarship Reconsidered: Toward an Enlarged Vision of the Scholarly Work of Faculty Members [J]. New Directions for Teaching and Learning, 2002, (90): 7 – 17.

② Boyer, E. L.. Scholarship Reconsidered: Priorities of the Professoriate [M]. San Francisco: Jossey-Bass, 1990: XI – XII.

③ 史静寰：《当代美国教育》，社会科学文献出版社 2001 年版，第 7 页。

④ [美] 美国高质量教育委员会：《国家处在危险之中：教育改革势在必行》，杨维和译，载教育发展与政策研究中心编《发达国家教育改革的动向和趋势：美国、苏联、日本、法国、英国 1981—1986 年期间教育改革文件和报告选编》，人民教育出版社 1986 年版，第 13 页。

学的效能核定。例如，威斯康星州议会要求教育主管部门对大学的学术项目、教育质量、课程内容和教师评价等进行全面和深入的评估，并威胁说如果本州教育主管部门不认真做这件事，他们将聘请外州的专业团体来进行评估。很多州和地方政府纷纷调整政策，把政府投入，特别是新增加的投入与大学完成效能核定的指标挂起钩来。①另外，新科技与技术的发展也为考核学校的绩效、高校"循证教学"（evidenced-teaching）与"循证学习"（evidenced-learning）等提供了基础。"责任"与"评价"逐渐成为美国高等教育发展的主题，由此，引发了美国高等教育两大变化：第一个变化是由注重结果考核的终结性评价转向促进发展的过程性评价；第二个变化是由促进学生学习评价引发的关注大学教师角色和奖励。②

2. 本科教育问题

"二战"后美国高等教育经历了约 20 年"黄金般"的发展高潮，但进入 20 世纪六七十年代之后，受到国家政策转向、经济危机、社会文化转型等的影响，美国高等教育发展开始显现出一系列的问题。其中，"20 世纪 80 年代的大学教育质量问题主要是本科教育质量问题"③。研究型大学中的本科生教育质量及其教学问题尤为凸显，受到了美国各界的高度关注和重视。

（1）本科教育质量问题

20 世纪六七十年代，由于高等教育大众化和研究型大学的崛起及其过于侧重研究生教育等原因，尽管也采取了一些改革措施，但美国本科教育质量出现了持续下滑，不能完成学业的大学生为数甚多。据调查，20 世纪 80 年代前后美国大学入学委员会的学业水平测试（AST）成绩逐年下降，1963—1980 年间的语文平均成绩下降了 50 多分，数学平均成绩下降近 40 分，物理等其他学科的成绩也在不断下降；学业水平测验成绩优秀学生的人数和比例明显下降；许多公立四年制大学不得不为大学新生开设数学、科学、写作、阅读等方面的补习课程，如 80 年代初的大学数学补习课程

---

① 乔玉全：《21 世纪美国高等教育》，高等教育出版社 2000 年版，第 107—108 页。

② Cross, K. P.. Classroom Research：Implementing the Scholarship of Teaching［J］. American Journal of Pharmaceutical Education，1996，（60）：402–407.

③ 顾明远、梁忠义主编：《世界教育大系·美国教育》，吉林教育出版社 2000 年版，第 276 页。

占全部数学课程的 1/4。①另据统计，大学毕业生中仅有半数获得学士学位；1964—1982 年间，研究生入学考试的 15 门主要学科中，有 11 门成绩下降。②与此形成鲜明对比的是，自 20 世纪 60 年代中期以来，高校学费的增长越来越快，而大学生的学业成绩却毫无例外地一直在下降。③时任美国教育部长的贝内特就曾指责说：学费上涨的原因是管理不当和浪费，高等教育是不可靠的、效率低的。美国高等教育危机及其质量问题，正如一位美国分析家所总结的那样：以往每一代美国人都曾在教育上、在读写能力上并在经济成就上超过了他们的家长，但目前这一代人的教育技能不超过、不等于，甚至达不到他们家长的水平，这在美国历史上还是第一次。④

　　20 世纪七八十年代，美国本科教育质量持续下滑，研究型大学的本科教育质量问题尤为凸显。美国研究型大学在"二战"后的发展与改革过程中，如何处理研究生教育与本科教育的关系一直是它们必须面对的难题。根据 2000 年美国卡内基调查，美国 3856 所高校中只有 125 所属于研究型大学，约占高校总数的 3%，而它们培养的本科生却占了全美本科生的32%。⑤也就是说，研究型大学在美国高等教育系统中扮演着主导的角色，但是，本科教育却是研究型大学常常忽视的问题，研究型大学的本科教育状况处于一种危机之中。在知识创新和完善方面，美国的研究型大学已是非常成功的，但在本科教育方面，它们做得还不够，甚至是失败的。⑥

　　（2）大学生德育问题

　　"二战"后，美国高校由于自由主义泛滥、注重科研忽视教育教学、侧重实用主义教育与专业化培训等，导致大学生道德水平下降、公民意识淡漠、校园反叛行为增多。皮特·哈特公司曾在 20 世纪 80 年代对 15—21岁的美国青少年就人生价值观、人生目标及公民义务等进行了一次调查，调查结果发现：12% 的被调查者认为参加选举是良好公民应遵循的重要原

　　① 瞿葆奎主编，马骥雄选编：《教育学文集·美国教育改革》，人民教育出版社 1990 年版，第 592—593 页。
　　② 王英杰：《美国高等教育的改革与发展》，人民教育出版社 1993 年版，第 89 页。
　　③ ［美］阿姆伯普斯特：《美国教育为什么失败》，黄明皖译，《比较教育研究》1980 年第 6 期。
　　④ 史静寰：《当代美国教育》，社会科学文献出版社 2001 年版，第 14 页。
　　⑤ 贺国庆等：《外国高等教育史》（第二版），人民教育出版社 2006 年版，第 426 页。
　　⑥ ［美］博耶本科教育委员会：《彻底变革大学本科教育：美国研究型大学的蓝图》，朱雪文编译，《全球教育展》2001 年第 3 期。

则，24%的被调查者认为帮助社区是重要的生活目的之一，另外有65%的被调查者从来没有参加过社区服务活动。① 加利福尼亚大学洛杉矶分校高等教育研究所在20世纪80年代对大学新生做了一次调查，调查结果与上述类似：近四分之三的大学新生把多挣钱视为上大学的主要原因，把更富有作为主要的生活目标。② 另据卡内基基金会对美国在校大学生的调查显示：大学生的校园生活与社会逐渐割裂与分离、不文明行为在增加、公民意识减弱。③

二 直接原因

1. 学术内涵理解的窄化问题

美国的大学学术活动，从殖民地学院到后来研究型大学的崛起，共经历了3个不同但又重叠的阶段，对于大学学术内涵的认识与理解也随之发生变迁。第一阶段是殖民地学院时期，这一时期的美国大学学术根植于浓厚的英国传统，学术被认为就是教学，通过教学发展学问并传至后代。教学被认为是一种神圣的职业，是被视为同牧师一样的一种献身行为而受到敬重。学生智力、道德和精神上的成长，全部交由教师负责，这种将教学视为学术的传统一直保持到19世纪。第二阶段，随着1824年赖思塞勒（Rensselaer）综合技术学院的成立、"增地学院"的出现和"威斯康星思想"的传播，美国大学学术活动中增加了服务的使命；同时，服务的功能还具有道德上的意义，即深信大学学术还要完成道德上的使命。1867年霍普金斯大学的成立，使得研究发展知识开始在美国大学学术活动中生根。但一直到"二战"前，美国大学学术活动的重点都还是本科教育和教学，研究也主要仅限于研究生教育阶段。教学、服务和科研被誉为美国高等教育的三驾马车，为美国高等教育的良好发展保驾护航。但是，第二次世界大战及其后期展开的美苏之间的冷战打破了这种平衡状态，并使美国大学学术活动的重心在第三阶段发生了重大转变。美国政府依赖高校科研打赢了"二战"，由此尝到甜头的美国政府开始大力鼓励和支持高校科研。"二战"后，研究型大学及其研究生教育随之迅速崛起，研究的学术也随之成

---

① 王英杰：《美国高等教育的改革与发展》，人民教育出版社1993年版，第89页。

② 同上。

③ Boyer, E. L. Scholarship Reconsidered：Priorities of the Professoriate［M］. San Francisco：Jossey-Bass, 1990：XII.

为美国大学学术活动的主流，美国大学学术活动发生了彻底变革①。由此开始，美国高校聘用、评价和晋升大学教师主要是按研究人员去评价他们。按照美国高等教育中普遍存在的看法，成为一个学者就是要成为一个研究者，出版物成为衡量学术活动和学者的首要尺度。卡内基促进教学会曾在1969年和1989年分别做了相同内容的全国性调查，调查结果生动地说明了美国大学学术内涵的转变。在1969年的调查中，只有21%的受访教师认为没有著作不可能取得终身教授职位，但到了1989年，这一数字翻了一番，达到了42%（见表2.8）。②

表2.8　　　　　在我系，一个人若没有著作很难取得终身职位
（表示"强烈同意"的百分比，单位:%）

高校	年份	年份
	1969	1989
所有答卷者	21	42
研究性大学	44	83
授予博士学位的大学	27	71
综合性大学	6	43
文理学院	6	24
两年制学院	3	4

资料来源：Boyer, E. L. . Scholarship Reconsidered：Priorities of the Professoriate ［M］. San Francisco, CA：Jossey-Bass, 1990：12.

　　"二战"后，尽管美国高等教育因大众化而呈现多样化发展趋势，但是，美国高校中用以衡量学术活动的标准却变得越来越窄，大学教师越来越被要求从事研究和出版成果，提升和确定终身职位都取决于此。寻求安全和地位的年轻教师发现，在纽约或芝加哥的一次全国性会议上提交一篇论文比在学校给本科生授课对达到目的更有利。③这一时期，美国很多高校

---

　　① Boyer, E. L. . Scholarship Reconsidered：Priorities of the Professoriate ［M］. San Francisco, CA：Jossey-Bass, 1990：11.

　　② Ibid. 12.

　　③ Boyer, E. L. . Scholarship Reconsidered：Priorities of the Professoriate ［M］. San Francisco, CA：Jossey-Bass, 1990：12.

尽管在口头上一直强调学校要保持教学与科研的平衡，但在实际中，后者明显占了上风。教师教育在这一时期也由师范院校转向综合性院校，也是这一转变的明显例证。①

综上所述，经过"二战"前后短短几十年的工夫，美国大学学术活动的重心就发生了重大的调整，大学学术内涵也随之发生了重大转变。美国殖民地时期大学遗留下来的多年的重视本科教育的传统，被欧洲大学重视科研和研究生教育的变革笼罩上了一层阴影。具体来说，美国许多四年制高校的重心从学生身上转移到了教师身上，从博雅教育转到了专业教育，从忠于一个学校转移到忠于自己的行业。这一状况恰如美国历史学家施密斯（Smith, P.）在其著作《扼杀精神：美国高等教育》中所云："美国高等院校的景象如同一片荒芜的沙漠，以往的辉煌烟消云散，剩下的只是为争夺教授职位的'厮杀'，对本科教育的无视，……这种迹象表明，它们正在扼杀美国高等教育的精神。"②

2. 大学教师的角色与评价问题

20世纪80年代，由于社会动荡、国际贸易竞争失利、高等教育质量下滑、大学生道德水平下降等问题，导致美国政府和民众将矛头对准了拿着高薪却过着悠闲生活的大学教师。艾伯尔（Eble, K.）在他著的《作为教师的教授》一书中发表了一个已经被美国社会各界达成共识的看法：教授们思想狭隘、轻视教学，不愿当好一个教师的毛病大部分同研究生的培养有关。③

美国国家教育优异委员会经过调查于1983年发表了对美国教育发展影响深远的《国家处在危险之中：教育改革势在必行》报告，其中认为，美国本科教育及其质量出现问题的一个主要原因在于大学教师及其教学。调查发现：吸引学术上能干的研究生从事大学教学工作做得很不够，大学教师培训计划需要有实质性的改进，大学教师对其工作和生活总的来说感到不满，关键领域的大学教师奇缺。其中主要原因在于：社会精英从事大学教师职业的人数太少；大学教师培训过于偏重教育方法，忽略忽视学科

①　Cohen, A. M., Kisker, C. B.. The Sharping of American Higher Education: Emergence and Growth of the Contemporary System（2nd. ed）[M]. San Francisco, CA: Jossey-bass, 2010: 327.

②　转引自施晓光《美国大学思想论纲》，北京师范大学出版社2001年版，第171页。

③　Boyer, E. L. Highlights of the Carnegie Report: The Scholarship of Teaching from "Scholarship Reconsidered: Priorities of the Professoriate"[J]. College Teaching, 1991, 39（1）: 11–13.

学术性课程培训；大学教师的平均年薪较低，许多大学教师必须利用兼职工作来弥补收入不足；教师个人对如教科书的选择等重大专业性决策上没有什么权力。①

　　大学教师为职业利害而竞争，导致教育教学精力分散；教授们被期望像学者的角色，能够从事研究工作、与同行交流学术成果。高校聘用、晋升和评价大学教师主要依据其科研成果发表情况，而本科生教育却又要求教师对学生负责并进行有效教学。这些矛盾性的职责之间，大学教师经常被搞得烦恼不堪，无所适从。美国大学教师面临着如下这些难题：如何协调教学与科研之间的关系？不同类型的高等教育机构如何用不同的标准去评价大学教师？大学教师如何才能得到专业上的学习和提高？课堂教学中的墨守成规与专业的创新、创造问题？大学教师时常抱怨大学生学习不主动，他们说，大学生们只是在教师提醒他们所提供的材料将要考察时才会临时抱佛脚。在许多大学课堂中，缺乏生气勃勃的智力交流，而这种交流是教师或大学生们怀有责任感的情况下所出现的。与此相反，美国政府和民众希望的高等教育应该是这样的：在大学中，大学教师应该关注和关心大学生；在课堂上师生能够共同向旧的传统挑战，使新的思想、观点得到检验。美国政府、民众和社会各界都在思考以下几个问题："在这个群众性教育的时代，大学生能否成为独立的、自我指导的学习者？教师怎样才能改进其教学，以鼓励创造性和批判精神？怎样才能将校内校外所有的学习设施和资源连接起来？"②

　　3. 教学与科研的关系问题

　　高校教学与科研之间关系的论争，也是导致大学教学学术出现的重要原因之一。美国高校中关于教学与科研的争论由来已久，它们之间的关系目前主要论断有三：正相关（积极关系）、负相关（消极关系）和零相关（无关系）。③

　　持正相关观点的学者认为：教学与科研之间的相互促进作用是显而易见的。调查结果显示，98%的受访者认为积极的研究志趣对成为优秀教师

────────────

　　① ［美］国家教育优异委员会：《国家处在危机之中：教育改革势在必行》，李亚玲译，载瞿葆奎主编《教育学文集——美国教育改革》，人民教育出版社1990年版，第604—605页。

　　② ［美］博耶：《美国本科教育存在的八大问题》，袁惠松译，《上海高教研究》1988年第2期。

　　③ 高德胜：《国外高校教学和科研关系研究述评》，《上海高教研究》1997年第11期。

是至关重要的。一个大学教师若没有研究兴趣，将最终与学生、外界失去联系。因此，教学和科研两个角色对于大学教师来说是互补的，一个大学教师在教学、科研两个方面完全可能都有杰出表现。教学和科研的相互促进作用可以在三个方面中进行：一是有形联系（tangible connection），指将新的科研知识应用于教学，也就是新知识的传播；二是无形联系（intangible connection），指科研对学生学习态度和知识掌握方法的影响以及教学对教师科研欲望的激发；三是宏观联系（globle connection），指全球范围内在个人和院系两个层面教学和科研的相互促进。

　　持负相关观点的学者认为：人的时间、精力、能力等有限，涉足多个领域必然导致它们之间的冲突，发生冲突的方面可能有时间、精力和责任等，但主要还是时间问题。科研能力强的教师倾向于在专业科研中花费更多的时间，而用于教学的时间则相应减少；同时，教学能力强的教师更愿意在教学上花费更多的时间，而用于科研的时间也会相应减少，这就形成了教学和科研之间的消极关系。例如，约奇（Jauch）的调查研究结果显示，科研和教学之间的负相关值达 -0.427。[①]

　　持零相关观点的学者认为：教学与科研是两种完全不同的活动，科研是知识的发现而教学是知识的传播。教学与科研的关系恰如音乐演奏者与谱曲者的关系，演奏者不一定是作曲家，不一定去谱曲，但演奏者必须与谱曲者一样熟悉乐曲并在演奏中表达自己对乐曲的理解。实际上，既是演奏者又是谱曲者不一定就好，因为这样就缺少一个批判空间，难以向听众表达不同的理解。同样道理，教学与科研互相独立，一般互不影响，如果借助中间因素发生关系，也很难判断这种关系是积极的还是消极的。

　　上述关于高校教学与科研关系的三种观点中，持积极、消极的观点的学者较多，零相关的学者较少。然而他们各执一词、争论不休，以至于成为"多少年来人们已谈腻了的所谓教学与研究关系的辩论模式"[②]。

　　4. 行政权力的上升与教学权力的陨落

　　"二战"后的美国高等教育迈入大众化阶段，高校数量越来越多、规模越来越大，已经发展成为"巨型大学"——一种拥有以共同的名称、共

---

　　① 转引自高德胜《国外高校教学和科研关系研究述评》，《上海高教研究》1997 年第 11 期。
　　② Boyer, E. L. Scholarship Reconsidered: Priorities of the Professoriate [M]. San Francisco, CA: Jossey-Bass, 1990: XII.

同的管理委员会以及由与之相关的目的维系在一起的一整套群体和机构。①
一方面，由于院校机构变大，使得行政管理作为一种特殊的职能程序化和
独立化；另一方面，由于院校机构更为复杂，行政管理在使大学整体化方
面显现出了重要作用。简而言之，行政管理已经成为现代大学的一个更为
显著的特征。这种超级复合社会组织导致高校行政机构越来越复杂，使得
行政权力上升与膨胀，并对学校、教育、教师、学生的影响越来越大。此
外，研究型大学部分教师与行政领导职业价值观的偏差，是造成研究型大
学重视研究而忽略教学现象的一个重要原因，而这种价值观在相当程度上
源于社会所迫。②

　　"二战"之前，美国大学一直由教学人员领导，人们把知识产出视为
高等教育的核心；而"二战"之后，高等教育议程的设置转为行政人员的
职责，这些行政人员往往缺乏深厚的学术背景或丰富的学术经历。大学在
过去几十年中凭借财政缩减的理由不断地削减全职的教学人员，但却依然
增加各层次的行政人员。更为讽刺的是，很多新上任的行政管理者——非
学术人员——只是"职业经理人"（career managers），他们乐此不疲地提
倡生活技能（life-skills）导向的课程，却轻视教学与科研的重要性，学生
因而无法获得更丰富的教育经验，无法拓展知识领域的宽度和广度。美国
传统上，少数族裔与自由派积极分子的合法申诉是由教学人员所支持的，
而如今在行政管理人员的操控下，这已经成为权力政治游戏中的棋子。通
过"支持"少数族裔和自由派积极分子的活动，行政管理层赢得这些群体
的"好感"，以削弱教学人员的权力，最终加强他们自身的权力。③

　　5. 博耶的新学术观

　　时任卡内基教学促进会主席的博耶，慧眼识珠，敏锐地抓住了社会发
展与高等教育问题的真正要害——一个学者究竟意味着什么？博耶在其
1990 年发表的工作报告《学术反思》中，并没有像常人一样用传统的、
抱怨的态度与语言来探讨大学教师到底是应侧重教学还是应侧重科研的关
系问题，而是认为，一个真正学者的工作，不仅是参与基础理论研究，而

---

　　①　［美］克尔：《大学的功用》，陈学飞等译，江西教育出版社 1993 年版，第 18 页。
　　②　胡建梅：《重建路漫漫——对美国研究型大学本科教育改革中突出问题的社会学分析》，
《世界教育信息》2004 年第 7/8 期。
　　③　［美］金斯伯格：《教学人员的衰落：泛行政化大学的兴起及影响》，徐贝译，严媛校，
《国外研究生教育动态》2011 年第 19 期。

且要参与实践调查、寻找联系、构建理论与实践之间的桥梁，并将自己的知识有效地教授给学生；教学不仅是一种智力活动，还是一种学术事业，不仅传播知识，而且创新、改造知识。因此，学术也就具备了发现、整合、应用和教学四种相对独立但又相互交叉的学术形式。①博耶摆脱了老套的教学与科研二元对立论争，将教学视为一种学术形式，把教学与科研置于一种融于学术一体化的全新关系之中。他找到了一种新的语言、一种共同的语言、一种新的方法，来帮助新生的研究，给教学以尊严，让学术负有更多的责任。②当代大学教学学术的讨论与研究，也由此正式展开。

6. 卡内基教学促进会的推动

卡内基教学促进会作为美国著名慈善基金会卡内基基金会的一个直属机构，其宗旨是：去做并履行一切必要的事情，鼓励、支撑教学这一职业并给教学以相应的地位和荣誉，并在 20 世纪八九十年代陆续发表了《学院：美国本科生教育的经验》（1987）、《学术反思：教授工作的重点》（1990）、《彻底变革大学本科教育：美国研究型大学的蓝图》（1998）等一系列对美国高等教育改革与发展有着深远影响的报告。尤其是《学术反思：教授工作的重点》，不仅迅速成为卡内基基金会历史上最畅销的出版物，而且为当代大学教学学术的研究与兴起奠定了最初的理论基础③。

卡内基教学促进会聚集了一批像赖斯、博耶、格拉塞克、舒尔曼、哈钦斯、胡博等的优秀学者和研究人员，大学教学学术的研究、兴起与发展与他们的贡献密切相关。赖斯早期关于美国新型学者的研究，为博耶提出全新学术观奠定了基础；格拉塞克等于 1997 年出版了被誉为博耶《学术反思》报告姐妹篇的《学术评价》，将教学学术进一步推进；舒尔曼对教学学术与优秀教学进行了区分，使得教学学术开始与优秀教学分离，产生了教学学术的清晰概念，④从而使教学学术在学术界得到确立，他还组建卡内基教学学术学会在全国范围内推广与实践教学学术，将教学学术从博耶

① Boyer, E. L. . Scholarship Reconsidered: Priorities of the Professoriate ［M］. San Francisco: Jossey-Bass, 1990. 16.

② Rice, R. E. . Beyond Scholarship Reconsidered: Toward an Enlarged Vision of the Scholarly Work of Faculty Members ［J］. New Directions for Teaching and Learning, 2002, (90): 7 - 17.

③ 王玉衡：《卡内基教学促进基金会：美国大学教学学术运动的推动者》，《大学·研究与评价》2008 年第 5 期。

④ Bowden, R. G. . Scholarship Reconsidered: Reconsidered ［J］. Journal of the Scholarship of Teaching and Learning, 2007, 7 (2) .

的思想认识层面落实到实践操作层面。

第三节　本章小结

大学教学学术的研究与兴起，不是一个简单的事件，背后有着深刻的背景与原因，其中蕴含着深刻的思想与内涵，代表了欧美高等教育发展范式的转型①。

美国大学教学学术在 20 世纪 90 年代兴起，并演变成为一场全国范围的具有国际性的运动，有其深刻的社会背景与历史原因。"二战"后，美国出现了经济衰退、社会动荡、科技迅猛发展、高等教育大众化、大学发展地位趋同、高等教育质量问题、学生公民意识的淡漠、大学学术内涵的窄化、大学教师角色与评价问题、教学范式转型等现象与问题，都导致了大学教学学术的出现。

另外，学生大量进入高校，在校生从 1960 年的 45% 升至 2006 年的 66%；新科技的发展为教学提供了许多新的选择；系统神经科学为学习提供了新的发现；这些发现和进步暗示了教与学的改革与转变，并为教学学术研究奠定了基础。同时，教学学术还为教师提供了除学生或同行之外的评价方法。现在高等教育和教师面临新的评价挑战和责任，通过教学学术，教师能够发现他们教学怎么样？学生学得怎么样？他们随时得到信息并进行改善，这时候的教学学术听起来像评价，这是因为，尽管它们不同，但教学学术和评价的过程是协同的。最后，教学学术能够增强教师发展成就，增加主动投入，不管是个人的还是组织的、全国的或国际的高等教育。总之，教学学术提供了面对高等教育挑战的更大希望，能够让教师和学生受益。②

大学教学学术的研究与兴起，从另外一个侧面也深刻地反映出美国政府、民间组织和大众对于美国国家、社会与教育发展所具有的责任心和强烈的忧患意识，以及不断反思、锐意进取与创新的良好品质。也正是因为这些责任心和良好品质，才使得美国高等教育能够摆脱 20 世纪七八十年

①　Atkinson, M. P.. The Scholarship of Teaching and Learning：Reconceptualizing Scholarship and Transforming the Academy [J]. Social Forces, 2001, 79（4）：1217-1230.

②　Dewar, J. M.. An Apology for the Scholarship of Teaching and Learning [J]. InSight：A Journal of Scholarly Teaching, 2008,（3）：17-22.

代的诸多问题与发展困境，不断创造"美国奇迹"，从而保证了美国在现代世界发展中一直处于领先地位。

　　博耶在 1990 年的《学术反思》中认为时代已经到来，该是反思学术多样化功能和履行更多职能的时候了；并且预言，20 世纪 90 年代将作为本科教育时代而被美国高等教育铭记。①事实证明，博耶的预言是对的；同时，这也是美国高等教育在 20 世纪 90 年代后摆脱发展困境、重新崛起的重要原因之一。

---

　　① Boyer, E. L. . Scholarship Reconsidered: Priorities of the Professoriate［M］. San Francisco: Jossey-Bass, 1990. Ⅺ.

第三章

美国大学教学学术研究的演进
（1990—2015 年）

回顾历史与起源，有助于更好地厘清和理解研究问题。然而，并不是所有研究的历史起源都能够被清晰记载，很多是没有被记载的、含糊不清的，甚至是难辨的。历史发展本身就是一门饱含争论的学科，界定任何一个精确的时间都经常会在学术界演化为一场激烈的争论。如同很多研究一样，美国大学教学学术研究也有着含糊的历史起源与发展演进，①其中充满争论与异议。我们只能"从其发展历程中挑出一些突出的里程碑式的事件——从它的出现经过一个漫长的发展过程，一直到现在产生的几个具有重大转折点意义的事件"②——作为美国大学教学学术历史发展的判断依据。美国学者高隆和舒瓦茨按照历史时段的发展，将美国大学教学学术研究 20 年大致划分为兴起（1990—1999 年）和发展（2000—2010 年）两个时期。③本研究按照美国大学教学学术研究 25 年中的重大历史事件和代表人物，将美国大学教学学术研究的发展进一步详细划分为萌芽（1990 年之前）、兴起（1990—1994 年）、形成（1995—1999 年）和发展（2000—

---

① Hatch，T.．The Scholarship of Teaching and Web-based Representations of Teaching in the United States：Definitions，Histories，and New Directions ［J］．Educational Action Research，2009，17（1）：63 - 78.

② ［美］罗德斯：《创造未来：美国大学的作用》，王晓阳、蓝劲松译，清华大学出版社 2007 年版，第 2 页。

③ Gurung，R. & Schwartz，B..Riding the Third Wave of SoTL ［J］．International Journal for the Scholarship of Teaching and Learning，2010，4（2）．

2015 年）四个阶段。[①]

第一节　萌芽（1990 年之前）

像很多研究一样，教学学术有个含糊的历史起源。教学学术的有关思想、理论研究与实践早已有之，[②]但是，直到 1990 年才由美国学者博耶在《学术反思》中正式提出教学学术，作为当代大学教学学术讨论与研究的起点[③]。

一　早期的有关思想

1990 年，时任卡内基教学促进会主席的博耶在其发表的工作报告《学术反思》中提出全新的学术观，将学术分为：发现（研究）、整合、应用和教学四种相对独立但又相互交叉的学术形式，并建议大学教授作为新型的学者。其实，"新学者"和"新学术"并非博耶首创，而是源于爱默生（Emerson，R. W. ）的《论美国学者》和赖斯的《新型的美国学者》。

"新学者"的思想，源于爱默生 1837 年 8 月 31 日在美国大学生联谊会上的主题演讲《论美国学者》（The American Scholar）。[④]作为思想家、文学家、诗人和确立美国文化精神的代表人物，爱默生在演讲中抨击了当时流行于美国社会中的拜金主义和灵魂异化现象，进而强调人的价值与人性回归。他指出，学者应自由而勇敢地透过现象揭露本质，以鼓舞、提高和引导人与社会的发展。就学术研究而言，他反对一味追随外国学说，应发扬民族自尊心。这一演讲在当时引起巨大轰动，对美国民族文化与思想产生深远影响，被誉为是美国"思想上的独立宣言"，其本人则被美国前总

---

① 本书赞同高隆关于美国大学教学学术研究的时期划分，但认为其过于笼统。笔者就美国大学教学学术研究的历史分期问题与高隆进行了讨论，他基本同意笔者的划分观点（电子邮件，2011—11—28）；此外，还要特别感谢美国伊利诺伊州立大学卡洛斯教学学术讲座教授麦肯尼（McKinney，K. ）教授为本章研究提供了相关资料。

② McKinney，K. . Enhancing Learning through the Scholarship of Teaching and Learning：The Challenges and Joys of Juggling［M］. Bolton：Anker，2007：2.

③ Trigwell，K. ，Martin，E. ，Benjamin，J. & Prosser，M. . Scholarship of Teaching：A Model［J］. Higher Education Research and Development，2000，（19）：155 - 168.

④ Emerson，R. W. . The American Scholar［EB/OL］. Retrieved 2011 - 11 - 29 from：https：//webspace. utexas. edu/hcleaver/www/330T/350kPEEEmersonAmerSchTable. pdf，August 31，1837.

统林肯称为:"美国文明之父""美国的孔子"。

"新学术"的概念,则是博耶基于其卡内基同事赖斯的早期研究"Complete Scholar"和后来的"New American Scholar"基础上提出的。

学术的最后一种形式——教学学术,也不是博耶首创。[①]西方将教学视为学术的思想及相关研究由来已久,[②]将教学视为学术,既是一个新说法又是一个老说法,例如,很多先哲如苏格拉底、亚里士多德等都是通过教学构建知识、发展知识的。

二　早期的理论研究

大学教学的探究性

教学学术的相关理论问题早已有人研究,例如,美国学者古兹米德(Goldsmid)和威尔森(Wilson)在1980年就曾经对大学教学和研究之间的关系及其相似性问题进行了研究。[③]他们的研究结论认为,合作性探究是两类活动的核心,即大学教学具有探究性。

1. 教育学术

1984年,美国学者贝里诺(Pellino, G.)、布莱克伯恩(Blackburn, R.)和鲍伯格(Boberg, A.)在其文章《学术的维度:教师与行政管理者的不同看法》中就有类似教学学术的观点。文章认为学术具有多种表现形式,其中就包括"教育学术"(scholarship of pedagogy)——把课程内容和活动视为一种学术形式。[④]

2. 大学课堂研究

1986年,美国学者卡洛斯(Cross, K. P.)在其文章《提高教学的建议》中积极倡导大学教师对自己的课堂进行研究。她认为:大学教师不仅是学科研究者,同时也是课堂研究者。她号召全国的大学教师要对自己的课堂教学进行研究,寻找有效教学方法,构建大学教学知识,从而促进学

① Bender, E. T.. CASTLs in the Air: The SOTL "Movement" in Mid-Flight [J]. Change, 2005, (37): 40 – 49.

② Gurung, R. & Schwartz, B.. Riding the Third Wave of SoTL [J]. International Journal for the Scholarship of Teaching and Learning, 2010, 4 (2).

③ 转引自 McKinney, K.. Enhancing Learning through the Scholarship of Teaching and Learning: The Challenges and Joys of Juggling [M]. Bolton: Anker, 2007. 2.

④ Pellino, G., Blackburn, R. & Boberg, A.. The Dimensions of Academic Scholarship: Faculty and Administrator Views [J]. Research in Higher Education, 1984, 40 (1): 103 – 115.

习效果最大化。①

3. 学科教学知识

1987 年，美国斯坦福大学著名教育学、心理学教授舒尔曼创造发明了类似教学学术意思表达的词汇——"学科教学知识"（Pedagogical Content Knowledge，PCK）。舒尔曼认为，学科教学知识是一种基于学科内容与教学特殊整合的知识，是教师自己对专业理解的特定形式。②学科教学知识（PCK）这一词汇，现在已普遍为学者所接受，已经成为教师教育的一个重要概念，并且逐渐渗透到高等教育界。舒尔曼的学科教学知识思想，与教学学术密切相关。

三　早期的相关实践

（一）赫钦斯的实践

教学学术的相关实践早已开展，只是当时未贴上"教学学术"的标签。例如，赫钦斯（Hutchins，R. M.）在 1928 年芝加哥大学校长的就职演说中就曾建议所有院系应该开展本科生教学的实验——"教学学术的基础活动"，哲学博士研究生也应该参与这一过程，而不是放任"无助的本科生"；另外，他还认为教育意味着教，教意味着知识，知识意味着真理，而真理在任何地方都是一样的。③赫钦斯的观点和建议虽然是幻想的，但却是中肯的，涉及本科生教育应包括教学作为研究和培训的本质，已经具有教学学术的思想内涵。

（二）学科的实践

在 1990 年博耶正式提出教学学术之前，很多学科就已经开始关注和研究学科教学，而且运用学科视角系统地进行教学研究也已经有很长的历史。例如，美国化学学会致力于化学教学而创办的学术刊物《化学教育》，可以追溯到 20 世纪 20 年代；美国社会学学会自从 20 世纪 70 年代就开展了教学运动。④

---

① Cross，K. P.. A Proposal to Improve Teaching ［Z］. AAHE Bulletin，（September）1986：13.

② Shulman，L. S.. Knowledge and Teaching：Foundations of the New Reform ［J］. Harvard Educational Review，1987，（36）：1 - 22.

③ ［美］赫钦斯：《美国高等教育》，汪利兵译，浙江教育出版社 2001 年版，第 39 页。

④ Mckinney，K.. Enhancing Learning through the Scholarship of Teaching and Learning：The Challenges and Joys of Juggling ［M］. Bolton：Anker，2007：2.

综上所述可以看出，教学学术的思想由来已久，其相关的理论研究与实践也早已开展，为美国当代大学教学学术的研究和兴起奠定了基础。

第二节　兴起（1990—1994 年）

教学学术的思想、概念及其相关研究与实践虽然由来已久，但在 1990 年之前，教学一直主要被认为是一种技艺，是研究的派生活动。"Scholarship"一词除过指研究之外，并无确切意思。[①]教学学术的概念也一直模糊不清，其相关理论研究与实践并不成体系，教学学术在 1990 年之前并没有引起学者的关注和重视。教学研究、教育学术、教学学术等概念一直在交替混用，直到 1990 年博耶《学术反思》中正式提出教学学术，才作为当代大学教学学术讨论与研究的开端[②]。

当代大学教学学术的讨论与研究，始于卡内基教学促进会主席博耶1990 年发表的《学术反思》。《学术反思》被认为是"转折点"——对大学教师及其成员学术工作重点与评价的批判性转折点——不到 90 页的言简意赅的《学术反思》告诉了大家早该知道的，它出现在恰当的时间，并道出了学术中的核心问题；最重要的是，它重新组织了该问题，超越了教学与科研关系的传统争论，摆脱了高等教育理论与实践的困扰层面，开始用一种新的方式去思考教授的工作重点和机构使命的定位。[③]博耶在《学术反思》中提出教学学术的完整方案，并对其进行一定的理论建构，形成较为完备的大学教学学术思想体系；后经其同事——时任卡内基教学促进会高级研究员的赖斯——对大学教学学术的科学可行性进行了论证，并补充完善教学学术的内容构成，标志着当代大学教学学术的兴起。

---

① Badley, G.. Improving the Scholarship of Teaching and Learning [J]. Innovations in Education and Teaching International, 2003, 40 (3): 303 – 309.

② Laksov, K. B., McGrath, C. & Silén, C.. Scholarship of Teaching and Learning—The Road to an Academic Perspective on Teaching [EB/OL]. http://ki. se/content/1/c6/02/46/41/CME% 20guide% 20no% 206% 20eng. pdf.

③ Rice, R. E.. Beyond Scholarship Reconsidered: Toward an Enlarged Vision of the Scholarly Work of Faculty Members [J]. New Directions for Teaching and Learning, 2002, (90): 7 – 17.

一　教学学术的提出

（一）背景与基础

1. 背景

教学、服务与科研一直被誉为美国现代高等教育发展的三驾马车，成功地使美国高等教育一跃而起，成为世界现代高等教育最发达中心，并为世界其他国家和地区所效仿。然而，"二战"后，保障美国高等教育良好发展的三驾马车被破坏，学术内涵的理解越来越趋于狭隘，学术被等同于研究及其成果的发表与出版。美国研究型大学越来越重视科研和研究生教育，本科生教育及其教学不被重视和奖励，学术的服务功能也被忽视。美国高等教育的发展，越来越偏离正常的轨道。

"二战"后至 20 世纪 80 年代，美国高等教育发生巨大的变化，经历黄金般的大发展并迈入高等教育大众化阶段；但同时，也遭遇前所未有的问题与严峻挑战。首先，"二战"后的美国高等教育经历了由精英化向大众化的转型。受到"退伍军人安置法案""越战士兵安置条例"及民权运动等的影响，美国高校在校生人数迅速激增，按照马丁·特罗（Martin Trow）的高等教育发展理论，美国高等教育由此进入大众化阶段。①随着高等教育大众化，大批不同程度、种族和文化背景的学生涌入美国高校，原先精英教育中本不存在的教师教学和学生学习，在大众化阶段却成为了大问题。美国高等教育要改革传统教育模式和教学方法，以满足和适应大众化带来的大学生的多元化、多样化的学习需求。其次，"二战"后的美国大学、学院发展目标和定位趋同。丰富性和多元化一直是美国高等教育发展的特色和对外炫耀的优势，但在"二战"后，美国很多大学和学院将学校的发展目标和定位纷纷趋同于研究型大学，因此丧失了学校自身发展的个性与特色，由此陷入各种相互竞争目标的交叉矛盾之中，在很大程度上影响了美国高等教育多样性、多元化的发展。② 最后，由于经济危机的影响，美国各级政府减少对高校的财政资助和科研赞助，使得美国各大高校顿时面临经费紧张局面，都纷纷节减和压缩开支。例如，1991 年度，哈佛

---

① 陈学飞：《美国高等教育发展史》，四川大学出版社 1989 年版，第 159—161 页。

② Boyer. E. L.. Scholarship Reconsidered：Priorities of the Professoriate［M］. San Francisco：Jossey-Bass，1990. XI.

大学的财政赤字有 4200 万美元，耶鲁大学 20 世纪 80 年代以来累积赤字达
10 亿美元，全国高校经费累积赤字达 600 亿美元。①美国各高校也纷纷将学
生学费作为学校经费收入的重要来源，并重视提高教育教学质量，以吸引
大学生和提高入学率。于是，美国高等教育开始关注"学生需求"，奉行
"学生消费至上"的高等教育政策。另外，越战失败、自由主义思潮的泛
滥和大学教师过于注重科研而忽略课堂教学，导致大学生道德水平一路下
滑，出现大学生校园反叛运动、大学生游行暴动等一系列事件，使得美国
政府与民众对高等教育和大学生大为不满，纷纷要求关注高等教育质量和
提高大学生德育水平，尤其是本科生教育②。

　　鉴于以上原因，时任卡内基教学促进会主席的博耶在 1990 年出版的
《学术反思》中富有远见地指出：现在该是反思教授工作重点的时候了；
该是重新考虑美国教学、科研与服务三大传统的时候了；该是摆脱令人厌
倦的教学与科研传统论争，重新考虑二者之间关系的时候了；该是重新理
解学术内涵，认真考虑"真正的学者意味着什么"的时候了。③时任斯坦福
大学校长的唐纳德·肯尼迪（Donald Kennedy）在 1990 年的一次演讲中也
主张：该是应该重新肯定这种教育的时候了——各种形式的教学——都是
重要任务，社会终将根据教师对教学工作做得多好来评价教师。④

　　2. 基础

　　（1）博耶个人的丰富经历

　　博耶，全名欧内斯特·L. 博耶（Ernest L. Boyer），1928 年 9 月 13 日
出生于美国俄亥俄州（Ohio）西南部的戴顿（Dayton），先后在南加利福
尼亚大学获得硕士和博士学位，后在爱荷华州大学从事医学听力学博士后
研究。出站后，他先后在洛杉矶的罗耀拉大学（Loyola University）、厄普
兰德学院（Upland College）和加州大学圣塔芭芭拉分校（University of Cal-
ifornia, SantaBarbara）任教；1960—1962 年担任"西部大学改进教师教育
联盟委员会"（Western College Association's Commission to Improve the Educa-

---

① 施晓光：《美国大学思想论纲》，北京师范大学出版社 2001 年版，第 159—160 页。
② Hutchings, P., Huber, M. T. & Ciccone, A.. The Scholarship of Teaching and Learning Recon-
sidered: Institutional Integration and Impact [M]. San Francisco: Jossey-Bass, 2011. 1.
③ Boyer, E. L.. From Scholarship Reconsidered to Scholarship Assessed [J]. Quest, 1996,
(48): 129–139.
④ 转引自［美］里帕《自由社会中的教育：美国历程》，於荣译，安徽教育出版社 2010 年
版，第 326 页。

tion of Teachers）委员；1962—1965 年担任加州大学圣塔芭芭拉分校合作教育中心负责人；1965—1968 年任纽约州立大学总校（State University of New York System，SUNYS）行政主任，后任该校的副校长（1968—1970）和校长（1970—1977）；曾担任尼克松（Richard M. Nixon）和福特（Gerald R. Ford）两届美国总统的教育顾问，后接受美国总统吉米·卡特（Jimmy Carter）的任命于 1977—1979 年进驻华盛顿任美国联邦教育署署长（相当于现在的教育部部长）。在担任纽约州立大学总校校长和教育署署长期间，博耶积累了丰富的高等教育管理与领导经验，1979 年退休后被聘为卡内基教学促进会主席，直至 1995 年 12 月 8 日去世。

博耶在教育各个层面的丰富经历，使他非常熟悉和了解大学的使命、教学的本质、以学生为中心的学习的必要性和教师在主动学习中所面临的挑战，从而使他在担任卡内基教学促进会主席之后尤为关注高等教育质量、本科教育教学和大学教师的角色与作用等问题。[①]

（2）他人已有的研究

当博耶等人还在构建教学学术概念框架的时候，美国已经有很多著名学者开展了被后来称为"教学学术"的研究工作，如威廉·佩里（William Perry）、约瑟夫·卡兹（Joseph Katz）、舒尔曼等的研究为后来承认教学作为一种学术形式以及教学学术的兴起与研究打下了基础。[②]他们的研究引起大家对于知识的呈现、知识的传递与传播等一些现象的反思：知识的这些特征不是单方面的，还包括学术的交互特征；它们之间的关系强化了教学不仅仅作为传承与散播的功能，还说明教与学处于同一层次；知识应被视为一种完整的产品，思想被提炼，然后被传递。

特别值得一提的是，斯坦福大学教育学院著名教育学、心理学教授舒尔曼在 1987 年发表的其经典文章《知识与教学：新改革的基础》中就提出重新认识和界定知识与教学之间的关系，[③]这篇文章也因此后来被广为流传和广泛引用。文章中，他将教学视为一种更多的动态努力过程，因此建

---

① Hatch，T.. The Scholarship of Teaching and Web-based Representations of Teaching in the United States：Definitions，Histories，and New Directions［J］. Educational Action Research，2009，17（1）：63 – 78.

② Rice，R. E.. Beyond Scholarship Reconsidered：Toward an Enlarged Vision of the Scholarly Work of Facult Members［J］. New Directions for Teaching and Learning，2002，（90）：7 – 17.

③ Shulman，L. S.. Knowledge and Teaching：Foundations of the New Reform［J］. Harvard Educational Review，1987，（36）：1 – 22.

议教学中应该超越概念与过程、理论与实践、教师与学生二元对立的传统观点，传统教育教学中的二分法常常束缚了大家的思维。为此，他引入晦涩却十分有用的词汇"学科教学知识"（Pedagogical Content Knowledge，简称 PCK）。舒尔曼及其同事发现，有效教学要求一定的知识基础，就是"特定内容"（content-specific）。用他的话说，教师要具备将自己掌握的内容知识（content knowledge）转化成为学生能结合自己已有经验和知识所能理解和掌握的知识。因此，要改变将教学视为一种简单的技艺和知识传递的过程，应该用一种新思维去考虑教学与知识的关系，从而提高教与学的质量。

（3）卡内基教学促进会的早期研究

在博耶领导下，卡内基教学促进会在 20 世纪 80 年代就已经开始调查美国本科教育及其质量问题，寻求提高大学教师教学质量和促进大学教师对学生学习影响的方法。在调查基础上，卡内基教学促进会先后连续发表《对共同知识的探求：普通教育之目的》（A Question for Common Learning：The Aims of General Education，1981）、《高中：美国中等教育报告》（High School：A Report on Secondary Education in America，1983）、《学院：美国本科生的教育经验》（College：The Undergraduate Experience in America，1987）、《学术反思：教授工作的重点工作》（Scholarship Reconsidered：Priorities of the Professoriate，1990）、《校园生活：寻求共同体》（Campus Life：In Search of Community，1990）等一系列调查研究报告。

其他学者和卡内基教学促进会的前期研究工作，为博耶后来致力于教学学术研究及其正式提出奠定了基础并做出巨大贡献。博耶的同事，时任卡内基教学促进会高级研究员的赖斯是这样形容和评价的："没有其他学者和卡内基的前期研究贡献，我认为'转折点'——对于教师学术工作重点与奖励的彻底反思，尤其是关注教学学术和整合学术——将很难达到，现在作为'教学学术'的工作将很难向前发展。"[①]　其中，博耶个人的研究与贡献也功不可没，赖斯也高度评价了博耶个人在教学学术研究中的作用和贡献，他认为：在促进教师角色反思和奖励机制方面，博耶的领导是关键性的，尤其是在关注学者的工作方面，没有人能够像博耶一样口才雄

---

① Rice，R. E.．Beyond Scholarship Reconsidered：Toward an Enlarged Vision of the Scholarly Work of Faculty Members ［J］．New Directions for Teaching and Learning，2002，（90）：7 - 17.

辩并有说服力、视野全面而坦诚和勇于承担重塑学术的重任；博耶结合超凡的威信和地位权力，在近代美国高等教育史上是独一无二的；而且，博耶坚持使卡内基"用一个声音说话"的思想给这个机构产生了非凡的力量；博耶在华盛顿 10 年的政治经验，无不显示出他的全面才干；《学术反思》出版后，博耶效忠于他设计的时间表并撰写了一系列阐释他新学术思想的论著。①

（二）博耶的新学术观

具有丰富经验与阅历的博耶意识到美国高等教育发展出现问题，他经过仔细调查和认真研究后认为，解决问题的关键在于美国高等教育界究竟如何理解学术内涵并最终取决于对其采取何种奖励方式。②博耶的聪明和过人之处在于，他并没有用抱怨和不满的形式表述大学中教学与科研之间的关系问题，而是赋予学术更广内涵的视角来解答这一问题，试图建立沟通教学与研究隔阂的桥梁。

1. 前期的调查与研究

在正式提出新学术观和教学学术之前，博耶首先对大学学术内涵及其在美国高等教育中的历史变迁进行了考察和研究。他发现，"研究"一词在高等教育界中出现较晚。英国于 19 世纪 70 年代首次在高等教育界中使用，他们希望剑桥和牛津不仅是教学的场所，而且是研究的场所。直到 1906 年，才由丹尼尔·C. 吉尔曼（Daniel C. Gilman）将这个词引入美国高等教育界。③此后，教学、科研和服务一直被誉为美国高等教育的三驾马车，保障高等教育和国家的良好发展。但是，受到 20 世纪 40 年代经济萧条和战争的影响，美国大学学术内涵出现急剧变化。美国政府需要大学科研，而大学需要政府经费，双方各取所需并达成一致。这种一致虽然在一定程度上解决了大学经费危机问题，但对学术的影响却是重大而深远的，被认为"发生了一场学术性的革命"④。从此，教学、科研与服务之间的平

①　Rice，R. E.. Beyond Scholarship Reconsidered：Toward an Enlarged Vision of the Scholarly Work of Faculty Members ［J］. New Directions for Teaching and Learning，2002，（90）：7 - 17.

②　Boyer，E. L.. Scholarship Reconsidered：Priorities of the Professoriate ［M］. San Francisco：Jossey-Bass，1990：XIII.

③　Gray，L.. Scholarship of Teaching and Learning：A Review of the Literature ［J］. Journal of the Scholarship of Teaching & Learning for Christians，2006，1（1）：5 - 13.

④　Boyer，E. L.. Scholarship Reconsidered：Priorities of the Professoriate ［M］. San Francisco：Jossey-Bass，1990：10 - 11.

衡被打破，科研越来越受重视，高校主要是按照研究人员的标准聘用、晋升和评价大学教师，导致大学尤其是研究型大学教师工作重心的转移——由教学转向科研，也使大学中教学与科研之间的矛盾愈演愈烈。博耶敏锐地意识到，美国高等教育问题及其引起的种种社会问题，主要是因为高等教育中学术内涵被窄化的缘故。根据卡内基教学促进会的调查统计，1969年只有21％的高校教师认为没有著作不可能取得终身教授职位，但到1989年这一数字翻了一番，达到42％。①

其次，博耶对"学术"的内涵进行了考察与研究。博耶不赞同美国高等教育界将"学术"等同于"研究"、将研究成果的发表与出版作为评价学者的主要依据的做法。他认为，"学术"一词具有丰富的内涵，是创造性的工作，包括思考的能力、交流的能力和学习的能力，研究成果的发表与出版只是其中的一项。学者作为学术人员，应该开展研究、发表成果、向学生传递知识或应用所学。后者的功能由学术而来，但它们却不被认为是学术的一部分，这明显不正确。另外，博耶认为，知识不是以线性方式发展的。因果关系的变量，经常指向两个方向，理论一定通向实践，实践也可以通向理论。据此，博耶认为，教学不仅传播知识，还创新、改造知识；好的教学可以改造研究和实践二者。②

基于对"研究"和"学术"的历史考察，博耶认为，当前比历史上任何时期都更需要把学术人员的工作与校园以外的社会和环境的挑战结合起来，倘若把大学的使命规定得特别狭窄，或是对大学教师的奖励制度进行不适当地限制，那么美国高等教育的丰富性和潜力就不可能完全得到实现。很明显，尽管研究对于大学来说是至关重要的，但是，大学同时也需要对教学和服务给予奖励性的承诺。美国高等教育需要更广阔的学术内涵并重新界定大学教师工作及其奖励，毕竟，在美国多样化的高等教育发展中，多元化的兴趣、不同的智力、不同的目的、多样化的需求等需要更多形式的学术工作，而不仅仅是科研及其成果的发表与出版（见表3.1）。博耶认为，他的观点将对美国高等教育产生重大影响，20世纪90年代的

---

① ［美］E. L. 波伊尔：《学术水平反思——教授工作的重点领域》，载吕达、周满生主编《当代外国教育改革著名文献》（美国卷·第三册），人民教育出版社2004年版，第15页。

② Boyer, E. L. . Scholarship Reconsidered: Priorities of the Professoriate ［M］. San Francisco: Jossey-Bass, 1990: 15 – 16.

美国高等教育将作为本科教育的年代而被人们怀念。①事实证明，他的预言是对的。

表 3.1　　　　美国大学教师对教学与科研的看法（1989 年）　　（单位：人）

	在我的大学由于出版的压力而降低了教学质量				
	完全同意	有保留地同意	中立	有保留地反对	完全反对
四年制	20	26	12	24	19
研究型大学	24	29	10	23	15
博士院校	23	31	11	22	14
硕士院校	18	23	13	25	21
本科院校	8	14	16	28	34
男教师	15	20	19	20	26
女教师	17	17	19	17	31
不到 40 岁	19	24	19	18	20
超过 40 岁	15	18	19	19	29

资料来源：Glassick，C. E.．Reconsidering Scholarship ［J］．Health Management Practice，2000，6（1）：7.

2. 博耶的新学术观

1990 年，博耶在《学术反思》中超越了教学与科研之间传统的、已令人生厌的二元对立论争，赋予"学术"这一熟悉的、崇高的词汇以更丰富、更深刻的内涵和理解。作为学者，不仅要参与基础研究，而且还要进行调查，寻求理论与实践之间的相互联系，在理论与实践之间搭建桥梁，并把自己的知识有效地传授给学生。②据此，博耶提出一种全新的大学术观，将学术划分为发现（研究）、整合、应用与教学四种相对独立但又相互交叉联系的学术形式。

（1）发现学术（Scholarship of Discovery）

博耶所说的发现学术，类似传统的研究，重点是知识的发现创新与研

---

① Boyer. E. L.．Scholarship Reconsidered：Priorities of the Professoriate ［M］．San Francisco：Jossey-Bass，1990. XI.

② Ibid. 16.

究成果的发表出版。然而，他又赋予研究新的内涵：发现学术，不仅有助于储存人类知识，而且有助于大学的学术氛围；不仅是结果，而且也是过程，特别是热情，赋予努力工作的意义。①另外，学术创新还包括学者在文献、视觉、行为艺术以及所有学科内涵中的创新。博耶强调"过程"和"热情"，突出了研究的创造和强迫本质。这种研究背后的意蕴是，"我知道什么和我如何知道？"，它包含所有学科研究和调查中的所有方面。

（2）整合学术（Scholarship of Integration）

博耶认为，学术不应是独立的，而应是整合的。为呈现学术整合，学者必须对孤立事件进行分析和观察，将它们放置在学科内或学科之间进行联系和思考。这种形式的学术对于一般教育来说，有更多的意图和目的。具有丰富高等教育阅历与经验的博耶，开始怀疑本科生教育的整体目的。他认为，社会期望学生知道什么？他们获得文凭时能够做什么？这种学术建议教师作为研究者需要追问，这些成果以什么样的方式整合才能最大限度地被学生理解？博耶认为，整合学术与发现学术紧密相连，它首先是研究领域集中在边界的地方。这样的工作正在变得越来越重要，而传统学科目录被证明是狭窄和局限的，需要创建新的学科目录。因此，整合学术，包括整合技术，应将自己的研究或他人的研究整合到一个更大学术模型之中。

（3）应用学术（Scholarship of Application）

学者常常会问这样的问题，知识如何能对实际问题负责？它如何像帮助机构一样帮助个人？进而，社会问题自身能够规定学术调查的日程吗？这是理论遭遇实践，相互通知和改革的地方。博耶为服务的思想提供了一个很有趣的视角，这种学术的中心——正如他经常所说——"服务不意味着做学术，而是做生意"②。为了将其作为一种学术，它需要这种服务是严肃的、有效的、严格的和负责任的，能够与传统的研究活动相匹配。应用学术，正如在这界定的，不是一条方向的道路，应用的方式会产生新的智力理解。这些活动会像理论与实践之间一样，相互影响、相互更新。简而言之，应用学术是寻求解决问题和服务团体的知识，它意味着学者的专业

---

① Boyer. E. L. . Scholarship Reconsidered: Priorities of the Professoriate ［M］. San Francisco: Jossey-Bass, 1990. 17 – 18.

② Ibid. 22.

知识在专门领域的严格应用，反过来又促进专业知识。

（4）教学学术（Scholarship of Teaching）

关于教学学术，博耶警告说，只有教授的工作被他人理解才能成为学术，因此，他强调教学是关于学习。教学，用他的话来说，不是一项日常的、附加的、任何人都能做的工作。只有被界定为学术，教学才能既教育又培养未来学者。博耶意识到，他对主动学习和终身学习的想法已经在教育中开始实施。在他看来，教学是一种动态投入，包括所有的比喻、推理与想象，旨在建立教师教学和学生学习之间的桥梁。教学过程必须被严格计划，不断检验，并与所教主题相关。学与知是公共行为，有了这种想法，优秀教师就会创造智力活动的公共环境。他们通过激发主动的而不是被动的学习，鼓励学生成为批判的、创造的思想者，使其拥有大学毕业后继续学习的能力。[①]

博耶虽然将学术分为四种不同的学术形式——发现学术（研究）、整合学术、应用学术和教学学术，但他同时指出，这四种学术不是彼此分割，而是有机结合的，形成一个整体（如图 3.1 所示）；特别是它们之间

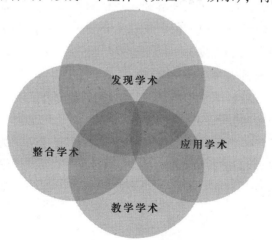

图 3.1　博耶的学术观

资料来源：Krebe, C.. The Scholarship of Teaching and Learning——No One Way［J］. Interchange, Summer 2007.

① Boyer. E. L.. Scholarship Reconsidered：Priorities of the Professoriate ［M］. San Francisco：Jossey-Bass，1990. 23 – 25.

能够相互促进和发展。不同类型的大学，可以根据院校自身的情况来确定自己的独特使命，拟定自己的办学理念，处理好不同学术之间的关系。

（三）博耶的教学学术观

1. 教学学术的概念与内涵

1990 年，博耶虽然在其著作《学术反思》中正式提出了教学学术，但是，他在《学术反思》及后来的论著中并没有明晰教学学术的概念与内涵，只有简单的描述性定义 ①。博耶将教学学术界定与理解为：教学作为一种智力活动，理应成为一种学术事业；好的教学，不仅传播知识，而且改造和拓展知识；既教育又培育着未来的学者；教学能够使学术之树常青，如果没有这种功能，那么知识的延续性就会中断，人类知识的积累也将面临削弱的危险。②

综上可知，博耶关于教学学术的理解与界定，仅限于教师是知识渊博的和主动启发学生，而不是让学生被动学习；鼓励学生具有批判、创造思想，具备继续学习的能力。另外，他还建议，好的教学意味着教师像学者一样，也是学习者。尽管这些理解和观点值得称赞，但是，博耶未明晰教学学术的概念与内涵，给他人留下了探究和延长教学学术内涵的机会。③

2. 教学学术的开展与实施

博耶认为，教师开展与实施教学学术，首先，要了解和熟知专业知识，这是开展与实施教学学术的基础。教学作为一种学术性事业，是从教师自己所懂得的东西开始的。其次，教师必须要消息灵通，通晓专业领域前沿。再次，教师要熟悉教育教学知识，掌握相应技巧；另外，教学还必须动态投入，建立起与学生学习的桥梁，在这一环节，教学程序必须被仔细考虑、认真检验，与所教内容直接相关。最后，教师必须持续作为学习

---

　　① Healey，M..The Scholarship of Teaching in Higher Education：An Evolving Idea［EB/OL］．Retrieved from：http：//www. heacademy. ac. uk/assets/documents/resources/resourcedatabase/id493 _ scholarship_ of_ teaching_ healey. pdf.

　　② Boyer. E. L.. Scholarship Reconsidered：Priorities of the Professoriate ［M］. San Francisco：Jossey-Bass，1990. 23 – 25.

　　③ Healey，M..The Scholarship of Teaching in Higher Education：An Evolving Idea［EB/OL］．Retrieved from：http：//www. heacademy. ac. uk/assets/documents/resources/resourcedatabase/id493 _ scholarship_ of_ teaching_ healey. pdf.

者，最终，教师自己也被推向创造性的方向。①

3. 教学学术的成果与表达

博耶认为，教学学术的成果与表达，不仅限于在指定杂志上发表文章和出版学术专著，应该是丰富和多样的。例如，教学档案袋（teaching portfolio）就是其中一种形式，它不像以往的教案，关键是在教学档案袋中放了什么？另外，还有其他多种表现形式，如课程大纲、个人描述、访谈、课堂教学录像等。杰出教师的教学创新，不仅是研究的想法，而且包括用新的有效的方法分析、综合和呈现材料，这也是学术性的。学术的成果与表达，应该像学术本身一样丰富、多样，好似一幅流动的画面，而不是一个简单的快照。②

4. 教学学术的评价

关于教学学术的评价问题，博耶曾有两次研究，一是在《学术反思》中，二是在《学术反思》发表之后。

（1）《学术反思》中的研究

博耶在《学术反思》中虽然谈及了教学学术的评价问题，但他并没有明确指出教学学术评价的标准具体有哪些。他在书中指出，教学学术的评价，不仅应当系统，而且应当灵活；教学学术的评价，至少应该包括自我评价、同行评价和学生评价。③

第一种是自我评价。在自我评价中，教师必须说明自己在课堂中做了什么和没有做什么；另外，教师要确认克服了哪些障碍和采取哪些措施促进了教学过程。其中，包括教师关于课堂目标与程序等的说明、课程大纲、考试复印件以及其他评价过程的书面报告等。

第二种评价是同行评价。博耶认为，同行严肃的、系统的评价方法很重要。他相信，教学是如此重要以至于不应是个人行为，而应是大家一起工作并建立优秀教学的评价标准。通过同行评价这个过程，课堂将是开放的，教师将在课堂内外被鼓励。他甚至建议一种可能的循环教学，在那

---

① ［美］E. L. 波伊尔：《学术水平反思——教授工作的重点领域》，载吕达等主编《当代外国教育改革文献》（美国·第三册），人民教育出版社 2004 年版，第 23 页。

② Draugalis, J.. The Scholarship of Teaching: Oxymoron or BulFs-Eye?［J］. American Journal of Pharmaceutical Education, 1998,（62）: 447 - 449.

③ Braxton, J. M., Luckey, W. & Helland, P.. Institutionalizing a Broader View of Scholarship through Boyer's Four Domains［M］. San Francisco: Jossey-Bass, 2002. 56.

里，感兴趣的小组可以参与、交流、讨论他们发现是有效的教学过程。

最后一种评价，博耶认为是学生评价。博耶认为，教学学术的评价主体也包括学生。为了让这个过程有效，学生需要充分知道评价的重要性，需要给学生培训评价技巧，评价过程也要被严格设计。

(2)《学术反思》发表后的研究

1990 年《学术反思》发表之后，美国很多学者和大学教师，包括学校行政人员，都很喜欢博耶在《学术反思》中提出的教学学术新范式，但大家普遍质疑这种新范式不会走远，除非有一定的标准或程序能够评价与测量教师的教学学术。然而，博耶在《学术反思》中对教学学术评价只作了简单陈述，并没有明确提出教学学术的操作性评价标准。①面对问题与众人的质疑，博耶在《学术反思》发表后又对教学学术的评价及其标准问题作了进一步的思考和探究。

首先，博耶对学术评价问题进行了专门调查。他发现，4500 多年前的苏美尔人认为学术必须专注；2500 多年前的孔子认为学者不应追逐安逸；哥伦比亚大学社会学教授米尔斯（Mills，W. C.）认为，学术是一种如何生活的选择。②学术评价应当考虑大学教师的个人品质和专业特征，这虽然已经成为共识，但在实际学术评价的时候却很少考虑。综上所述，博耶认为，学者普遍具有三个特征：知识、整合和坚持。进行学术评价的时候，首先有两点需要注意，一是个人特征，二是行为评价方式；其次在评价工作中必须有清晰的界定标准，不仅在研究中，而且在教学和服务中。博耶曾向 31 家学术杂志编辑和 58 位学术主任咨询有关学术评价的标准问题，他们回应说没有统一的标准，即使在同一学科。③可见，学术界对于行为评价的标准很不擅长，对教学也是，那么教学评价就更难。但是，在对各种学术评价标准进行研究之后，博耶发现，有六条标准几乎是大家普遍采用的：一是学者是否清晰地称述了目标？二是学者是否随后清楚、恰当地界定了过程？三是学者有无充足的资源并有效使用？四是学者团体是否有效地相互交流？五是学者的努力是否产生了显著效果？六是学者是否参与自

① Theall, M. & Centra, J. A.. Assessing the Scholarship of Teaching: Valid Decisions from Valid Evidence [J]. New Directions for Teaching and Learning, 2001, (86): 31 - 43.

② Boyer, E. L.. From Scholarship Reconsidered to Scholarship Assessed [J]. Quest, 1996, (48): 129 - 139.

③ Ibid..

我批判反思？另外，博耶还赞同加德纳提出的多元智力理论——人不仅有语言智力，还有其他智力，评价时不应只关注语言而忽略使人类更真实的其他智力。综上所述，博耶认为，教学学术也可以被这六条标准评价：目标清晰、程序恰当、资源充足、交流有效、效果明显和自我反思。

为了在教学学术评价中应用上述六条评价标准，博耶建议应当有效利用以下四种评价方式：①一是自我评价。自我评价包括大学教师的工作样本与成果，如杂志文章、课程大纲、教学录像、服务个案、专业证据和结果呈现等。二是同行评价。这里的同行评价不同于以往的评价汇报，而是要对同事进行观察和判断。三是学生评价。学生评价不仅包括在校学生的评价，而且包括毕业生的评价。四是客户评价。客户评价主要是指用人单位的评价。相比而言，博耶更喜欢这四种评价方式，而不是前面提到的六条大杂烩式的评价标准。

总之，博耶认为，学术不仅是指发现学术（研究），还应该包括整合学术、应用学术和教学学术，所有的学术形式都有价值，都应该得到奖励。如果这些工作的测量标准还不认为可行的话，那么，还将进一步开发出更明晰、正确、科学的标准。教师需要的是信心，而不是清单。教学学术评价的成功依赖过程的可信性；同时，其评价标准应该是变化的，因为情况在变，世事在变，学术怎能不变。因此博耶主张，学术及其评价应该对威胁到全球的问题承担更多责任和更多义务。但遗憾的是，博耶对于教学学术的评价标准研究工作进展较为缓慢，一方面是因为博耶身体健康的原因；另一方面是因为博耶在《学术反思》发表之后将精力重点放在完成《基础教育：构建学习共同体》（*The Basic School*：*A Community for Learning*，1995）上——一本对博耶个人来说是非常重要的书——该书奠定了后来美国基础教育改革与发展的基础。②到 1995 年博耶因病去世的时候，他只是为《学术评价》写了序言，初步建构了教学学术评价标准的框架，未能提出标准的具体内容。

5. 教学学术的保障

（1）教学学术开始于教师所知晓的，因此，教师必须掌握学科专业知

---

① Boyer, E. L. . From Scholarship Reconsidered to Scholarship Assessed［J］. Quest, 1996, (48)：129 – 139.

② ［美］菲尔普斯：《教学导论》（影印本），中国轻工业出版社 2005 年版，第 104 页。

识，并且博闻广识、睿智和广泛阅读。

（2）领导支持。没有上层强有力的领导和支持，这种关于学术活动的广博的、有活力的观点是不会出现的。

（3）创造性合同。创造性合同是指学校要为教师的工作制定周期性的研究计划和时间安排，教师可以依据其兴趣和院系需要选择近期的工作重点和研究方向。

（4）改革研究生教育。研究生教育要重视应用性的学术活动，研究生院应当重视研究生教学。

（四）博耶教学学术观的影响与局限

1. 影响

博耶在1990年正式提出教学学术，使教学在当代高等教育中第一次与研究处于同一地位，对提高教育教学质量很有帮助。[①]博耶将学术划分为发现、整合、应用和教学四种不同但又相互交叉的领域，在他看来，作为一个学者，意味着进入实地调查（发现）、寻找联系（整合）、建立理论与实践的桥梁（应用）和把知识有效传递给学生（教学）。博耶为学术提供了一种有用的普适性界定，从而将行动反思者（发现）、整体哲学论（整合）、实践（应用）和与学生交流（教学）有机地联系起来。博耶提出的教学学术像"久违的范式"[②]被大家普遍地正式谈论，成为当代大学教学学术讨论与研究的起点。

（1）时代的"转折点"

教学学术之所以受到普遍关注和重视，是因为其出现在恰当的地点、恰当的时间，并道出了大学教师工作中的核心问题。更重要的是，博耶重新组织了该问题，摆脱教学与科研之间的传统争论，超越困扰高等教育理论与实践层面，开始用一种新的方式去思考教授工作的重点和大学的使命定位。在重新塑造什么是大学教授工作重点的讨论中，《学术反思》提出的教学学术，很可能成为20世纪结束前10年的"转折点"[③]。

①　Badley, G.. Improving the Scholarship of Teaching and Learning [J]. Innovations in Education and Teaching International, 2003, 40（3）: 303 – 309.

②　Rice, R. E.. Toward a Broader Conception of Scholarship: The American Context [A]. In Whiston, T. G. & Geiger, R. L.（Eds.）. Research and Higher Education in theUnited Kingdom and the United States [M]. Lancaster, England: Society or Research on Higher Education, 1992: 125.

③　Rice, R. E.. Beyond Scholarship Reconsidered: Toward an Enlarged Vision of the Scholarly Work of Faculty Members [J]. New Directions for Teaching and Learning, 2002, （90）: 7 – 17.

美国高等教育史上，很多基金会、学会组织等发布了不少有关高等教育变革的报告，在刚开始的时候作用很大，但后来都悄无声息了。《学术反思》是个例外，部分原因是因为这个报告预见了高等教育形势并提出了成熟的教学学术观点，使教学进入学术事业的核心。其重大价值和意义，有可能如同另外一个卡内基报告——1910 年的弗莱克斯纳报告（The Flexner Report）① 一样，成为历史发展的转折点。

（2）教学与科研处于同一位置

教学、服务和科研原本作为美国现代高等教育良好发展的有效保障方式，使得美国现代高等教育一跃而起，成为世界现代高等教育最发达中心，并为世界其他国家和地区所效仿。但因为种种原因，"二战"后的美国高校，尤其是研究型大学，抬升科研地位而降低教学与服务地位，在一定程度上造成美国高等教育的畸形发展，不仅影响大学生的全面发展，而且挫伤大学教师的工作积极性，进而影响美国高等教育丰富性、多元化的发展，最终使美国国家利益受损。

时任卡内基教学促进会主席的博耶，敏锐地觉察出美国高等教育发展中问题的严重性，及时提出应该赋予学术新内涵、全面认识大学教师智力工作的建议。他用"一种新的语言，一种共同的语言……来帮助新生的研究，给教学以尊严，让学术负有更多的责任"；② 将教学上升到学术事业层面，打破了教学与科研的传统二元对立局面。教学不再是一种简单的技艺工作和研究的派生活动，也不再是一项附加的、几乎人人可以干的日常性工作，而是一种智力工作，是一种学术形式，一种与科研相同的学术事业。博耶提出的教学学术，在当代高等教育界第一次将教学与科研置于同一地位，二者在大学中处于同等重要位置。③ 另外，博耶的可贵之处在于认为，四种学术形式不仅可以共存，还可以相互促进和加强。也就是说，研究不排斥教学、教学也不排斥研究，二者相互依赖、相互促进，这有助于促进高等教育的整体发展。

---

① 《弗莱克斯纳报告》（The Flexner Report）是卡内基基金会在 1910 年发表的一个报告，报告的核心观点是理论与研究应优先于临床实践。该报告导致医学院进入研究型大学，其他专业也随之采纳佛莱克斯纳的优先权和遵从医学原则。该报告被认为是进入专业知识时代的转折点。

② Rice, R. E.. Beyond Scholarship Reconsidered: Toward an Enlarged Vision of the Scholarly Work of Faculty Members [J]. New Directions for Teaching and Learning, 2002, (90): 7–17.

③ Badley, G.. Improving the Scholarship of Teaching and Learning [J]. Innovations in Education and Teaching International, 2003, 40 (3): 303–309.

（3）掀起大学教学学术运动

在 1990 年之前，世界其他国家和学者虽然也都在关注和探讨如何提高大学教学质量和通过课堂促进有效教学等问题，但是，他们却从来没有像博耶那样将教学上升到学术事业层面的高度来探讨教育质量问题。另外，博耶并没有孤立看待教学，而是将教学作为学术整体的一部分。换句话说，在博耶看来，教学本身就是一种学术活动，不仅能够帮助学生发展，而且学者也能够从中得到学习和提高，恰如博耶所说，教学学术能够保持学术之树常青。①博耶提出的教学学术掀起了相关理论与实践的研究热潮，引发了美国学者、大学教师、高校（机构）和政府对于学术内涵、教授工作重点及教师奖励机制的反思与思考，教学学术的相关理论研究及实践纷纷展开，在美国逐渐演变成为一场全国范围的学术运动，②并且波及和蔓延到加拿大、英国、新西兰、爱尔兰、丹麦、澳大利亚、俄罗斯、中国香港和中国台湾等世界其他国家和地区。

（4）改革大学教师评价与奖励机制

博耶提出的大学教学学术，通过将教学与学术联系起来，把教学作为一种学术事业和一种学术形式，在一定程度上改变了美国高校将教学视为一种简单技艺的传统观念，提高了人们对于教学价值的认识，并且有助于重新理解教师的角色和全面认识教师的智力工作。美国很多高校、机构和研讨会也因此开始重新讨论、思考和制订教师聘用、评价和晋升机制，旨在改变以往在教师聘用和评价过程中过于注重科研和出版的做法。③此外，美国高等教育协会（American Association for Higher Education，AAHE）还成立了教师角色与奖励论坛（Forum on Faculty Roles and Rewards），专门讨论和研究教师工作及其评价问题。根据卡内基教学促进会 1995 年的调查，截至 1994 年秋，三分之二的受访美国高校回应说，在过去的五年至今，他们正在修订和更新教师奖励机制；60% 的被调查高校认为，《学术反思》在他们的工作讨论中占据了重要角色；另外，还有很多高校受到《学术反思》的影响，开始重新界定教师的角色与行为，并改革教师聘用、评价和

---

① Boyer, E. L.. Scholarship Reconsidered: Priorities of the Professoriate［M］. San Francisco: Jossey-Bass, 1990.24.

② 王玉衡：《试论大学教学学术运动》，《外国教育研究》2006 年第 12 期。

③ Haigh, N.. The Scholarship of Teaching & Learning: A practical Introduction and Critique［EB/OL］. Retrieved 2011 - 10 - 12 from: Http://www. akoaotearoa. ac. nz, August 2010.

晋升机制。①

（5）改善高校教与学环境

博耶教学学术中的教学，不再是一项日常的、附加的、任何人都能做的工作，而是一种学术事业和一种智力活动，既要教育又要培养未来学者；不仅要让学生学会一定的知识，而且要掌握批判思维和学习方法，从而具备在毕业后继续学习的能力。为了达到以上目标，要求教师熟知专业知识、消息灵通、博闻广识，而且要与学生互动交流。在这个过程中，教师既是学者，又是学生。通过阅读、课堂讨论，也通过学生的评论和提出的问题，教师自身也被推向创造性的方向。这样的教学，不仅传播知识，而且拓展和创新知识，最终使知识得以延续、学术之树常青。②博耶引入这一超动力的语言建设性地回应了公众和学者对于大学教师角色及其工作的质疑，使得很多高校开始提供项目和支持大学教师进行角色反思并分享他们的教学实践，也因此使得 20 世纪 90 年代成为美国大学教学研究中心普遍建立和发展的时代 ③。教学学术，在一定程度上推动了大学教师专业发展和教学专业化，促进了对教与学过程的深层理解，改善了整个美国高等教育教与学环境。

2. 局限

博耶在 1990 年发表的《学术反思》中拓展学术内涵，将教学视为一种学术形式——教学学术，超越教学与科研的传统二元对立争论，从而引发人们对于教学学术的热议和研究。但是，由于博耶缺乏对教学学术概念与内涵的清晰、全面阐释以及过早的辞世，使得教学学术在理论和实践上均留下诸多问题与漏洞，在很大程度上影响和制约了教学学术后来的精确研究与发展。

其中，对于博耶教学学术的主要质疑与问题有：

（1）立论前提的质疑。由于博耶新学术分类是其教学学术的基础，于是，人们首先对博耶新学术分类的标准，也就是教学学术的立论基础提出

---

①　Boyer, E. L. . From Scholarship Reconsidered to Scholarship Assessed ［J］. Quest, 1996, (48)：129 - 139.

②　Boyer. E. L. . Scholarship Reconsidered：Priorities of the Professoriate ［M］. San Francisco：Jossey-Bass, 1990：24.

③　Huber, M. T. & Hutchings, P. . The Advancement of Learning：Building the Teaching Commons ［M］. San Francisco：Jossey-Bass, 2005：4.

质疑。人们认为，在博耶的新学术分类中，"研究"和"发现"的同等地位似乎并没有发生改变，而且，人们对"整合"与"应用"的学术也不是很感兴趣。问题最大的还是教学学术，人们认为博耶的教学学术不是一个很准确的词汇，而可能是用于提升教学地位、提高"教学型教师"薪水的把戏；将教学视为"学术"，可能是旧瓶装新酒，也有可能是教学艺术堕落为研究科学的开始。①尽管很多教师认为他们的多元工作与博耶的"学术型教师"模式一致，但他们不能肯定教学学术对大学政策或自己的职业有什么重大影响。

（2）概念与内涵的含糊性。博耶缺乏对教学学术概念与内涵的清晰说明，并且其概念与内涵阐释主要是描述性的而非操作性的。尽管教学学术引起人们的很大关注，但博耶一直没有试图给教学学术下一个明晰的操作性定义，教学学术的概念与内涵一直也没有一个统一的界定和认识。

（3）没有说明教学学术的内容构成。博耶在《学术反思》中并没有明确说明教学学术是由什么成分构成，也因此影响了教学学术的科学性。

（4）没有区分优秀教学与教学学术。博耶虽然正式提出了教学学术，但并没有区分优秀教学与教学学术，而是将二者混同，很容易使人误以为优秀教学就是教学学术。

（5）教学学术是学科专业内的还是跨学科专业的？教学学术不是凭空而置，它必须依托于一定的学科和领域。

（6）教学学术的实施问题。博耶虽然提出了教学学术，但主要还是一种思想层面的设想和理论上的初步探讨，没有明确告诉人们如何在实践中具体开展教学学术，也没有接受实践的检验。

（7）教学学术成果的识别、评价和奖励问题。博耶虽然正式提出教学学术，也逐渐得到人们的理解和认可，但是，作为区别于发现学术（研究）的一种新学术形式，其成果如何识别、评价和奖励等都还是问题。

（8）以教师为中心的教学学术范式。博耶理解的教学学术主要限于教师是知识渊博的和主动启发教学，而不是被动学习，鼓励学生具有批判、创造思想，具备继续学习的能力。他只是主张，好的教学意味着教师像学者一样，也是学习者。尽管这些目标值得称赞，但明显是一种以教师为中

---

① Bender, E. T.. CASTLs in the Air: The SOTL "Movement" in Mid-Flight ［J］. Change, 2005，（37）：40 - 49.

心的教学学术范式，忽视学生在学习过程中的主动性和主体性，及其在学术过程中的角色与作用。

（9）教学学术与其他学术形式的联系问题。博耶虽然强调教学学术与其他三种学术形式是相对独立但又相互交叉的关系，但是，博耶并没有说明四种学术形式如何在理论与实践层面进行沟通和联系，并达到相互促进的目的。

二 教学学术的发展

教学学术，作为高等教育研究的一种新范式，超越教学与科研的传统二元对立论争，有助于重视和提高教学、全面认识大学教师的智力工作和更好地履行大学使命，因此得到广大教师、学者、学校管理者和机构行政人员的理解和认同，具有重大的理论价值和现实意义。博耶虽然在《学术反思》中正式提出教学学术，并对其理论进行了初步建构，但是，他的教学学术研究主要还处于思想认识层面，他并没有明确说明教学学术到底是什么？是否具有科学可行性？其内容构成是什么？这些问题后来在博耶的同事——卡内基教学促进会高级研究员赖斯那里得到初步的解答。作为博耶的同事，赖斯深刻意识到博耶教学学术思想的重大价值与意义，虽然对博耶的教学学术观也存有一定的异议，但仍然对教学学术的科学性进行了论证，并对教学学术的内容构成提出了建设性的观点，在一定程度上推进了教学学术的研究与发展。

（一）论证教学学术的科学可行性

博耶虽然在 1990 年正式提出并积极倡导教学学术，但其论述主要是思辨性质，并不具备可操作性。[1]即博耶对于教学学术的理解和阐释主要是一种思想层面的构建，并没有从理论层面对教学学术的科学性和可行性进行论证与说明。教学学术的科学性和可行性问题，后来在其卡内基同事赖斯那里得到了一定的解决。赖斯作为博耶的同事和教学学术的拥护者，一方面认为教学学术的讨论和研究很难，一是因为没有合适的词汇能够表达这一概念，二是因为学术和教学通常被认为是对立的，学术是发现知识，

---

① Martin, E., Benjamin, J., Prosser, M. and Trigwell, K.. Scholarship of Teaching：A Study of the Approaches of Academic Staff ［A］. In Rust, C. （Ed.）. Improving Student Learning：Improving Student Learning Outcomes ［M］. Oxford：Oxford Centre for Staff and Learning Development, Oxford Brookes University, 1999：326 – 331.

而教学是传播知识，这两种活动被认为是"零和博弈"的关系，涉及学者时间和注意力的博弈与争夺。但另一方面，作为教学学术的拥护者，赖斯又想改变上述缺陷。他认为，有质量的教学必然存在实质的学术并作为基础，是一种不同形式的原创研究；教学学术不仅是自身的整合，也是深嵌于发现、应用和整合的学术之中。①基于上述认识和考虑，他开始着手从理论层面去论证教学学术的科学可行性问题。

赖斯对所有学术活动进行考察和研究后认为，一般而言，学术活动有两个基本维度，第一个是具体和抽象的维度，第二个是反思和积极的维度。在常人看来，学术研究主要是第一种维度，即具体和抽象的研究。但是，除了具体与抽象的研究之外，学术还包括反思和积极的研究，教学就属于这种学术研究。赖斯认为，教学不仅是一种具体的认知活动，而且具有与创造活动同样的价值，因此，大学教学具有学术性，教学学术具有科学可行性。②

（二）教学学术内容构成的研究

博耶虽然在《学术反思》中正式提出教学学术，但却没有说明教学学术具体由哪些内容构成，因此导致人们对于教学学术认识上的含糊。经过研究，赖斯对教学学术的内容构成提出了建设性的观点，从而推动了教学学术的研究与发展。

赖斯认为，教学学术至少具有三种明显的成分：第一种成分是概括能力（synoptic capacity）——一种将学科专业知识综合到一起，能够提供一致的含义，把已知知识置于一定的情境，将已知者与已知联系起来的能力；赖斯所说的第二种成分，也就是舒尔曼发明的"学科教学知识"（Pedagogical Content Knowledge，PCK），一种使用比喻、类推和实验等将学科知识与教学过程之间联系起来的知识；第三种成分是关于学习的知识（What We Know about Leanring），即用学术的方法探究学生如何获得有意义的学习。③

---

① Braxton, J. M., Luckey, W., & Helland, P.. Institutionalizing a Broader View of Scholarship through Boyer's Four Domains [M]. San Francisco: Jossey-Bass, 2002: 57.

② Rice, R. E.. The New American Scholar: Scholarship and the Purposes of the University [J]. Metropolitan Universities Journal, 1991, 1 (4): 7–18.

③ Rice, R. E.. The New American Scholar: Scholarship and the Purposes of the University [J]. Metropolitan Universities Journal, 1991, 1 (4): 7–18.

综上所述，博耶在 1990 年发表的《学术反思》中正式提出教学学术，并进行初步的理论构建，后经其卡内基同事赖斯的补充完善，标志着当代大学教学学术讨论与研究的兴起。

第三节　形成（1995—1999 年）

1995 年，美国大学教学学术已经准备好进入一个新时代，尤其是美国《变革》（*Change*）杂志发表的两篇文章在美国大学教学学术发展中具有显著意义。一篇是巴尔和泰格（Barr，R. and Tagg，J.）的文章《从教到学——本科生教育的一种新范式》，标志着美国高等教育由教的范式向学的范式转型。[①]另外一篇是舍恩（Schon，D. A.）的《新的学术，需要新的认识论》，为教学学术的研究与发展奠定了认识论基础。[②]紧接着，时任卡内基促进会临时主席的格拉塞克和其他学者在 1997 年发表了作为博耶报告系列的《学术评价：教授工作的评价》（以下简称《学术评价》）（Scholarship Assessed：Evaluation of the Professoriate），较为成功地解决了困扰教学学术发展的一个重大难题——教学学术的评价及其标准问题，极大地推动了教学学术的研究与发展。1997 年 8 月，斯坦福大学著名教育学、心理学教授舒尔曼继博耶之后担任卡内基教学促进会第八任主席，他和卡内基教学促进会的同事一起解决了博耶教学学术中存在的几个关键性问题：教学学术概念与内涵的澄清和拓展、优秀教学与教学学术的区分、教学学术的基本原理、教学学术的具体实施办法等，并于 1998 年组建卡内基教学学术学会（Carnegie Academy for the Scholarship of Teaching and Learning，CASTL），在美国高等教育协会（AAHE）的协助下，开始在全国范围内运用和推广大学教学学术，从而将博耶的教学学术从思想认识层面落实到实践操作层面，大学教学学术从此得到正式确立和持续发展 [③]。

---

①　Barr，R. and Tagg，J.. From Teaching to Learning—A New Paradigm for Undergraduate Education ［J］. Change，1995，27（6）：13 – 25.

②　Schon，D. A.. The New Scholarship Requires a New Epistemology ［J］. Change，1995，27（6）：26 – 34.

③　Rice，R. E.. Beyond Scholarship Reconsidered：Toward an Enlarged Vision of the Scholarly Work of Faculty Members ［J］. New Directions for Teaching and Learning，2002，（90）：7 – 17.

一　1995 年：教学学术研究迈入新时代

1990 年，博耶在其发表的《学术反思》中正式提出教学学术，作为当代大学教学学术讨论与研究的起点。1995 年，美国《变革》杂志上发表了两篇文章《从教到学：本科生教育的一个新范式》和《新的学术，需要新的认识论》，将大学教学学术的研究与发展带入到一个新时代。[①]

（一）高等教育发展的范式转型

1995 年，巴尔和泰格在杂志《变革》上发表题为"从教到学——本科生教育的一种新范式"的文章，预示美国高等教育一个新时代的到来。文章认为，本科生教育中传统的教的范式已经束缚了美国高等教育的发展，简要而言，这种范式已经统治了美国的大学，使大学仅作为提供教学的机构而存在。然而，当前的美国高等教育发展轻易但深刻地进入一种新的范式——学的范式，其中，大学已经成为一种产生学习的机构，这种转型将改变高等教育的一切。在学的范式中，学习也不再仅仅是知识的简单回忆，而是理解和结构的创造。它要求大学不再假设学生将要参与，而是将学生在大学中的参与视为一项很重要的工作，因此，大学必须要想办法让学生参与，并让这种工作对学生的生活产生意义。在这种范式中，重点已经由表演者（教师）转向观众（学生），大学必须辨别观众将什么带到了表演大厅。换言之，教师必须思考学生是如何学习的。另外，巴尔和泰格的研究还发现，美国中等后教育机构已经不再雇用学科专家，而转向聘用能够提供教学的教师。[②]

其实，关注学生及其学习，不是在 1990 年博耶倡导教学学术开始的，也不是从 1995 年巴尔和泰格发表的文章开始的，探究教与学的动力功能在哲学、心理学、数学和神经生物学中早已经开始。[③]但是，教学学术的核心在于讨论学生如何学习的问题，再由恰当的人用恰当的表述，并在恰当的时间和恰当的地点提出，顺应了美国高等教育发展的范式转型，迎合了

---

① Kreber, C. & Kanuka, H.. The Scholarship of Teaching and Learning and the Online Classroom [J]. Canadian Journal of University Continuing Education, 2006, 32 (2): 109 – 131.

② Barr, R. and Tagg, J.. From Teaching to Learning—A New Paradigm for Undergraduate Education [J]. Change, 1995, 27 (6): 13 – 25.

③ Ott, T.. The Scholarship of Teaching & Learning From Rice to Boyer to Shulman: How a Movement Might Change Everything [J]. Viewpoints, 2006, 7 (2).

美国时代、社会和教育的需要。

（二）新的学术，需要新的认识论

博耶在《学术反思》中拓展学术内涵，将教学视为一种新的学术形式，在当代高等教育界第一次将教学与科研置于同一地位。[①]然而，教学学术作为一种新的高等教育范式，需要新的认识论，否则，教学学术很难在大学中得到认同、执行和落实，尤其是在研究型大学。1995 年，舍恩在《变革》上撰文《新的学术，需要新的认识论》，及时为教学学术的研究奠定认识论基础，并为其指明发展方向。[②]

如果把博耶的教学学术视为一种新的学术范式，那么，其必定涉及认识论问题。一种新的学术范式，一定有自己不同于其他学术范式的独特特征——机构认识论。这种认识论几乎不需要个人有意识地唤醒，就已经存在于机构的结构和实践中。教育也是一样，教育机构有自己的认识论，研究型大学也是由一种特殊认识论构建的机构。在研究型大学中，几乎所有的专业实践者都面临精确与关联的二难选择，这种困难选择取决于构建现代研究型大学的特殊认识论。这种特殊认识论是随着研究型大学的兴起逐渐进入美国，并演变成为主流。当初，美国学者到德国留学并带着柏林大学的研究思想——对基础知识有贡献，特别是通过科学——回到了美国。新的认识论开始进入美国现代研究型大学，始于约翰·霍普金斯（Johns Hopkins）。他采纳新奇的想法——教授应该依据贡献基础知识的多少而被聘用、晋升和作为终身教职。慢慢地，这种观念从霍普金斯大学传开，后传播至密西根、哥伦比亚、芝加哥和大多数常春藤高校。逐渐地，研究型大学的思想被作为美国高等教育的发展惯例，占据了美国高等教育的主流。其中，这种特殊认识论在美国的发展过程中也得到过抵抗，人们也曾质疑专业实践在大学中应该是什么地位和关系。例如，美国经济学家索尔斯坦·范勃伦（Thorsten Veblen）在 1918 年大学学习时就尝试回答这个问题。范勃伦对当时芝加哥大学设立商学院的做法很生气，他指出，商业将

---

① Badley, G.. Improving the Scholarship of Teaching and Learning [J]. Innovations in Education and Teaching International, 2003, 40 (3): 303 – 309.

② Schon, D. A.. The New Scholarship Requires a New Epistemology [J]. Change, 1995, 27 (6): 26 – 34.

使学术颜面扫地。①当时，还有学者提议用折中的办法将高校分为两类：一是基础和系统知识的高级学校，二是应用实践的低级学校。结果，范勃伦失败了，商学院进驻美国大学院系，随后是工程、牙科、社会工作、林学、政治学等。以至于到 1964 年的时候走到极端——"是否每一个人都该专业化？"——舍恩将其称为是"技术理性"的胜利。②舍恩认为，范勃伦的争论及其失败导致研究与实践的分离。实验室研究虽然寻求普遍的规律，但却忽视和忽略具体问题，因此，其研究结果虽然是普遍的，但在解决实践问题时却是有限度的。③

综上所述，舍恩在其文章中认为，当前的美国高等教育中充斥着"技术理性"，典型表现为实证主义方法论特征。这种方法论，虽然对于科学研究有很高的价值和意义，但在处理教学实际问题时，如进"沼泽低地"（swampy lowlands），毫无办法。因此，作为一种新的学术范式，教学学术应该摆脱"技术理性"的实证主义方法论，采用新的认识论和另外的方法论，可以采用"行动研究"——一种实践反思的方法，去探究和理解学生的学习和专业实践，只有这样，教学学术才能够被研究型大学普遍接受。④

二　《学术评价》（1997 年）：教学学术研究发展的里程碑

博耶虽然提出了教学学术，但却没有解决教学学术的评价及其标准问题。如何评价教学学术？其评价标准有哪些？是按照发现学术（研究）的评价及其标准，还是依据教学的评价及其标准？另外，美国高等教育界已经普遍接受和习惯了默顿（Merton，T. K.）提出的科学社会学评价标准，即主要依据研究成果的创新、发表与出版进行评价。那么，如何评价教学学术？其标准有哪些？不仅成为人们普遍质疑和关心的问题，而且也是教学学术进一步发展必须要解决的问题。1997 年，时任卡内基教学促进会临时主席的格拉塞克和其他学者研究出版了被誉为博耶报告下篇的《学术评

---

① ［美］凡勃伦：《学与商的博弈：论美国高等教育》，惠圣译，上海人民出版社 2008 年版，第 181 页。

② Wilensky，H. L. . The Professionalization of Everyone？ ［J］. American Journal of Sociology，1964，（70）：137 - 158.

③ Schon，D. A. . The New Scholarship Requires a New Epistemology［J］. Change，1995，27（6）：26 - 34.

④ Badley，G. . Improving the Scholarship of Teaching and Learning［J］. Innovations in Education and Teaching International，2003，40（3）：303 - 309.

价》。他们在书中提出了一整套新的学术评价标准，可用于任何学术的评价，当然也包括教学学术。此外，博耶的教学学术思想被格拉塞克等人在《学术评价》中加以延伸，因此，该书被称作是《学术反思》的下篇，是教学学术研究与发展的里程碑。①

（一）制定背景与经历

博耶在《学术反思》中对教学学术的评价问题也略有阐释，但主要是描述性的，也没有提及评价的标准。《学术反思》出版后，随着人们对于教学学术的逐渐关注和教学学术研究的自身发展，教学学术的评价及其标准逐渐成为人们普遍关心的问题，也成为制约和影响教学学术进一步发展的一个核心问题。《学术反思》出版后，博耶也注意到这个问题，在同事的帮助下，他开始研究教学学术的评价及其标准问题，并于1994年对这一问题有了初步的答案。在这一年由美国高等教育协会举办的教师角色和奖励论坛上，博耶在作大会主题发言时谈及教学学术评价有六条标准，②但遗憾的是，这六条标准只有大概框架，没有具体内容。直到1997年的该论坛年会上，格拉塞克才宣布完成了教学学术评价标准具体内容的研究工作。③

教学学术评价标准具体内容的研究工作进展缓慢，一方面是因为博耶身体健康的原因；另一方面是因为博耶在《学术反思》出版之后将其精力重点放在完成《基础教育：构建学习共同体》一书上，一本对博耶个人非常重要的书④。

尽管教学学术评价标准的具体内容研究是一个难度很大且漫长的过程，但却受到学者和大众的热切期待。其中，卡内基基金会的高级研究员胡博（Huber, M. T.）发挥了巨大的作用，她在《学术反思》和《学术评价》中都有重要的贡献。在她的坚持、协调和督促下，格拉塞克等人对教

①　Hutchings, P.. The Scholarship of Teaching and Learning in Higher Education：An Annotated Bibliography ［EB/OL］. http：//www. ipfw. edu/celt/learning/PDFs/solt _ carnegie. pdf, Fall 2002/2011 - 10 - 02.

②　Boyer, E. L.. From Scholarship Reconsidered to Scholarship Assessed ［J］. Quest, 1996, （48）：129 - 139.

③　Glassick, C. E., Huber, M. T. & Maeroff, G. I.. Scholarship Assessed：Evaluation of the Professoriate ［M］. San Francisco：Jossey-Bass, 1997：XI.

④　Glassick, C. E. Reconsidering Scholarship ［J］. Health Management Practice, 2000, 6 （1）：4 - 9.

学学术评价标准具体内容的研究最终还是坚持了下来，并于 1997 年以《学术评价》的形式公布于众。《学术评价》正式发表前，教学学术评价标准的具体内容一直不断地被争论、增加、删减、推进、拖拉和试用，但大家基本达成了一致的看法，即在一项受尊敬的学术工作中，学者必须有清晰的目标和充分的准备，并使用恰当的方法和获得显著的成果，接下来学者必须有效地呈现和遵从批判性反思。这些讨论被 1997 年发表的《学术评价》中的 6 条学术标准所丰富。经过多年之后，学者们依然发现，卡内基的评价标准能够作为优秀教学的判断标准而被接受。①

（二）新的学术评价标准

"二战"之前，美国不同的大学和学院在实践中对教师不同类型的工作评价标准是不一样的。科研创新工作的评价标准主要依据学科专业标准，而教学评价标准一般是由院系制定。但在"二战"之后，情况发生了转变，越来越多的高校越来越侧重依据科研成果的发表与出版情况来聘用、评价和晋升大学教师。科研成果的发表与出版逐渐占据美国高等教育的主流地位，相比之下，教学评价的结果自然不被学校和学者认为是科学有效，教学也因此得不到重视和奖励。博耶为了反对这一不正常做法而提出教学学术，但是，教学学术要得到大家的认可并获得合法的学术地位，必须能够采用统一的学术评价标准。格拉塞克等对所有的学术形式的特征进行考察和研究后认为，有六条几乎是所有学术形式共同具有的，即目标明确、准备充分、方法得当、结果明显、称述有效和批判反思，这六条可以作为一切学术形式的评价标准，当然，也适用于博耶提出的教学学术。②

1. 目标明确（clear goals）

学术工作首先必须要有明确的目标，因为目标制约和影响着学术工作的方向、实施和结果等。一般来说，学术工作可能有多个目标，但是，学者必须能够明确目标之间的界限与联系。此外，学术工作的目标不是一成不变的，它会随着研究问题的变化而变化，但它必须真实、可行。通常来说，学术工作的目标应达到以下标准：

·学者是否清晰地称述了基本目标？

① Glassick, C. E.. Reconsidering Scholarship [J]. Health Management Practice, 2000, 6 (1): 4 – 9.

② Glassick, C. E., Huber, M. T. & Maeroff, G. I.. Scholarship Assessed: Evaluation of the Professoriate [M]. San Francisco: Jossey-Bass, 1997: 24 – 35.

　·研究目标是否切实可行？

　·学者是否研究了学科专业领域中的重要问题？

这些问题看似简单得不值得称述，然而，很多研究计划，包括教学实践，基本意图和目标经常是不清楚和不切实际的。

2. 准备充分（adequate preparation）

充分的准备被格拉塞克等认为是学术工作的重要基础前提。学术工作的追求有赖于学者对研究理解的深度和广度，因此，学者必须了解和通晓本研究领域的文献，就本质而言，学术工作就是与已有研究的对话。所有的学术工作都涉及一定的技巧和规律，还要求利用手头尽可能的资源。因此，评价学者成就的时候就应该考虑：

　·学者是否了解学科专业领域的研究现状？

　·学者是否具有一定的研究技能？

　·学者能否利用有效的资源推进研究的发展？

3. 方法得当（appropriate methods）

方法得当作为第三个标准，是指学者按照科学的研究程序，选择一定的研究方法并有效地运用，并且能够随着研究的变化不断地调整研究方法。尽管学术方法与程序在教学中存在很大的差异，但仍然建议考虑以下标准：

　·学者是否使用恰当的方法实现研究目标？

　·学者是否有效使用了所选择的方法？

　·学者是否根据环境的变化而调整了研究方法？

需要注意的是，研究方法虽然对于学术工作很重要，但实际上，没有一种方法能够放之四海而皆准，因此，不能简单地信奉某一种方法而拒绝其他研究方法。相反，要以科学灵活的态度，根据一定的研究目的，选择定量研究方法或质的方法。

4. 结果显著（significant results）

任何学术工作都必须产生明显的成果，或产生新知识，或对艺术表现有贡献，或激发学习，再或者是在一定程度上解决了学术之外的问题。教学也是一样，最终不仅注重过程评价，而且也注重结果评价。例如，可以从以下几个方面进行考虑：

　·学者是否完成了任务？

　·学者的研究成果是否促进了该领域的发展？

·学者的研究成果是否开辟了新的研究领域？

格拉塞克认为，研究结果是否显著，首先要看它是否达到了自己的研究目标；其次，作为结果显著的一个基本指标，看它是否对该研究领域的发展有所贡献；最后看研究结果是否拓宽了该研究领域或开创了新的研究领域。

5. 表达有效（effective presentation）

任何形式的学术贡献都取决于它的表达，不管多么完美的学术，如果不能有效地表达，都将是缺憾的。评价学术表达时，通常需要考虑以下三个问题：

·学者的表达是否恰当、有效？

·学者是否在恰当的场合介绍了成果？

·学者是否清晰、完整地传达了信息？

实际上，许多学术工作都存在表达含糊的问题，不仅容易造成一定的误解，而且影响和阻碍了学者之间的相互交流。如果学者能用简洁、清晰、有效的学术语言表达他们的研究成果，那么，学术交流不仅将存在于同事之间，而且将扩大到公众范围。

这里，格拉塞克等强调了学术的另一个重要方面：学术本质上是一种与参与者的交流，通过与他人讨论和别人所说的已知贡献。

6. 批判性反思（reflective critique）

最后一个标准是学者能够反思自己的学术工作，寻求他人的意见，并通过这个过程得到提高。批判性反思的评判可以通过以下方式：

·学者对自己的研究工作是否有批判性地评价？

·学者在评价中能否提出适当、有效的证据？

·学者是否通过评价促进了研究工作？

综上所述，格拉塞克等通过对所有学术形式进行调查研究，总结出 6 条几乎适合所有学术的特征，并将其作为学术评价的标准。这在学术研究史上具有划时代的价值与意义，它打破了由默顿制订的科学社会学评价标准一统学术评价的局面，促进了人们对学术内涵的进一步认识以及学术评价标准的进步与发展。格拉塞克等的学术评价标准，适合评价所有的学术形式，当然也包括评价教学学术，因此，在一定程度上解决了教学学术的评价及其标准问题，推动了教学学术研究的进一步发展。

当然，格拉塞克的评价标准也不是完美无瑕，其 6 条标准中均存在问题与争议。例如，此框架过于侧重事先确定好的目标，而没有充分考虑到实际情况可能存在差异。另外，格拉塞克的第四条评价标准过于关注是否达到事先设定的目标，忽视自由探究、学生发展等学术和社会价值。总之，格拉塞克的评价框架将科研与学术局限在一个相当狭窄的范围之中。但是，格拉塞克的评价框架也有可取之处，如第六条标准——批判性反思。任何教学学术活动都应该对成果进行批判性反思，以此改进教学学术。它促使我们更多地关注学术价值（如自由与发展、多样化与共识、知识与真理等），而不是局限于预先设定的研究目标，在很大程度上弥补了前面五条标准的不足。①

三　教学学术的确立

博耶虽然在 1990 年提出教学学术，而且其同事赖斯后来也进行了建设性的研究，但是，他们的研究都缺乏对教学学术概念与内涵的澄清和具体实施办法，因此，教学学术的理解和研究还主要是停留在思想认识层面。教学学术在学术界真正得到确立和校园实践，是在博耶去世和舒尔曼继任卡内基教学促进会主席之后的事情，②并经历舒尔曼等近 10 年的校正③。

博耶在 1990 年提出教学学术之后，引起学者的关注和重视，相关研究也迅速多了起来。这些研究，一方面促进了教学学术的研究与发展；但另一方面也增加了和博耶与赖斯最初思想的距离。④其中，导致教学学术出现分歧的主要有三个问题：一是博耶和赖斯都没有说清楚教学学术到底是什么，导致后人众说纷纭；二是博耶的教学学术并没有区分优秀教学与教学学术，很容易将二者混为一谈；三是随着教学学术研究的发展，教学学术的研究重点开始由理论建构转向实践开展，但是，博耶并没有告诉人们如何具体实施教学学术。1997 年，斯坦福大学著名教育学、心理学教授舒

①　王晓瑜：《大学教师发展教学学术的若干理论问题探究》，《教师教育研究》2009 年第 5 期。

②　Rice, R. E.. Beyond Scholarship Reconsidered: Toward an Enlarged Vision of the Scholarly Work of Faculty Members [J]. New Directions for Teaching and Learning, 2002, (90): 7–17.

③　Bender, E. T.. CASTLs in the Air: The SOTL "Movement" in Mid-Flight [J]. Change, 2005, (37): 40–49.

④　Braxton, J. M., Luckey, W. & Helland, P.. Institutionalizing a Broader View of Scholarship through Boyer's Four Domains [M]. San Francisco: Jossey-Bass, 2002: 65.

尔曼继博耶之后担任卡内基教学促进会第八任主席，同时也接过了博耶的教学学术旗帜。在同事的帮助下，舒尔曼研究、澄清和拓展了教学学术的内涵，统一了大家对于教学学术的理解与认识；有效地区分了优秀教学与教学学术，从而将教学学术从优秀教学中分离出来；制订了教学学术的具体实施办法，并于1998年联合美国高等教育协会组建卡内基教学学术学会（Carnegie Academy for the Scholarship of Teaching and Learning，CASTL），开始在全国范围内运用和推广教学学术，将博耶的教学学术从思想层面落实到实践层面。[①]

（一）教学学术内涵的澄清与拓展

1. 教学学术内涵的澄清

博耶虽然在《学术反思》中提出教学学术，但连他自己也没有说清楚教学学术究竟是什么，以至于"教学学术到底是什么，不仅是个问题，而且是过去多少年讨论的里程碑"[②]。舒尔曼继任卡内基教学促进会主席之后，非常赞同博耶的教学学术思想，并进行了深入研究。舒尔曼不仅澄清了教学学术的内涵，而且对其进行了拓展，将博耶的"教的学术"（The Scholarship of Teaching）拓展为"教与学的学术"（The Scholarship of Teaching and Learning），在很大程度上澄清和统一了人们对于教学学术及其内涵的模糊认识和理解，使教学学术的研究与实践朝着同一方向发展。

首先，认同博耶的教学学术思想。舒尔曼认为，教学是一种复杂的、多方面的慎重的活动，其复杂程度不亚于医学。[③]因此，舒尔曼赞同博耶关于摆脱"教学与科研"老掉牙的陈腐论争，应该赋予熟悉的、受人尊重的"学术"一词更广阔的、更丰富的含义，好的教学涉及严肃的智力工作而应被奖励，教学应被视为一种学术事业的观点；并且认为，博耶提出的教学学术已经成为大家认可的词汇，尽管博耶提出的教学学术概念是不令人满意和模糊的，但可以肯定的是，教学学术的提出促使了人们对于教学及其行为的思考。

---

① Shulman, L. S.. The Scholarship of Teaching and Learning：A Personal Account and Reflection［J］. International Journal for the Scholarship of Teaching and Learning, 2011, 5（1）.

② Hutchings, P., & Shulman, L. S.. The Scholarship of Teaching：New Elaborations, New Developments［J］. Change, 1999, 31（5）：10 – 15.

③ ［英］帕尔默编：《教育究竟是什么？100位思想家论教育》，任钟印等译，北京大学出版社2008年版，第641页。

其次，教学学术内涵的澄清。舒尔曼虽然认同教学学术，但他不赞同博耶将一切教学行为都视为学术活动，因为教学与学术毕竟不是一回事情。舒尔曼认为，不是所有的智力活动都是学术，凡是能被称为学术的智力活动，至少具备三个特征：能够公开、易于作为批判性回顾与评价的对象、被专业团体成员使用、发展和完善。因此，教学要成为一种学术，也必须能够公开成为共同财富、易于回顾与评价、能够被他人所使用和发展完善。①为此，舒尔曼特别强调，教学学术必须是在学术团体背景下完成，作为"教学孤岛"（pedagogical solitude）的对立面和教学作为"像干冰一样消失"（dry ice）的矫正办法，也就是说，如果没有证据记录，教学学术将消失无踪。②

舒尔曼在后来发表的《教学学术：新阐述、新发展》等文章中对教学学术内涵作了进一步澄清：教学学术不是优秀教学的同义词，它要求一种对教与学问题的"溯元"。其中，教师可以形成并系统地调查与学生学习有关的问题——学习发生的条件——看起来像什么、如何深化等。③教学学术，不仅仅是发表和批判教学，更重要的是探究学生的学习。教师不仅是盯着自己课堂教学中的问题，而要改进和超越。教学学术不是引起好奇心的或附加的，而应是优秀教学的本质特征——作为构建学术实践的愿景。④

2. 教学学术内涵的拓展

当其他学者还在考虑是否将教学作为学术形式的时候，舒尔曼则将教学学术的内涵进行了拓展，即把"教学学术"（The Scholarship of Teaching）推进到"教与学的学术"（The Scholarship of Teaching and Learning）。舒尔曼作为著名教学论专家，曾对教学实践问题进行过长期的研究，为其后来的教学学术研究奠定了基础。其中，他于 1987 年发明了著名的词汇——"学科教学知识"（Pedagogical Content Knowledge，PCK），用于说明学科知识和知识传递之间的关系，即教学有其范围和特定内容。"学科教学知识"一词目前已经为广大学者接受，成为教师教育的一个重要概

① Shulman, L. S.. Taking Learning Seriously [J]. Change, 1999, 31 (4): 10 - 17.

② Shulman, L. S.. Teaching as Community Property: Putting an End to Pedagogical Solitude [J]. Change, 1993, (6): 6 - 7.

③ Hutchings, P. & Shulman, L. S.. The Scholarship of Teaching: New Elaborations, New Developments [J]. Change, 1999, 31 (5): 10 - 15.

④ Shulman, L. S.. Inventing the Future [A]. In Hutchings, P. (Eds.). Opening Lines: Approaches to the Scholarship of Teaching and Learning [M]. San Francisco: Jossey-Bass, 2000: 105.

念，并渗透进入高等教育界。①

　　基于长期的教学研究和实践经验，舒尔曼用自己的想法对教学学术内涵进行了拓展。为强调教学在教师们中的核心工作，博耶和赖斯已经将学术型教师置于他们认知图形的中心，作为动态的开始与管理，这就是博耶的教学学术——以教为中心的教学学术。然而，舒尔曼的教学学术则主张关注学生的学习。他认为，教的时代已经过去并且教的范式已经滞后，学的时代已经到来，因此，教师必须运用系统的、学术的方法研究学习是如何发生的，并将其视为工作的目标；同时，教师还要寻求更广泛的有效教学和深层学习的理解，团体（小组）学习及其相互作用的背景可以促进这种严肃的、合作的和集体的学术工作。在舒尔曼的推动下，教学学术的发展重心发生重大转变：由教的范式转向学的范式，教的学术也就演变成为教与学的学术。教学学术的内涵得到了拓展，也变得更加完善、丰满。

　　（二）教学学术的基本原理研究

　　博耶在1990年的《学术反思》中提出教学学术之后，越来越多的学者、高校和机构开始研究和参与教学学术。同时，大家也开始追问学术、教学、学习的精确定义与内涵，以及开展这类研究的方法和技术的标准，并且反思和询问："为什么做这个？我们忠诚追求这份工作的原因是什么？"② 实质上，这些问题已经涉及教学学术的基本原理问题。

　　舒尔曼认为，从事教学学术主要有三个原因，也就是说，教学学术有三个基本原理：专业化（Professionalism）、实用主义（Pragmatism）和政策（Policy）。专业化是指成为专业学者或教育者的内在义务和机会，特别是哲学博士的专业责任；实用主义是指确保作为教育者的活动能够满足和提高学生的目标和责任；政策是指用于发展高等教育的政策与措施。③具体来说：

　　1. 专业化

　　舒尔曼将专业化作为从事教学学术的首条，他认为，从事教学学术的

　　① Huber, M. T. & Morreale, S. P.. Disciplinary Styles in the Scholarship of Teaching and Learning: Exploring Common Ground [M]. Washington, D. C.: American Association for Higher Education and The Carnegie Foundation for the Advancement of Teaching, 2002: 8.
　　② Shulman, L. S.. From Minsk To Pinsk: Why A Scholarship of Teaching And Learning? [J]. The Journal of Scholarship of Teaching and Learning, 2000, 1 (1): 48 –53.
　　③ Ibid..

最主要原因是职业角色和责任。每个从事高等教育的人至少有两种角色：一是学科、跨学科或专业领域的研究者，二是教育者。这些人不仅承担着学者的责任——发现、联系和应用，而且他们作为学者有义务对他们的学科及其边界彻底理解、质疑、发现和批判；同时，他们还有责任通过教学、社会行为、与同事交流等方式传递他们的所知和所为。学术的核心价值在于拓展期望，不管是发现还是质疑。人们期待通过出版、信件、呈现或教学等方式公开分享知识，而且，现代科技使交流比以前更加宽广。同时，专业化理论参与教学学术，能够为教师提供需要的学术基础。因此，希望教师对待他们的课堂和教室能够像做研究的实验室或场所一样，通过研究促进和理解专业教学。所以，教学学术的专业化对于教师个人及其团体都是必要的，其中，教师有着双重职业身份，不仅履行作为教师的义务，而且履行学者的专业使命——传递发现、认识和经验。

2. 实用主义

舒尔曼认为，专业化对于教学学术来说虽然是关键的，但不是足够的，还需要追求教学学术的实践维度。教学学术实践能够帮助指导教学设计和调整教学，从而提高学生的学习兴趣。通过对教学有目的的反思、呈现、评价和分析并使用更公开、易理解的方式，不仅能够支持促进教学，而且能够增加与那些班级和主题相同或相近的同事进行透明交流的可能性。积极的教学学术，能够为已经从事多年工作的教师提供反思和研究的不同视角。

3. 政策

舒尔曼注意到，美国高等教育的发展经常受到国家、州和地方政府政策的影响。一方面，各级政府在制定高等教育政策和预算时要求提供实现教育目标的可测性步骤的证据；另一方面，认证机构也坚持要求提供实现已称述的教育目标和使命的证据。显然，"责任"和"评价"已经成为美国高等教育改革运动的新兴主题。当然，这些并不是坏的想法，但存在的一个问题就是，它们有可能成为用来评价教师劳动质量的错误指标。这些指标的采用，可能是因为方便使用或经济实惠，而不是因为作为真正的代理人用于追求学习和发展。因此，舒尔曼认为，不能用"一刀切"或"快餐"的形式测量高等教育成果，应该用教学的精确概念的、设计的和展开研究的结果，能够被专家验证。这种工作需要各种各样的学科的和特定学科的教学学术。此外，舒尔曼还认为，自由市场也给高等教育带来新的挑战，为利益提供者、远程学习和其他一些高等教育提供新的来源，并创造了一些市场。在那里，机构必须准备呈现和展示证据，它们能够在教育中形成学习、深度理解、热情承诺和公民道德。除非能够提供教育过程和产品的相关证据，否则，教学学术将提供的是空洞的主张和不屑一顾的观点。

综上所述，舒尔曼认为，从事教学学术主要是因为三个"P"：专业化（Professionalism）、实用主义（Pragmatism）和政策（Policy），同时，专业的、实用的和政策的利益也会被教学学术支持和加强，但这不是件容易的事情。首先，教学学术不是无用的或附加的，需要强有力的政策和鼓励；其次，教学学术不能单独进行，需要发展以校园为网络的教学学术作为服务中心，作为支持系统和"避难所"用于努力开展这种学术。相应地，教学学术，不仅要支持教师个人的和专业的角色，同时还要对学生和机构负责，更要履行高等教育的、社会的和政治的义务。①

（三）区分优秀教学、学术性教学与教学学术

舒尔曼担任卡内基教学促进会主席之后，虽然积极倡导和研究教学学术，澄清并拓展教学学术内涵，使教学学术从博耶和赖斯最初的研究中有所进化②。然而，他一开始也没有注意优秀教学、学术性教学和教学学术的区分问题，后经内布拉斯加大学（University of Nebraska）伯恩斯坦（Bernstein, D.）的提醒，他才觉察到，博耶在其教学学术中不仅没有区分优秀教学、学术性教学和教学学术，甚至有将教学学术等同于优秀教学、学术性教学的倾向。舒尔曼意识到这个问题非常严重，涉及教学学术的核心发展问题；同时也认为，现在的确到需要区分三者关系的时候了。③

首先，舒尔曼认为，教学学术不是优秀教学、学术性教学的同义词，三者有联系但又不相同。所有教师都有把学教好的义务，参与学习，形成学生学习，而这些只是优秀教学最小的要求。然而，还应更进一步，区分学术性教学与优秀教学。当教学包含一定的课堂实际评价和证据收集的时

---

①　Shulman, L. S.. From Minsk To Pinsk: Why A Scholarship Of Teaching And Learning? [J]. The Journal of Scholarship of Teaching and Learning, 2000, 1 (1): 48 – 53.

②　Hutchings, P. & Shulman, L. S.. The Scholarship of Teaching: New Elaborations, New Developments [J]. Change, 1999, 31 (5): 10 – 15.

③　Shulman, L. S.. The Scholarship of Teaching and Learning: A Personal Account and Reflection [J]. International Journal for the Scholarship of Teaching and Learning, 2011, 5 (1).

候，它虽然没被这个学科领域的最新专业思想指导，但却被这个学科领域最新的教学思想所指导，当它邀请同行合作和评议，那么这种教学就成为学术性教学。教学学术与学术性教学不同，教学学术是学术性教学的超越。舒尔曼认为，学术有三个传统特征，即应该能够公开、易被回顾、批判和评价并且能被同行使用、发展与完善。后来，他又加上了第四点：围绕学生的学习问题进行询问、探究和调查。[1]教学要作为学术，必须"溯源"，去探究学生学习的条件——学习是如何发生的？看起来像什么？如何深化？只有当教师系统思考教与学问题，并得到同行评议，这样就从学术性教学发展到了教学学术。这个时候，教学学术开始与优秀教学、学术性教学分离，从而产生教学学术的清晰概念与模式。[2]

其次，不是所有教师都要追求教学学术。舒尔曼虽然积极倡导教师应该开展教学学术，但他并不认为所有教师都应从事教学学术。教师应把教学学术视为一种促进专业自身发展的机制，而不是仅仅凭经验和感觉教学。其中，学术性教学只是教学学术的条件，只有长期的坚持和实施学术性教学，才能导致教学学术。但问题在于，大多数学科领域中的教师并没有这样的习惯，毕竟，教学学术不是做培训，而是对自己的教学设计和学生的学习进行长期的、系统的调查。事实上，这些工作的最根本障碍之一在于已有的假设：只有差的老师才会有教学问题并对自己的实践产生质疑。[3]另外，学术型教师与实践教学学术的教师是明显存在差异的，前者可能效忠于探究的原则，探究学生如何学习，然而，他们可能很少与同事分享，因此不是教学学术。

（四）教学学术的实践

博耶虽然在 1990 年正式提出了教学学术，并对教学学术理论进行了初步建构，但主要还是一种思想层面的认识，他并没有告诉人们在实践中如何具体开展教学学术。舒尔曼继任卡内基教学促进会主席之后，已经不满足于理论层面的讨论，而是进一步将其运用和推广至实践层面。

---

① Braxton, J., Luckey, W., & Helland, P.. Institutionalizing a Broader View of Scholarship through Boyer's Four Domains [M]. San Francisco: Jossey-Bass, 2002: 60.

② Bowden, R. G.. Scholarship Reconsidered: Reconsidered [J]. Journal of the Scholarship of Teaching and Learning, 2007, 7 (2).

③ Hutchings, P. & Shulman, L. S.. The Scholarship of Teaching: New Elaborations, New Developments [J]. Change, 1999, 31 (5): 10 – 15.

　　舒尔曼认为，教学如果作为一种学术形式，那么一定是一种能够随着时间展开的延长的过程，而这种过程至少包含五种活动：想法、设计、交流、结果和分析。①伴随着这些活动，教学的延伸行为就像传统学术或研究的延伸行为一样。它包括：①一种更广阔的学科问题和方法的视野；②计划和设计行为的能力以实施这种想法；③一种相互作用要求特殊的技巧和结果以形成预期或意外的成果；④从复杂过程中得出的一定结论，这些结论需要分析。像学术一样，教学也成为像伯恩斯坦（Bernstein, D.）所说的教学实践和学生行为之间的"交易关系"。②在学术活动和活动结论之间存在的这种真正的交易关系，成为一种学术实践的杰出标志。这就加强了将教学转换成为一种长期活动和将教学问题转化为可见性和存在性，并能够像学术一样进行研究的信仰之间的联系，而不仅仅是解决它们。

　　基于以上认识，舒尔曼提出了教学学术实践的指导思想：不仅提高教师实践，而且从实践中获得学生学习的特征和深度。③这样，教学学术与优秀教学的区别就出来了，教学学术不是优秀教学的同义词，它要求一种"溯源"。其中，教师可以建构并系统调查与学生学习有关的问题——学习发生的条件、是怎样的、如何推进，等等；同时，教师不仅要关注提高自己课堂，而且要超越课堂。教学学术的这种界定，不是要求所有教师，甚至是最优秀的和学术型教师将或应这样做。教学学术不仅是一种优秀教学所必需的显著条件；而且它还是一种机制，能够促进教学专业发展并弥补其缺失。这样，教学学术就有潜力为所有的教师和学生服务。这种目的不是很容易就能实现，特别需要长期、持久。

　　就教学学术实践的普适性问题，舒尔曼并不认同怀特海的观点。怀特海曾劝诫科学与哲学工作者，要寻求普遍真理和勇于质疑。而舒尔曼认为，如果追求一种开展教学学术的普适性方法，那么注定将面临失望。他认为，教学学术的实践将随着教师的教学、不同学科领域的内容理解和表

　　① Shulman, L. S.. Course Anatomy: The Dissection & Analysis of Knowledge through Teaching [A]. In Hutchings, P. (Eds.). The Course Portfolio: How Faculty can Improve Their Teaching to Advance Practice and Improve Student Learning [M]. Washington, D. C: American Association of Higher Education, 1998: 5

　　② Bass, R. The Scholarship of Teaching: What's the Problem? [J]. Inventio: Creative Thinking about Learning and Teaching, 1999, 1 (1).

　　③ Hutchings, P. & Shulman, L. S. The Scholarship of Teaching: New Elaborations, New Developments [J]. Change, 1999, 31 (5): 10 – 15.

达方式而变化，它们也应当如此。根据以上想法，舒尔曼回应了怀特海的观点，开展教学学术应该寻求特殊性，即崇拜和偏好，还要心存质疑。①舒尔曼所说的质疑具有双面性：一方面即使承认化学和文学是如何有特色的时候，也必须牢记隐藏在普遍性后面的多元化；但另一方面也要承认，教学研究中的确也存在一些普遍性的规律，涵盖各种问题、主题、矛盾和领域。因此，舒尔曼主张，一方面要寻求普遍性，偏好它们、挑战它们，尽可能地为你所用；另一方面也要追求特殊性，收集它们、探究它们、理解它们，让这些普遍性和特殊性相互作用和影响，只有这样才能让教学学术实践繁荣。

（五）组建卡内基教学学术学会

舒尔曼发现，教学不被高校重视，不是高校不关注，而是因为学者将教学从专业团体中剔除了出去。因此，他建议教学重新链接学科和专业研究，教师从中可以追求他们的学术工作。这种变化要求教师呈现教学工作，能够被同行评议。教学学术需要同行评议、检查和支持教学，作为责任的一部分。②舒尔曼做的另外一个贡献是发展同行合作和评价教学，这对于教学学术的发展起了催化剂作用。在舒尔曼的倡议下，美国高等教育协会（American Association for Higher Education，AAHE）在 1994—1998 年发起了全国性的多院校参与的同行评议教学项目（From Idea to Prototype），让更多的教师有机会和同事讨论教学与学生的学习，让"教学文化"成为专业生活中的一部分。其中，舒尔曼为 AAHE 教学同行评价项目提供了智慧性的基础。

1997 年舒尔曼接任卡内基教学促进会主席之后，他已经不满足简单地研究教学学术的理论，而是开始考虑如何实践和推广教学学术。其中，舒尔曼认为，实践教学学术的很重要一步是在全国范围发展教学研究中心，一方面用来作为服务教学学术的支持中心、避难所和学习中心，另一方面

---

① Shulman, L. S.. Forward ［A］. In Huber, M. T. & Morreale, S. P.（Eds.）. Disciplinary Styles in the Scholarship of Teaching and Learning: Exploring Common Ground ［M］. Washington, D. C.: American Association for Higher Education and The Carnegie Foundation for the Advancement of Teaching, 2002: 11.

② Shulman, L. S.. Teaching as Community Property: Putting an End to Pedagogical Solitude ［J］. Change, 1993, 25（6）: 6 - 7.

也方便老师们跨学科研究教学学术。①另外，舒尔曼也汲取了中小学、大学和专业教学的协作经验——教学学术不仅应该带给教学学术像其他专业一样的地位和尊重，而且应该帮助建立教学的知识基础，从而促进整个领域的发展，而不仅仅是认同和奖励优秀教学。朝着这样的目的，舒尔曼于1998 年联合美国高等教育协会组建卡内基教学学术学会（Carnegie Academy for the Scholarship of Teaching and Learning，CASTL），作为一个全国性的网络机构，联系大学、文理学院、综合性的和博士单位的机构，承诺认真对待教学，并在他们各自的校园创造条件实践教学学术，反映他们自己的价值、文化和核心学术，并作为在院系和项目中的支持单位和避难所。

卡内基教学学术学会的宗旨有三：①促进所有学生学习；②加强专业教学和实习；③将教学作为学术，并得到认同和奖励。为了达到以上目的，卡内基教学学术学会研究设计了三个项目：发现和培养杰出教学教师的卡内基学者项目（Carnegie Scholars）、支持院校开展教学学术的教学学术校园项目（Campus Program）、与其他学术与专业团体在专业领域内一起倡导教学学术的专业团体教学学术项目（Scholarly and Professional Societies Program）。

1998—2005 年，CASTL 先后资助了五批个人学者项目，总数已经达到140 人，不仅包括美国的学者，还包括其他国家的学者。从 1998 年开始，超过200 所大学参与了校园项目或伙伴关系，教学学术的研究已经成为美国大学联合会的主要项目。②范围从布朗大学（Brown University，"常青藤联盟"院校）到奥古斯塔那学院（Augustana College，文理科综合型学院），从米德尔塞克斯社区学院（Middlesex Community College，最具规模的社区学院之一）到明尼苏达大学（University of Minnesota，最具综合性的高等学府之一）。其中，专业学会也主动参与进来，在他们的年会上，管理学学会（the Academy of Management）、美国化学学会（the American Chemical Society）和美国社会学协会（the American Sociological Association）等主动探讨教学学术。作为教师学术工作的拓展，教学学术被视为一项智力性的挑战工作，超越了教学与研究二分法的讨论。教学学术已经作为一

①　Braxton，J. M.，Luckey，W. & Helland，P.. Institutionalizing a Broader View of Scholarship through Boyer's Four Domains［M］. San Francisco：Jossey-Bass，2002：60.

②　Hatch，T.. The Scholarship of Teaching and Web-based Representations of Teaching in the United States：Definitions，Histories，and New Directions［J］. Educational Action Research，2009，17（1）：63－78.

种丰富的学术资源而出现，并具有一定的潜力和不断增长的信心。

综上所述，时任卡内基教学促进会第七任主席的博耶在 1990 年发表的《学术反思》中正式提出教学学术，并进行了初步的理论建构，引起人们对于学术内涵和教师角色与奖励机制的反思与讨论。教学学术后经赖斯、舒尔曼等学者的研究与发展，在美国逐渐演变成为一场具有国际影响力的美国大学教学学术运动。但是，严格准确地说，博耶的教学学术基本处于假设和思想认识层面，缺乏理论基础和现实依据，而且，其绝大部分教学学术观点更像是学术性教学 ①。博耶的后继者——卡内基教学促进会第八任主席——舒尔曼则经过约 10 年的研究、修正与发展，将教学学术与学术性教学区分开来，使教学学术得到真正确立和持续发展。②

第四节　发展（2000—2015 年）

自 20 世纪 90 年代以来，美国高等教育发生了戏剧性的变化，高等教育面临前所未有的要求，旨在向所有的利益相关者证实其生产力和有效性。其中，对于高等教育的审查与投诉以及学术的各种解释，促使人们重新思考以前的工作并对学术内涵进行反思。③美国高等教育的这种变化，恰好为教学学术的发展创造了"天赐良机"（perfect storm）：④授权机构越来越关注基于证据的教学评价，立法者和纳税人要求公立大学关注学生的基本素质，学生和家长面对日益增长的学费和要求更多参与高质量的教育经历；同时，各级政府进一步削减高等教育财政、师生比在增加、班级规模在膨胀，教师需要寻求解决这些问题的真正答案。

教学学术在内外因素的影响下（社会原因和高等教育发展是外部因素；教学学术脱离于优秀教学与学术性教学，并有了具体实施办法和保障中心等是内部因素），进入 21 世纪之后，尤其是在卡内基教学学术学会的

---

① McKinney, K.. Attitudinal and Structural Factors Contributing to Challenges in the Work of the Scholarship of Teaching and Learning [J]. New Directions for Institutional Research, 2006, (129): 37 –50.

② Rice, R. E.. Beyond Scholarship Reconsidered: Toward an Enlarged Vision of the Scholarly Work of Faculty Members [J]. New Directions for Teaching and Learning, 2002, (90): 7 –17.

③ Bowden, R. G.. Scholarship Reconsidered: Reconsidered [J]. Journal of the Scholarship of Teaching and Learning, 2007, 7 (2).

④ Gunn, C., etc.. Evolution and Engagement in SoTL: Today, Tomorrow, and Internationally [J]. International Journal for the Scholarship of Teaching and Learning, 2010, 4 (2).

领导与推动下，美国大学教学学术在 2000—2015 年呈现发展势态，主要
表现为三个方面：一是侧重理论方面的深入研究；二是实践的全面、深入
开展；三是形成了教学学术研究的多样化资源。

一　理论研究的深入

进入 21 世纪后，人们对于教学学术的探讨与研究，已经不再限于教
学学术合法地位、教学学术概念与内涵的界定、认识、理解和评价及其标
准等简单问题，更多的是侧重理论方面的深入研究，突出表现为：对前期
研究的总结与反思，统一概念界定与内涵理解的尝试，不同学科及跨学科
的教学学术研究和更多参数的考虑等。

（一）对前期研究的总结与反思

当代大学教学学术的讨论与研究始于 1990 年博耶发表的《学术反
思》，后经赖斯、格拉塞克、舒尔曼等的研究、修正与发展，逐渐被越
来越多的学者、学科、高校和机构所理解、认同和接受。教学学术的概
念界定与内涵理解虽因学科而各异，但主题是一致的，都是为了促进学
生的学习。①不同的教学学术认识和研究，一方面虽然影响和制约了教学
学术的统一和进一步研究；但另一方面却在一定程度上丰富了教学学术
的理解与研究。

博耶提出教学学术至 2000 年已经过去 10 年，学者有责任重新审视教
学学术，检验教学学术是否给大学教师工作和学术内涵带来变化，及时总
结教学学术取得的成绩并反思存在的问题。基于以上认识和想法，克莱博
和特里格威尔等对前期的教学学术研究进行了总结与反思，旨在推动教学
学术的进一步发展。

1. 前 10 年取得的成绩

克莱博②和特里格威尔等③发现，教学学术经过 10 年的研究与发展，

---

① Hutchings, P.. Opening Lines: Approaches to the Scholarship of Teaching and Learning [M]. Menlo Park, CA: The Carnegie Foundation for the Advancement of Teaching, 2000: 1.

② 参见 Carolin Kreber, C.. Controversy and Consensus on the Scholarship of Teaching, Studies in Higher Education, 2002, 27 (2): 151 - 167. Kreber, C. The Scholarship of Teaching: A Comparison of Conceptions Held by Experts and Regular Academic Staff [J]. Higher Education, 2003, 46 (1): 93 - 121。

③ Trigwell, K., Marin, E., Benjamin, J. & Prosser, M.. Scholarship of Teaching: A Model [J]. Higher Education Research and Development, 2000, (19): 155 - 168.

已经逐渐为人们理解和认可。其中，教学学术被认为是：①探究教与学的关系，研究、整合与应用知识；②对实践智慧和学科学术标准进行反思和交流；③通过实践反思获得教与学的知识；④一种特殊的研究技术，如态度和产品等；⑤通过反思发展学科教学知识；⑥信息与观点的分享与评价；⑦对教学研究、学科知识的反思，包括对教学经验的不断反思；关注学生学习；涵盖教师专业发展领域和研究生教育实践；⑧不同于学术性教学和优秀教学；⑨要求整合学科知识、教学和其他学术领域工作；⑩教学学术包含开展学科教与学的研究。

而且可以肯定：①研究生教育和教师专业发展需要教学学术；②教学学术与优秀教学的认可与奖励需要转化成为政策；③教学学术包含对教与学问题的严肃探究；④新教师需要开展教学学术；⑤教师需要学习称述学科教学的教育语言；⑥教师需要培训和思考如何将教学提升为学术；⑦教学学术需要更多系统的支持；⑧教学学术的呈现方式应该服务于同行，并且能够被发展。

2. 前 10 年存在的主要问题

教学学术经过 10 年的研究与发展，取得了一定的成绩，但也存在不少的问题。其中，问题主要有以下四个方面：①

排在第一位未解决的教学学术问题是：①缺乏对教学学术、学术性教学、优秀教学、专家教学和教学研究的统一概念界定；②教学学术的识别、评估和奖励仍然是首要的挑战；③谁决定评估和评价教学学术标准的问题尚未解决；④教学学术如何与"教师研究"与"行动研究"相联系还不清楚。以上这些问题均表明，教学学术的概念、评价标准及其知识基础还不清晰，因此成为第一位的教学学术问题。

第二是教学学术与学科的关系及学科知识在教学中的角色问题：①教师如何获得知识和技术才能更学术地教学；②教学学术是否将教学视为学科研究，或者教学是否需要其他学科研究还不是很清楚；③教学中的专业知识和教学学术中知识的联系不是很清楚。

第三是教育语言和教育研究的语言将影响教师的教学学术：①教学学术缺乏共同的交流语言；②不管到什么程度，教学学术是否是所有学者能

---

① Kreber, C.. Controversy and Consensus on the Scholarship of Teaching [J]. Studies in Higher Education, 2002, 27（2）: 151 - 167.

够成功实践的活动，还没有得到完全承认；③正规教育研究和情境性的课堂研究之间的关系还不明确。

第四是新技术的角色和地方教学学术的培训尚未解决：①教学的新技术如何影响教学学术的发展，尚未得到解决；②如何支持地方培训教学学术，是否所有的教学学术研究都要求促进学生学习，如何围绕教学学术开发课程，教师教学培训的缺乏及教师对这种培训的抵制，是否在同行评议的杂志上发表经验性成果的发现作为教学学术的特征等，这些尚未明确；③专家教师是否是教学学者，发现足够的方法去确认、编码和汇报与交流"实践智慧"还是个挑战；④大学教学的发现学术与教学学术之间的关系没有充分确认，例如，关于教学问题的正规研究是否是教学学术的内容；⑤教学学术脱离学科与院系的首要工作尚未解决，它包含不清楚如何在研究生教育中建立教学学术。

（二）统一概念与内涵的尝试

1990 年，博耶在《学术反思》中虽然正式提出教学学术，但却并没有明晰教学学术的概念与内涵，加之他于 1995 年 12 月因病过早辞世，使得教学学术概念界定与内涵理解的统一成为问题。不同学者基于各自学科与利益需要对教学学术的概念与内涵进行多元化的阐释，未能形成统一的教学学术概念与内涵。尽管不同的教学学术概念与内涵认识有助于丰富教学学术的发展和发挥教学学术的潜力，但是，教学学术概念与内涵的含糊性已经成为教师参与教学学术的最大障碍，还会影响大家对于教学学术的信仰。

进入 2000 年后，统一教学学术的概念界定与内涵认识的呼声越来越高，克莱博、特里格威尔、麦肯尼等学者纷纷进行了研究与尝试。通过调查研究，克莱博将大家对于教学学术的认识归纳为三类：（1）教学学术是一种教师研究和出版自己学科专业教学的过程；（2）教学学术等同于优秀教学；（3）教学学术是一种学术过程，其中，教师能够使用教学文献指导他们自己的教学实践。①特里格威尔等认为，教学学术的概念界定与内涵理解虽因学科各异，但是，诸多的教学学术概念界定与内涵认识中有三点是大家几乎普遍接受和认同的：一是关于教与学的系统研究与反思；二是将

---

① Kreber, C. . Controversy and Consensus on the Scholarship of Teaching［M］. Studies in Higher Education, 2002, 27（2）: 151 – 167.

研究成果公开；三是研究成果能够被同事回顾、评价、使用、发展与完善。①麦肯尼认为，大家对于教学学术的概念界定和内涵理解基本是在教学学术的狭义范畴，即一种发表在同行评议刊物上的特殊经验研究；而教学学术还存在广义的界定与理解，即对教学各种活动的反思及分享。②

（三）不同学科及跨学科的教学学术研究

教学学术不是一个真空的概念，它需要在学科文化背景下应用并发展。另外，现代知识的增长已经超出了学科的边界，教学学术也不例外。在教学学术这个领域，不同学科的学者聚到一起，探讨问题、想法和发现，尽管他们的认识和方法不同，但大家的主题是一致的，即为了解决教与学的问题、促进学生的学习与发展。③因此，不同学科的学者有义务对学科及其边界彻底理解、质疑和批判，他们也有责任通过教学、社会行为、与同事交流等方式传递他们的所知和所为。另外，专业学会和团体也负有相同的义务和责任，因为他们的核心价值在于拓展希望，不管是发现的还是质疑的。学者期待通过公开而分享知识，不管是出版、信件、呈现抑或是教学；而且，现代科技使得交流、公开比以前更加便捷和宽广。

不同学科及跨学科的教学学术研究，在 2005 年被舒尔曼提出的"签名教学法"（signature pedagogies）所推进。④"签名教学法"就是要求每个学科中的教师与学生像学科专家一样能够从知识整体的角度去思考问题，从而打破学科专业界限将大家联系起来。目前，这种方法被推广至很多文科与科学项目。很多研究人员描述了他们各自学科中的独特教学内容和特征，并确认他们经常在学科教学中使用的教学方法。

尽管不同学科及跨学科的教学学术研究取得了一定的成绩，但问题与挑战依然存在，诸如，教学学术在学科领域中的变异和成长，作为实践的新挑战，课堂与院系发展中的新问题等。尽管这些问题不可能被全部解决，但可以被管理，教学学术也随之存在和发展。教学学术应该成为教授

① Trigwell, K., Martin, E., Benjamin, J., & Prosser, M.. Scholarship of Teaching: A Model [J]. Higher Education Research and Development, 2000, 19 (2): 155 – 168.

② Mckinney, K.. Enhancing Learning through the Scholarship of Teaching and Learning: The Challenges and Joys of Juggling [M]. Bolton: Anker Publishing, 2007: 9.

③ Hutchings, P.. Opening Lines: Approaches to the Scholarship of Teaching and Learning [M]. Menlo Park, CA: The Carnegie Foundation for the Advancement of Teaching, 2000: 1.

④ Shulman, L. S.. Signature Pedagogies in the Professions [J]. Daedalus, 2005, 134 (3): 52 – 59.

日常工作的一部分，是将来教师教育和研究生教育课程的一部分。

（四）更多参数的考虑

2000 年之前的教学学术研究，主要集中于课堂层面的教与学问题，主要关注和研究教学能否作为一种学术形式、教学学术的概念与内涵等表层的内容。2000 年之后，随着教学学术理论研究的深入与实践的全面展开，人们发现，影响和制约教学学术的因素不仅仅是课堂层面的教学问题，还包括课堂之外、学校内外的很多因素，例如，机构、制度化、文化、性别等。

1. 不同的教学学术观

教学学术的研究在 1990 年后迅速多了起来，这些研究一方面促进了教学学术的本质与内涵的理解；但另一方面也增加了与博耶和赖斯最初概念的距离。[1]到目前为止，人们对于教学学术的认识与理解共有四种：一是将教学学术视为传统学术；二是将教学学术视为优秀教学；三是将教学学术视为学术性教学；四是认为教学学术是一种相对独立但与研究等有交叉的学术形式。[2]

这一时期，如何看待教学学术概念与内涵的分歧问题，出现了两种不同的观点：一是狭义的教学学术观，这种观点认为，概念与内涵的混乱与不统一会影响和制约教学学术的研究与发展；二是广义的教学学术观，这种观点认为，概念与内涵的不同认识与理解，反映了不同学科专业中教学学术的差异问题，求同存异，有利于教学学术的研究与发展。

另外，不同国家与地区对于教学学术的理解也不尽相同。例如，北美的教学学术主要关注教师的角色认同和奖励，而英国主要关注研究与教学之间的关系问题。在美国，教学学术既被认为是校园活动，又被认为是一种教师个人职业发展路径；在英国和澳大利亚，教学学术则更多认为是校园活动，旨在改善机构环境、促进教与学。[3]

2. 教学学术与优秀教学、专家教学的区分

教学学术虽然有所发展，但为了更清晰地界定和研究，2000 年之后重

① Braxton, J. M., Luckey, W., Helland, P.. Institutionalizing a Broader View of Scholarship through Boyer's Four Domains [M]. San Franciso: Jossey-Bass, 2002: 65.

② Kreber, C.. Controversy and Consensus on the Scholarship of Teaching [J]. Studies in Higher Education, 2002, 27 (2): 151 – 167.

③ Healey, M.. Developing the Scholarship of Teaching in Higher-Education: A Discipline-Based Approach [J]. Higher Education Research and Development, 2000, (19): 169 – 189.

点对优秀教学、专家教学与教学学术进行了区分。

首先，优秀教学、专家教学与教学学术是大学教师参与教学的三种不同方式，它们之间既有联系又有区别。具体来说：一是教学学者应该既是优秀教师，也是专家教师，他们又有所区别。教学学术通过同行评议分享他们的知识和促进专业教学的知识，这种学术有利于政策和实践的开展。二是优秀教学要求较扎实的学科专业知识，并帮助学生理解和成长，或许超越了学科专业；优秀教师应知道如何激发学生学习动机，传授概念和帮助学生克服学习困难；优秀教师都是有效教师，其优秀教学来自主动实验和个人经验的反思。三是专家教师能够超越自己的经验和个人反思，并在一定程度上对教育理论和以前的教育实践与经验进行反思；专家教师能够在自己的陈述性知识、过程性知识和内隐知识基础上进行教学反思，他们试图将他们的知识公开化。专家教师和优秀教师又有区别，区别在于，不是所有的专家教学都是有效教学；专家教师是优秀教师，但优秀教师不必一定成为专家教师。[1]下面试对优秀教学举例说明：

优秀教学的案例

克里丝（Chris）是一位物理学副教授，在过去的 5 年中，他的教学评价一直位居学校前 5 名，他也因此受到学校的优秀教学表彰。在表彰大会上，他将其经验总结为："人们经常会问我是如何获得这么好的评价，我则告诉他们：'秘密是你必须热爱你的课堂！你必须发现参与学生的乐趣，而且，你必须关注其中发生了什么。'在我看来，没有什么比看到闪现在学生眼中的智慧之光更令人激动和令人满足的了。当我刚开始执教的时候，我对教学一无所知，那时的我不是一个好教师。我犯过很多错误，比如，给学生超负荷的阅读、教案中填充了过多内容、教学也缺乏灵活性。我会故意地满堂课地讲授，因为我怕学生会向我提问问题，而我却不知道如何回答。然而过了一段时间，我开始关注自己教学的有效性和无效性，我也逐渐适应了自己在课堂上并非万能。我开始有效教学，尽量摒弃无效教学。学生开始喜欢我的教学，这说明我的教学开始走向成功。我感觉我有一些非常有价值的经验愿与大家分享，这

---

① Kreber, C.. Teaching Excellence, Teaching Expertise, and the Scholarship of Teaching [J]. Innovative Higher Education, 2002, 27 (1): 5 – 23.

也是我为什么愿意来参加这个同行咨询活动。"

资料来源：Kreber, C.. Teaching Excellence, Teaching Expertise, and the Scholarship of Teaching [J]. Innovative Higher Education, 2002, 27 (1): 10.

我们可以借助特里格威尔等关于教学学术的四个维度——教学的概念、信息的来源、关注反思和观点的交流——对克里斯的案例进行分析。我们发现，克里斯虽然已经迈向学习导向的教学观，但是，他还在信息来源的最低层次开展，因为没有证据表明他参考教学文献，尤其是专业方面的文献。克里斯的反思是明显的，但没有聚焦，主要针对班级整体，而不是特殊问题的深度研究，也没有同事评价的观点交流。因此，他的教学只能算作优秀教学，而不能算作专家教学和教学学术。

其次，专家教学和教学学术具有重要共同特征。为了达到专家教学，需要具备三种相关的特殊知识：陈述性知识、过程性知识和内隐知识。专家教师的陈述性知识的重要部分是课本和文章中关于教学的知识，这恰好是前面讨论的教育理论知识。专家教师虽然不可能排除经验，但能够持续地构建新知识，因为他们组合了他们的陈述性知识和如何教学的过程性知识，并通过内隐知识调整自我学习。以这种方式，他们促进专业理论，同时使教学行为有效。因此，讨论专家教师的知识，必须涉及所教的学科专业知识。明显的是，他们在专家教学发展中有着相同的知识维度——陈述性知识、过程性知识和内隐知识——作为学科知识发展的基础。当教师发展专业知识，他们不仅需要从个人教学经验中提取关于教育的间接理论知识，而且需要发展更好地帮助学生理解学科专业的方式。当学科专业知识与有效教学结合，后者是从教育理论和经验中得出，于是见证了学科教学知识（PCK）的建构，学科教学知识的构建就成为专家教师的特征。[①]下面试对专家教学举例说明：

专家教学的案例

莎莉（Sally）是一位有着12年教龄的化学工程学教授，像克里

---

① Kreber, C.. Teaching Excellence, Teaching Expertise, and the Scholarship of Teaching [J]. Innovative Higher Education, 2002, 27 (1): 5 – 23.

斯一样，她被同事认为是一位优秀教师。除了教学优秀，赢得好的教学评价之外，莎莉还通晓优秀教学的知识。她所在学科的教学杂志、报纸，以及其他的普通资料，如"提高学术""教学新方向"或是"教学型教授"等一些教育教学类的杂志刊物，她都抽空浏览并做笔记，但并不仅是纸上谈兵，她还主动将文献中的概念运用到她自己的课堂教学中。其中，既有她个人的或是经验的知识，也有化学工程学的知识，更有从教学文献中获得的知识。她以这样的方式获取正式的和个人的建构教学的知识，并有效地与学科知识整合形成学科教学知识。萨莉的声望不仅是个优秀教师，而且，同事认为她能够持续地拓展知识、更新知识。

　　资料来源：Kreber, C.. Teaching Excellence, Teaching Expertise, and the Scholarship of Teaching［J］. Innovative Higher Education, 2002, 27（1）：15 – 16.

　　我们注意到，莎莉也拥有学习导向的教学观，然而同时，她在信息维度的高端展开，因为有大量证据表明，她参考了在自己特定的学科之内或之外的教学文献。莎莉的反思是聚集的或指向特殊问题的，而且有一定的深度，属于专家教学范畴。最后，观点的交流发生了，但没有通过同事回顾与评价，因此不能算作教学学术。

　　最后，教学学术是更高一个层次，超越了专家教学。教学学者是否应该成为专家教师？正如前面讨论的，教学学术这个词汇有多种解释。一方面，教学学术等同于优秀教学；另一方面，通过在同行回顾评价中发表。或许有时候，最相关的教育知识产生了，然而，它既不是通过经验也不是通过单独的发表，而是理论与实践矛盾的协调。那么这个时候就需要考虑，能否从已有理论体系和经验中提取观点。从这个角度来说，教学学术应该是专家教师，然而，教学学术应该超越于此。舒尔曼曾建议，教学学术应该包括教学的部分公开或完全公开，诸如观点、设计、交流、结果和分析，并且能够被同事回顾和专业团体成员使用。舒尔曼的建议在一定程度上运用了传统学术的概念，正如可以在参考文献、公开呈现和关于教学的书籍中发现。正如前面所说，专家教学的发展依赖正式教育理论或教学中的"学术"。然而，教学学术也能够以较少传统方式公开、分享和供同事回顾。例如，教学学术能够通过教案呈现和分享；另外，教学学术也可以通过指导同事分享。除过呈现、研究和发表，教学学术的目的不再额外地发表，教学学术的探索使他们工作公开，包括网络、院系活动和公开呈现的多样方式。下面试举例说明：

教学学术的案例

　　丹尼斯（Denis）是一位地球和大气科学的副教授，像莎莉一样，丹尼斯也经常根据新情况而改变教学。为了这样做，他经常获取正式的和个人的建构教学的知识，并且与学科知识有效整合形成学科教学知识。除此之外，比莎莉多做的是，他积极参与所在学科的教学研讨会，通过递交会议论文呈现他的知识，接受同行评议，在院系范围的小组讨论或培训项目中分享他的特殊知识。通过这些方式，他有效验证了他的知识。

　　资料来源：Kreber, C..Teaching Excellence, Teaching Expertise, and the Scholarship of Teaching［J］. Innovative Higher Education, 2002, 27（1）: 17.

　　我们发现，丹尼斯也拥有学习导向的教学观；他也在信息高端维度展开，如他参考了学科专业内外的教学文献；他的反思是聚集或指向特殊问题的，有一定深度；最后，通过同事回顾评议进行观点交流，他的知识能够被同行使用、发展和完善，因此构成了教学学术。

　　3. 教学学术与专业研究、教育研究的区分

　　教学学术（SoTL）不同于专业研究与教育研究，它是专业研究与教育研究的交叉和超越。在专业研究与教育研究中，研究者的角色通常是作为观察者或研究主题的解释者。客观程度一般是期望的，研究者使用各种办法确保研究结果不受影响，研究结论争取获得全国或全世界范围同行的认可，并在不同背景下寻求转换。通过这种方式，教育研究（EDR）形成了改革的基础。然而，教学学术扎根于自己的实践，目的在于阐明主动发展。也就是说，教学学术是学科专业的非常实际的运用和检验，从一开始就是；它不一定包含全面最新的研究，但一定有广阔的教育清单；教学质量的有效性与教学学术对于教师教学的影响相关性较大，而与同行评议的相关性较小。从这个意义上讲，教学学术是一种跨越了教育研究和教育发展（EDD）的活动（如图 3.2 所示）。

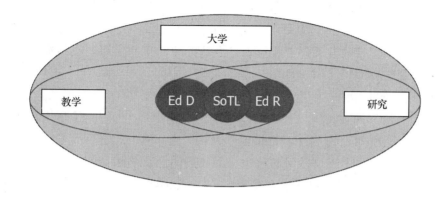

图 3.2　教学学术与教育研究、教育发展的关系

资料来源：Laksov K. B. , McGrath, C. & Silén, C. . Scholarship of Teaching and Learning——The Road to an Academic Perspective on Teaching ［EB/OL］. Retrieved 2011 - 11 - 06 from：http：//ki. se/content/1/c6/02/46/41/CME%20guide%20no%206%20eng. pdf.

4. 模式

2000 年后，教学学术进一步发展的一个标志是模式的构建，模式的构建有助于促进人们对于教学学术的理解、认识和实践操作。

（1）特里格威尔等的经验模式

特里格威尔等对前人的研究和文献进行回顾与总结发现，大家探讨教学学术主要存在于以下四个维度：被学科教学文献启发；关注教与学，而不仅是教；对文献和自身的背景及其两者关系的反思；交流。这四个维度中各种因素的变化，就构成一种经验型的教学学术模式。①

（2）克莱博等的理论模式

克莱博等借助梅兹罗（Mezirow）的学习转化理论和哈贝马斯的知识理论构建了一个模式，旨在说明教师如何在教学中发展学术。②克莱博等使用梅兹罗的内容、过程、前提的三种反思作为框架，引出三种关于教学的基本知识——教学、教育和课程（teaching instructional, pedagogical, and curricular），并将内容、过程与前提三种反思和哈贝马斯的工具、交际与解放

---

① Trigwell, K, Martin, E. , Benjamin, J. & Prosser, M. . Scholarship of Teaching：A Model ［J］. Higher Education Research & Development, 2000, 19 (2)：155 – 168.

② Kreber, C. , Cranton, P. A. Exploring the Scholarship of Teaching ［J］. The Journal of Higher Education, 2000, 71 (4)：476 – 495.

三种知识合并在教学、教育和课程的范畴中，说明教学学术包含九种不同的学习。克莱博等的模式说明，这九种学习中的每一种是与前提相一致，同时，教学学术的发展包含教师研究为基础的知识的反思以及他们自己的经验为基础的知识反思，并且都能够被同行回顾。

5. 理论的角色与作用

鉴于 2000 年之前对于教学学术概念与内涵等存在诸多的争议，在一定程度上影响和制约了教学学术的研究与发展。2000 年之后，学者开始关注理论在教学学术中所扮演的角色及其作用问题。哈钦斯指出，这个问题虽然对教学学术研究很重要，是教学学术意义建构和产生知识过程的前提，但问题是，这个过程可能是多元化、不同形式的，才能获取更广泛的资源和学科经验，因此，教学学术中过于强调理论可能会导致盲人摸象，束缚教学学术的研究与发展，即理论在教学学术中的角色与作用类似被囚在教室中的大象。①目前就理论在教学学术中的角色与作用问题，通常使用"大帐篷"（big tent）的方法来解决，即一种求同存异、包容的研究方式来解决理论角色与作用问题，以鼓励学者用不同学科和理论来分享他们关于教学的观点，并完善他人的研究。在这里，教学学术既可以认为是高等教育的一种特殊领域，也可以认为是对各学科教学广义上的实践性探究。②

6. 数字化技术辅助与应用

由于辅助教与学的电脑网络与数字技术的迅猛发展，可以通过技术促进和强化学习（Technology Enhanced Learning，TEL），进而催生了技术辅助下的教学学术（SoTEL）。③

7. 学术规范与伦理

教学学术的学术规范及伦理问题，是近年来兴起的一个新课题。教学学术中使用学生作业中的摘录、学生的考试数据等是否需要得到允许？如果是，哪种允许是恰当的？它如何被保护？教师是否应该或必须将自己的活动计划递交机构审查委员会（Institutional Review Boards，IRB）审查？

---

① Hutchings, P.. Theory: The Elephant in the Scholarship of Teaching and Learning Room [J]. International Journal of the Scholarship of Teaching and Learning, 2007, 1 (1).

② Hatch, T.. The Scholarship of Teaching and Web-based Representations of Teaching in the United States: Definitions, Histories, and New Directions [J]. Educational Action Research, 2009, 17 (1): 63 – 78.

③ Wickens, R.. SoTEL: Toward a Scholarship of Technology Enhanced Learning [J]. Canadian Journal of University Continuing Education, 2006, 32 (2): 21 – 41.

人文学科如何监督？开展工作之前是否需要知情权？教学学术提倡教学成为共同财富，如何处理公众与个人之间的关系？课堂的拥有权？谁受益，谁损益？在复杂的动态的教学过程中如何公开成果与发表？教学学术的学术规范与伦理因学校类型、所在地区不同而异，而且涉及跨学科专业，因此就显得更为复杂。但是，关注教学学术的学术规范与伦理正是为了教学学术的发展与成熟，而且也是教学学术发展的必然之一；更重要的是，它反映了当前人们对于人文学科研究的觉醒和更关注。①

8. 制度化

教学学术要发展并达成共识，一定要实现制度化。通常来说，制度化主要发生在"结构"（structural level）、"程序"（procedural level）和"统合"（incorporation level）三个维度。按照制度化理论，美国关于教学和教学学术的探讨，已经在不同类型的院校、不同层次的院系、教学中心、大学评议会和专业团体中发生，即教学学术的制度化在结构、程序与统合三个维度均有一定发展，因此，教学学术的制度化已经初步形成，但问题与困难并存。②

9. 机构

美国高等教育发展已经发生巨大的范式转型，要求高校重视和发展教学与学习。以往的教学学术研究与发展主要关注教师个人，但明显的是，学术中的复杂问题已经超越了教师个人学术，因此，教学学术必须要上升到机构层面，从机构和更广阔的学术文化层面研究与发展教学学术。③

10. 性别

传统科研在性别上更有利于男性，然而，教学学术则更有助于女教师参与研究和获得奖励，尤其是年轻女教师。麦肯尼等对高校男女教师参与教学学术的主动性方面进行调查研究后发现：女教师参与教学学术的主动性超过了男教师。④但是，年轻女教师相对教学任务较重，应将繁重的教学

①　Hutchings, P.. Ethics of Enquiry, Issues in the Scholarship of Teaching and Learning [M]. Menlo Park: Carnegie Publications, 2002: 3.

②　Braxton, J. M., Luckey, W., Helland, P.. Institutionalizing a Broader View of Scholarship through Boyer's Four Domains [M]. San Francisco: Jossey-Bass, 2002: 5.

③　CFAT. Institutional Leadership Program [EB/OL]. Retrieved 2012 - 11 - 10 from: http://www.carnegiefoundation.org/scholarship-teaching-learning/institutional-leadership-program.

④　McKinney, K., Chick, N.. SoTL as Women's Work: What Do Existing Data Tell Us? [J]. International Journal for the Scholarship of Teaching and Learning, 2010, 4 (2).

工作主动转化为学术创新活动。①

11. 文化

高等教育改革与发展中，文化变革是最难的。必须通过教学学术，推动教学文化和优秀教学文化，从而形成教学学术文化。②另外，教学学术也有利于形成合作研究文化并改变机构文化。

教学学术的倡导者尽管遇到持久的挑战，但由于卡内基的坚持使得教学学术在短期内最终获得了胜利，其印象也是令人深刻的，"教的学术"已经拓展至"教与学的学术"。实践者在舒尔曼的教学与学术作为"共同财富"的领导下，已经产生了一些个人成功的案例和不断扩展的参考出版物，包括容易参阅的电子版文档，这些都指向教学学术文化的产生。③

二　实践的全面展开

经过前 10 年的发展，教学学术不仅在理论研究上逐渐成熟，而且实践也已经在本科生教育、研究生教育、基础教育三个阶段，学生、教师、高校（机构）、国家、国际五个层面，几乎所有的学科中开展。

（一）三个阶段的展开

博耶提出教学学术，最初的本意主要是关注和重视研究型大学本科生教育教学问题，后随着教学学术的研究与发展，尤其是在卡内基教学学术学会、美国高等教育协会等机构与组织的领导和推动下，教学学术的实践迅速在全国范围的不同类型院校中展开。从像布朗大学（Brown University）的常青藤联盟高校到像奥古斯塔那学院（Augustana College）的文理科综合型学院，从像米德尔塞克斯社区学院（Middlesex Community College）的社区学院到像明尼苏达大学（University of Minnesota）的综合型高校。④

---

① Kift, S. M.. Making Teaching Count for Women in Research: The Scholarship of Teaching [A]. In Women in Research Conference, 13 – 14 November 2003, Rockhampton, Queensland. Retrieved 2011 – 11 – 14 from: http://eprints.qut.edu.au/18885/.

② Hoekstra, A., Dushenko, W. T., Frandsen, E. J.. Fostering a Culture of Scholarship of Teaching and Learning (SoTL) at a Polytechnic Institution [J]. Transformative Dialogues: Teaching & Learning Journal, 2010, 4 (1).

③ Bender, E. T.. CASTLs in the Air: The SOTL "Movement" in Mid-Flight [J]. Change, 2005, (37): 40 – 49.

④ Rice, R. E.. Beyond Scholarship Reconsidered: Toward an Enlarged Vision of the Scholarly Work of Faculty Members [J]. New Directions for Teaching and Learning, 2002, (90): 7 – 17.

　　关注本科教育教学虽然是教学学术的一个重要领域，但研究生教育也开始关注教学学术。一方面，研究生的教学以及他们的学习也存在类似本科生教育教学的问题；另一方面，在研究生教育尤其是博士生教育中存在一种误解：以为科研能力强的人，教学也一样好。有研究表明，不同领域的技能（能力）不存在正相关的迁移。也就是说，科研能力强的人，教学不一定就好，二者不存在正相关关系。另外，博士生教育主要是培养博士生作为研究人员和学者，而不是从事教学，这种观点忽视了研究生院具有为将来本科教学培养师资的使命。近年来，教学学术专门开发了一些研究生教育专业项目，如未来教师准备项目等，使作为未来学者的研究生教育随着社会期望值的增加而发生变化。①

　　另外，教学学术对于课堂教学和教师专业发展的积极作用也影响到基础教育，美国的中小学也开始积极关注教学学术。例如，卡内基教学促进会开展的卡内基教学学术中小学项目（CASTL K - 12 Program），已经在中小学尝试运用和推广教学学术。②

　　（二）五个层面的展开

　　教学学术，在这里的意义已经不是由特殊教师组成的传统方法与规范下的研究，而是为了学生发展而走到一起的不同角色的带有契约性质的团队。

　　专业学会和学科社团也主动参与教学学术的研究与讨论，例如，管理学学会（the Academy of Management）、美国化学学会（the American Chemical Society）和美国社会学协会（the American Sociological Association）等，在他们的年会上主动讨论教学学术。③

三　多样化资源的形成

（一）研究机构与组织的建立、健全

在有关机构和学者的积极倡议下，2002 年成立了国际教学学术学会

---

① Austin, A. E. & McDaniels, M.. Using Doctoral Education to Prepare Faculty to Work Within Boyer's Four Domains of Scholarship [J]. New Directions for Institutional Research, 2006, (129): 51 - 65.

② Hatch, T.. Into the classroom: Developing the scholarship of teaching and learning [M]. San Francisco: Jossey-Bass and Carnegie Foundation, 2006.

③ Rice, R. E.. Beyond Scholarship Reconsidered: Toward an Enlarged Vision of the Scholarly Work of Faculty Members [J]. New Directions for Teaching and Learning, 2002, (90): 7 - 17.

（International Society for the Scholarship of Teaching and Learning，ISSoTL）。国际教学学术学会的成立，吸引了更多国家和学者对于大学教学学术的关注和研究。2004 年召开第一届 ISSOTL 会议时就有 400 多位学者参加，2005 年的第二届会议有来自 8 个国家的 672 名学者，2006 年的第三届年会有来自 16 个国家和地区的近 800 名学者，2009 年的第六届年会有 15 个国家、500 所院校、几乎涵盖所有学科专业的 650 名学者参会，2011 年的年会有超过 600 名的学者参会。①

（二）研究和参与人员呈现多元化、国际化

2000 年之前，研究和参与教学学术的学者主要是卡内基教学促进会的成员；但在 2000 年之后，随着大学教学学术越来越得到理解与认同，研究和参与人员也迅速多了起来，不仅有卡内基教学促进会的成员，还有其他机构组织人员，也吸引了越来越多的高校专业研究人员和大学教师参与，尤其是不同学科的教师。

（三）相关学术研讨会

2000 年 1 月，美国高等教育协会（AAHE）召开了教学学术专题研讨会，会议主题为"学术反思的反思"。②

除了美国教学学术会议、国际教学学术会议之外，其他国家和地区也纷纷创建教学学术研究中心和举办教学学术研讨会。例如，英国专门成立伦敦教学学术协会（Lodon SoTL），定期召开会议进行交流，至今已经举办了 10 届教学学术国际研讨会；中国香港的高校专门设立卓越教学奖，旨在加强教学与研究的联系。

（四）专业出版机构、刊物的出现

卡内基教学促进会、美国著名出版社乔西 - 巴斯（Jossey-Bass）以及其他一些机构和出版社在 2000 年之前陆续出版了《学术反思：教授工作的重点》（*Scholarship Reconsidered：Priorities of the professorate*，1990）、《学术评价：教授工作的评估》（*Scholarship Assessed：Evaluation of the Professoriate*，1997）等有关大学教学学术研究的论著；2000 年之后出版的教学学术方面的论著则更多、更全、更深，如《教学作为共同财富》（*Teaching*

① ISSOTL：History［EB/OL］. Retrieved 2011 - 10 - 30 from：http：//www. issotl. org/history. html.

② Gurung, R. A. , Schwartz, B. M. . Riding the Third Wave of SoTL［J］. International Journal for the Scholarship of Teaching and Learning，2010，4（2）.

as Community Property，2004）、《通过课堂，发展教学学术》（*Into the Classroom*：*Developing the Scholarship of Teaching and Learning*，2006）、《通过教学学术，加强学习》（*Enhancing Learning Through the Scholarship of Teaching and Learning*：*The Challenges and Joys of Juggling*，2007）等。

教学学术的刊物既有电子刊物，又有纸质刊物。电子刊物主要有：《国际教学学术杂志》（*International Journal for the Scholarship of Teaching and Leaning*）、《教学学术杂志》（*Journal of the Scholarship of Teaching and Leaning*）、《教学型教授》（*The Teaching Professor*）、《视野》（*Insight*：*a Journal of Scholarly Teaching*）等。纸质期刊主要有：《日出》（*MountainRise*）、《变革》（*Change*）、《大学教学》（*College Teaching*）、《高校教学》（*Teaching in Higher Education*）、《教学新路径》（*New Directions for Teaching and Learning*）、《加拿大教学学术》（*The Canadian Journal for Scholarship of Teaching and Learning*）等近 30 种教学学术方面的综合性期刊，近 40 种的分学科刊物。

第五节 本章小结

学术发展史在学术研究中有着非常重要的地位与作用，对学术的研究与发展有一定的影响。当代大学教学学术的研究与讨论，始于 1990 年博耶发表的《学术反思》，截至 2015 年，共经历了萌芽、兴起、确立和发展四个阶段。

博耶在 1990 年发表的《学术反思》中拓展学术内涵，摆脱传统的教学与科研二元对立的论争，将教学视为一种学术事业，正式提出教学学术。尽管博耶以及其他学者没有用恰当而准确的词汇和语言明晰教学学术的概念和内涵，但丝毫没有影响教学学术迸发出的感染力和号召力。尽管博耶引发了人们对于教学学术的诸多思考和讨论，但还有很多问题未解决。教学学术的评价及其标准问题，直到 1997 年《学术评价》一书出版才予以解决。①然而，博耶等关于教学学术的讨论和研究基本都限于思想认识和理论层面，是舒尔曼将教学学术从思想层面落实到实践层面，进而通过组建卡内基教学学术学

---

① McCarthy，M. . The Scholarship of Teaching and Learning in Higher Education：An Overview［EB/OL］. http：//wwvv. openup. co. uk/openup/chapters/9780335234462. pdf.

会，在全国范围内实践和推广教学学术。21 世纪给教学学术带来更多的机遇，但同时也带来更多的挑战。进入 21 世纪后，教学学术的讨论与研究更多地侧重理论深入层面，并开始考虑更多相关因素。

综上所述，美国大学教学学术的讨论与研究，始于 1990 年博耶出版的《学术反思》，到 2015 年为止，历经了三个时期、四个阶段。美国大学教学学术研究在每一个时期、阶段都有所研究和发展，尽管每一时期、每一阶段也还都有很多任务没有完成，但是，经过 25 年的研究与发展，教学学术研究已经基本形成自己的学术发展史（如图 3.3 所示）。

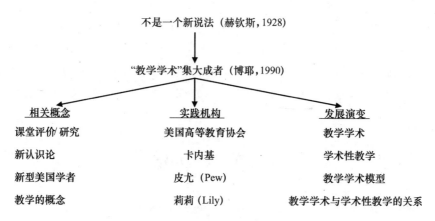

图 3.3　教学学术的起源与演进

资料来源：Origin of SOTL ［EB/OL］. Retrieved 2011 - 10 - 12 from：http：// www. issotl. org/tutorial/sotltutorial/u1b/u1b1. html.

第四章

美国大学教学学术的理论研究

理论，既是实践长期积累的结果与提升，又代表了研究的发展成熟程度，因此，理论及其基本问题在学术研究中占有重要地位并具有重要作用。研究教学学术的理论问题，不仅有助于人们深入认识和理解教学学术、开展与实践教学学术，而且有助于教学学术的进一步研究与发展。经过25年的研究与发展，美国大学教学学术的理论研究已经逐渐深入和展开，教学学术的理论化初露端倪。[①]具体来说，美国大学教学学术25年来的理论问题及其探讨主要集中在以下方面：概念与内涵、思想渊源与理论基础、内容构成与功能、特征与影响因素、目的与意义、模式与模型、实施与保障、研究成果的呈现与表达、评价及其标准、学术规范与伦理，等等。

第一节　概述

一　概念与内涵

1990年，时任卡内基教学促进会主席的博耶在其出版的工作报告《学术反思》中正式提出教学学术并予以积极倡导，并且对教学学术理论进行了初步的建构。[②]很明显，博耶对于教学学术的概念与内涵有着自己独到的认识与见解，但遗憾的是，他只是给出教学学术的描述性定义，并没有操

---

① 何晓雷、邓纯考、刘庆斌：《美国大学教学学术研究20年：成绩、问题与展望》，《比较教育研究》2012年第9期。

② Boyer, E. L. . Scholarship Reconsidered: Priorities of the Professorate [M] . San Francisco: Jossey-Bass, 1990: 23 – 24.

作性定义；①此外，他似乎也一直没有试图明晰教学学术概念与内涵的意思，再加上 1995 年底因病辞世使他没有机会澄清教学学术的概念与内涵，②最终导致教学学术的概念与内涵成为教学学术理论研究的悬念。截至目前，尽管美国对于教学学术已经有了大量的研究，但教学学术的概念界定与内涵理解尚未得到统一，精确的教学学术概念界定与内涵理解一直是个未解决的问题。教学学术到底是什么，不仅仅是个问题，而且是过去多少年讨论的里程碑。③

（一）概念

1. 不同的概念界定

1990 年，博耶虽然在《学术反思》中正式提出教学学术，并逐渐得到大家的理解和认可，但是，博耶并没有给教学学术下一个准确、清晰的定义，尤其是从 1995 年博耶去世之后，教学学术被很多学者演绎，概念也发生诸多变化，给后人遗留争议的空间。教学学术的概念界定因人、学科、机构（高校、院系）和国家而异，而且，对教学学术概念的讨论与研究至今仍在继续。④

（1）个人的定义

自从博耶 1990 年正式提出教学学术之后，引发世界范围的学者对于学术内涵的反思和教学学术的研究，并纷纷提出自己对于教学学术概念的认识与界定（见表 4.1）。

表 4.1　　　　　　　　　　　　**个人的教学学术概念**

代表人物	教学学术的概念界定	时间
博耶	作为一种学术事业，教学开始于教师所知道的……教学必须仔细计划、持续检验并与所教科目相关	1990

① Healey, M. The Scholarship of Teaching in Higher Education: An Evolving Idea [EB/OL]. Retrieved from: http://www.heacademy.ac.uk/assets/documents/resources/resourcedatabase/id493_scholarship_of_teaching_healey.pdf.

② 博耶身患癌症后与病魔斗争了三年多，于 1995 年 12 月 8 日猝逝，享年 67 岁，之前一天他还与朋友通过电话。

③ Hutchings, P. & Shulman, L. S.. The Scholarship of Teaching: New Elaborations, New Developments [J]. Change, 1999, 31 (5): 10 – 15.

④ McKinney, K.. Attitudinal and Structural Factors Contributing to Challenges in the Work of the Scholarship of Teaching and Learning [J]. New Directions for Institutional Research, 2006, (129): 37 – 50.

续表

代表人物	教学学术的概念界定	时间
哈钦斯 和舒尔曼	教学学术不同于优秀教学,它要求教学"溯源",教师对学生学习形成系统的关注与调查——学习是如何发生的、看起来像什么、如何促进等。这些工作,不仅促进教师的课堂教学,而且超越教学实践;教学学术是一项不断的和多重的智力探究,它通过教师对学习本质与教学对学习的影响的系统观察和调查,将教学经验整合到研究中	1999
特里格威尔	对教学的学习及其知识的论证	2000
克莱博 和克莱顿	教学学术不仅集中了优秀教学和学术性教学的优点,而且包括专业教学的交流与传播,还包括对学生专业学习的研究	2000
希利	教学学术涉及将研究结果形成调查报告(或整合或反思),并将其递交恰当的刊物或研讨会	2001
里奇林	教学学术是一种鼓励与学生学习有关的经验性教学检验,它不同于学术性教学,它超越了优秀教学,是对自身教学实践过程的关注、探究和反思	2003
达林	教学学术超越了学术性教学,包括对教与学的系统研究,并将研究结果通过呈现、表演或发表等形式公开和评价	2004
麦肯尼	对教与学的系统反思与公开	2004

资料来源:根据 Illinois State University:Defining SoTL Hand - out 整理。Retrieved 2011 - 08 - 20 from:http://www.sotl.ilstu.edu/downloads/pdf/definingSoTL.pdf.

(2)院校、机构的定义

博耶的教学学术思想及其观点也得到美国很多院校、机构的赞同和认可,它们虽然积极拥护和实践教学学术,然而,它们很多自身并没有正式的教学学术概念理解与界定,即使有也各不相同(见表4.2)。

表4.2 **院校、机构的教学学术概念**

院校、机构	教学学术的概念界定	时间
伊利诺伊州立大学	对教与学的系统反思与公开	1998
威斯康星大学	对教与学问题的系统研究	—

续表

院校、机构	教学学术的概念界定	时间
中佛罗里达大学	使用发现、反思和基于证据的方法对有效教学和学生的学习进行研究	—
印第安纳布鲁明顿分校	将教与学视为一种特定领域的、基于证据的研究	—
爱荷华州立大学	教学学术超越了简单的课堂教学创新或有效教学，包括教学投入、反馈与教学反思，还包括研究结果的分享，以便他人能够回顾、评价与发展	—
美国高等教育协会	用恰当的学科认识论对教与学进行研究，将结果运用于实践，并进行交流、自我反思和同事评议	2001
卡内基教学促进会	教学学术是对学生学习严格的全面调查，并将结果尽可能地公开供同行评议，以便更广泛地推广和使用；它的首要目的是通过个人和集体的知识建构，尽可能地促进学生学习	2001

资料来源：根据 Illinois State University：Defining SoTL Hand - out 整理。Retrieved 2011 - 08 - 20 from：http：//www. sotl. ilstu. edu/ downloads/pdf/definingSoTL. pdf. 未注明年份者则为从该校教学学术网站整理而得。

（3）国家、地区的定义

教学学术在美国的兴起与研究，也引起世界其他国家和地区的关注和重视。但是，不同国家和地区对于教学学术的理解与界定各不相同，例如，加拿大、澳大利亚和英国更喜欢采用比美国广泛的界定[①]。另外，在美国，教学学术即被认为是校园活动，也被认为是一种教师个人专业发展路径；在英国和澳大利亚，教学学术更多认为是校园活动，换句话说，旨在改善机构环境、促进教与学。北美的教学学术主要关注教师角色认同和工作奖励，而英国主要是讨论研究与教学之间的关系。

2. 概念的基本共识

教学学术概念的理解与界定虽因人、学科、院校（机构）、国家（地

---

① McKinney，K.. Attitudinal and Structural Factors Contributing to Challenges in the Work of the Scholarship of Teaching and Learning [J]. New Directions for Institutional Research，2006，(129)：37 - 50.

区）而各异，但教学学术的主题是一致的，都是为了促进学生的学习。①因此，教学学术的概念应该有大家公认的理解与界定，不应受不同学科认识的影响；同时，随着教学学术研究的深入与发展，现在的确是需要统一教学学术的概念界定与内涵理解的时候了，这个问题已经成为大家的共识。有调查显示，90%的大学教学学术研究者和参与者同意或非常同意——教学学术概念与内涵的含糊性问题是教师参与教学学术的最大障碍。② 没有统一的教学学术的概念界定和内涵认识，不仅会使博耶的模式被曲解和导致混乱、教师的聘用和晋升将被误导、专业质量的发展将被削弱、研究导向的教育科学有可能是有害的或垄断的，教学质量由什么组成也将是模糊的；而且，也会妨碍教学学术的交流及其在大学中的促进、论证、评估和制度化，最终影响人们对于教学学术的信仰。精确界定和关注认同将作为教学学术的一个新建领域，吸引着多学科的、不同智力的研究者丰富这个领域；同时，只有教学学术的概念界定精确地反映了它是什么，才能够有力量和被重视，并且值得信赖。③但是，这并不是一个很容易解决的问题。

学者、院校（机构）、国家（地区）等对于教学学术的概念虽然存在诸多的认识与不同的界定，但是，教学学术有三点是大家几乎普遍接受和认同的：一是关于教与学的系统研究与反思；二是将研究成果公开；三是研究成果能够被同事回顾、评价、使用与发展完善。

综合以上对于教学学术概念的理解与界定，我们认为，可以从广义和狭义两个方面对教学学术概念的认识与界定进行统一：教学学术的广义界定是对教学各种活动的反思及分享，包括教学及其研究、整合与应用等（如图4.1所示）；教学学术的狭窄定义则是一种发表在同行评议刊物上特殊的经验研究。④

① Hutchings, P.. Opening Lines: Approaches to the Scholarship of Teaching and Learning [M]. Menlo Park, CA: The Carnegie Foundation for the Advancement of Teaching, 2000: 1.

② Mckinney, K.. Enhancing Learning through the Scholarship of Teaching and Learning: The Challenges and Joys of Juggling [M]. Bolton: Anker Publishing, 2007: 5.

③ Almeida, P., Teixeira-Dias, J., & Medina, J.. Improving the Scholarship of Teaching and Learning through Classroom Research [A]. In Lytras, M. D. etal. (Eds.). Tech-education [M]. Berlin: Springer, 2010: 203.

④ Mckinney, K. Enhancing Learning through the Scholarship of Teaching and Learning: The Challenges and Joys of Juggling [M]. Bolton: Anker Publishing, 2007: 9.

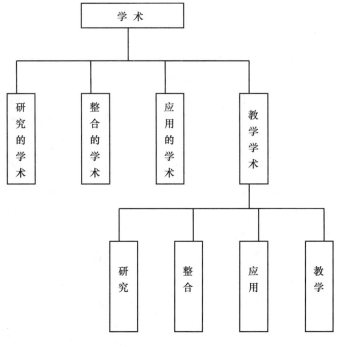

图4.1 广义的教学学术

（二）内涵

25 年来，教学学术的内涵经历了不断发展与完善的过程，其间，人们对于教学学术的内涵也逐渐有一清晰、全面的认识。

1. 内涵的发展演变

博耶虽然正式提出了教学学术，但却没有明晰其内涵，以至于教学学术内涵的理解因人而异、几经发展。概而言之，教学学术的内涵在过去的25 年中经历四个阶段的发展演变，逐步明晰与完善，其中，主要表现为从"以教为中心"的学术（Scholarship of Teaching）转向"以学为中心"的学术（Scholarship of Leaning）。

（1）"教"的学术（Scholarship of Teaching，SoT）

教的学术为教学学术内涵的第一发展阶段，时间段大致为博耶1990年发表《学术反思》到1994 年，以博耶和赖斯为代表人物。受到传统教育范式——以教为中心的影响，博耶对教学学术的看法主要集中在教师与教学，而不是学生与学习。博耶的教学学术要求教师通晓专业知识、广闻博识、广泛阅读和智力投入；教师作为学者的特征是传播知识，但同时也转化和拓展知识；知识的转化与拓展有可能从与学生的交流刺激中获得——通过阅读、课堂讨论、学生的评价和质疑，其中，教师自身也被推向新的创新方向。①由此可见，博耶的教学学术观主要是强调教师如何向学生传递与传播知识，并不注重教学过程中的学生主动性。同样，赖斯也认为，学生的学习主要是从教师提供的现成知识中获取意义。这种教学学术主要关注教师与教学，是教师中心的范式。②

（2）"教与学"的学术（Scholarship of Teaching and Learning，SoTL）

教学学术内涵的第二发展阶段，时间段大致为 1995—1999 年，以舒尔曼为代表，主要关注教与学关系的平衡问题。从 1995 年开始，美国高等教育发展发生了范式转型，由注重"教"开始转向注重"学"。③受范式转型的影响，舒尔曼认为，教与学紧密联系、密不可分，那么教学学术理应既是关于教的学术又是关于学的学术，是对教与学两个方面的系统研究。正如学生采用不同的学习方式一样，大学教师也应采用不同的教学方式。教师对教学情境的感知决定了其在相同或不同情境中采用何种教学方式，即使采用同一种教学方法，教学结果也会不同。据此，舒尔曼提出"教与学的学术"并获得广泛认同，"教的学术"（SoT）也就变成了"教与学的学术"（SoTL）。

（3）"教与学"的学术（Scholarship of Teaching and Learning）

迈入 21 世纪以后，教学学术内涵进入到第三发展阶段，教与学之间则更为侧重学习，成为"学与教"的学术（Scholarship of Learning and Teaching，SoLT），时间段为 2000—2010 年，教学学术以"学"为主、"教"为辅。教学学术的研究与发展主要以学生的学习与发展为中心，教学围绕如何促进学习问题展开。教师和作为教学机构的学校都应该对学生学习负责，教师和学校应该努力为学生创设学习环境。这种教学学术摆脱了教师主动、学生相对被动的传递知识方式，学生成为他们知识的主动发现者和构建者。

---

① Boyer, E. L.. Scholarship Reconsidered: Priorities of the Professoriate [M]. Princeton: Carnegie Foundation for the Advancement of Teaching, 1990: 24.

② 宋燕：《"教学学术"国外研究述评》，《江苏高教》2010 年第 2 期。

③ Barr, R. and Tagg, J.. From Teaching to Learning—A New Paradigm for Undergraduate Education [J]. Change, 1995, 27 (6): 13-25.

（4）"学"的学术（Scholarship of Learning）

进入 2010 年以后，教学学术的内涵又有所发展，焦点从教与学彻底转向了学习，"教学学术"（Scholarship of Learning and Teaching）也就演变成为"学"的学术（Scholarship of Learning）。它将学生置于学习过程的中心地位，从而为教学学术研究提供了一种创新的视角。这种教学学术，鼓励学生提问，加强教学与研究之间的联系，通过教师与学习者在团体中一起探究。正如特里格威尔指出，这种学术视知识的创造工作是和学生一起的，而且将学生视为学习伙伴关系，替代了教学（指导）关系。①

2. 内涵

教学学术尽管已经有了大量研究，但教学学术内涵的认识与理解至今尚未统一，而且存在是否需要对教学学术内涵达成一致的质疑。然而可以肯定的是，一方面，不明确和统一教学学术的内涵，不仅会影响人们对教学学术的认同，还会影响教学学术未来的研究发展；另一方面，教学学术的内涵还在不断地发展完善之中。

简而言之，教学学术的内涵至少包括以下几点：

（1）教学学术作为一种学术形式，既不同于传统研究、优秀教学和学术性教学，也不同于专业研究、教育研究和课堂研究。教学学术包括学术性教学，但要求更多；当一个人具有了教学学术，也就具备了博耶所说的四种学术能力。

（2）教学学术不是一个真空的概念、实践和想法，旨在让学者从孤立的象牙塔中走出来，一方面联系理论与实践；另一方面联系学者与教师及学习者的真实学术世界。

（3）教学学术是一种教学"溯源"，旨在发现、研究和解决教与学问题，并将结果公开供同行回顾、评价、使用和发展，不仅促进学科知识发展，而且还促进教学发展。

（4）教学学术包括教学和学习，既包括教学的学习，也包括教学知识的论证。教学学术的发展是一个包含了有关教学的经验型知识（experience-based knowledge）和研究型知识（research-based knowledge）的反思过

---

① Trigwell, K., Shale, S.. Student Learning and the Scholarship of University Teaching [J]. Studies in Higher Education, 2004, 29（4）: 523 –536.

程，它关注教学知识的转换和延伸。①

（5）教学学术是一种提升教学尊严及其质量的方法。教学学术中的教学是一种智力工作，就像教师在其他学术中的探究习惯和智力投入活动。教学学术，不仅促进跨学科合作，而且聚拢和利用过去和现在的工作。

（6）教学学术包含了一种附加的专业责任，伴随着专业角色的义务与责任的结合，旨在寻求知识、分享发现、贡献于更大团体的学者和实践者，用学科探究的学术方法接近或提高学生的学习。②

（7）教学学术远不是项简单的活动，它不仅仅是教学，而是教学溯源，包括对学习的探究，以一种公开、批判、回顾、建构和提高的方式。它还包括反思、呈现和教学实践环节、与同事分享和讨论、课堂创新、课堂开放、刊物发表、会议呈现、为学生提供新资源、网络活动、教师工作坊、参与项目和其他。

（8）教学学术是一种尝试解释学生如何和为什么学习的研究，包括研究实验设计、适度的调查、呈现个人课堂教学、结果分享到超越个人课堂。

（9）教学学术非常注重实际问题。在学术和研究中，问题是研究过程的核心，它是产生创造和活动生成的问题复合物。但在教学中，教师是没有问题的；如果有，教师有可能想解决它。问同事关于他研究的问题是受人欢迎的，但问别人教学的问题可能是谴责性的。因此，改变教学问题从终端补救到现在调查的身份是教学学术的要义所在。像其他学术形式一样，教学学术最终以个人承担义务推动。③教学学术的精髓在于应用，它的潜力是提高教学和促进学习。

（10）教学学术是一种民主生活或实践模式。④民主不仅仅是一种治理形式，还是一种生活方式。教学学术也是一样，它不仅仅是一种学术形

① Legg, J. I., Freilich, M. B.. Integration of the Scholarship of Teaching Into Faculty Roles and Rewards：Implementing A Task Force Recommendation ［EB/OL］. Retrieved 2011 − 08 − 25 from：http：//terpconnect. umd. edu/ ~ toh/ChemConference/FacultyRewards/Legg. txt.

② Hutchings P.. Ethics and Aspiration in the Scholarship of Teaching and Learning ［EB/OL］. Retrieved 2011 − 08 − 30 from：http：//www. carnegiefoundation. org/sites/default/files/ethics_ of_ inq-intro. pdf.

③ Hutchings, P. Opening Lines：Approaches to the Scholarship of Teaching and Learning ［M］. Menlo Park, CA：The Carnegie Foundation for the Advancement of Teaching, 2000；2.

④ Dees, D. M. A Reflection on the Scholarship of Teaching and Learning as Democratic Practice ［J］. International Journal for the Scholarship of Teaching and Learning, 2008, 2 (2)．

式，还是教师赋权，让教师在面对教与学问题时有权利采取行动和处理问题。

二　特征与构成

（一）特征

教学学术作为一种学术形式，既有传统学术形式——发现学术（研究）等其他学术形式的共性特征，又有不同于其他学术形式的个性特征。

1. 共性特征

作为一种学术形式，教学学术具有其他学术形式的一些共同特征，如系统探究、持续性实践反思、同行评价、公开交流等。概而言之，有以下共性特征：①

（1）探究是专业努力的核心和学术生活的焦点；

（2）探究的质量被同行评议和专业自治维护；

（3）目的是产生和发展知识；

（4）基本是以学科（或基于学科部门）为组织；

（5）声誉由国际和国内学会建立；

（6）专业奖励和变革取决于专家；

（7）学术职业的明显特征在于追求真理认知。

2. 个性特征

作为一种相对独立的学术形式，教学学术又有不同于其他学术形式的独特特征：

（1）教学学术的一个关键特征是要理解学生如何学习，知道什么样的教学实践最有效，教师要知道学习什么样的教学知识。教学学术以教与学问题为导向，围绕学生的学习问题进行探究和调查。人们实践教学学术，要成功赢得他们工作的认可。教学学术者应该有经验，能够表述教学的基础理论框架，这个框架应与学生的学习结果紧密联系。同时，教学学术还是一项艰苦的智力工作，要为学生准备有效的学习经验。教学学术的践行者要关注教学变化，通过循环的行动、反思和提升等促进他们的教学实践。学习提出关于教与学的问题，是教学学术的起点；然后搜集证据，进

---

① O'Meara, K. A., Rice, R. E.. Faculty Priorities Reconsidered: Rewarding Multiple Forms of Scholarship [M]. San Francisco: Jossey-Bass, 2005: 19.

行解释，分享结论，在连续之中改善实践。这些说明，教学学术是建立在教与学的知识基础之上，通过反思、准备和探究，促进学生学习。

（2）教学学术不同于其他形式的学术研究，因为它不是某一学科的研究，而是一种跨学科的混合研究。[①]具体来说，教学学术是以教与学为主题的横跨学科研究与教育研究的混合研究。与学科研究属于不同学科专业领域相比，教学学术一般属于跨学科专业领域研究。与学科专业研究的理论趋向相比，教学学术则趋向于实用性研究。与学科专业研究强调高深知识相比，教学学术更侧重教学实践。[②]

（3）教学学术被视为要求特殊的研究技术、态度和产品。其中，态度是探究，技术是需要分析、解释观察，产品是出版的某种形式。践行教学学术需要评估、评价和研究技术。他们需要能够开展课堂研究和称述教学与学生进步过程。教学学术被"探究和伦理"驱动，研究成果应该能在同行评议的杂志上发表出版或在研讨会上公开称述。教学学术应该促进学科教学知识，与发现学术的呈现形式相交叉。

（4）教学学术能够通过反思发展学科教学知识。教学学术的一个关键特征是深度的内容知识和广义上的教学知识，进而产生学科教学知识。教学学术包含教学过程与结果的不断反思，承认教学的情境性本质。

（5）结果公开但不一定出版发表，侧重理论与实践的结合，解决实际问题。

（6）要求更高，一旦掌握了教学学术，也就掌握了研究、整合和应用其他三种学术形式。

（7）相比其他学术形式而言，教学学术要少一些系统化和严格。研究虽严格但灵活，让调查及其呈现如课堂本身和学生的经验一样，具体化和多元化是教学学术的魅力所在。

（8）教学学术的特征是转换生成。教学学术的一个公开目标是形成对所有学生学习的长期的明显作用，产生更强的课程和更有力的教育，衡量其成功的一个标志是研究成果对思想与实践产生了一定的影响。

（9）教学学术深嵌入学科之中，它的问题源于学科并知道其在学科中

①　Looker, P.. Globalising the Local: The Scholarship of Teaching and Learning in a Larger Context [J]. Journal of the NUS Teaching Academy, 2011, 1 (1): 21 –31.

②　王建华:《大学教师发展——"教学学术"的维度》,《现代大学教育》2007 年第 2 期。

的价值。教学学术是实践的一个方面，相对于用第三人称的研究去验证他人的实践，教学学术则是用第一人称验证教师们自己的实践。在个案中，教学学术自身有时很难与教学区分，它不是关于教学，而是教学中的一方面，很难分离出去。但教学学术又不同于教学，是教学"溯源"，它要求教师脱离日常活动，改变已有的职业观念，用一种更高的反思方式看待课堂，从这个意义上讲，教学学术更像是一个移动的目标（the moving target）和不断被改编的剧本（changing script）。①

（10）教学学术能够为教师提供除了学生评价或同行评价之外的评价方法。当前的高等教育和教师都面临新的评价和责任挑战，并要求能够提供证据。通过教学学术，教师能够发现他们教学怎么样，学生学的怎么样，他们随时得到反馈信息并进行改进，这时候教学学术听起来就像评价。

（二）构成

教学学术的内容构成目前尚未定论，一方面是因大家对于教学学术的理解与分析视角的不同而异；另一方面是因为教学学术是个十分崭新的研究领域，尚在探讨发展中。

1. 三成分说

（1）赖斯的三成分说

赖斯认为，教学学术是一种相对独立完整但又深嵌入发现学术、整合学术、应用学术之中的学术形式，到现在为止，很难从目前的人类语言中找到恰当的词汇对其进行描述，因此，是一种最难讨论的学术形式。但是，他认为，教学学术至少具有三种明显的成分：概括能力（synoptic capacity）、教学内容知识（pedagogical content knowledge）和有关学习的知识（what we know about leanring）。②

（2）马丁等的三成分说

马丁（Martin, E.）等不赞同赖斯的成分划分，他们觉得赖斯所说的三成分更像是学术性教学的成分，而不是教学学术的成分。他们认为，教学学术包含三种基本的、相互联系的成分：研究他人在教学方面的学术贡献、在本学科领域对教师自己的教学及学生的学习进行反思、交流对教学

---

① Hutchings, P.. Opening Lines: Approaches to the Scholarship of Teaching and Learning [M]. Menlo Park, CA: The Carnegie Foundation for the Advancement of Teaching, 2000: 8.

② Rice, R. E.. The New American Scholar: Scholarship and the Purposes of the University [J]. Metropolitan Universities, 1991, 1 (4): 7 – 18.

理论的认识及教学实践经验。①

（3）希利的三成分说

希利（Healey, M.）认为，教学学术包括三个基本和整合的成分：了解他人教学的学术性贡献、对自己的专业教学实践和学生的学习进行反思、公共教学与专业教学理论与实践的交流。②

2. 四成分说

依据克莱博和克莱顿的研究，布鲁和吉恩斯主张教学学术包含四种成分：对教学的发现研究、作为证据的优秀教学被奖励和评价、对教育研究者工作的反思和应用、对学科实践及教学的研究与反思。布鲁和吉恩斯还认为，学术型教师的发展可以通过学习教育学课程，从而增加学生的满意度和以学习为中心的教学视角，但是，这些好像又成为与教学学术有关教学的证据；另外，他们还赞同迪阿恩等人的研究发现：教育学课程主要是发展教学技巧，而不是教学学术的研究技巧，这两者是有差异的。③

3. 五成分说

（1）舒尔曼的五成分说

舒尔曼分析了一般的学术过程，确认学术至少有五个方面：想法、计划、相互作用、结果和分析。据此，他认为教学学术也应包括五种成分——教学学术始于可能的想法或经验的问题；想法会导致计划，而计划则类似研究实验；计划后需要开展，并产生相互作用；然后需要分析，没有分析的教学学术是不完整的教学学术；像其他调查一样，教学学术也有结果，它的结果是学生的学习行为和产品。④

_____

① Martin, E., Benjamin, J., Prosser, M., & Trigwell, K.. Scholarship of Teaching: A Study of the Approaches of Academic Staff ［A］. In Rust, C.（Eds.）. Improving Student learning: Improving Student Learning Outcomes ［M］. Oxford: Oxford Centre for Staff Learning and Development, Oxford Brookes University, 1999. 326 – 331.

② Healey, M.. The Scholarship of Teaching: Issues around an Evolving Concept ［J］. Journal on Excellence in College Teaching, 2003, 14 (1/2): 5 – 26.

③ Potter, M. K, & Kustra, E.. The Relationship between Scholarly Teaching and SoTL: Models, Distinctions, and Clarifications ［J］. International Journal for the Scholarship of Teaching and Learning, 2011, 5 (1).

④ Shulman, L. S.. Course Anatomy: The Dissection and Analysis of Knowledge through Teaching ［A］. In Hutchings, P.（Eds.）. The Course Portfolio: How Faculty can Examine Their Teaching to Advance Practice and Improve Student LearningWashington, D. C.: American Association for Higher Education, 1998. 5 – 6.

（2）特里格威尔等的五成分说

特里格威尔等认为，教学学术包括 5 个方面：收集、阅读和了解教学文献；通过收集和阅读教学文献提高教学；通过调查学生的学习和自己的教学促进学生学习；通过了解和联系专业文献和知识的教学文献；通过收集和交流专业教学成果在学科内促进学生学习。[①]

4. 九成分说

克莱博和克莱顿借助梅兹罗（Jack Mezirow）在转化学习理论（transformative learning）中提出的内容、过程和前提三种反思理论作为分析框架，引出关于教学的三种基本知识——教育知识（pedagogical knowledge）、教学知识（instructional knowledge）和课程知识（curricular knowledge），然后将内容、过程与前提三种反思和哈贝马斯的工具、交际与解放三种知识合并在教育、教学和课程的范畴中，得出教学学术具有九种不同的成分。[②]这九种成分中涵盖了"知识""实践""成果"三种相关要素，其中，"知识"包括教师的教学理论知识、教学观念及学科专业背景；"实践"包括教师的教学、调查评价、教学实践反思及学习交流等活动；"成果"包括教师的教学研究论文、学生的学习成就及社会满意度等方面。在教学活动中，一般而言，"知识"作为基础支持和影响教学"实践"，并产生相应的"成果"；同时，"成果"又会构成新的"知识"并影响新的"实践"。当要素之间的这种相互影响经由同行评议并公开之后，便形成教学学术的全部过程（如图4.2所示）。[③]

5. 多成分说

进入 21 世纪之后，特里格维尔等在先前五成分的基础上又对教学学术构成加以研究，提出实践倾向的多成分说，较过去的成分更加完备和详尽。他们认为，可以从知识、反思、交流和观念四个维度构建教学学术的多种成分（见表4.3）。[④]

---

① Trigwell, K., Martin, E., Benjamin, J. & Prosser, M.. Scholarship of Teaching: A Model [J]. Higher Education Research and Development, 2000, 19 (2): 155 – 168.

② Kreber, C., Cranton, P. A.. Exploring the Scholarship of Teaching [J]. The Journal of Higher Education, 2000, 71 (4): 476 – 495.

③ 宋燕：《"教学学术"国外研究述评》，《江苏高教》2010 年第 2 期。

④ Trigwell, K., Martin, E., Benjamin, J. & Prosser, M.. Scholarship of Teaching: A Model [J]. Higher Education Research and Development, 2000, 19 (2): 155 – 168.

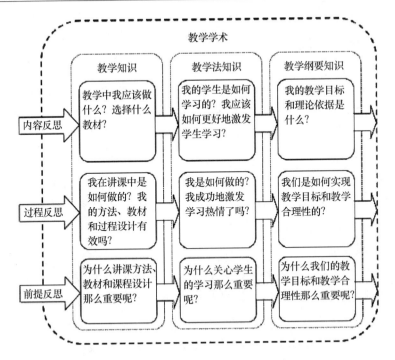

图 4.2 教学学术的九种成分

资料来源：周鲜华、黄勇：《3×3 矩阵式"九成份"教学学术模型的建立》，《现代教育管理》2010 年第 10 期。

表 4.3 **教学学术的多种成分**

知识维度	反思维度	交流维度	观念维度
使用非正式的教与学理论	无效或无意识的反思	无交流	以教师为中心的教学
掌握一般教与学理论	—	与院系同事交流（如喝茶时间、院系研讨会）	—
阅读文献，尤其是学科教学理论	行动中反思	在地方性或全国性的学术会议上汇报	—
开展行动研究，具备概括能力和学科教学知识	对关注点进行反思，教师现在必须知道什么，教师将如何寻找答案？	在国际学术刊物上发表	以学生为中心的教学

资料来源：Trigwell, K., Martin, E., Benjamin, J. & Prosser, M. . Scholarship of Teaching: A Model [J] . Higher Education Research and Development, 2000, 19 (2)：163.

三　功能与价值

（一）功能

教学学术对于机构（学校与院系）、学科、教师、职员和学生都有一定的积极作用，但最重要的功能是帮助学生提高学习。具体来说，教学学术的功能主要在于：

1. 学校层面

加强跨学科研究与联系；加强高等教育与基础教育联系；改善课堂和项目评估；在项目评估和认证中使用；拓展研究生教育，为未来教师作准备。

2. 教师层面

教学学术能够帮助教师：提高教学反思；加强教师发展；塑造高级教师；使教师、职员和学生建立新的伙伴关系；增加教师成果的发表、呈现和行为；争取外部经费；主动参与国家和国际高等教育活动；增强个人或项目操作的经费预算能力；提高教师用于内部和外部教学奖励的资格；论证教师职业候选人，重视教学。

3. 学生层面

教学学术能够给学生提供研究机会以及和教师、同学一起交流的机会，让学生联系事实、知识和实际，更好地掌握学习和研究能力，为毕业后的生活和进一步研究奠定基础。

（二）价值

教学学术作为一种学术形式，旨在促进教与学，发展和提高教学实践。[①]教学学术是为了更好地理解教学（信仰、行为、态度和价值等）从而促进学习，对学习准确理解，让学习变得清晰。但相对而言，促进学生学习与成长是教学学术的第一位目的，教学学术的一切是围绕学的问题展开的。教学学术的第二位目的才是促进教学和促进教师专业发展，其中，主要包括三个方面：一种是提高教学地位的方式、一种是使教师教学知识渊

---

① Austin, A. E., McDaniels, M.. Using Doctoral Education to Prepare Faculty to Work Within Boyer's Four Domains of Scholarship [J]. New Directions for Institutional Research, 2006, (129): 51–65.

博的方式和一种评价教学质量的方法。①

1. 教学学术是联系学科理论与实践的桥梁

教师通过教学学术将学科理论与实践联系起来，将学科理论运用于教育教学实践，理论指导实践、解决实践问题，同时，也接受实践的检验并被实践促进和发展。

2. 教学学术是对专业研究与教育研究的超越

在专业研究中，研究者的角色通常是作为观察者或研究主题的解释者。客观程度一般是预期的，研究者用各种办法确保研究的结果不受影响，研究结论争取获得全国或全世界范围的认可，并在不同背景下寻求转换。用这种方式，教育研究形成改革的基础。然而，教学学术扎根于自己的实践，目的在于阐明主动发展。它是自己学科专业的非常实际的运用，从一开始就是。教学学术不一定包含全面最新的研究，但一定要有广阔的教育清单。教学质量的有效性与教学学术对于教师教学的影响相关性较大，而与同行评议相关性较小。从这个意义上讲，教学学术是一种跨越了研究和教育发展的活动。

3. 促进学生学习与发展

学生通过教学学术，一方面可以更好地了解和掌握学习方法；另一方面可以学习如何进行研究，并形成批判性思维和初步的研究人员素养，最终掌握和形成毕业后生存和继续学习的能力。

4. 为教师专业发展搭建平台

教学学术为教师提供了更广的视野、学术的和建设性的方法进行调查、改进和交流，不仅仅是思想与方法，而且主动探究教师如何教和学生如何学。教学学术将教师自身教学视为研究领域，给教师机会检验和分析他们自己的教学方法和测量学生对这些方法的反应。它允许教师分享他们的成果，同时，那些受了启发的同事又会继续探究。教师可以以正式和学术的方式进行教学学术研究，研究哪些方法最能帮助学生学习和成功，不仅有助于他们自己的工作，而且会影响其他教师，教师能够从更大范围的其他教师的研究中获益。教学学术允许教师研究、交流和分享，进而做得

① Trigwell, K., Shale, S.. Student Learning and the Scholarship of University Teaching [J]. Studies in Higher Education, 2004, 29 (4): 523－536.

更好。教学学术揭示优秀教学不仅是一种艺术，而且不再高深莫测。①

5. 教学学术对于提高教学质量有巨大的潜力

教学学术改变了教学作为孤立的现象——教师孤立的负责着计划、开展和评价教学，而把教学视为一种教育环境，它包括教师之间、师生之间、教师与管理人员之间的对话和交流。它还意味着一种教学观的转换，从一般探究为什么好或为什么差，到一种更为正式的过程。用这种方法，保证了教学质量。这种结论可以被总结，然后在刊物或研讨会上被同行评议，这个过程和研究一样。

教学学术加强了对教与学的研究与理解，包括从教到学生中心的学习，强调主动学习和批判性思考。教学学术连接教学与研究，并创建了一个新的学科，与逐渐兴起的认知建构主义和深度学习相呼应。②

6. 让优秀教学和有效教学有章可循

传统教学观认为，好的教学不仅是一种艺术，而且是一种才能，是一种自然能力，与生俱来的能力，与调查、研究无关。然而，教学学术证明，教学与实践、研究、向他人学习、调查和研究有关。虽然有些人天生是教学能手——具有清晰表达思想的能力——说话流利、参与群众、分享热情、为对方考虑、善于倾听，但是，教学学术揭示优秀教学、有效教学不仅是一种艺术，不再高深莫测，也可以从别人那里学习和借鉴。

7. 教学学术还有其他方面的潜力

教学学术还有其他方面的潜力，因为这种学术不仅仅是促进学习，还可以推动其他领域向前发展。例如，通过教学的共同兴趣建立跨校的新伙伴关系；增加教师、学生和职员的投入程度；增强机构的声誉；呈现机构教育的有效性，从而改变机构文化；增加学生满意度，并保留学生。

总之，教学学术提供了面对高等教育挑战的更大希望和发展愿景，能够让高校、教师和学生等都受益，并促进高等教育发展。

---

① Conway, S.. Studying the Art of Teaching: A Personal Reflection on the Scholarship of Teaching and Learning [EB/OL]. http://www.kwantlen.ca/TD/TD.1.1/TD1.1 _ Conway. htm, May 2007/2012 - 01 - 12.

② Wickens, R.. SoTEL: Toward a Scholarship of Technology Enhanced Learning [J]. Canadian Journal of University Continuing Education, 2006, 32 (2): 21 - 41.

第二节　思想渊源与理论基础

当代大学教学学术的讨论与研究，始于博耶 1990 年发表的《学术反思》。然而，有关教学学术的思想、研究与实践由来已久，最早可以追溯到古希腊时期。教学学术，既是一个新说法又是一个老说法。例如，亚里士多德把教学视为理解的最高形态。①教学学术的发展，经历了从古希腊的柏拉图，到美国实用主义教育家詹姆士（William James），再到博耶的最终合成。②教学学术的研究与实践，源于早期学习理论的研究，如哲学、心理学和数学；与杜威的实践哲学和舍恩（Donald Schon）倡导的行动研究有血缘关系；也来自像托拜厄斯（Sheila Tobias）和特里斯曼（Uri Triesman）等人的煽动——教师要追问学生为什么学不懂；并得益于卡洛斯（Pat Cross）的"课堂研究"理论，由安其罗（Tom Angelo）具体实施。③

一　思想渊源

（一）古希腊三哲

教学学术的思想渊源，在西方最早可以追溯到古希腊时期。古希腊的教育思想与实践在西方教育发展史中占有十分重要的地位，为后来西方教育的发展奠定了基础，因此，"西方教育家大多把古代希腊教育思想与实践作为现代教育的渊源之一"④。教学学术，既是一个新说法又是一个老说法。很多先哲，如古希腊的苏格拉底、柏拉图、亚里士多德等，他们都非常重视教学，并通过教学构建和传承知识。⑤

1. 苏格拉底：教师作为"知识的产婆"

苏格拉底作为古希腊著名哲学家和教育家，非常注重教育中教师与教

① Boyer, E. L.. Scholarship Reconsidered: Priorities of the Professoriate [M]. San Francisco: Jossey-Bass, 1990. 23.

② Gurung, R. A., Schwartz, B. M.. Riding the Third Wave of SoTL [J]. International Journal for the Scholarship of Teaching and Learning, 2010, 4 (2).

③ Bender, E. T.. CASTLs in the Air: The SOTL "Movement" in Mid-Flight [J]. Change, 2005, (37): 40－49.

④ 单中惠主编:《西方教育思想史》，教育科学出版社 2007 年版，第 5 页。

⑤ Benson, S. A. Defining the Scholarship of Teaching and Learning in Microbiology [J]. Focus on Microbiology Education, 2001, 7 (3): 1－6.

学的作用，并创造了苏格拉底教学法。亚里士多德曾高度赞赏苏格拉底，认为苏格拉底有两项重大贡献，一个是归纳论证，另一个是一般性定义，这两个东西是科学的出发点。[①]

在苏格拉底看来，教育的任务就是培养美德、探求知识和增进健康，因此，他在教育中强调"智德统一"。他认为，知识是人们通过后天的学习获得的，因此，他把教师比喻为"知识的产婆"，并发明创造了"对话教学法"，也称为"苏格拉底法"或"产婆术"。苏格拉底认为，知识是先天存在于儿童的大脑中的，教师并不是要把外在的知识灌输给学生，而是要把学生头脑中原有的知识引发出来。也就是说，教师的教学过程，就像是助产婆把胎儿从母亲的腹中接生出来一样。[②]这种方法运用到教育教学中就是，教师在教学过程中与学生用讨论的方式问答问题，而不是直接把答案教给学生，而是指出问题，然后引导学生自己得出正确的答案。"对话教学法"的要义是学生要依据教师提出的问题并依靠自己已经掌握的知识进行独立思考，积极寻求正确的结论，从而获得知识、发现真理。

其次，苏格拉底高度评价教师职业及其教学工作。他认为，如果一个人有能力胜任教学工作，那可是人生的一大美事。因此，教学成为苏格拉底一生所追求的事业，是定格在他生命历程中的一份职业。如果没有教学，他认为他的生命就会变得毫无意义，职业决定着他的人生旅程。另外，苏格拉底还认为，教师必须作为一个学习者而存在，一方面和学生向老师学习知识一样，教师也可能会从学生身上学到很多知识，恰如学习者拥有自己的知识，这种知识可能是教师无法传授给学生的，但是，这种知识同其他所有知识一样重要，拒绝承认学习者真实情况的教师不是一位好老师；另一方面，教师能够发现学生的知识缺陷及不足，但这并不能说明教师就是知识的拥有者，因此，教师应该像学者一样不断地寻找学习的机会，弥补自己对某些方面知识的不足。这是一种要求学生和教师共同讨论、相互激发、共同寻求正确答案的方法，它不仅有助于激发学生积极思考、判断和寻找正确答案，而且能够促进教师进步。

2. 柏拉图："教学即回忆"

作为苏格拉底的学生，柏拉图则在被认为是最早高等教育形式的学园

---

① 转引自单中惠主编《西方教育思想史》，教育科学出版社 2007 年版，第 15 页。
② 徐小洲编著：《外国教育史略》，浙江科学技术出版社 2001 年版，第 7 页。

"阿卡德米"（Academy）中运用了苏格拉底法进行教学。[①]柏拉图不赞同用强制的手段灌输知识，认为只有通过问答形式，即先提出问题、揭示矛盾，然后进行分析、归纳和判断，最后得出结论的方法才是最好的方法。柏拉图的教学已不局限于向弟子灌输既成的知识，而是运用苏格拉底的"产婆术"，引导学生通过分析、推理和综合等方法去发现和解决问题。[②]这种方法有助于发展学生的智慧、开发学生的思考能力和智慧潜力，而且通过问答进行教学的过程也是引导学生对内心固有理念回忆的过程。

作为客观唯心主义的创始人，柏拉图认为，认识不是对物质世界的感受，而是对理念世界的回忆，认识真理就是接近最高的理念，认识真理的过程也就是回忆理念世界的过程。由此，柏拉图得出结论：学习过程就是恢复人类固有的知识的过程，学习只不过是回忆。柏拉图把教学过程看作是启发学生回忆内心真理的过程，教学是启发而不是灌输。在此基础上，柏拉图将"产婆术"推进了一步，即由感性层面上升到理性层面。柏拉图非常重视理性训练，首先，只有唤起思考能力，引导心灵面向本质与实在，才能使心灵超然于变幻的世界之上，从而认识本质、把握真理、趋向真理。他把发展学生的思考能力作为教学的重要目标，并围绕这一目标的实现提出"反思法"和"沉思法"。其次，理性知识只有凭借反思、沉思才能真正地融会贯通、举一反三，如果仅凭感觉只能达到对表面的理解，而不能获得深层的理解。因此，教师必须引导学生凝聚心力、学思结合；从一个理念到达另一个理念，并最终归结为理念。在具体教学中，教师要善于点拨、启发、诱导学生进入思考的境界，让学生通过"反思"与"沉思"获得理性知识、解决问题、发展心智。[③]

3. 亚里士多德："教学作为理解的最高形态"

亚里士多德是柏拉图的学生，曾跟随柏拉图学习长达20多年，素以"吾爱吾师，但吾更爱真理"著称，被誉为"古代最伟大的思想家"和"古希腊最博学的人物"。亚里士多德生平非常重视教学，将教学视为理解

---

① ［爱尔兰］弗拉纳根：《最伟大的教育家：从苏格拉底到杜威》，卢立涛等译，华东师范大学出版社2009年版，第11页。

② 黄福涛：《外国高等教育史》，上海教育出版社2003年版，第17页。

③ 孙士杰主编：《外国教育思想精粹》，中国档案出版社2000年版，第19—20页。

的最高形态①。如果说柏拉图是通过教学来教育学生，而亚里士多德则是通过将教学与研究结合起来教育学生。②

作为演绎法的创始者，亚里士多德认为，求知是人类的本性，教学必须让学生在掌握感性知识的基础上，通过"深思"了解事物的本质，达到掌握理性知识的目的。同时，他认为实践先于理论，因此，他把实践智慧作为教学的重要基础资源。他认为，拥有实践智慧的人是那些能审慎思考一个事件的具体细节，同时又着眼于什么行动切实可行并达到最佳效果的人。实践智慧不仅关乎一般，而且关乎特殊，因为它是实践的，而实践是关乎特殊的。实践智慧要求解决双重的问题，旨在增进持久价值观的同时解决当下的实际问题，这是一种"手段—结果"与"手段—构想的结果"的操作方式。解决问题的同时，致力于当下的存在和想象的未来，寻找某个特殊问题的解决方案，同时也希望提出一种批判性的道德愿景。③亚里士多德的教学目的旨在发展灵魂的高级理性部分，承认感觉具有诱发的作用，只有透过理性的思考才能获得真理和知识。他把教学理论建立在人类自身发展和教育发展规律之上，重视练习与实践，而非填鸭式的灌输教育。④

（二）洪堡的教学与科研统一原则

在西方高等教育史上，洪堡是正式提出大学教学应当与科研相结合的第一人，因此，教学与科研相统一原则也被称为"洪堡原则"，对西方大学现代化起了极大的推进作用⑤。洪堡的教育改革把科研、教学和学习统一的思想建设成为一个永久的原则——洪堡原则——作为一种改革思想，在 19 世纪后期、20 世纪初期对最先进国家的高等教育产生了深刻的影响，首先是德国的大学，然后是美国的大学，成为一种特别占优势的思想。⑥遗憾的是，美国到德国的留学生、访问学者只是将洪堡提倡的大学科研思想

① Boyer, E. L.. Scholarship Reconsidered: Priorities of the Professoriate [M]. San Francisco: Jossey-Bass, 1990. 23.

② 贺国庆等：《外国高等教育史》（第二版），人民教育出版社 2006 年版，第 16—17 页。

③ ［美］亨德森：《课程智慧：民主社会中的教育决策》，夏慧贤等译，中国轻工业出版社 2001 年版，第 7 页。

④ 滕春兴：《西洋上古教育史》，新蕾出版社 2008 年版，第 74 页。

⑤ 单中惠：《外国大学教育问题史》，山东教育出版社 2006 年版，第 419 页。

⑥ ［美］克拉克：《探究的场所——现代大学的科研和研究生教育》，王承绪译，浙江教育出版社 2001 年版，导言。

带回到了美国，仓促地结合本土的实用主义，产生了美国现代高等教育发展模式，却并没有领会洪堡提出的教学与科研相结合的真正用意。

1809 年 2 月，洪堡临危受命普鲁士内务部文化与公共教学司司长。在费希特与施莱尔马赫的影响下，洪堡设计了一所"典范大学"——柏林大学——通过教学与科研相统一，一方面让大学生能够接受全面的人文主义教育；另一方面让学生能够开展研究性学习。在他看来，大学不是中小学的延伸，而是以探究高深学问作为立身之本的学术共同体，其中，师生以探究者的角色而共处。教师和学生的角色界定已非传统意义上的那样严格，学生也可以独立进行研究，教授的工作在于诱导学生的研究兴趣，并帮助学生进行研究。学生与教师均是为科学而共处，具有共同的任务和相同的自由，拥有科学思考与学术研究的自主权和选择权。教学与科研相统一原则，并非洪堡本人的直接表述而是后人的概括总结，对德国高等教育和大学的发展影响巨大。20 世纪 90 年代初期的一项德国高校有关问卷调查显示，88% 的大学教师赞同教学与科研相统一原则，①足以可见洪堡原则的意义和影响的深远。

洪堡是最清楚地认识到研究与教学之间辩证关系的人，他用简洁的语言形象地描述了研究与教学二者之间的关系：大学教师不是为了学生而存在，教师和学生在共同探究知识的过程中有各自的角色与使命。教师的探究受到学生的启发和推动，没有这一点，知识和人类就不能发展。学生不能形成自己的兴趣爱好，教师有责任帮他们形成，只有综合教师和学生双方的行动才能更有效地探究高深学问。相对而言，教师心智的发展更加成熟，但也有或多或少的偏激，容易产生职业怠倦；而学生心智的发展可能尚显稚嫩，专注程度不够，但面对问题时可能更加开放、更具回应性。②洪堡认为，真正的大学教学，应该是教师在学术探究中获得的研究成果，并将其作为知识传授给学生。在教学方法上，洪堡提倡开设讨论课，忌讳死记硬背，他反对把知识看成是简单的继承。学生有听课的自由，可以选修不同的课程，也可从一所大学转到另一所大学，其原有的成绩仍得到承认。③正是这一观念的提出和形成，使柏林大学成为西方新型大学的最早代

---

① 俞可：《洪堡 2010，何去何从》，《复旦教育论坛》2010 年第 6 期。

② ［美］卡斯帕尔：《成功的研究密集型大学必备的四种特性》，李延成译，《国家高级教育行政学院学报》2002 年第 5 期。

③ 孙承武：《柏林：令人神往的知识圣地》，http://www.wsfy.cn/html/sdmxweb/zh/zh38.htm。

表。通过 19 世纪初期德国大学的改革以及欧美大学现代化运动，"教学和科研统一"成为西方现代大学一个永恒的原则。①也因此，洪堡在德国被誉为"现代大学之父"。

二　理论基础

（一）哲学基础：实践哲学与反思性实践论

1. 杜威的实践哲学

杜威（John Dewey，1859—1952），美国实用主义哲学的创始人之一，著名教育家。他将实用主义哲学与美国本土教育相结合，创建了独具特色的实践哲学，对美国、许多其他国家和地区的教育改革与发展产生了重要影响。杜威的实践哲学强调经验优于理论，他认为：人类运用思维和推理培养思考习惯与理性，通过处理发生在人类生活中的实际问题学会如何思考和推理，即思维结果的实践意义从属于思维过程。知识开始于行动，是一种积极的行动，成长发生在运用经验来验证各种想法的过程中。

杜威的实践哲学具体运用到教育教学中就是：教师应为学习者的目的性探究提供广泛的机会，应当按照对学生成长做出贡献的标准来判定一个事实或者一个理论的价值。理论的价值在于实际运用，如果没有实际运用价值，理论就是无用的，不管这个理论是多么有吸引力。其中，教师主要有两种责任：一是引导学生顺利地度过学习中那些错综复杂的困难时期，并给学生提供自然学习的机会，即让学生自己通过解决问题进行学习；二是让学生不仅能够驾驭当前的学习，还要具备解决毕业后生活与学习问题的能力。恰如杜威在《我的教育信条》（Pedagogic Creed）中指出，教师的职责不是强加给学生某种思想或者塑造学生的某种习惯，正相反，教师作为集体中的一员，他们将代表整个班集体选择能够对学生产生影响的学习活动，还要帮助学生适当地应对这些有影响力的活动，教师的职责是根据自己较多的经验和智慧决定学生如何来学习该学科的知识。杜威倡导探究式的教学方法，即在实际情境中学习思考。这种教学方法是对某个实际问题进行严肃、反复、持续的思考，以求得一个新情境，使问题得以解决、障碍得以排除。教育教学中应该重视学生思维能力的培养，思维是最明智

---

① 单中惠主编：《外国大学教育问题史》，山东教育出版社 2006 年版，第 423 页。

的学习方法。杜威最伟大的贡献在于把学生从传统教育的阴霾中拯救出来，从他所谓的"静止的、冷藏的知识典范"中解放出来。①

2. 舍恩的反思性实践论

舍恩，全名唐纳德·A. 舍恩（Donald A. Schon），美国麻省理工学院教授，主要从事组织学习和专业效能研究，因提出反思性实践（Reflective Practice）而闻名，代表著作有《组织学习：行动理论的视角》（*Organiza-tional Learning：A Theory of Action Perspective*，1978）、《反思的实践者》（*The Reflcetive Practitioner*，1983）、《培养反思的实践者》（*Educating the Reflective Practitioner*，1987）等。

舍恩发现，大学与专业、研究与实践、思想与行动之间存在裂痕，代表着科学与常识的"硬知识"和代表着专业艺术性与纯朴性观点的"软知识"被强行分开，最终导致在专业实践的各种地形图中出现了一块坚实的高地俯视着一片低洼的沼泽地。在坚实的高地上，易控制的问题通过应用基于研究的理论和技术而得到解决；而在低洼的沼泽地，棘手而混乱的问题无法通过理论与技术手段解决。②舍恩认为，导致理论与实践脱离的主要原因有二：一是技术理性为基础的精确专业知识占据了主流认识；二是人们对于常规之外的不确定性存在认识缺陷与不足。目前，衍生于实证主义科学的技术理性，成为美国现代研究型大学中的主流认识论，影响实践者对于研究性知识局限的认识和知识在实践中的运用，也不能帮助学者形成专业行动的新观点。③舍恩认为，这种认识论倒置了专业知识问题的原本顺序。他建议，学术研究应采用行动研究的模式，运用反思性实践的认识论，构建理论联系实践的新学术模式。据此，舍恩提出了"反思性实践"和"反思性实践者"概念，倡导"行动中对行动的反思"，即对行动进行反思并在行动中反思。在理论与实践关系问题的探究上，舍恩的反思性实践论将杜威的实践哲学推进了一步。在杜威看来，研究与实践相互缠绕，研究就是问题、解决问题、新问题产生的循环过程。舍恩不完全赞同杜威的观

---

① ［爱尔兰］弗拉纳根：《最伟大的教育家：从苏格拉底到杜威》，卢立涛等译，华东师范大学出版社 2009 年版，第 134—141 页。

② ［美］舍恩：《培养反映的实践者：专业领域中关于教与学的一项全新设计》，郝彩虹等译，教育科学出版社 2008 年版，第 1 页。

③ ［美］舍恩：《反映的实践者：专业工作者如何行动中思考》，夏林清译，教育科学出版社 2007 年版，第Ⅷ页。

点，他认为杜威的研究类似于设计，即在复杂环境和不确定的条件下做事，正如教师撰写一个课堂教案或律师策划一场案件辩论。他认为，研究不仅仅是制订计划方案，更是执行计划方案和反思执行的过程。其中，新产生的实践知识通过反思得到修改完善，进而整合到实践者的技能中，达到改进未来实践和增进知识的目的。舍恩主张以"行动中的反思"为原理的"反思性实践"替代以技术理性为原理的"技术性实践"，他倡导的反思实践的特征在于立足于特定的教育情境、解决特定情景中的问题、在行动中进行反思、获取实践性学识。他相信：新思想只有落到真正相信它、对它着迷的人手里，才能开花结果。

（二）心理学基础：建构主义学习理论

教学学术的研究、兴起与心理学关于学习理论的研究进展有关，具体来说，是与建构主义学习理论密不可分。建构主义学习理论是兴起于20世纪80年代的一种新学习理论，为教学学术的研究与兴起奠定一定的心理学基础。教学学术连接研究、教学与学习，并创建了一个新研究领域，与逐渐强调的认知建构主义和深度学习相呼应。①

建构主义学习理论（constructionism）也译为结构主义学习理论，是学习理论从行为主义到认知主义（cognitivism）之后的又一重大发展。②作为一种新的认知理论，建构主义的兴起是20世纪末期的事情。20世纪70年代末，美国教育心理学家布鲁纳等将苏联教育心理学家维果斯基的心理学思想引介到美国，对建构主义理论的发展起到极大的推动作用，以至于建构主义学习理论在20世纪80年代以后逐渐演变成为美国教育改革中的主流理论之一。建构主义学习理论的内容很丰富，主要涉及知识观、学习观、学生观、师生角色的定位及其作用、学习环境和教学原则6个方面。概而言之，建构主义学习理论的要义在于：学生不是被动地接受和形成知识（浅层学习），而是根据已有认知结构和知识主动地构建和形成知识（深层学习）；强调学习的主动性、社会性和情境性，教师由知识的灌输者转为学生学习的组织者和指导者。③

---

① Wickens, R. . SoTEL: Toward a Scholarship of Technology Enhanced Learning［J］. Canadian Journal of University Continuing Education, 2006, 32（2）: 21 – 41.

② 张建伟、陈琦：《从认知主义到建构主义》，《北京师范大学学报》1996年第4期。

③ ［英］黑恩等：《学会教学：教师专业发展导引》，丰继平等译，华东师范大学出版社2009年版，第10—12页。

（三）教育学基础：教师作为研究者、课堂研究和教育行动研究

1. 教师作为研究者

20 世纪六七十年代，当斯腾豪斯（L. Stenhouse）等人在英国提出"教师即研究者"的时候，美国著名课程论专家、生物学家施瓦布（Joseph J. Schwab）在北美率先倡导教师作为研究者。施瓦布认为，没有教师作为研究者，课程领域是不会保持现在这个永恒地位。他将学校视为探究的实践场所，他是第一个号召关注课堂中学生和教师实际生活的教育理论家。教师必须单独了解每一个孩子，每一种学生情况都是特殊的。教师需要捕捉这些显著特征，才能更好地做决定。他主张，没有教师的研究和参与，课程将不会"充分"解放。这种论断为教师参与探究铺平了道路，也为研究教师知识，如教师信仰和态度等奠定了基础。①

用艾斯纳（Eisner）的话说，是施瓦布彻底改变这一领域。②艾斯纳解释说，施瓦布的实践论导致教育研究转型，那些对课程感兴趣的和教师一起工作的人开始意识到教师研究和参与的重要性，结果，抽象理论的价值变得有限。

2. 课堂研究

课堂研究是美国加州大学伯克利分校的卡洛斯教授、波士顿学院的央格罗教授等倡导的一种研究方法，即由授课教师在其课堂中进行累积性地、持续不断地探究教与学问题的研究活动。他们认为，教师运用该方法研究教学，能够达到认识、理解和改善教学的目的。大学教师不同于中小学教师，其教学具有探究、分析教学和相互学习的性质，需要整合不同学科的知识澄清与解决复杂多变的课堂教学问题，需要在教学过程中应用已知的教育知识、专业知识、学科教学知识和学习知识，目的不仅仅是传递知识，更重要的是创新、改造与拓展知识。从上可鉴，教学活动与学术活动具有共同点，教学包含学术的成分，从一定意义上来讲，教学等同于学术活动。③显然，这与博耶对学术的分类和教学学术的

---

① 吴刚平：《校本课程开发的思想基础——施瓦布与斯腾豪斯"实践课程模式"思想探析》，《外国教育研究》2000 年第 6 期。

② Eisner, E. W.. From Episteme to Phronesis to Artistry in the Study and Improvement of Teaching [J]. Teaching and Teacher Education, 2002, 18（4）: 375 – 385.

③ 王晓瑜：《极端中创造平衡 构建新型学术范式——论大学教学学术思想的发展轨迹》，《现代教育科学》（高教研究）2010 年第 2 期。

观点是一致的。

3. 教育行动研究

教育行动研究是由教师或研究人员共同合作，有计划、有步骤地针对教学实践中产生的问题边研究、边实践，以解决实际问题为目的，旨在沟通理论和实践，即为了消除学术研究者的世界和那些"世俗"的社会实践之间的裂痕①。教育行动研究的基本特征是为行动而研究、在行动中研究和由行动者研究，它的主要特点在于实践导向、协同研究和反省思考。

行动研究，最早由美国柯利尔（J. Collier）于"二战"期间在社会人类学研究中首次提出，后经勒温（Kurt Lewin）等倡导和推广，随即得到广大学者的认可、欢迎和深入研究，并被引入教育研究领域，到 20 世纪 70 年代形成四种主要的代表性行动研究模式：传统的（traditional）、情境的（contextural）（又称主动学习法，action learning）、激进的（radical）和教育行动研究（educational action research）。②美国大学教学学术的研究与兴起，在一定程度上也是受到了教育行动研究的影响与启发。

第三节　模式

研究模式和理论模型是学术研究与发展到一定阶段的产物，同时，反过来又能指导和推动学术研究与发展。教学学术也不例外，教学学术理论研究与实践的深入依赖实施模式、理论模型等的建构与发展。自从 1990 年博耶正式提出教学学术之后，人们对于教学学术的实施模式和理论模型等进行了研究，旨在帮助解释教学学术的起源、概念和发展。③概括地讲，教学学术的实施模式目前主要有两种：第一种是根据经验推导出来的教学学术开展模式，简称"经验模式"，如博耶、舒尔曼、特里格威尔、韦斯顿（Weston）等的教学学术都属于这种模式；第二种是根据其他已有理论

---

① ［英］埃里奥特：《导言》，载［英］麦克南《课程行动研究》，朱细文等译，北京师范大学出版社 2004 年版，第 4 页。

② O'Brien, R. An Overview of the Methodological Approach of Action Research［EB/OL］. Retrieved from：http：//www. web. ca/~robrien/papers/xx%20ar%20final. htm, April 17, 1998/2012－03－22.

③ Kreber, C.. Teaching Excellence, Teaching Expertise, and the Scholarship of Teaching［J］. Innovative Higher Education, 2002, 27（1）：5－23.

推导出来的教学学术开展模式，简称"理论模式"，如克莱博和克莱顿、鲍尔森（Paulsen）和费尔德曼（Feldman）等的教学学术。下面，分别以特里格威尔等的经验模式和克莱博等的理论模式为例，对教学学术的两种基本实施模式进行说明。

一　经验模式

特里格威尔等通过对前人的研究和文献进行回顾与总结后发现，大家对于教学学术的探讨主要存在于以下四个维度（见表4.4）：①

1. 被专业教学文献启发；
2. 关注教与学，而不仅是教；
3. 对文献和自身的背景及两者关系的反思；
4. 交流。

表4.4　　　　　　　　　　　　　教学学术的四个维度

知识维度	反思维度	交流维度	观念维度
使用非正式的教与学理论	无效或无意识的反思	无交流	以教师为中心的教学
掌握一般教与学理论	—	与院系同事交流（喝茶时间，院系研讨会）	—
阅读文献，尤其是学科教学理论	行动中反思	在地方性或全国性的学术会议上汇报	—
开展行动研究，具备概括能力和学科教学知识	对关注点进行反思，教师现在必须知道什么，以及教师将如何寻找答案？	在国际学术刊物上发表	以学生为中心的教学

資料来源：Trigwell, K., Martin, E., Benjamin, J. & Prosser, M.. Scholarship of Teaching: A Model [J]. Higher Education Research and Development, 2000, 19 (2): 163.

这四个维度中各种因素的变化，就构成一种教学学术模型。另外，教

---

① Trigwell, K., Martin, E., Benjamin, J. & Prosser, M.. Scholarship of Teaching: A Model [J]. Higher Education Research and Development, 2000, 19 (2): 155 – 168.

师也可以从这四个维度参与教学学术（如表 4.5 所示）：

A. 参与他人的学术贡献程度，包括普通教学文献，特别是自己学科；

B. 关注学科中自己的教学实践和学生学习的反思，不管是否是重点，或是否自己必须知道和如何找到答案；

C. 公共学科和专业学科中的教学实践和理论思想的交流和传播质量；

D. 他们关于教学的界定是否关注教与学，还是主要关注教。

表 4.5 　　　　　　　　　　　**教学学术的参与方法**

目　的	策　略			
	了解文献	提高教学	提高学生学习	普遍提高学生学习
搜集和阅读文献	A	B		
对自己的教学和学生的学习进行调查			C	
将专业知识与教学文献相联系			D	
交流自己的研究成果和已有文献				E

资料来源：Trigwell, K., Martin, E., Benjamin, J. & Prosser, M.. Scholarship of Teaching: A Model [J]. Higher Education Research and Development, 2000, 19（2）：160.

通过这个模型可以发现，处于表格上层的是不愿意参与教学学术的教师，他们一般运用非正式教学理论指导他们的教学实践，他们关注自己胜过学生，他们对自己的教学很少反思，即使有反思也是反思他们的做法，而不是学生的经验，他们极可能保持个人教学想法，将教学视为一种个人的和隐私的活动。在表格底部的是愿意参与教学学术的教师，他们试图通过咨询和对教学文献、自己教学的调查，处于学生视角看待自己教学的反思，通过与同事交流寻求理解教学。如表 4.5 所示，这两个位置处于区域的两个极端，这个区域中包含教师有可能运用文献作为指导和发展教学，他有可能与同事非正式地讨论教学，也可能类似学生学习一样思考教学，但关键在于他们如何组织这些活动（从 A 到 D）。

二　理论模式

克莱博等根据梅兹诺的转化学习理论和哈贝马斯的知识论提出另外一种教学学术模式（Scholarship of Teaching, SoT）——专家关注反思的概念、教与学的经验基础和研究基础的知识和分享、与同行评议——被称作理论模式的教学学术。① 这个模式将三种反思行为（内容反思——是什么、过程反思——怎么做、前提反思——为什么）和三种与教学相关的知识（教学知识、教育知识和课程知识）联系起来。克莱博等认为，教师在教学中通过三种反思行为可获得三种与教学相关的知识，从而呈现出一个由知识和反思行为组合成的 3×3 矩阵，形成九种反思形式，即教学学术的九种参与方式。

克莱博等的教学学术模式建立在两个假设基础之上，一个是梅兹诺的转化学习理论，另外一个是哈贝马斯的知识论。首先，克莱博等根据转化学习理论认为，知识是通过内容、过程和前提三种反思层次建构的。个人的学习和发展也是通过这三种层次的反思：内容反思关注问题的描述；过程反思关注问题解决的策略和过程；前提反思关注问题功能的相关性和价值。梅兹诺的反思层次论在两个方面证明是有用的：一是得出了教学知识体系包含三种不同的知识领域，二是说明了每种知识领域中的知识是如何建构的。按照转化学习理论的观点，学习可以分为技术的、实践的和解放的。教师需要掌握教学知识、教育知识和课程知识，才能投入一种或更多类型的学习。从上可以得出，任何教学设计或教学策略都是建立在学习理论基础之上的。前提性反思，又称课程知识，与教学和教育被认为是大学教学的三种不同但相关的领域。教学知识与教学策略有关，教育知识与理解学生学习有关，课程知识与教师为什么使用这种教学方法有关。其次，与转化学习理论在很大程度上相一致，克莱博等受到德国社会学家、批评家哈贝马斯的知识论的启发，她们认为，存在三种方式的学习——技术的学习、实践的学习和解放的学习，并且这三种学习方式在教学学术中起着重要作用。尽管哈贝马斯没有谈及"学习"，但他的观点对转化学习理论有着重大影响。在哈贝马斯看来，人类有三种基本利益，即控制自然（技术兴趣）、社会和谐（实践兴趣）和个人成长（解放兴趣），每一种利益都源自人类生存的不同问题。人类的这三种兴趣——技术兴趣、实践兴趣和解放兴趣，可以分解为三种不同的社会媒介：工作、交流和权力。这三种媒介反过来又发展成为对应的三种学科：经验—分析的、解释—说明的和批判的。这三种学科又会产生三种知识：机械（技术）的、实践（理

① Kreber, C., and Cranton, P. A.. Exploring the Scholarship of Teaching [J]. Journal of Higher Education, 2000, 71 (4): 476-495.

解）的和解放的。人类的第一种兴趣是技术的，即如何控制和应付环境，这个领域的学习是机械性质的；第二种兴趣是实践的，即如何理解别人，包括人类自身的社会和文化规范，它的目的是交流；第三种人类兴趣是解放，旨在将人类从压迫和自我约束中解放出来并得到成长。克莱博等认为，第三种是在这个领域中学习教学的最重要方面。教师经常被他们自己的教学知识束缚，而没有意识到可选择性，或没有明白在工作中被高等教育体制束缚的本质。只有当教师批判性地质疑他们为什么要这样做的时候，教师才会处于最高发展阶段——解放阶段。

综上所述，克莱博等根据转化学习理论认为，学习是工具的、交流的和解放的。也就是说，教师需要掌握教学的、教育的和课程的知识以便应付一种或多种类型的学习。转化学习理论能够被用于检验教学的、教育的和课程的知识构建过程（见图 4.3），即教师可以通过教学的、教育的和课程的知识进行内容的、过程的和前提的反思，形成 3×3 矩阵代表了教学学术的 9 种成分，这 9 种成分都具有工具的、交流的和解放的学习特征。或者说，关于教学的学习可能是技术的、实践的和解放的，抑或三者的结合，这三种学习结合过程也可以用来说明教育知识领域的学习。因此，克莱博等建议，教师除了工具的学习之外，还应参与交流的和解放的学习。在所有的关于教学的学习中，教师运用经验基础的和研究基础的知识。教师汲取他们个人建构的实践智慧和研究结果，从而构成完整、生动的教学知识。

另外，教师如何在实践中认识教学学术？教师是否在聘用和晋升中论证教学学术？委员会是否认同教学学术？教师教育者如何帮助教师发展教学学术？克莱博等认为，已有的评价指标要么滞后不能用于评价教学学术，要么没有区分教师胜任力和学术性教学。[①]在教学的、教育的和课程的知识中的每一种内容、过程和前提假设中，她们认为都存在三种指标（见表 4.6），而这些指标能够作为教师的行为，他们结合自己的经验与研究基础的知识将会促进教学的知识。这些指标不在于综合，而是公开讨论作为教学学术可能的一些方式，因此，她们建议，教师参与教学学术的时候可按照这些指标进行。教学学术包括学习和教学，因此，评价应该是形成性的和终结性的。表

---

① Kreber, C. and Cranton, P. A.. Exploring the Scholarship of Teaching [J]. The Journal of Higher Education [J], 2000, 71 (4): 476 - 495.

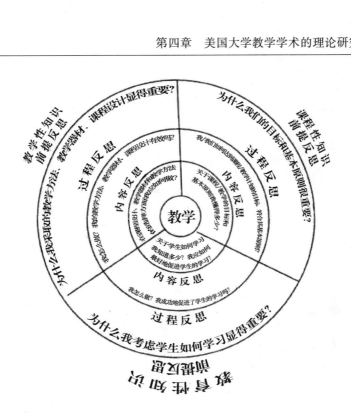

图 4.3 克莱博等的教学学术模式

资料来源：Kreber, C. and Cranton, P. A.. Exploring the Scholarship of Teaching［J］. The Journal of Higher Education［J］, 2000, 71 (4)：485. 中文版引自蔡珊珊《论大学教师的教学学术》, 硕士学位论文, 湖南大学, 2005 年, 第 39 页。

4.6 的指标是形成性目的，因为它们推动了教师学习教学的评价，通过自我评价或与教师教育者的相互作用；同时，这些指标能够作为终结性目的，因为它们允许评价委员会对教师的教学学术进行评价。

表 4.6 　　　　　　　　　　　　　　教学学术的指标

	内容反思的指标	过程反思的指标	前提反思的指标
教学知识	·与同事或学生讨论资料和方法； ·阅读如何教的文献； ·记录使用的方法和资料。	·收集学生理解资料和方法的数据； ·就教学大纲征求同事意见； ·比较自己课堂教学研究结果。	·试验其他方法并检验结果； ·就方法方面的书籍或文章进行评述； ·挑战传统的院系或机构教学评价方法。

续表

	内容反思的指标	过程反思的指标	前提反思的指标
教育知识	·控制学生的学习方式或其他方面； ·阅读关于学习理论、批判性思考、自主学习的书籍或文章； ·撰写适合专业学习的文章。	·收集学生学习学科概念的反馈； ·开展学生学习的行动研究项目； ·将课堂经验与学生学习正式研究的结果进行比较。	·撰写学生进行本专业学习的评价文章； ·查找关于学习风格、自主学习等重要问题的文献； ·参与学生学习问题的研讨会，或与同事交流。
课程知识	·回顾章节、教学、课程目标； ·阅读高等教育目的的书籍与文章； ·设计理性的教学大纲与目标。	·回顾课程目标，包括当前实践的比较； ·回顾项目目标的历史； ·阅读关于高等教育目的的书籍，并与当前院系中进行的项目目标进行比较。	·对用人单位、企业、工程等回访，验证他们的期望与目标是否在当前的教育之中； ·撰写文章想象没有课程目标的高等教育会是怎样； ·开始或参与一个委员会对项目目标进行评估。

资料来源：Kreber, C. and Cranton, P. A.. Exploring the Scholarship of Teaching［J］. The Journal of Higher Education［J］, 2000, 71（4）：488.

第四节　实施

实施与开展教学学术是教学学术研究中很重要的一步，它将联系理论与实践，促进教师专业发展、教学和研究提高，促进学生认识教学、了解并提高学习。但是，教学学术的实施，不同于一般的教学，也比一般的专业研究和教育研究更为复杂，涉及面更广，因此，更需要政策、制度、院系、人员、经费等的保障。

一　基本步骤

教学学术的实施与开展，没有固定的格式和步骤，因不同的学科、学者而异。简而言之，开展与实施教学学术的基本步骤如下：①

① 王玉衡：《美国大学教学学术运动》，北京师范大学出版社 2010 年版，第 79 页。

1. 确定研究主题

教学学术始于教师对教与学过程的观察和反思，教师从自己的观察和反思中找到希望改善的问题或情境，或希望抓住一个机会，确定研究主题。这些研究主题可以是简单的，如提高期中考试成绩等；或是复杂的，如提高学生批判性思维等。

2. 查找相关教学文献

在确定研究主题之后，教师就要查找相关教学文献，研究其他人在这方面做了哪些研究，这是十分重要的，这是学术性探究非常关键的一步。在发现学术中，所有学科的学者在一开始就知道他们所在领域的发展状态，这样才能避免复制低效的研究并在其基础上进行建构，这对教学学术也是同样的，作为一个研究领域，教学学术必须要"站在前人的肩膀上"。为了达到这个目的，教师应该使自己在观察教学的时候达到同等水平，就像在传统的学科研究中所做的那样。

3. 确定并实施方案，接受同行评价

在通过调查了解以前在处理类似问题时都做了些什么之后，实践教学学术的教师就会选择最能够帮助学生达到学习目标的教学方法，并确定研究方案。在此，有经验的教师会指出他们这样选择的原因。

对新方法的运用必须进行系统的观察和记录，如教师能够从观察和学生工作中收集资料并进行反思，并将它们系统地记录在课程档案袋中，然后对结果进行反思和分析，并进行同行评价。这种评价是评价课程，主要关注课程材料和学生工作，也可能包括对一系列课堂的观察。在同行评议后，教师要将结果与以前的情况进行对照，看看新方法是否提高了教学，学术性教学的产品就是教师将新的关于教和学的知识运用于自己的教学实践。

4. 公开研究成果

对教学干预结果进行评价之后，教师必须决定是否将探究变为教学学术。当然，这要建立在结果是否重要的基础之上。教师通过有选择地将学术性研究和探究在合适的期刊上发表或在研讨会上呈现。这样，研究的成果和结论就将进入知识基础并完成循环，即这些知识基础将进入知识循环并成为其他教师在今后能够利用的资源。

二　实施路径

除了基本步骤之外，开展与实施教学学术的路径主要有三种：

（一）常规路径

教学学术的常规路径是由美国学者里齐林提出，她对教学学术的开展与实施办法进行研究和归纳后认为，教学学术的实施过程类似传统研究的基本过程，据此，她提出了一套实施教学学术的完整过程，也被称为教学学术的基本实施路径（如图 4.4 所示）。[①]

（二）发展路径

加拿大麦吉尔大学（McGill University）教学研究中心的韦斯顿（Weston，C. B）和麦可恩（McAlpine，L.）也设计了一种教学学术实施路径，他们建立在所有教师都是学科专家的假设基础之上，将教学学术的实施视为一个包含了三个阶段的连续体，因此被称为发展路径。[②]阶段一是发展和增长个人教学的知识，这个阶段主要在于降低教学孤立于学科专业中的学术工作，教师开始视教学为专业工作的基本部分，并进行参与，而不是对专业研究的干扰。阶段二的特征是，教师开始从个人自身教学的思考转向与专业同事的讨论。这一阶段进一步减少了教学在学科重要工作中的孤立性，转向教师团体关于教学的创造和整合，并且发展、交流专业教学的知识。教师开始探究他们的学科教学知识，这种知识整合了学科知识并运用于如何教它。在第二阶段，教师倾向于逐渐承担责任，开始重视院系中的教学价值，于是减少了教师们对于教学的偏见。阶段三是教学学术的一种成长转换，它的特征是有意分享专业教学知识和发展教学的学术知识，其已经对机构和学科领域有明显的影响。在这个阶段，教师是主动地、有意识地整合教学与研究，使之成为教学学术。这个研究发现，教师朝向连续体的两个方向移动：在一个阶段内，显示复杂性的增长；在跨阶段中，显示朝向学术的增长。在阶段内或跨阶段移动中，优秀教学都有可能增长，而不选择朝向其他学术或参与学术移动。教师可能直接从阶段二过渡到第三阶段，即由同事教学交流转为教学学术，但是，从阶段一到第三阶段的教学

---

① Richlin, L.. Scholarly Teaching and the Scholarship of Teaching [J]. New Directions for Teaching and Learning, 2001, (86): 58 – 61.

② Weston, C. B., McAlpine, L.. Making Explicit the Development Toward the Scholarship of Teaching [J]. New Directions for Teaching and Learning, 2001, (86): 89 – 97.

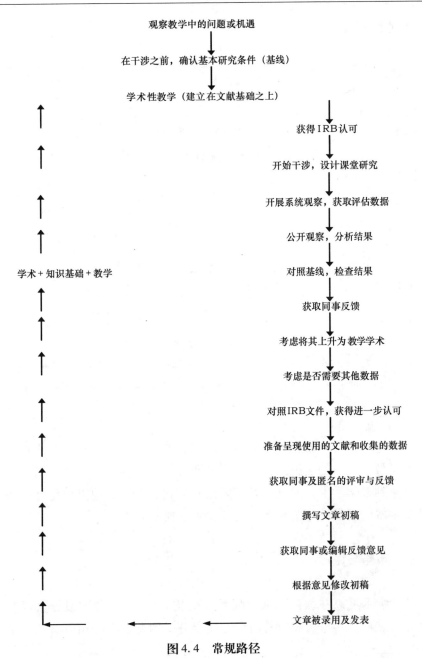

观察教学中的问题或机遇

在干涉之前，确认基本研究条件（基线）

学术性教学（建立在文献基础之上）

学术 + 知识基础 + 教学

获得IRB认可

开始干涉，设计课堂研究

开展系统观察，获取评估数据

公开观察，分析结果

对照基线，检查结果

获取同事反馈

考虑将其上升为教学学术

考虑是否需要其他数据

对照IRB文件，获得进一步认可

准备呈现使用的文献和收集的数据

获取同事及匿名的评审与反馈

撰写文章初稿

获取同事或编辑反馈意见

根据意见修改初稿

文章被录用及发表

图4.4　常规路径

资料来源：Blumberg, P. , Mandos, L. A. , and Mostrom, A. M. . Paths to Scholarship of Teaching and Learning［Z］. The Teaching Professor Conference Workshop, May 21 – 23, 2010.

学术可能性不大（见图4.5）。

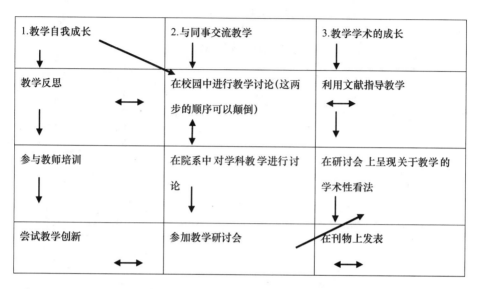

图4.5 发展路径

资料来源：Blumberg，P.，Mandos，L. A.，and Mostrom，A. M.. Paths to Scholarship of Teaching and Learning ［Z］. The Teaching Professor Conference Workshop，May 21 – 23，2010.

（三）循环路径

美国迈阿密大学教学研究中心主任考克斯（Cox，M. D.）在里奇林的基础上对教学学术的实施办法又进行了研究，他认为，由开展学术性教学也可以达到教学学术，并且二者可以相互转化，据此，他提出另外一条实施教学学术的路径——循环路径（如图4.6所示）。①

三 策略与保障

（一）实施策略

教学学术可以在教师个人、院系（机构）、学校、地方或国家四个层面从课程、项目、机构和学科四个方面展开，因此，它也相应有四个不同

① Blumberg，P.，Mandos，L. A.，and Mostrom，A. M.. Paths to Scholarship of Teaching and Learning ［Z］. The Teaching Professor Conference Workshop，May21 – 23，2010. Retrieved 2011 – 10 – 11 From：http：//www. teachingprofessor. com/wp-content/uploads/blumberg-paths-to-scholar-of-teaching-1. pdf.

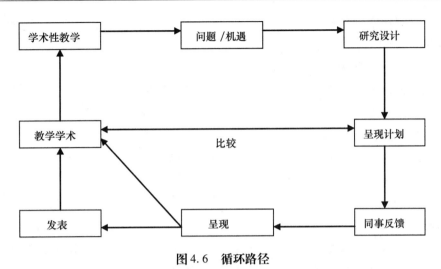

图4.6　循环路径

资料来源：Blumberg, P. , Mandos, L. A. , and Mostrom, A. M. . Paths to Scholarship of Teaching and Learning ［Z］. The Teaching Professor Conference Workshop, May 21 – 23, 2010.

层面的实施策略：[1]

1. 教师个人层面

·吸取自己或他人教学学术的成果，提高自己的教学；

·实施自己的教学学术项目，运用自己工作的以及他人的成果来提高教与学；

·出版或介绍教学学术的工作，包括具体阐述自己对成果的应用。

2. 院系层面

·与所在院系的教学委员会对教学学术进行讨论并请教其他教师提出包括与目前教学学术工作相关的意见；

·与院系中的同事定期会面对教学学术的实施进行交流；

·与初级教师或研究生（未来的教师）一起工作，帮助他们在教学过程中运用教学学术。

3. 学校层面

·利用教师（教学）中心对教学学术成果进行交流、分享；

---

① McKinney, K. . Attitudinal and Structural Factors Contributing to Challenges in the Work of the Scholarship of Teaching and Learning ［J］. New Directions for Institutional Research, 2006, （129）: 37 – 50.

·将申请者的教学学术工作运用到他们的教学和学生学习的实践中，并纳入教师奖励评选标准；

·对教学学术的工作进行奖励和评估；

·将教学学术纳入学校规划、教师评审或评价过程；

·作为预算要求的步骤，与管理人员谈论教学学术工作所需要获得的支持。

4. 地方和国家层面

·在地方性和全国性的会议中组织或出席教学学术研讨会，使教学学术在所属学科的使用变得公开、合法；

·主动协助建立学科教师协会，并汇报自己从过去的教学学术中总结出的最好实践；

·加入一个由国家倡导的提高教学学术的行动，例如，卡内基教学学术学会（CASTL）或美国高等教育协会教学学术群（American Association for Higher Education SoTL Clusters）。

（二）实施保障

教学学术的实施，不仅涉及面广，而且是一种相对较新和边缘化的风险行为，[1]因此，教学学术的实施需要一定的保障。除了从事教学和科研等所必需的政策、制度、资源、知识、经费、时间等一般保障机制之外，具体到学校来说，主要应提供跨学科研究中心、改革研究生教育、技术辅助中心、分布式学术和研究经费等确保教学学术的顺利开展与实施。[2]

1. 建立教学发展研究中心

教学学术，不仅是教育学教师的研究，而且是其他所有学科专业教师的教学研究。因此，开展与实施教学学术需要建立教学发展研究中心，为对教与学问题感兴趣的教师提供研究与交流的平台。教学发展研究中心，不仅能够打破教师的学科专业界限，成为一种研究与交流平台；而且能够成为教师进行教学研究的保障机构和"避难所"[3]。

---

① Huber, M. T.. Balancing Acts: Designing Careers Around The Scholarship of Teaching [J]. Change: The Magazine of Higher Learning, 2001, 33 (4): 21 – 29.

② Shulman, L. S.. Visions of the Possible Models for Campus Support of the Scholarship of Teaching and Learning [A]. In Becker, W. E. and Andrews, M. L. (Eds.). The Scholarship of Teaching and Learning in Higher Education: Contributions of Research University [M]. Bloomington: Indiana University Press, 2004: 9 – 24.

③ Shulman, L. S.. From Minsk To Pinsk: Why A Scholarship Of Teaching And Learning? [J]. The Journal of Scholarship of Teaching and Learning, 2000, 1 (1): 48 – 53.

2. 改革研究生教育

研究生，不仅是作为未来的学者，而且他们中的绝大多数将是从事课堂教学的大学教师。因此，要改变将研究生主要作为学者来培养的传统教育模式，培育研究生教学学术，将教学与研究结合起来，将理论与实践联系起来。例如，目前已经在全国范围内开展的较为有影响的研究生教育改革项目有：美国大学联合会（AAC&U）和美国研究生院理事会（CGS）联合开展的由皮尤慈善信托基金会等资助的 1993—2003 十年期的"培养未来教师"项目（Prepar Future Faculty，PFF）；美国国家科学基金会（NSF）于 1997 年实施的"研究生教育与科研训练整合计划"（The Integrative Graduate Education and Research Traineeship，IGERT）；美国皮尤慈善信托基金会资助的"重新规划 PHD"项目（Re-envisioning the PHD）；卡内基教学促进会 2002 年资助实施的"卡内基博士学位创新计划"（Carnegie Initiative on the Doctorate，CID）；美国国家科学基金会 2003 年资助实施的"研究、教学与学习一体化中心"（The Centre for the Integration of Research，Teaching and Learning，CIRTL）等。[①]

3. 技术辅助中心

教学学术，不仅需要提供证据，而且需要提供交流平台。以计算机网络技术为代表的新科技不仅为教学学术提供了技术支持，而且使得其在高等教育中变为现实。另外，计算机网络技术也不仅仅是作为辅助手段，而且能够帮助探究和启发教学。

4. 分布式学术

现代学术需要全球视野、本土行动，教学学术也是一样。教学学术不是一个人或一次就能够完成，它需要多人多次、不同领域的探究与付出，从而形成合力完成教学学术。其中，教学学术需要两个方面，一是批判性团体；二是超越常规。[②]

① 潘金林、龚放：《多元学术能力：美国博士生教育目标新内涵》，《学位与研究生教育》2010 年第 7 期。

② Shulman，L. S.. Visions of the Possible Models for Campus Support of the Scholarship of Teaching and Learning［A］. In Becker，W. E. and Andrews，M. L.（Eds.）. The Scholarship of Teaching and Learning in Higher Education：Contributions of Research University［M］. Bloomington：Indiana University Press，2004：9 - 24.

5. 学校和院系联盟的经费资助研究

教学学术不像其他科研项目易产生重大结果影响、得到认同并获得研究经费支持，教学学术的价值在于推动学校变革、教师发展和学生成长，因此，学校和院系应该为开展和实施教学学术提供联合研究经费，以保障教学学术的实施、开展与持续。

第五节　成果与评价

一　成果

（一）成果公开的意蕴

作为学术的一种形式，教学学术一定要像其他学术形式一样产生研究成果，而且其研究成果应该能够公开、易被回顾与评价、被专业人士使用与发展完善①。也就是说，教学学术的研究成果必须能够提供证据，而且能够被保留、评价、存档和传承，否则，教育知识（pedagogical knowledge）和如何知道（know-how）将永远不会像学术探究一样为大家服务，②教学学术也将失去存在的价值和意义。这里强调学术研究成果的公开，并不意味着一定要发表或出版。发表在高级别刊物上的原创研究是学术研究成果的典范，但不是学术研究成果的唯一和全部形式，专著、研究评论、理论文章、座谈会、海报等同样也是学术研究成果的形式，教学学术也是一样。但是，因为教学学术研究的复杂性，尤其是知道的远比能表达出来的要多，例如，缄默知识就很难用人类当前的言语进行表达；另外，当前的科技手段在教学学术研究成果的捕捉、呈现和表达方面有限，也较少能够以传统方式公开、分享、回顾与评价，这就导致教学学术在研究成果的表达方面存在较大难度。

作为一种学术形式，教学学术的研究成果至少包括思想启发、知识和作品三种形式，它们不仅应该被有效验证，而且应该成为学术团体探究的

① Shulman, L. S.. Taking Learning Seriously [J]. Change, 1999, 31 (4): 11 - 17.

② Shulman, L. S.. Course Anatomy: The Dissection and Analysis of Knowledge through Teaching [A]. In Hutchings, P. (Eds.). The Course Portfolio [M]. Washington, D. C.: American Associationfor Higher Education, 1998: 7.

智力或知识基础。①就产生的知识类型而言，教学学术作为跨越教育、教学和学科专业的一种学术形式，除了产生传统研究成果具有的普适性知识、学科专业知识等之外，还能够产生教育知识和教学知识。教学学术研究成果的学术对象也较传统研究要广泛，除了面向专业人士、同事之外，还有学生及教师自己本人，研究成果的受益面也更为广泛（见表4.7）。

表4.7　　　　　　　　**研究与教学学术之成果比较**

	发现学术（研究）	教学学术
成果类型	思想、知识	思想、知识、作品等
产生知识类型	普适性知识、学科专业知识（显性知识）	普适性知识、学科专业知识、教育知识、教学知识（显性知识＋隐性知识）
表达方式	发表、出版	发表、出版、汇报、表演、展示、课堂录像、教案、学习档案、教学档案袋、博客、教学共鸣等
学术对象	专业人士、同事	专业人士、同事、学生、教师本人

（二）成果公开的方式

教学学术研究成果的公开，既有像发表出版的其他学术研究成果的共性表达方式，又有像教学档案袋的不同于其他学术研究成果的特殊表达方式。

1. 共性方式

作为一种学术形式，教学学术的研究成果应该能够像传统学术形式的研究成果一样能够公开、呈现和交流，比如，在同行评议的杂志刊物上发表或出版、学术研讨会上汇报与呈现或是讲座报告，能够让同行回顾、评价与批判，而且能供专业团体人员复制、使用、发展与完善。

2. 特殊方式

发表或出版是教学学术成果公开化的途径之一，但研究成果的发表或出版，不仅容易将研究问题简单化，而且可能违背教学学术的宗旨，拉大教学学术与教学实践之间的距离。现实中，许多一线的优秀教师很少在专业刊物上发表教学论文，同时也没有理由要求他们必须这样做。人们传统

---

① Schon，D. A.. The New Scholarship Requires a New Epistemology ［J］. Change，1995，27（6）：26 – 34.

上将"学术"等同于"研究",而又误将"研究"等同于"公开发表",但是,教学学术的目的在于将更加多样的"教学成果"纳入同行评议和学术交流中来。

除传统学术研究成果的经典表达方式之外,作为一种特殊的学术形式,教学学术又具有自己独特的表达形式,如汇报、表演、展示、课堂录像、教案、学习档案、教学档案袋(teaching portfolio)、博客、教学共鸣等。①教学学术要求教师负责提供有效教学的证据,并探究新的教学评价方法,以提高教学质量。其中,教师应该为其工作质量承担更多责任,像其他学术形式一样通过产品,如著作、文章、教学档案袋、电子学习档案(e-Learning Portfolio)、Web2.0、文件、电影、绘画、音乐表演和舞蹈设计等,证明他们的学术贡献,并且能够被同行评价。在大学中,学术通过产品证明,通过恰当的学科,能够被同事评价。教学学术的研究成果,主要是通过对教与学的实践反思、学科知识的探究,对他人有所启发,从而促进教学知识和学科知识发展。

(1)教学档案袋

教学档案袋在很多职业中,如作家、艺术家、摄影师和建筑师等有很长的、受重视的传统,但是,教学档案袋运用到教学和教师教育中才是20世纪80年代的事情。从20世纪60年代以来,欧美高校开始关注和强调学生满意度,于是在20世纪80年代,加拿大大学教师协会首先提出了教学档案(卷宗),后被发展成为教学档案袋的形式(teaching portfolio)。②

教学学术将教学档案袋视为一种学术成果表达形式,它的核心是提供证据,并进行反思。教学档案袋作为一种专业形式,应该像医学中的医药处方一样是一种学术活动(theoretical activity)。教学学术很难捕捉,但它的确有很多其他传统学术活动的特征,例如,教学建立在专业基础之上,学术认知需要和能够被确认、公开和评价,教师应该能够控制他们自己的教学学术等。教学档案袋是揭露这种学术的最有效工具之一,它应该被看作是教师主要工作的真实描述,相信教学档案袋应该像建筑师、艺术家、

① Trigwell, K., and Shale, S.. Student Learning and the Scholarship of University Teaching [J]. Studies in Higher Education, 2004, 29 (4): 523 –536.

② Lyons, N.. Advancing the Scholarship of Teaching and Learning: Reflective Portfolio Inquiry in Higher Education—A Case Study of One Institution [J]. Irish Educational Studies, 2003, 22 (1): 69 –88.

设计者或摄影师的作品一样展示教师的智力工作，最重要的是，教师个人向团体成员展示了教学学术。

（2）网页

教学学术的研究成果可以通过多元化网页呈现，它们可以提供新的教学呈现方式和机制，并允许大家学习借鉴和发展完善。为了支持证据，卡内基基金会于 1998 年建立了知识媒介实验室（Knowledge Media Lab），旨在帮助教师进行实践探究和呈现成果。它是假设传统文本和研究不能有效提供足够的形式呈现和表达课堂内外的工作，相比而言，多媒体、网络基础的表达方式能够捕捉实践的不同方面，使它有可能从不同视角进行检验和验证。①

（3）教育博客

教育博客（Blog 或 Weblog），又译为网络日志、部落格或部落阁等，是新兴的一种学术表达方式，已经广为流传和较为普遍。它的内容以教育活动、教育反思、教育叙事为主，是继课件、资源库、教育主题网站之后的一种新型信息化应用模式。一方面，教育博客作为一种网络工具，为教师的专业发展提供很好的知识管理平台，教师可以利用博客在线管理功能，对博客内容进行分类、管理、检索、修改等操作，教师可以忠实地、自主地将自己所学的教育理论、经历的教学实践、鲜活的教学案例、个体的教育困惑、点滴的教学反思等记录在博客中。因此，有人把"教育博客"比作教师自己拥有的一份专业杂志，其中，教师既是杂志的主管、主编、编辑，又是杂志的作者、读者、评论者，不断促进自身教育理念和专业知识的成长，提高教学和教研能力。另一方面，更重要的是，通过博客可以实现深层次的交流和沟通，教师之间最大限度地突破传统教研活动时间和空间的束缚，实现实时互动、相互评论与交流观点，因为这种交流是在虚拟的网络世界中进行，教师之间是完全平等的，少了些人际交往的客套与尴尬，多了些坦诚与率真，这里没有权威，有的是观念的碰撞、思想的交锋、思维的矛盾与智慧的搏斗。因此，这样的交流就显得更加深入、有效，从而开拓视野、活跃思维，使师生的成长得到跨越式的提升和发展

---

① Hatch，T. . The Scholarship of Teaching and Web-based Representations of Teaching in the United States：Definitions，Histories，and New Directions［J］. Educational Action Research，2009，17（1）：63 – 78.

成为可能。

（4）Web2.0

Web2.0 是相对 Web1.0 的一种新型互联网应用的统称。Web1.0 的主要特点在于用户通过浏览器获取信息，而 Web2.0 更注重用户的交互作用。也就是说，Web2.0 的用户，不仅是网站内容的浏览者，更是网站内容的制造者。在 Web2.0 模式下，用户可以不受时间和地域的限制分享各种观点，可以收集自己需要的信息，也可以发布自己的观点。信息在网络上不断积累和聚合，但不会丢失。可以说，Web2.0 是信息技术发展引发网络革命所带来的面向未来、以人为本的创新。Web2.0 模式在互联网领域的典型体现，将为教学带来革命性的变革。

二　评价

（一）教学学术的评价

教学、研究和服务作为教师行为的三个不同方面，研究与服务因易评价而能够理解，教学则因评价十分复杂和困难而不为人理解。布莱斯顿（Braxton，J. M.）等认为，教学学术评价应该涵盖"学术活动"、"发表的学术成果"和"未发表的学术成果"三个方面的内容。[①]其中，"学术活动"是指：开发新课程、开发新的教学大纲、指导学生的科研项目、建立课程参考书目清单、考查学生高层次思维能力的试卷命题等。"发表的学术成果"是指：新的教学方法、教学实验的成果、评价方法的发表与出版等。"未发表的学术成果"是指：试验新的教学方法、向同行发表关于新教学手段的演讲、就课程难点设计作业、开发新的学生评价方法等。与传统学术活动不同，教学学术涉及教师自身发展、学科知识、教学方法、教学目标、师生关系与同行评价等多重复杂因素和关系，其结果的呈现与表达也是多元的，因此评价方式也必然是多元的。教学学术不同于评价，与评价工作有着明显的交叉，而且在程度、重点等方面存在差异（见表4.8）。[②]

---

① 侯定凯：《博耶报告 20 年：教学学术的制度化进程》，《复旦教育论坛》2010 年第 6 期。

② McKinney, K.. Attitudinal and Structural Factors Contributing to Challenges in the Work of the Scholarship of Teaching and Learning［J］. New Directions for Institutional Research, 2006, (129): 37–50.

表4.8　　　　　　　　　　　　**教学学术与评价的比较**

特征	评价	教学学术
目的	供内部使用及改进，内部责任和有限的外部责任	供内、外部使用和改进，增加文献、知识基础和教师生产力（呈现与发表）
对象	首先是当地观众，而不是公开	根据定义，应该是公开，超越当地观众而且能够共享
学科重点	学科和更广泛的背景（院校、机构）	基于学科的，跨学科的"贸易区"
层面	教室、课程、项目、院系和机构层面，特别是更广泛的宏观层面	首先是教室、课程和项目
IRB 的作用	不需经常得到 IRB 的允许	因为公开、呈现与发表，因此必须征得 IRB 允许
方法	使用多种方法，不仅仅是教学学术使用的机构数据，大范围的调查，超过学习的测量（保持力、满意度、毕业率）	使用多种方法，经常来自特定学科
使用文献	不一定使用文献	必须使用文献
同行评议	不一定同行评议	同行评议
阻力	教师抵制但官方接受	教师接受但官方抵制
重视与奖励	经常根据情境变化	重视与奖励

　　资料来源：McKinney，K.. Attitudinal and Structural Factors Contributing to Challenges in the Work of the Scholarship of Teaching and Learning ［J］. New Directions for Institutional Research，2006，(129)：42.

（二）教学学术的评价标准

　　教学学术评价，既有符合传统学术评价的一般学术评价标准（共性评价标准），又有不同于其他学术评价的特殊评价标准（个性评价标准）。

　　1. 共性评价标准

　　传统学术评价的一般学术评价标准，概括起来基本有六条：[①]

　　（1）目标明确

　　·明确阐述基本目的；

---

　　① Glassick，C. E.，Huber，M. T.，& Maeroff，G. I.. Scholarship Assessed：Evaluation of the Professoriate ［M］. San Francisco，CA：Jossey-Bass，1997：22–36.

·目标切实可行；

·研究领域中的重要问题。

（2）准备充分

·通晓研究现状；

·具备必需的研究技能；

·整合必要的资源。

（3）方法恰当

·运用合适的方法；

·有效使用所选择的方法；

·根据环境变化调整研究方法。

（4）成果显著

·实现研究目标；

·研究成果有助于该领域的发展；

·研究成果开辟了新的研究领域。

（5）表达有效

·运用恰当的风格和有效的组织；

·选择恰当的机会将成果介绍给别人；

·清晰完整地表达研究成果。

（6）反思性批判

·批判性地评价自己的工作；

·提供适当且有力的证据；

·借助评价改善研究工作质量。

2. 个性评价标准

传统的学术评价标准虽然适用于所有的学术形式，也包括教学学术，但教学学术作为一种新的学术形式，传统的学术评价标准已经不能够有效证明和评价教学学术，传统测量方法明显滞后且不能有效准确评价教学学术。一方面，教学学术不仅仅是提供信息和传输资料的过程，而且必须对结果负责；另一方面，解决教学问题的同时要考虑知识创新和增加，这样才不会冲淡学术基础，丧失学术价值与意义。①

---

① Draugalis, J. R.. The Scholarship of Teaching: Oxymoron or BulFs-Eye? [J]. American Journal of Pharmaceutical Education, 1998, (62): 447-449.

作为一种相对独立的学术形式，教学学术还应存在另外的、独特的自我评价及其标准（见表4.9）。舒尔曼认为格拉塞克等的评价标准共性过强，缺乏评价教学学术的针对性和特殊性。他结合教学学术的独特特征，将教学学术的评价标准明确为三点：能够公开，易于被其他同事回顾、评价与批判，能够被其他同事使用、发展与完善。他认为，不是所有的教学都是学术的，但具备以上三点的教学，基本上可以称为教学学术。[1]

表4.9　　　　　　　　　　　　　教学学术评价

	学科知识	教学法知识	对个人成长的承诺	教学有效性	创新和传播	创新质量
教学哲学的称述		X	X			
列出所讲的、所开发的课程和有代表性的教学	X	X			X	
有代表性的学生成果				X		X
学习成果评价数据				X		X
课程结束后学生对过去2—3年的评价				X		
对以前的评价结果进行回顾	X	X		X		X
毕业生评价	X	X		X		X
同行评价	X	X		X	X	X
参加过的教学讨论和会议，读过的书，订阅的杂志		X	X			
指导过的教师同事			X			
自我评价	X	X	X	X	X	X
外部推荐	X	X	X	X		
奖励或其他荣誉				X		
论文、参加的关于教学的讨论和工作小组					X	
出版的教材和课件	X	X			X	
发表的文章和专著	X	X			X	
写出的研究计划和所获奖励		X			X	X

资料来源：Felder, R. M. . The Scholarship of Teaching［J］. Chem. Engr. Education, 2000, 34 (2).

---

① Shulman, L. S. . Taking Learning Seriously［J］. Change, 1999, 31 (2): 11–17.

（三）可供参考的评价标准

1. 莉莉高校教学研讨会的评价标准 ①

莉莉高校教学研讨会（Lilly Conference on College and University Teaching）源自于莉莉基金会资助的迈阿密大学教学研讨活动，从 1980 年开始，每年 11 月份举行。1999 年在俄亥俄召开时有来自美、加拿大和其他国家 154 所高校的 500 人参加，将近 145 人通过展板、习明纳、专题研讨会、全体大会等形式分享了他们的教学学术，另外有 1000 多人参加每年地方性的莉莉高校教学研讨会。大会的演讲者都经历了同行评议的筛选过程，其中，同行评议由每个地方莉莉研讨会的审查委员会和来自国际教师学者联盟擅长教学研究领域的教师组成。建议书可以跨专业，也可以集中于某个专业领域。为了更好地接纳建议书，莉莉高校教学研讨会制定了以下标准：

（1）研究——自己的重要经验或研究；问题描述清楚，提供基本数据；解释如何做及为什么。

（2）整合——用有意义的方法对他人研究进行了整合；有理论比较和批判性的结果；能够提供进一步探索的背景。

（3）创新——理论、方法或教学过程方面的创新；根据自己或他人研究提供原始的、创造性的想法；测试创新有效的框架。

（4）启发——提供优秀教学的灵感；结合个人价值观；洞察力和经验进行交流的热情和奉献精神。

每年递交的会议建议书，都会被评委会按照理论的或反思的进行区分。对于教学项目的建议书，如果项目完成、结果呈现，建议书则递交同行评议；如果项目没有完成或尚未获得结果，建议书则被展板接收。展板环节被推荐给教学学术的新手，用来呈现正在进行的教学项目，项目有可能没有像研究项目那样设计，或未完成，或与专业知识没有联系。在展板环节，呈现者不必正式呈现，但最好是打印材料并且以某种方式设计和展示，向读者说明项目正在进行中，从而引发展板中相关问题的讨论，展板环节向教师提供了展示所做和获得反馈的机会。知名学者的理论的或反思性的建议书，将提交组委会评议作为大会呈现和交流。在建议书评审方

---

① Richlin, L.. Scholarly Teaching and the Scholarship of Teaching [J]. New Directions for Teaching and Learning, 2001, (86): 57 - 68.

面，评审的主要标准是看：话题的重要性、目标的清晰性、目的的切实性、活动的清晰性、活动的切实性和描述的恰当性（见图4.7）。

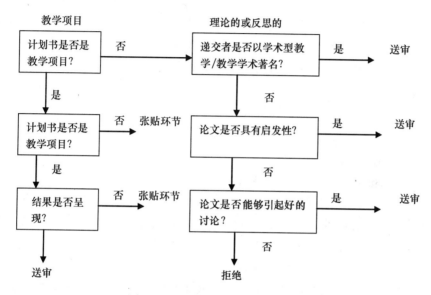

图4.7 莉莉研讨会论文评判标准

资料来源：Richlin, L.. Scholarly Teaching and th e Scholarship of Teaching［J］. New Directions for Teaching and Learning, 2001, （86）: 63.

2. 《大学优秀教学杂志》的评判标准

《大学优秀教学杂志》（*The Journal on Excellence in College Teaching*）杂志由迈阿密大学创办于1990年，现在每年三期。它刊发各个学科教师关于教学的文章，旨在经验分享、创新教学、关于教学的思考和启示。稿件必须符合莉莉高校教学研讨会的标准：研究、整合、创新或启发。编委会选择各个专业的权威专家做评委，他们评审有质量的稿件，包括系统思想、重要问题、创新、扎实的文献综述、概念推理、研究设计与方法、数据的质量与代表性、数据分析的合适性、数据分析的呈现、局限性的讨论、结论和实施的充分性及其他刊物的批评等。稿件接收率大概为12%，拒稿主要原因是缺乏研究设计。①

---

① Richlin, L.. Scholarly Teaching and the Scholarship of Teaching ［J］. New Directions for Teaching and Learning, 2001, （86）: 57 - 68.

（四）教学学术评价的注意事项

1. 形成性评价与终结性评价相结合；

2. 评价与奖励不同于教学和研究，应该将二者结合起来考虑；

3. 可以利用四种资源进行教学学术评价：自我评价（如工作样本与成果：杂志文章、课程大纲、教学录像、服务个案、专业证据和结果呈现等）、同行评价（不是汇报，而是观察和进行判断）、学生评价、客户评价。[①]

第六节　学术规范与伦理

一　近年来兴起的一个新课题

教学学术的学术规范与伦理问题是近年来兴起的一个新课题：教学学术中使用学生作业中的摘录、学生的考试数据等是否需要得到允许？如果是，哪种允许是恰当的，如何被保护？教师是否应该或必须将自己的活动计划递交机构审查委员会（Institutional Review Boards，IRB）审查？人文学科如何监督？开展工作之前是否需要知情权？如何发表？教学学术提倡教学成为共同财富，如何处理公众与个人之间的关系？课堂的拥有权？谁受益，谁损益？在复杂的动态的教学过程中如何公开成果与发表？[②]

教学学术是教师对自己及学生的研究，本身就比对其他同事进行研究要复杂得多。另外，教学学术的学术规范与伦理，既涉及学科又涉及文化基础，还涉及学生研究伦理问题，因此，要比其他学术形式的学术规范与伦理复杂。

二　已有的规定与做法

（一）美国联邦保护法中的规定

在美国，教学学术的联邦保护权至今空白，另外，免责也是模糊的。现有的免责规定仅限于在可接受和允许的教育环境下进行教学学术，包括正规的教育实习，特别是教学指导、课程、课堂管理等。

---

① Boyer, E. L.. From Scholarship Reconsidered to Scholarship Assessed [J]. Quest, 1996, (48): 129-139.

② Hutchings, P.. Ethics and Aspiration in the Scholarship of Teaching and Learning [EB/OL]. http://www.carnegiefoundation.org/sites/default/files/ethics_ of_ inq-intro.pdf.

（二）美国机构审查委员会（IRB）的规定

教学学术需要将研究计划递交机构审查委员会审查（IRB），尽管 IRB 审查需要花费较长时间。此外，研究计划是否需要审查还未达成一致意见，但是，教学学术的学生规范与伦理已经引起 IRB 的关注和重视，其相关研究及一些措施和做法正在形成中。此外，IRB 给出了以下建议与方法，具有一定的参考价值：[①]

1. 参与研究必须是自愿的。学生可以选择性地参与教学学术研究，但他们也可以选择放弃，不得对其判罚；学生在开始的时候同意参与，但中途也可以选择退出，不得对其惩罚。

2. 参与者必须具有知情权。学生参与教学学术，应该提前知晓参与的内容及其选择。收集学生的作业及其他数据，必须征得学生的同意。另外，18 岁以下学生的参与必须征得其父母或监护人的同意。

3. 必须将伤害提前告知参与者并尽可能最小化。伤害包括心理的和社会的伤害（如窘迫等），以及身体伤害等。参与者必须具备免受潜在伤害的能力。

4. 每个参与者必须具有隐私权。学生的作业及其他数据必须慎重处理，任何形式的公开必须保证参与者的匿名权，除非参与者允许使用数据。

（三）卡内基教学促进会的建议

卡内基教学促进会高级研究员哈钦斯曾就教学学术的学术规范与伦理问题请教过 7 位不同专业和机构的教授（卡内基学者），让他们写出解决教学学术中学术规范及伦理问题的办法，然后拿这些办法去验证现实中教学学术的学术规范及伦理问题。结果表明，没有放之四海而皆准的唯一标准。尽管这 7 位教授都声称没有找到教学学术规范与伦理的最佳办法，但他们建议：（1）尊重学生；（2）致力于推进专业教学；（3）思考解决本质问题。[②]

哈钦斯的研究虽然是个案，却反映出教学学术规范与伦理涉及很多方

---

① King, K.. Scholarship of Teaching and Learning and the IRB [EB/OL]. Retrieved 2012 – 02 – 24 from：http://www.elon.edu/docs/e-web/academics/special_ programs/irb/SoTL-IRB.pdf, 2009 – 06 – 29.

② Hutchings, P.. Ethics and Aspiration in the Scholarship of Teaching and Learning [EB/OL]. http://www.carnegiefoundation.org/sites/default/files/ethics_ of_ inq-intro.pdf.

面的问题——从教学的最初设计到成果分享。首先是教学学术的设计问题，在教学学术设计与开展时就应注意学术规范与伦理问题；其次，探究方法和收集数据是教学学术规范与伦理的中心问题，更换脚本（changing script）、研究角色与教师角色之间矛盾是这一阶段的主要问题。当学生知道教师可能在利用他们的工作发展自己的学术的时候，学生是否信任教师，可行的办法是告诉上课的学生。因为，教学应是挑战性的而不是僵化的和权威的，教学学术也应如此。

卡内基教学促进会建议，使用学生的作业一般有三种方式：（1）允许使用但要匿名、不具名、化名；（2）允许使用但要署名；（3）不允许使用。但问题是，有多少学生知道他们的作业的使用权及被保护权？再次，师生关系问题，教学学术的研究不可能抛开人际关系而进行；最后，"谁受益"是教学学术的风险性问题。在使用学生作业的时候，其中一个指导性的原则是教师应该尊重学生的意见和作业（劳动）。研究人员无法避免伦理伤害，研究人员为了研究往往要做出择优的选择，虽然他们本意上没有善恶的区分，但选择本身就是个两难问题。

（四）麦肯尼的观点

美国伊利诺伊州立大学的麦肯尼教授认为，教学学术的学术规范与伦理像其他学术研究一样主要有三个方面：知情权（informed consent）、隐私权（right to privacy）和保护免受伤害（protection from harm）。①

1. 知情权

知情权包括两个方面："同意"和"知情"。首先，参与者有权利同意或拒绝研究。为了了解研究，参与者必须充分获知研究的本质、危险性、目的、隐私、后果等。因此，包括教学学术在内的所有学术研究，必须获得参与者的充分同意。有多种方法可以让被动的同意转变主动的同意（如口头声明、书面声明、获得授权等），以及 IRB 要求的一些方法。在教学学术研究中，进行研究和收集数据是作为教学部分的要求，似乎不需要获得同意，然而，在很多机构，当教师计划呈现或发表研究（不仅仅是用于教学改进或项目评价），教师就需要获得有关机构、部门和参与者的同意。这里有一个获得同意的声明示范：

---

① McKinney, K.. Enhancing Learning Through the Scholarship of Teaching and Learning: The Challenges and Joys of Juggling [M]. Bolton: Anker Publishing, 2007: 62–66.

这个自我设计的问卷调查的目的在于获得社会学专业课之外学习的一些信息。我们希望利用这个信息改进课程合作和促进学生的社会学学习。另外，我们将把最终研究进行公布或发表。您在本研究中的参与将是自愿的，您可以随时免责退出。您的数据将被保密，并在研究结束后安全销毁。您如果对本研究有任何疑问，请与 Kathleen McKinney（kmckinne@ilstu.edu）联系。您也可以致电大学研究办公室（309－438－2528）。非常感谢您对本研究的帮助。

资料来源：McKinney, K.. Enhancing Learning Through the Scholarship of Teaching and Learning: The Challenges and Joys of Juggling ［M］. Bolton: Anker Publishing, 2007: 63.

2. 隐私权

参与者对其在研究中的数据、反应、行为等有隐私权。数据可以是匿名的，其中，数据不必与具体人员对应（如教师设计的问卷可以是无名、代码或问题识别），或者是机密的；其中，至少一人不能与具体他人的反应或行为对应（如访谈研究），但是，研究者应该保证数据隐私。原始数据不再需要和销毁后，汇总数据也应保证隐私，对应隐私的声明通常包含在知情权的声明中。在教学学术研究中，隐私是与内容机密或学生作业质量经常相关的一个问题。教学学术的研究者必须考虑隐私的问题，提供合理的隐私保护，并就隐私的级别向参与者进行说明。

3. 免伤害权

研究中，教师要保护参与者免受身体、情感和社会的伤害，尤其是要全面考虑，将潜在的伤害置于参与者和社会的利益之上。这明显涉及主观看法，因此，伤害也通常是 IRB 考虑的领域。免伤害权必须包含参与者的隐私，避免在研究结束前受到伤害（这种伤害伦理可能与隐私和同意的标准有关）。教学学术研究中一般不会出现身体伤害，但可能会出现伤害学生自尊（如情感伤害），并且很有可能发生。例如，一个研究中，学生反思自己的行为或与其他同学的交流，了解其他同学的学习情况有可能导致自己行为的难堪。学生学习较差或分数较低，也可能导致在其他方面出现问题（如社会伤害）。例如，这可能出现在准实验中，其中课程的一个环节是要求学习机会或教学创新，研究者相信（后来的研究证实）这将促进学生学习，但是，课程的另一个环节不提供这种机会或创新。因此，教学学术的研究者必须考虑这些风险，权衡进行这种教学学术研究的利弊。

三　今后的努力方向

考虑学术规范与伦理是教学学术实施的第一步，尽管这些个案并非意味着"答案"，但它们可能是建议和指导的源泉。关注教学学术的学术规范与伦理，正是为了教学学术的发展与成熟。学术规范与伦理也是教学学术发展的必然之一，同时也反映了当前人们对于人文学科研究的觉醒。

传统学术规范与伦理对于教学学术显得过时；另外，教学应是挑战性的，而不是僵化的和权威的，教学学术也是如此。因此，形成新的教学学术规范与伦理胜于套用传统方式。教学学术的学术规范与伦理可能因学校类型、所在区域不同而略有差异，但教学学术的学术规范与伦理问题正在受到关注，其研究正在展开。教学学术在这里的意义已经不是由特殊的教师组成的传统方法与规范下的研究，而是为了学生发展而走到一起的不同角色的带有契约性质的团队。教学学术中，教师不仅要保护学生的隐私，更要承认学生的贡献。学生有可能帮助教师探究，收集和分析数据，在解释和分享成果时伴有重要角色。在这个意义上，教学学术把学生视为"主动学习者"，意思是学生是有目的的和反思性的，不仅学习而且通过学习获得，因此，教学学术首先是为了学生的发展，其次才是学术研究。教学学术的学术规范与伦理不是独立存在，它们涉及更大的政策背景，与研究及其转型相关，也反映了教学实践内容自身和课堂教学方法的变化。

第七节　本章小结

1990 年，时任卡内基教学促进会的博耶在发表的工作报告《学术反思》中正式提出教学学术，并对教学学术理论进行初步的构建，为以后的教学学术理论研究奠定了一定的基础。

经过 25 年的研究与发展，教学学术理论化已露端倪，主要表现为：概念与内涵逐渐明晰、思想渊源与理论基础正在探究、研究模式与实施路径基本形成、成果表达形式与评价标准逐渐明朗、学术规范与伦理开始受到关注等。但是，教学学术的理论研究相对崭新和薄弱，争议与问题并存，还有待进一步深入探讨。

第五章

美国大学教学学术的实践研究

1990 年，时任卡内基教学促进会主席的博耶在其出版的工作报告《学术反思》中拓展学术内涵、正式提出教学学术，将教学视为一种学术形式，把教学与科研联系起来，超越了教学与科研的传统二元对立争论。博耶的教学学术思想，后虽经赖斯、格拉塞克等的研究、修订与拓展，但主要都是在思想认识方面与理论层面的讨论和探究，并没有落实到实践层面，也就是说，教学学术的实践并未真正开展与实施。1997 年末，斯坦福大学知名教育学、心理学教授舒尔曼就任卡内基教学促进会主席，他已经不满足于教学学术理论层面的探讨，于是联合美国高等教育协会组建卡内基教学学术学会，开始在全国范围内实施与推广教学学术，将教学学术从思想认识及理论层面落实到实践操作层面。在卡内基教学学术学会的领导和推动下，经过 25 年的发展，教学学术的实践已经在美国全面展开，并初具特色，不仅对美国教育与社会发展有一定影响，而且对国际高等教育发展也有一定影响。

第一节 实践概况与特征

一 实践概况

博耶在 1990 年发表的《学术反思》中正式提出教学学术并予以积极倡导，随即引起广大学者的关注与重视。教学学术后经赖斯、格拉塞克、舒尔曼等学者的研究、修订与发展，逐渐赢得人们的理解和认可。1997年，舒尔曼继任博耶之后成为卡内基教学促进会第八任主席，他已经不满足教学学术理论层面的探讨，于 1998 年领导组建卡内基教学学术学会，并在美国高等教育协会等机构组织的帮助下，开始在全国范围实践和推广教学学术。经过 25 年的发展，美国大学教学学术的实践也已在本科生教育、研究生教育、基础教育三个阶段，学生、教师、高校（机构）、国家、国际五个层面，全国范围的几乎所有学科中全面展开。[①]

（一）教学学术在不同类型院校中开展

教学学术于 1990 年被正式提出之后，在卡内基教学促进会和美国高等教育协会等机构组织的领导与推动下，教学学术的实践从 1998 年开始展开，先后以卡内基学者项目（Carnegie Scholars，也称皮尤学者）、教学学术校园项目（CASTL Campus Program）和学术与专业学会教学学术项目（CASTL Scholarly and Professional Societies Program）等为依托，在美国不同类型院校中全面展开，其中，包括研究型大学、综合型大学、文理学院、社区学院等。

美国大学教学学术的实践从 1998 年开始，至今已经全面展开，从美国"常青藤联盟"院校之一的布朗大学（Brown University）到文理科综合型学院的奥古斯塔那学院（Augustana College），从美国最具规模的社区学院之一的米德尔塞克斯社区学院（Middlesex Community College）到美国最具综合性的高等学府之一的明尼苏达大学（University of Minnesota）（如图 5.1 所示）。[②]

（二）教学学术在不同教育阶段中开展

1990 年，博耶发表《学术反思》并正式提出教学学术，目的在于改变美国研究型大学重视研究生教育而忽视本科教育教学的不良状况。因此，美国大学教学学术的实践是最先从美国高校的本科教育阶段开始，一方面旨在重视本科教育教学、提高本科教育教学质量；另一方面提高本科生的科研能力和德育水平。教学学术引发美国研究型大学本科教育教学的改革，以至于"本科生研究"从 20 世纪 90 年代开始成为一种时髦话语渗透在各大学对外宣传当中。其中，效果也是显而易见的。麻省理工学院校长查尔斯·维斯特（Charles M. Vest）在参加北京大学百年校庆谈及自己学校的成功经验时说："人家问我成功的秘诀是什么？我说没有什么秘诀，我最大

---

　　① 何晓雷、邓纯考、刘庆斌：《美国大学教学学术研究 20 年：成绩、问题与展望》，《比较教育研究》2012 年第 9 期。

　　② Rice，R. E. . Beyond Scholarship Reconsidered：Toward an Enlarged Vision of the Scholarly Work of Faculty Members［J］. New Directions for Teaching and Learning，2002，（90）：7 - 17.

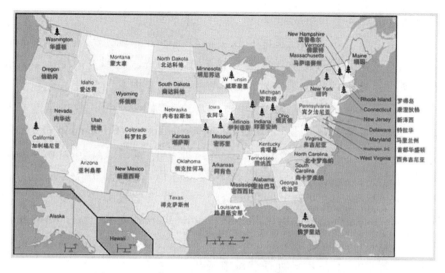

图 5.1　美国大学教学学术院校实践分布（部分）

资料来源：Dewar, J., etc. . The Attraction, Value and Future of SoTL：Carnegie Affili-ates' Perspective ［J］. Transformative Dialogues：Teaching & Learning Journal, 2010, 4（1）：5.

的秘诀就是将教学和研究结合起来，尽可能地把学生引导到科研领域。"①

　　随着教学学术实践在本科教育阶段中的开展，人们发现，忽视教育教学的问题不仅在本科教育阶段存在，在研究生教育阶段也同样存在。美国的研究生教育主要是培养学生成为研究人员和学者，而不是教师。研究生教育不仅没有一点正规的教师培训，而且没有培养如何教学的要求。为了能得到大学教师的职位，研究生必须证明其从事研究的能力，也就是说，美国研究生教育主要是培养研究生进行科研的能力，而忽略其教育教学能力的培养。然而美国的现实情况却是，很多研究生毕业后到学校工作岗位之后，主要从事教师教学工作。因此，作为未来教师的准备阶段，美国政府和院校意识到了这个问题，并开始逐渐改变研究生教育过于注重研究而忽略教学的问题。于是，教学学术被引入研究生教育，尤其是博士生教育，即研究生不仅要具备从事研究的能力，而且要具备能够从事课堂研究与教学的能力。现在，美国很多高校和院系已经开始为研究生提供有价值的教学准备，并且，很多研究

---

　　①　伍红林：《从〈博耶报告三年回顾〉看美国研究型大学本科生研究性教学》，《高等工程教育研究》2005 年第 1 期。

生院承认教学是其重要组成部分。[①]

再后来，教学学术因注重课堂教学和教学研究、联系专业知识与教育教学知识而被作为教师专业发展的有效策略和方法，受到美国中小学的关注和重视，并被引入美国基础教育之中。例如，卡内基教学促进会在美国中小学中已经开展的卡内基教学学术学会中小学校园项目，其中就包括教师教育与教师专业发展项目（Carnegie Academy for the Scholarship of Teaching and Learning，CASTL K – 12）、教学技能培训项目（Goldman-Carnegie Quest Program）、加强小学生阅读教学项目（Professional Development Applied in the Classroom-Elementary Literacy）、小学数学教师师资委托培养项目（Higher Education Faculty Collaboration in Preparing Teachers-Elementary Mathematics）等。

（三）教学学术在几乎所有学科中展开

教与学的问题，不仅是教育学科中才有的问题，其他学科专业都会涉及如何教与学的问题，因此，教学学术实践也得到很多其他学科专业的支持和参与。尽管教学学术实践存在学科差异，但是它们的主题是一致的，都是为了促进学生的学习。目前，美国高校中几乎所有的学科都开展了教学学术实践，他们不仅在学科专业研讨会中专门设立分论坛讨论学科教学学术问题，还纷纷创办学科教学学术刊物或教学刊物（见表5.1）。

表5.1 学科教学学术刊物（部分）

学科	刊物
农业 （Agriculture）	《农业教育》（*Journal of Agricultural Education*） 《农业应用工程》（*Applied Engineering in Agriculture*）
艺术 （Art）	《艺术教育研究》（*Studies in Art Education*） 《艺术教学》（*Teaching Artist Journal*）
生物学 （Biology）	《美国生物教师》（*American Biology Teacher*） 《生物教育》（*Journal of Biological Education*）

① Gale，R.. Doctoral Education and the Scholarship of Teaching and Learning ［J］. Peerview，（Spring）2004：8 – 12.

续表

学科	刊物
经济学 （Business）	《管理学学习与教育》（*Academy of Management Learning & Education*） 《经济学教育论坛》（*Business Education Forum*）
化学 （Chemistry）	《化学教师》（*Chemical Educator*） 《化学教育》（*Education in Chemistry*）
传播学 （Communication）	《传播学教育》（*Communication Education*） 《传播学教师》（*Communication Teacher*）
工程学 （Engineering）	《工程学教育》（*Journal of Engineering Education*）
地理学 （Geography Geology）	《大学地理教育》（*Journal of Geography in Higher Education*） 《地理科学教育》（*Journal of Geoscience Education*）
历史学 （History）	《历史教师》（*History Teacher*） 《历史教学》（*Teaching History*）
数学 （Mathematics）	《数学教师》（*Mathematics Teacher*） 《统计学教学》（*Teaching Statistics*）
哲学 （Philosophy）	《哲学教学》（*Teaching Philosophy*）
物理学 （Physics）	《物理教育》（*Physics Education*） 《物理教师》（*Physics Teacher*）
心理学 （Psychology）	《认知与教学》（*Cognition and Instruction*） 《心理学教学》（*Teaching of Psychology*）
科学 （Sciences）	《大学科学教学》（*Journal of College Science Teaching*） 《科学教学研究》（*Journal of Research in Science Teaching*）
社会学、人类学 （Sociology & Anthropology）	《人类学教育论坛》（*Anthropology and Education Quarterly*） 《社会学教学》（*Teaching Sociology*）

资料来源：根据 Illinois State University：The Journals of Scholarship of Teaching and Learning ［EB/OL］（http：//ilstu. libguides. com/content. php？pid = 95734&sid = 716042）整理。

（四）教学学术在其他组织与机构中展开

随着高校教学学术实践的开展，出现了大量机构、地方和国家层面的教学学术实践活动。机构组织如卡内基教学学术学会（CASTL）、教学学术领导群（SoTL Clusters）、卡内基学者（Carnegie Scholars）、美国高等教育协会（AAHE）①、卡内基教学促进会（CFAT）、国际教学学术学会（IS-STL）等，会议如教学学术论坛（SoTL Colloquium）、国际教学学术学会年会（IS-SoTL conference）、地区性教学学术研讨会（Regional SoTL Conferences）、伦敦教学学术国际研讨会（London SOTL）等，刊物如大学优秀教学（the Journal on Excellence in College Teaching）、教学学术杂志（Journal of the Scholarship of Teaching and Learning）、日出（MountainRise）和一些新的学科教学杂志（New Discipline-specific Pedagogical Journals）等；另外，还出现一些新的教学学术研究与实验项目，如可视化项目（Visible knowledge Project）、知识媒体实验室（Knowledge Media Lab）、存储包（KEEP Tool Kit）等。由于这些机构组织、地方与国家的参与和实践，学校层面的教学学术实践得到支持与发展，教学学术实践的奖励也不断增加。

另外，美国很多学科组织和专业协会也主动参与进来。在他们的年会上，如管理学学会（the Academy of Management）、美国化学学会（the American Chemical Society）和美国社会学协会（the American Sociological Association）等主动探讨教学学术。大家就教学学术已经基本达成共识：作为教师学术工作的拓展，教学被视为一项智力性的挑战工作，超越了教学与研究二分法的讨论，教与学已经作为一种丰富的学术资源而出现，并具有一定的潜力和不断增长的趋势。②

（五）教学学术实践的国际化

在美国大学教学学术实践的影响下，其他一些国家和地区也开始关注和重视教学学术的研究与实践，并为其提供政策支持和经费保障。例如，英国政府为大学教学学术的研究与实践投入300万英镑，其中，包括建立74个新的大学教学研究中心。澳大利亚联邦政府已经成立了一个新的高等教育教与学机构，同时还增加了许多国家教学奖项，奖励那些能够最好地

---

① 美国高等教育协会（AAHE）因经费问题于2005年解散。
② Rice, R. E.. Beyond Scholarship Reconsidered: Toward an Enlarged Vision of the Scholarly Work of Faculty Members [J]. New Directions for Teaching and Learning, 2002, (90): 7-17.

示范优秀学习和教学的机构。

此外，还有很多教学学术实践是在高校层面上进行的，如澳大利亚的新南威尔士大学已经重新修改了指导方针，允许教师在晋升甚至到最高等级的学术时将教学作为主要关注点。在爱尔兰的国立考克大学（University College Cork），对教学和研究工作实施名为"平等的尊重（parity of esteem）"的项目计划。①香港特区政府"大学拨款委员会"（UGC）设立专门基金，旨在奖励大学优秀教学与教学研究。台湾教育主管部门出台"奖励大学教学卓越计划"的大学教学改革资助政策，而且，很多高校也成立了"协助策略"角色的教学发展中心。②

2004 年，由 67 名不同国家的热爱教学学术研究与实践的学者组建了国际教学学术学会（ISSOTL）。国际教学学术学会以服务大学教师与学生为宗旨，强调教师系统地探究课堂上学生的学习过程，并反思自己的教学方法，找出有效的策略，以改善教学成果，建构教学知识与理论。其特征是自愿、公开、共享、跨学科的教学社群；目的在于提高高等教育教与学及其研究和成果，最终达到提高学生学习的目的。ISSOTL 的成立吸引了很多国家和学者的关注，如，2004 年召开第一届 ISSOTL 会议时就有 400 多位学者参加，2005 年有 8 个国家的 672 名学者参会，2006 年有 16 个国家和地区的近 800 人参会，2009 年有 15 个国家、500 所院校、几乎涵盖所有学科专业的 650 名学者参会，2010 年有近 400 人参会，2011 年有超过 600 人参会。③国际教学学术学会为大学教学学术的研究与实践搭建了国际平台，提供国际交流与合作。

在过去的 25 年，美国大学教学学术实践尽管面临不少的问题与障碍，但还是产生了一定的影响：（1）越来越多的大学教师越来越重视学生的学习，并且开始投入和研究教与学；（2）教师们公开教学研究与发现成果的渠道越来越多（如国际的、国内的、地方的、校内的，纸质的、电子版的等），教学公开的呼声越来越高，而且随着计算机网络技术的发展越来越成为可能；（3）学校政策也越来越为此项活动创造场合和机会，并给予奖励；（4）学科专业领域也在提倡教学学术；（5）教学探究和证据的观念，

---

① 王玉衡：《美国大学教学学术运动》，《清华大学教育研究》2006 年第 2 期。

② 侯定凯：《博耶报告 20 年：教学学术的制度化进程》，《复旦教育论坛》2010 年第 6 期。

③ ISSOTL Conferences［EB/OL］. Retrieved 2011 – 11 – 07 from：http：//issotl11. indiana. edu/overview. html.

正在成为美国国内和国际教学改进不可分割的部分；（6）教学学术团体越来越多；（7）更重要的是，教学学术的研究成果正在被应用于大学课堂和课程设计，促进了大学生的发展。①

二　实践特征

纵观 25 年的美国大学教学学术实践，主要具有以下特征：开展的非官方性、实施的配套性、展开的合作性、参与的广泛性、主题的全面性、研究的跨学科性、实践的国际性等。

（一）开展的非官方性

美国大学教学学术的实践，主要是在卡内基教学促进会的领导下，并在美国高等教育协会等民间组织机构的协作下，由卡内基教学学术学会（CASTL）具体操作，依托卡内基学者（皮尤学者）项目、教学学术校园项目、学术与专业团体教学学术项目等在全国范围内开展。实践参与者与研究者主要由热爱教学的人士组成，其中包括教师、学者、研究人员、学校管理者、行政人员、其他机构人员和学生等。参与院校由最初的 10 余所高校，到现在的 1000 多所高校。美国大学教学学术的实践，是一种由下而上的带有草根性质的运动，旨在引起大家关注和重视大学教学、改善美国高等教育和学生学习环境。

（二）实施的配套性

美国大学教学学术汲取了以往教育改革因单打独斗而失败的经验，在实践中付诸各自配套性的政策、制度、项目、举措和活动等。其配套性主要表现为：一是卡内基教学促进会项目的实践，既有教师个人的卡内基学者（皮尤学者）项目，又有校园教学学术项目、其他专业团体教学学术项目以及教学学术机构与制度化项目，点、线、面三头并进，相互配合、支援和补充；二是教学学术不仅有各自实践，而且配套以可视化项目（Visible Knowledge Project）、知识媒体实验项目（Knowledge Media Lab）、存储包项目（KEEP Tool Kit）等为教学学术提供研究和试验；三是教师和学校的实践，也不是单方面的教学学术实践，而是配套以制度、专门机构、研

---

① Hutchings, P., Huber, M. T., Ciccone, A.. Getting There: An Integrative Vision of the Scholarship of Teaching and Learning [J]. International Journal for the Scholarship of Teaching and Learning, 2011, 5 (1).

究经费、研讨会、培训、宣传、刊物、奖励等政策与措施予以保障实施。

（三）展开的合作性

教与学不是教师和学校的个体行为，涉及学校的方方面面。因此，美国大学教学学术的实践，重视和其他教师、学生、院系、学校、专业协会、国家机构、国际组织等的联系与合作，共同关注和改善教与学中存在的问题，促进教学学术的研究与实践。

（四）参与的广泛性

教学学术实践参与的广泛性主要表现为：一是参与人员广泛，不仅有大学教师，而且还有学校管理者、行政人员、其他机构研究人员、学者、学生等；二是参与学校广泛，不仅有研究型大学，而且有综合性大学、文理学院、社区学院等；三是不仅在本科生教育，而且在研究生教育、基础教育等中也有开展。

（五）主题的全面性

主题的全面性，表现为美国大学教学学术的实践由最初关注大学教师的工作角色与奖励、教学与科研的关系，到高等教育教与学的问题，再到大学教师专业发展和大学生发展，进而关注高等教育中的一切问题。它不仅仅关注教师教学和学生学习的改善与提高，而且带动高等教育所有领域的改革与发展，预示着高等教育发展范式的转型 ①。

（六）研究的跨学科性

教与学，不仅仅是教育学、教学论等教育学科研究的问题，而且其他学科也同样面临教与学的问题。因此，教学学术不是一个学科内部的事情，而是所有学科共性的问题；并且，跨学科的研究与实践有利于促进教学学术的研究与发展。

（七）实践的国际性

美国大学教学学术的实践，已经由美国向国际范围展开。参与实践、讨论和研究的人员、院校、国家和地区，包括英国、加拿大、澳大利亚、新西兰、爱尔兰、丹麦、俄罗斯和中国香港、中国台湾和中国大陆等。另外，爱好教学的人士还组建国际教学学术学会，创办《国际教学学术杂志》，为大学教学学术的研究与实践提供了国际交流与合作的平台。

---

① Atkinson, M. P.. The Scholarship of Teaching and Learning：Reconceptualizing Scholarship and Transforming the Academy [J]. Social Forces, 2001, 79 (4)：1217 - 1230.

第二节　个案研究

从 1998 年开始，美国大学教学学术的实践逐渐全面展开，截至目前，参与的高校有 1000 多所，涵盖美国所有类型的高校，包括研究型大学、综合型大学、文理学院、社区学院等；直接参加或间接参与的大学教师，更是不计其数。本节将选取教师个人、伊利诺伊州立大学和卡内基教学促进会作为个案对美国大学教学学术的实践进行深入探讨和研究。

个案研究作为一种重要的教育研究方法，它不仅能够深描和解释某一现象，深入了解其研究意义；①而且能够弥补整体研究的不足，具有以小看大、以点带面的功能。运用个案研究的形式研究教学学术的实践，能够有深度、有潜力地说明教学学术实践的必要性、情境性和复杂性，有助于深入了解教学学术实践；同时，也能够反映人们对于教学从一种技术、技艺到一种学术工作变动过程的理解。

本书中的个案样本选择原则，主要基于目的性、典型性、普适性和便捷性等方面的考虑。具体来说：

选择乔治敦大学（Georgetown University）的 L 教授 ② 作为教师个人教学学术实践案例，主要原因在于 L 教授是 1998 年的第一届卡内基学者（皮尤学者），他个人十分偏爱教学及其研究，他不仅长期致力于教学学术研究与实践，而且积极影响和带动他人从事教学学术。L 教授个人的大学教学学术实践，具有较强的代表性。

美国大学教学学术实践有特色而且较为成功的高校已经有很多，如威斯康星大学③、印第安纳大学布鲁明顿分校④、伊利诺伊州立大学等。本研究选择伊利诺伊州立大学（Illionies State University，ISU）作为美国高校教学学术实践的代表，一是因为伊利诺伊州立大学是美国公立研究型大学之一，博耶当初之所以提出教学学术，其中一个重要原因就是因为研究型大

---

① ［美］高尔等：《教育研究方法导论》（第六版），许庆豫等译，江苏教育出版社 2002 年版，第 446 页。

② 为了学术规范和保护期间，此处为匿名。

③ 王玉衡：《威斯康星大学实践美国大学教学学术思想述评》，《比较教育研究》2008 年第 1 期。

④ 王玉衡：《美国大学推进教与学学术研究的新举措——以印第安纳大学布鲁明顿分校为例》，《中国大学教学》2009 年第 8 期。

学存在"重科研轻教学"的现象；二是伊利诺伊州立大学的大学教学学术实践具有较强的特色和代表性。

选择卡内基教学促进会作为美国机构组织实践教学学术的代表，是因为它是美国当代大学教学学术的创建者、倡导者、推动者和践行者。没有卡内基教学促进会的领导、研究、实践与推动，就很难有美国大学教学学术今天的发展，其中，它"发挥了旗手的引导和推动作用"①。

一 教师实践：以 L 教授为例

（一）L 教授的教学学术实践

L 教授是美国乔治敦大学的英文系教授，主要讲授美国文学，是 1998 年第一届卡内基学者（皮尤学者）。L 教授长期致力于新技术、教学与教育改革的整合研究，并且是该领域全国公认的知名专家。L 教授对教学学术也有较深入的理解和研究，其相关研究与实践取得了一定的成绩，并被卡内基高级研究员胡博在《平衡法则：围绕教学学术设计职业生涯》一书中专门介绍。②

1. 缘起

虽然"教育变革的成败取决于教师的所思所为"③，但是，挫败感、职业怠倦等很容易让教师放弃教改的念头和勇气，除非个人的意志力非常坚强或遭遇逼迫与危机。像很多人一样，L 教授关注教学学术也是源于偶然的一次教学危机。那是在 1996 年，L 教授在其课堂教学中尝试引入"电子扫盲"教学试验，结果，由于新内容和新方法的突然使用，让学生很不适应，学生对 L 教授的课堂教学评价开始直线下降。这件事情当时让 L 教授非常不安，一方面，他为自己精心设计的教改没有赢得学生的赞许而感到诧异和失望；另一方面，也是最重要的一点，L 教授即将竞聘终身教授，而课堂教学评价的直线下降，对于 L 教授竞聘终身教授来说，是个非常危险的信号。

---

① 王玉衡：《卡内基教学促进基金会：美国大学教学学术运动的推动者》，《大学·研究与评价》2008 年第 5 期。

② Huber, M. T. . Balancing Acts：The Scholarship of Teaching and Learning in Academic Careers [M] . Washington, D. C. ：American Association for Higher Education, 2004.

③ ［美］富兰：《教育变革的新意义》（第四版），武云斐译，华东师范大学出版社 2010 年版，第 99 页。

教改失败和课堂教学评价直线下降给了 L 教授巨大的压力，但同时也给他重建课堂教学威信和教学方法改革的巨大动力，他需要调整课堂教案和教学方法，并且跟踪和评价调整后的每一步。既要满足自己进行教改的试验，又要满足学生的学习需求；既要保证科研质量，又要保证教学质量；这让 L 教授想到卡内基教学促进会提倡的，也是在美国高等教育中刚刚兴起的融教学与科研一体化的大学教学学术。于是，他开始尝试在课堂中运用教学学术，结果却让他大获丰收。通过教学学术，他不仅融教学与科研一体化成功地开展了自己的教改试验，还保证了课堂教学质量，让学生感到满意，促进了学生的学习。最后，L 教授的课堂教学又得到学生的好评，他也顺利地通过终身教授的竞聘，成为乔治敦大学的终身教授。

2. 实施

（1）寻找研究问题

L 教授开展教学学术也是按照一般科学研究的基本方法，首先从研究问题开始，即关注和探究教学中的问题及教改失败。经过一段时间的观察和反思，他发现自己的课堂教学中存在很多问题，但他也不是研究所有的教学问题与失败。其中，有些教学问题与失败有研究的价值，有些则没有。经过仔细考虑和审查后，L 教授发现，有些课堂教学问题像学科专业研究一样很有研究价值，涉及专业知识、教育或教学，这样就形成教学学术的问题。

（2）重新学习

L 教授找到研究问题之后，接下来，他花了一年半的时间进行重新学习，主要包括专业知识的拓展和教育教学知识的学习、补充。在学习的基础上，L 教授对自己教授的课程进行重新修订，有些是新设计的，如在美国文学课程中引入"美国传统文学"；同时，他还专门编写在线课程教案，供学生用来学习。

（3）教学研究与反思

经过一年半时间的学习和重新设计，L 教授开始有意识地关注和研究每一堂课，即尝试联系课程每一部分背后的推理，特别是技术和学科基础之间的教学联系。通过这样做，他开始询问学生的学习情况，这是他以前从来没有的。L 教授一直以来都是一位努力进取的好教师，他努力学习、积极备课、认真解答学生课堂中学习的问题，包括专业学习的和非专业的问题，也得到同事和学生的一致好评。然而，L 教授现在开始意识到自己原先存在的问题，例如，他不明白为什么有些学生总比其他学生学得好，或者他不知道学生怎么掌握所教的内容。因为L教授自从研究生毕业以后，他几乎一直使用他被教育的方法进行教学，倾向于复制老师、同事等的最好的教学方法与授课方式。现在他发现，那种移植式的教学方法和它们背后的假设被发现是没有任何清晰的基础或学习证据的支持，尽管有些方法听起来有用。于是，他开始尝试从根本上改变教学传统，也越来越对教学研究感兴趣，想去探究教学的理解、想象、实践与结果的一致性。

（4）教学"溯源"

L教授现在非常关注直接与学生学习目标相关联的教学，这源于多年前的一次课堂教学。L教授在一次教授美国文学的课堂上，使用了一本他自以为是很经典的参考书，但无意中却听到学生在说，"我真不敢相信L教授认为那是一本经典著作"。这让L教授感到很震惊，他停下来给学生解释说，那本书不一定经典却很重要。直到那时，L教授才意识到，问题不仅仅是他没有清晰地向学生表明他在课堂中使用那本书的意图，并且他也真的没有，但是，L教授现在意识到，问题远比那复杂。对L教授来说，区别"经典"和"重要"对于学科专业已经足够，但对于大一新生来说，这毫无意义。问题在于，新生不仅缺少学科基础知识，而且缺少一整套的学术假设。老师不能说学生的假设都是错的或无知的，但教师至少没有认真考虑，没有完全尽力去发现学生的假设是什么；而且，如果教师的目标是准备拓展这些假设——至少是大部分，接下来，教师需要关注从学生知晓的地方开始教学。

很多年以后，L教授发现，他对教学的探究与理解又回到关注学生先前理解与能力从而获得新理解之间关系的问题，这个问题值得教师探究。在这个探究道路上，教师不仅需要学习更多关于学生整体知识，而且要知道，学生对于学习的理解是如何帮助他们在学科学习中有更深、更快和更有价值的理解。

这种"教学溯源"的元反思视角是L教授探究学生学习和理解复杂文化和历史思想的关键证据之一，当然，他也使用其他评估课程的有效方法，如学生的书面作业等。但在所有的里面，对L教授影响最大的是前面提到的问题。作为一种学术和智力工作，L教授越把这些问题视为研究，他对自己正在教学的反思也就越多，这些问题也就看起来越复杂。

（5）研究成果的总结、交流与公开

L 教授并没有就此止步，而且将自己的教学探究和教学学术实践进行系列总结，并在卡内基教学促进会的帮助下，以出版发表、研讨会、博客、工作坊等的形式公开，供大家交流和学习。

L 教授认为，教学学术是一种从学习的视角深思熟虑地看待教学需要的行为，同时，又是一系列的行为——个人的动机和团体的有效——关注问题、收集数据、解释和分享结果。问题范围包括任何不同形式，数据可能是定性的或定量的，可能建立在访谈、正式调查基础之上的评价工具、行为测试、学生评价或同行评议，或可能是获得"多样证据"的联合。他认为，教学学术设计可以追踪学生从学期的开始到期末的学习情况，根据学生合作学习的录像研究集体动力学，比较和对比学生的跨学期的书面作业；对象分析可以从基本技巧的获得到个人价值的发展或整个知识范式的转换。[①]像学术或研究一样，教学学术不能一次就把问题研究完，它可能需要不止一次或一个问题的研究。问题的关键是，教师研究的问题可能并不是关键性的问题。因此，教学学术可能并不意味着教学中新的一套精心设计的有责任的程序，而首要是寻求新的智力问题。到这里，教学学术的课堂可能围绕未标注的地形开始制图，前景是描绘学科知识、教学实践、学习证据和学习理论与认知的聚焦。重要的是，教学学术是建立在学科基础上的实际问题的探究，具有矫正特定校园和机构文化习惯用语的功能。

（二）案例分析

通过以上案例，我们可以看到，L 教授的教学学术实践是教师个人进行教学学术实践的最常用套路——常规路径，即遇到教学危机或问题——寻找原因和解决办法——学术性教学——研究成果的公开、批判、使用与发展——教学学术。也就是说，L 教授的教学学术实践开始于他遇到的教学问题及教学危机。他的教学问题，不仅仅是课堂教学评价下降的问题，实际上是教育教学中的一系列问题。他的教学学术始于对课堂教学评价的探究，最后以提高课堂评价结束；然而，课堂评价的结束又成为新探究的开始，在他反思课堂的过程中引发更广阔的系列问题，并成为他当下和接下来几年教学研究的焦点。他的研究目标不是取代他对优秀教学的兴趣，

① Bass, R. . The Scholarship of Teaching: What's the Problem? [J] . Inventio: Creative Thinking about Learning and Teaching, 1999, 1 (1) .

而是让每学期的经验对学生更有价值，进而提出一系列的问题，对他自己专业发展和专业教学的发展做出贡献。

　　教学学术的尝试，开始让 L 教授从心底开始反思他是如何知道和不知道学生在其学科中是如何发展的，如加德纳（Gardner, H.）所说的"深度理解"学习。在尝试教学学术之前，L 教授只是用自我的眼光看待他的学科，假设他是等价的或延伸的掌握理解学科知识；他也假设学生在课堂（或学期）中通过部分复制或完全复制的方法获得理解和得到发展；他也想当然地认为，每一个学生，低年级的或高年级的，或多或少的，按照教师所设计的教育教学方式掌握知识；同时，他还意识到前期学生的提高可能是种假象，以满足教师的期望值。他不是很确定"理解"和"行为理解"之间的差异，他不知道"理解"是否一直是最重要的学习目标，正如这个故事中保留的"玄机"，他开始寻求"课堂教案"的呈现。当 L 教授记录和取景课堂中发生的事情的时候，他被他在学科中用于分析学习本质的单一资源和方式震惊了。L 教授意识到教学文化和学术文化之间的巨大差异，就像威金斯（Wiggins, G.）所说的"受困的责任"（embracing accountability）①。在某种意义上，教学本质上是一种自我中心的职业，也就是说，教师很难发现自身教学的不清楚或不适当。教师通常不能想象自己被作为新手，教师一直带着强烈的愿望想发现自己的成功，但却倾向于永无止境的自欺欺人。教师很容易能够从学生的提问或回答中听见教师想要的答案，因此，教师也能快速假定，如果评价少的话，所有学生可能已经掌握所学内容。这是个发展过程中的悲剧性的缺陷，因为某种正确的理由，让人们理解和重视教师所理解和重视的。教师很难理解学生在理解知识时遇到的困难，以为学生理解知识会如他们一样简单容易。正如劳里劳德（Laurillard, D.）在她的《反思大学教学》中说的：教学是促进学生学习的中介。教学不仅仅是传授知识，而且是使学生的学习成为可能。教学的这种理解赋予教师更多的责任，它意味着教师必须了解学生的学习以及什么使得这种学习成为可能。②这种情形同时还说明，教学可以是有效的，也可以是无效的，也能常常被做得更好。但最大的假设是，教学能够做得

---

　　①　转引自 Grant, W. Embracing Accountability［J］. New Schools, New Communities, 1996, 12（2）：4-10。

　　②　［英］劳里劳德：《反思大学教学：有效运用学习技术的对话模式》（第二版），童康译，华东师范大学出版社 2011 年版，第 3 页。

正确，或仅仅是适合做，束缚了教学作为智力行业和分析对象的发展。因
此，劳里劳德得出如下结论：学术体系必须变革，它虽然在某种程度上运
转着，但不够好；并且随着高等教育扩招，我们不能仅仅依赖人类的独创
性解决它的不足；它经常捍卫着启发的演讲、重要的学术个性、强迫学生
独立工作的价值，但是，我们不能捍卫一种破坏专业教学运行的模式。教
师需要知道比学科之外更多的东西，他们需要知道理解的方式、误解的方
式和怎样才能算作理解，他们需要知道个人是如何经历学科的，但是，他
们既不被要求也不能知道这些东西。为了能让教师不仅知道这些东西而且
能够以严肃的方式分享他们，这才是教学学术真正关心的。最终衡量教学
学术成功的方法，不是关注教学核心的多层实践，也不是发现值得实施的
解决方案，而是在于它成功地发现值得追求的问题。①

　　透过 L 教授的案例，我们可以清晰地感到，教学学术始于教学问题，
由探究伦理和专业责任所驱动，不仅仅是用学术性的方法去研究和提高教
学，更重要的是将研究成果公开、分享与交流，给别人以启发、评价和发
展完善，创新与发展专业知识和教育教学知识，从而推动学科和高等教育
教学发展。

　　其实，还有很多大学教师有着类似 L 教授的情况，从事着教学学术的
研究与实践，教研相长、相得益彰。例如，美国加州大学洛杉矶分校
（UCLA）的国际知名教授和学者瓦尔·拉斯特（Val Rust）教授，他在课
堂教学中将教学与科研结合起来，不仅讲授自己的最新科研成果和看法，
而且也讲授同事和学生的科研成果和观点。他的课堂教学既生动、有趣，
又使得学生受到启发和有所收获。②

二　高校实践：以伊利诺伊州立大学为例

　　伊利诺伊州立大学（Illionies State University，ISU），位于美国伊利诺
伊州诺莫尔（Normal）市，建于 1857 年，是一所公立综合大学。伊利诺
伊州立大学下设应用科学与技术、文学与科学、商学院、美术、教育和门
诺尼特护理六个学院，并开设多个本科、硕士和博士研究生专业，在校学

　　①　Bass, R.. The Scholarship of Teaching: What's the Problem? [J]. Inventio: Creative Thinking about Learning and Teaching, 1999, 1 (1).
　　②　[美] 拉斯特：《世界一流大学和如何在美国发表文章》，浙江大学教育学院学术报告，2012 年 5 月 17 日。

生两万余人。伊利诺伊州立大学在卡内基高校分类中属于研究型大学，被美国新闻（US News）评为"国家大学"，即拥有多学科博士学位授予权以及重视研究的大学。

（一）实践背景与概况

伊利诺伊州立大学从事教学学术的研究与实践已经有很长的时间，尽管伊利诺伊州立大学在卡内基分类是作为具备博士学位类型的研究型大学，但该大学十分重视教学和本科生教育。自从1998年起，伊利诺伊州立大学就积极参与卡内基教学学术学会校园项目，学校的卓越教学中心已经提供了大量的项目和资源支持学校的教学学术研究与实践，如内部的教学座谈会、小型教学学术资助项目等。学校教师通过学科专业、呈现、评价和出版等方式积极参与教学学术，并且不少教师已经被吸收为或正在被吸收为他们学科专业中教学学术刊物的编辑。学校最近也提高和增加课堂教学及项目评价研究的资助，同时，也准备重新组织《大学评估办公室》（University Assessment Office，UAO）。最近，学校还设置任命了教学学术卡洛斯讲座教授，另外不久，一个由六名伊利诺伊大学师生设计的教学学术实践项目代表学校参加了美国高等教育协会夏季学会。①

（二）教学学术实践

1. 宗旨及主要目的

· 提高教师和学生的知识——关于当前作为主动学习者的文献和相关概念；

· 支持关于主动学习者（包括学生团体成员）的教学学术项目，包括设计、实施、公开和运用；

· 鼓励本科生和研究生参与教学学术，像其他教职员工和学生参与教学学术研究合作一样；

· 加强研究生教学学术培训；

· 通过参与教学学术，增强大学生学习及主动学习意识；

· 帮助教师和学生使用有关主动学习的基础知识和他们自己的教学学术研究结果，以及处理和低水平的主动学习者通常遇到的问题，如准备、参与、阅读、做出最佳选择、时间管理等。

---

① McKinney, K.. The Scholarship of Teaching and Learning: Past Lessons, Current Challenges, and Future Visions [J]. To Improve the Academy, 2004, (22): 3 – 19.

2. 具体做法

· 参与 CASTL 项目

1998 年初，伊利诺伊州立大学的很多教师就已经开设参与 CASTL 项目，并且在全校范围讨论教学学术和对学生学习的跨学科研究。学校将教学学术界定为"对教与学的系统反思及公开"。三个学院的三名教师利用学校的卡内基教学学术校园研究项目申请并获得美国高等教育协会的"公开基金"项目，其中一名教师还应邀参加了 2002 年的国际教学学术研讨会。学校还组织了一个由行政管理人员、研究人员、教师和学生组成的团体参加了 2002 年美国高等教育协会夏季学术研讨会，并把学校开展教学学术校园项目实践报告递交卡内基教学学术学会网站中心。另外，学校至少有两位成员已经成功申请作为卡内基学者。最近，学校正在准备申请卡内基教学学术学会下一阶段的领导群项目（CASTL Cluster Leader Project）。

· 举办教学学术工作坊

学校每年为教师、研究生助理和其他教职人员提供为期一天的教学工作坊，旨在分享教学资源、教学策略和关于大学教学和学生学习与发展的教学研究，包括教学学术。尽管相关话题都有些类似，但每年的研讨会都鼓励参与者自己选择主题。例如，2002 年工作坊的主题是强调主动学习、评价、学术与学生事务的联系、跨学科研究和课外学习经验，其中包括文章、海报和粘贴板等；同时，学校还会邀请一位校外知名学者做主题发言。目前，这个工作坊已经很受大家的欢迎和重视。

· 举办校园教学学术研讨会

自从学校开展教学学术实践以来，越来越多的教师已经成为或正在成为学科教学相关刊物的编辑，其中，有两位教师已经被邀请作为其他学校教学学术刊物的编委。黛尔·费兹吉布斯（Dale Fitzgibbons）现在是教育管理刊物的编辑，黛博拉·申崔（Deborah Gentry）是婚姻与家庭教育刊物的编辑。他们负有期刊的使命和期望，从不同学科界定教学学术，提供和尝试高质量的教学学术策略和技巧，并将类似工作的成果发表。2003 年春天，学校举办了两场教学学术的公开研讨会：一是关于教学学术的概念与奖励，二是讨论教学学术的研究问题与方法。

· 组建教学学术教与学协会

组建教学学术教与学协会是学校为全校范围不同学科的教师和教学助理提供日常的、非正式的、小组范围的讨论与反思教与学问题的交流平台。教学研究的问题、兴趣、研究等一般形成于每学期开学时候，教学学术教与学协会负责对这些进行分享和监督。绝大部分的小组成员会在每隔一周的学术学期有1—1.5小时的聚会，大概有三个教与学协会分会每学期都以不同的方式关注教学学术。教学学术的卡洛斯讲座教授或教学发展中心的成员会参与教与学协会讨论环节，提供帮助并促进讨论。每一个教学学术教与学协会成员都被要求阅读和讨论教学学术书籍，参加国内合作研究项目，一起参与学术会议，学习如何开展教学学术、研究与写作。

·举办教学学术暑假学校

伊利诺伊州立大学的教学学术暑假学校开始于2003年夏季，每次为15位教师或研究生助理提供三天半的培训，参加者必须递交1—2页的申请书，每一位将得到300美元的小额生活补助、书籍和传单。暑假学校的目的是为每一位参加者提供更多关于教学学术的学习，包括它是什么、如何开展、如何公开、如何呈现用于评价、如何用它加强教学等；对已有的教学学术项目及想法进行研究和公开；与同事分享教学学术的想法和信息。

·举办教学学术书籍赠阅活动

卡洛斯教学学术讲座教授和教学发展中心购买了多样化的教学学术书籍，免费供教职员工阅读，并作为当他们获得教学学术基金、参与教学学术教与学协会、作为教学中心的一个新成员、帮助CASTL或暑假学术工作等的奖品，也用于参加教学学术的入门奖励。

·进行校园教学学术研究

作为2003年暑假学校和卡洛斯项目的一部分，学校正在对教学学术在学校中的作用收集数据，这一研究项目已经持续了5年。另外，在很多院系、团队和其他志愿者的帮助下，学校正在对已有的数据进行分析，并对行政人员和教师进行在线调查，这个研究的结果和任何启示将在全校范围公开和分享。

·成立校级教学学术网站

学校已将所有关于教学学术的工作、信息、资源、建议等汇集并建立校级教学学术网站。这个网站的主要内容包括：

——教学学术卡洛斯教席；

——支持教学学术的内部基金；

——用于呈现和发表教学学术工作的内部条例（如教与学论坛、教学技术研讨会、CATALYST 等）；

　　——发表其他条例；

　　——与人文主题相关的研究问题；

　　——学校提高 CASTL 校园项目；

　　——其他教学学术网站和资源；

　　——教学学术工作案例；

　　——经费资助消息；

　　——教学学术研讨会和机构；

　　——AAHE 暑假学术项目。

　　·创办教学学术杂志：《快乐在线》（Gauisus-online）

　　为了给教师提供教学写作指导、分享同事经验，也给其他教师和学生提供阅读、学习周围同事学术性教学和教学学术项目的途径，学校还自行编辑创办教学学术《快乐在线》杂志（Gauisus-online）。"Gauisus"在拉丁语中是高兴的、乐意的、令人欢欣的意思，符合学校的学校座右铭——"乐学乐教"。《快乐在线》杂志的内容范围，从教学的学术性反思评论到正式地使用定性或定量数据的教学学术研究。《快乐在线》以纸质和电子版两种形式供教职员工和学生参阅，其中，有限数量的纸质版主要提供给作者、评论者、院系主任、行政管理人员、卡内基成员、卡洛斯博士等参阅。《快乐在线》欢迎任何现在的和以前的学校教职员工，或已经参与教学学术的学生将其经验和技巧以一张纸或作为短评的形式投稿，每份稿件将由两位擅长教学学术的教师进行审阅，其中，一位来自校内，另外一位来自校外。

　　3. 实施保障

　　·获取院系层面的支持

　　学校的卡洛斯教学学术讲座教授会与系主任、主席和教职员工一起讨论与教学学术相关的问题，并且利用自己的工作坊（workshop）来界定、测量和评估（形成性的和终结性的）教学、学术性教学和教学学术。大家在一起讨论这些概念的差异，教师如何在这些领域呈现他们的工作，讨论标准和成功的证据，并探讨哪些工作对教学、服务或学术有价值，教学学术是如何及在哪些地方适合当前的政策等。卡洛斯教学学术讲座教授已经印制相关传单分发给不同小组，并被邀请参与院系的教师会议，讨论教学学术。另外，教学学术经费资助经常包含在院系或学科的项目中。

· 设置教学学术小型基金项目

学校已经实施一些小型基金项目来支持教学学术工作，绝大多数项目是面向一般教师、非终身教授、非高级职称教师（non-tenure track faculty）、教职员工和学生。2003 年，学校开始实施一个新项目用于资助六个教学学术项目小组，每个项目经费为 4500 美元。每个小组被要求由至少两位教师和一位学生组成。另外，学校鼓励教师向学校研究基金项目递交教学学术项目，尽管这种研究项目倾向于支持"传统学科研究"。学校与教师一起撰写高质量的教学学术申请书，从而提高他们在这类申请中的竞争力。

· 举办教学评价与研究培训班

学校的教学发展中心（CAT）和学校评估办公室（University Assessment Office，UAO）每年都会提供一个为刚完成学校第一年教学工作的终身教授和高级职称教师（tenure-track faculty）的名为"课堂评价与课堂研究"暑期培训班，并提供有少量生活补贴。这个培训班强调如何使用正式的和利用学生的反馈来测量和理解学生学习。培训班会检查每一位教师如何在课堂、项目和院系层面中更好地评价和研究学生的学习效果。培训班也会讨论如何把像这样的工作转变成为一种教学学术形式，并且能够在当地和全国范围内发表和呈现。这个培训班由在校专家负责，就像参与圆桌讨论会一样。这种独特的跨学科交流方式也用来帮助新教师开展他们的课堂教学及研究，提高教学质量。

· 成立教学学术学者团体和资源小组

学校最近建立了一个重要团体——教学学术学者团体和资源小组，由对教学学术感兴趣的人组成，每超过 100 人就组成一个 Email 群，教学学术资源和机会将被这个小组分享。学校正在设计一个自带资源系列（brownbag series）和一个教学学术资源群（SoTL Resources Group），这些群里的成员可以参加与教学学术有关的特殊活动。这些个人的、集体的交流信息和他们学科领域中的教学学术经验将被列为资源或被可能的监督者作为数据集成，传播到全校范围并粘贴在学校教学学术网页。

· 制定校级教学学术奖励标准

在学校的四类校级教学奖励标准条例中，学术性教学和教学学术已经被明确列入。另外，作为学校开发的院系级教学奖励条例中，也将制定教学学术标准。教学学术的标准应该被考虑但不一定很准确的适用于校级研究奖励或杰出教授，然而，后者的评选应该建立在优秀教学、研究和服务的基础之上。

·设置卡洛斯教学学术讲座教授

卡洛斯博士（Patricia K. Cross）作为学校熟知的知名高等教育研究专家，在学校捐赠设置教学学术讲座教授（简称"卡洛斯教席"）。卡洛斯博士和她的妹妹都在学校任教，她们的父亲也是前学校教授。"卡洛斯教席"每期服务五年，人选可以来自学校的不同学科，经由全国调查选定，其工作直接向教务长负责。"卡洛斯教席"的职责主要有：除参与自己的教学学术，也要更多地参与高等教育；促进其他教师、研究生的教学学术工作；作为社会变革的代言人，致力于在全校范围的教学学术的促进、分享、奖励和使用；将作为学校教学学术的代表，在全国高等教育范围与其他学科组织、协会一起工作，如美国高等教育协会和卡内基教学促进会等。现任教学学术"卡洛斯教席"是，来自社会学系的麦肯尼教授（Kathleen McKinney）。

4. 成绩与问题

（1）成绩

伊利诺伊州立大学为了实践教学学术，在全校范围内加大信息宣传和提供资源，也取得明显成效。据统计：①

·教职员工、学生对于教学学术概念的理解以及运用不同方式参与教学学术明显增加，已经由2002年的32%上升到2007年的50%。

·受访者基本倾向于校园教学学术的积极价值。2002年，只有7%的受访者认为教学学术有作用或非常有作用，48%中立，46%认为没有作用或根本没作用。到2007年，结果已经非常不同，50%认为有作用或非常有作用，43%中立，7%认为没有作用或根本没作用。

·其他关于教学学术的看法也都处于相同或积极增加方面。例如，认为教学学术对教师专业发展有促进作用的由2002年的4.06%上升到2007年的4.14%；认为有助于学生学习的由2002年的3.99%上升到2007年的4.02%；认为教学学术工作的确是一种真的学术，由2002年的3.81%上升到2007年的4.01%；认为教学学术有助于全面履行学校使命的由2002

---

① McKinney, K., etc.. Summary of Results on the Status of SoTL at Illinois State ［J］. SOTL at ISU, 2008, （2）. Retrieved 2012 - 02 - 24 from：http：//www. sotl. ilstu. edu.

年的 3.75% 上升到 2007 年的 3.84%。

·学校师生现在基本认同教学学术工作，并赞成在全校范围开展教学学术。

（2）问题与障碍

伊利诺伊州立大学的教学学术实践虽然已经取得了一些成效和进展，但同时也还存在不少问题和障碍，例如：①

·研究成果的发表存在一定的问题，缺乏充足的发表机会与路径。

·院系评价中依然重视传统学科专业刊物，发表在特定教学刊物上的教学学术很少被考虑和重视。

·年终的酬薪、晋升和终身教授制度（ASPT）是个障碍。很多教师反映：教学学术虽然很好，但不会对教师的将来有任何帮助；一些同事不把教学学术视为严格的学科专业研究；学校文件上面虽然说重视，但实际上并不重视。

·优秀教学虽然得到重视，但没有充分被奖励。教师进行教学学术，因为他们想做，但是几乎不被奖励。

·评价教学行为方法单一，还需要更多不同的方式和好的方法。

·时间是最大障碍。很多教师反映：教师忙于科研和服务，谁有闲暇关注教学？教学学术可能在闲暇时间或减少教学负担的情况下进行，学校和教师们也很想成为更大的研究型大学，因此，教师们不可能降低教学负担和提供其他服务。大学与社区学院的竞争，并且已经出现裂痕，学校和教师们想以教学和研究著名。教师们没有时间反思教学，教师们一年之中必须拿出三个月去校外工作以寻求经费支持。

·学校研究基金项目不足，或许教育学院例外，其他院系不重视教学项目申报。

·教学学术的经费问题，管理者应该提供经费，然后教师们才会进行教学学术。

·教学学术缺乏更大的认同，教学学术的确需要从上至下的认同，就像存在多元化的学术形式一样。

·学术与专业团体依然重视传统科研，即使教学学术已经展开，因为

---

① Barriers to the Scholarship of Teaching and Learning at Illinois State University [EB/OL]. Retrieved 2011 - 09 - 06 from: http://sotl. illinoisstate. edu/castlAahe/castl/sotlBar. shtml.

学术与专业团体还是认为机构的声望来自于科研，而不是教学。

三　机构实践：以卡内基教学促进会为例

机构组织作为第三部门在美国现代高等教育改革与发展中扮演着重要角色，①卡内基教学促进会便是其中一例。美国大学教学学术的研究、兴起、发展、实践、推广与卡内基教学促进会密不可分，其中，卡内基教学促进会作为美国大学教学学术的领导者、研究者、推动者和践行者，发挥了"旗手的引导和推动作用"②。

（一）背景渊源

卡内基教学促进会，全称卡内基教学促进基金会（Carnegie Foundation for the Advancement of Teaching，CFAT），是由美国钢铁大王安德鲁·卡内基（Adrew Carnegie）于1905年设立，旨在促进所有人的福祉和幸福。卡内基教学促进会最初的工作主要是为美国和加拿大的大学教师提供退休金，确保使其安度晚年；后拓展工作范围，开始研究高等教育问题，先后出版了《公共学习的问题》（1980）、《学院：美国大学生的就读经验》（1987）、《校园生活：寻求共同体》（1989）、《学术反思：教授工作的重点领域》（1990）、《学术评价：教授工作的评价》（1997）、《重建本科生教育：美国研究型大学的发展蓝图》（1998）和《重建本科生教育——博耶报告三年回顾》（2001）等一系列影响美国高等教育政策与发展的重要报告，是当今美国最著名和最重要的高等教育研究机构之一。

（二）卡内基教学促进会的教学学术实践

卡内基教学促进会的教学学术实践分为两个方面，一是研究，二是践行，研究与践行相互促进、共同发展。

1. 研究

1990年，时任卡内基教学促进会第七任主席的博耶在卡内基本科教育前期调查与研究的基础上，发表出版了其工作报告《学术反思》，其中，正式提出著名的大学教学学术思想，并对教学学术进行初步的理论建构。

① 李政云：《卡内基教学促进会与美国高等教育发展》，博士学位论文，浙江大学，2007年，第1页。

② 王玉衡：《卡内基教学促进基金会美国大学教学学术运动的推动者》，《大学·研究与评价》2008年第5期。

1990 年博耶发表出版的《学术反思》，被视为当代大学教学学术讨论与研究的起点。①

博耶去世之后，卡内基教学促进会对教学学术作了进一步研究，并于 1997 年出版了由格拉塞克等著的被称为"《学术反思》下篇"的《学术评价》。该书解决了博耶教学学术中遗留的一个重大问题——教学学术的评价及其标准问题，因此，被视为美国大学教学学术研究与发展史上的里程碑。②

同年末，美国斯坦福大学著名教育学、心理学教授舒尔曼继任卡内基教学促进会第八任主席，他非常赞同博耶的大学教学学术思想，但已经不满足于仅仅停留在思想认识和理论层面去探讨大学教学学术。在他的领导和推动下，卡内基教学促进会于 1998 年组建卡内基教学学术学会（CASTL），开始在全国范围内实践和推广教学学术，将博耶的教学学术从思想层面落实到实践操作层面。

之后，卡内基教学促进会又对教学学术进行深入拓展研究，陆续出版了《教学学术的学科风格：探究的共同基础》（Disciplinary Styles in the Scholarship of Teaching and Learning: Exploring Common Ground, 2002）、《教学学术：学术规范与伦理》（Ethics of Inquiry: Issues in the Scholarship of Teaching and Learning, 2002）、《教学作为共同财富》（Teaching as Community Property, 2004）、《大学教学学术：研究型大学的贡献》（The Scholarship of Teaching and Learning in Higher Education: Contributions of Research Universities, 2004）、《通过课堂，研究教学学术》（Into the classroom: Developing the Scholarship of Teaching and Learning, 2006）、《通过教学学术促进学习：机遇与挑战》（Enhancing Learning Through the Scholarship of Teaching and Learning: The Challenges and Joys of Juggling, 2007）、《反思教学学术：机构的整合与影响》（The Scholarship of Teaching and Learning Reconsidered: Institutional Integration and Impact, 2011）等一系列有关教学学术的研究著作与报告，有力地配合和促进了教学学术实践活动。

---

① Braxton, J., Luckey, W., & Helland, P.. Institutionalizing a Broader View of Scholarship through Boyer's Four Domains [M]. San Francisco: Jossey-Bass, 2002. 60.

② Hutchings, P., Babb, M., Bjork, C.. The Scholarship of Teaching and Learning in Higher Education: An Annotated Bibliography [EB/OL]. http://www.ipfw.edu/celt/learning/PDFs/solt_carnegie.pdf.

2. 实践

卡内基教学促进会的大学教学学术实践，是伴随着其理论研究的深入而逐步展开，并与其理论研究相辅相成、相互促进。卡内基教学促进会的大学教学学术实践，从 1998 年组建卡内基教学学术学会（CASTL）开始至今，主要依托项目展开，大致可以分为两个阶段：第一阶段，即卡内基教学促进会教学学术实践的初级阶段，主要致力于在全国范围内认可和推广大学教学学术，以实施卡内基学者项目（Carnegie Scholars Program，也称皮尤学者项目）、教学学术校园项目（CASTL Campus Program）和学术与专业团体教学学术项目（Scholarly and Professional Societies Program）为主，旨在获得大家对于教学学术的理解、认同和重视；第二阶段（即深入阶段），在教学学术得到理解和认同的基础上，开始深入拓展实践，包括教学学术的证据研究（可视化实验室项目等）、教学学术的机构领导项目等。

（1）第一阶段：认可与推广

卡内基教学学术学会（CASTL）的教学学术实践，一开始就采取三头并进的方法推广和落实大学教学学术：教师个人项目（卡内基学者项目）、院校项目（教学学术校园项目）和专业学会项目（学术与专业团体教学学术项目），旨在让更多的教师、院校和机构组织理解、认可和参与教学学术。

·卡内基学者项目（Carnegie Scholars Program）

卡内基学者项目，也称皮尤学者项目，由卡内基基金会（Carnegie）和皮尤慈善信托基金会（Pew）共同资助，从各院校选择教学骨干教师，主要培训教师个人如何研究、实践、推广和领导教学学术。该项目从 1998 年开始至今已经实施五期，分别为 1998 年、1999 年、2000 年、2001 年、2003 年和 2005 年，已经培养 140 名卡内基学者，①分别代表不同类型的高校、机构和学科专业。卡内基学者项目的入选者，将有一年的时间住在卡内基基金会，其间，他们将产生个人的教学学术项目，可以以各种不同的形式结题，包括项目总结、多媒体快照（multimedia snapshots）、博客等。经过卡内基教学学术培训后，这些卡内基学者现在基本已经成为所在学

---

① Carnegie Scholars［EB/OL］. Retrieved 2011 − 09 − 24 from：http：//www.carnegiefoundation.org/scholarship-teaching-learning/carnegie-scholars.

校、院系和学科的教研骨干。

·卡内基教学学术学会校园项目（CASTL Campus Program）

卡内基教学学术学会校园项目，由卡内基教学学术学会与美国高等教育协会（AAHE）——卡内基教学促进会的合作伙伴——共同组织发起，旨在所有高校培育和支持教学学术，项目实施期限为 2000—2006 年。其间，为了推广和领导高校教学学术，卡内基教学学术学会于 2002—2005 年建立 12 个校园项目领导群（Campus Program Leadership Clusters），每个领导群代表相应类型的院校，负责教学学术的整体设计、呈现和传播（见表 5.2）。实践表明，成效比较明显，教学学术在一些高校已经制度化，共同分享主题、兴趣和价值。

表 5.2　　　　　　　　　　**卡内基高校教学学术领导群项目**

序号	研究主题	负责学校
1	作为网络团体实践促进教学学术（Advancing the Scholarship of Teaching and Learning as a Networked Community Practice）	乔治敦大学 Georgetown University
2	公民的批判性反思（Critical Thinking for Civic Thinking）	阿克伦大学和波特兰州立大学 University of Akron and Portland State University
3	实践团体：汇集教育资源，形成教学学术（Communities of Practice: Pooling Educational Resources to Foster Scholarship of Teaching and Learning）	米德尔塞克斯社区学院 Middlesex Community College
4	创建多元化机构网络，通过对学生学习的学术性探究，提高教学实践（Creating a Multi-Institutional Framework to Advance the Practice of Teaching Through Scholarly Inquiry into Student Learning）	威斯康星大学米尔沃基分校和威斯康星大学系统 University of Wisconsin-Milwaukee & UW System
5	指导教学学术新手（Mentoring Newer Scholars of Teaching and Learning）	罗克赫斯特大学 Rockhurst University
6	形成教学学术组织（Organizing to Foster the Scholarship of Teaching and Learning）	伊利诺伊州立大学 Illinois State University

续表

序号	研究主题	负责学校
7	促进研究型大学教学学术联盟（The Research University Consortium for the Advancement of the Scholarship of Teaching and Learning）	印第安纳大学布鲁明顿分校 Indiana University, Bloomington
8	有效教学的学术性研究（Scholarly Inquiry about Active Pedagogies）	得克萨斯理工大学 Texas Tech University
9	多元化教学学术（Scholarship of Multicultural Teaching and Learning）	密歇根大学 University of Michigan
10	教学中的认知—情感研究（Scholarship Supporting the Cognitive-Affective Relationship in Teaching and Learning）	埃默里大学牛津学院 Oxford College of Emory University
11	以学习为中心的高校学术性研究（Supporting Scholarly Work at Learning-centered Universities）	玛拉斯宾那大学和波特兰大学 Malaspina University and The University of Portland
12	教学学术中学生角色的研究（Sustaining the Student Voice in the Scholarship of Teaching and Learning）	西华盛顿大学 Western Washington University

·学术与专业团体教学学术项目

　　教学学术实践伊始，卡内基教学促进会就注意与其他学术团体和专业学会保持联系与合作，积极争取他们的理解和认同。从 1998 年至今，已经有近 30 个学术团体和专业学会直接合作或间接支持卡内基教学学术学会的教学学术实践活动（见表 5.3）。

表 5.3　　**参与卡内基教学学术的学术团体与专业学会**

1	美国宗教学会（American Academy of Religion）
2	美国地理学会（Association of American Geographers）
3	美国护理院校学会（American Association of Colleges of Nursing, AACN）
4	美国药学院学会 American Association of Colleges of Pharmacy
5	美国哲学教师学会（American Association of Philosophy Teachers）
6	美国牙科学会（American Dental Education Association, ADEA）
7	美国经济学学会（American Economic Association, AEA）
8	美国历史学学会（American Historical Association）

续表

9	美国生物科学研究所（American Institute of Biological Sciences）
10	美国哲学学会（American Philosophical Association）
11	美国物理学会（American Physical Society，APS）
12	美国理疗学会教育处（American Physical Therapy Association，Education Section）
13	美国政治学学会（American Political Science Association）
14	美国体育学会（American Psychological Association）
15	美国微生物学会（American Society for Microbiology）
16	美国社会学学会（American Sociological Association）
17	老年医学高等教育学会（Association for Gerontology in Higher Education）
18	综合研究学会（Association for Integrative Studies）
19	戏剧高等教育学会（Association for Theatre in Higher Education）
20	美国律师学校学会（Association of American Law Schools）
21	健康科学与实践中心（Centre for Health Sciences and Practice）
22	大学音乐学会（College Music Society）
23	大学写作与交流研讨会（Conference on College Composition and Communication）
24	英语教育研讨会（Conference on English Education）
25	美国数学学会（Mathematical Association of America）
26	全国通讯学会（National Communication Association）
27	全国英语教师理事会学院分会（National Council of Teachers of English/College Section）
28	全国英语教师理事会社区学院分会（Two-Year College English Association of NCTE）

资料来源：Scholarly and Professional Societies Program［EB/OL］. Retrieved 2011 - 11 - 24 from：http：//www. carnegiefoundation. org/scholarship-teaching-learning/scholarly-and-professional-societies-program.

（2）第二阶段：深入与拓展

在前期教学学术逐渐被越来越多的教师、院校、学术组织和专业机构理解和认可的基础上，卡内基教学促进会加大教学学术的实践力度与深度，主要表现为教学学术实践的调查、总结与反思、证据研究和机构领导项目等方面。

①调查

·2004 年的调查

2004 年，卡内基教学学术学会针对第一阶段卡内基教学学术项目的实施情况进行了调查，主要调查教学学术对于教学实践、教师职业生涯的影响，以及教师个人的学术投入等。调查结果显示：98％的受访者同意或非常同意，教学学术提高了他们的教学兴趣；93％的同意或非常同意，通过参与教学学术提高了课程设计能力；80％的认为，他们的教学学术实践对同事产生了影响；72％的同意或非常同意，他们通过教学学术认识了新同事，他们的教学学术已经超越个人实践影响了院系教学；71％的同意或非常同意，参与教学学术导致他们对于新学术的关注；68％的相信，他们的学生学习水平有所提高；44％的汇报说，教学学术已经整合到院系活动中。[1]

　　·2009 年的调查

　　2009 年，卡内基教学学术学会又针对第二阶段的实践情况进行了调查，这次调查的重点是大学教学学术在机构中的实践及其政策。要想全面反映美国多样化的高校、机构等实施教学学术的情况是非常困难的，也是不可能的，因此，这次调查主要从 103 个参与卡内基教学学术领导及其附属项目的机构中进行抽样调查，其中，包括所有卡内基分类高校、17 所美国以外的高校与机构、一些教育学会与社团和一个学科基础的组织。调查结果显示，教学学术在四个领域对院系实践及政策方面有"战略性的贡献"：教师对于探究教学的认识；如何理解和组织专业发展；教学学术和院系评价之间的关系；如何重视和评价教学。卡内基教学学术实践虽然对这四个领域中的影响大小不一，但明显的是，其实践促进这些方面的进一步整合，当然，同时也反映出实践中还存在一些问题和需要注意的地方。[2]

　　②证据研究

　　教学学术在逐渐被理解和认可的同时，作为学术成果的证据问题就成为教学学术实践发展的最大障碍和问题之一。教学学术的研究成果不能像"干冰一样消失"[3]，应该可见、分享、保留和对别人有用。因此，在第二

---

① Cox, R., Huber, M. T., and Hutchings, P.. Survey of CASTL Scholars［A］. In Huber, M. T. and Hutchings, P. The Advancement of Learning：Building the Teaching Commons［M］. Stanford：The Carnegie Foundation for the Advancement of Teaching, 2005. Appendix.

② Hutchings, P., Mary Taylor Huber, M. T. & Ciccone, A.. Getting There：An Integrative Vision of the Scholarship of Teaching and Learning［J］. International Journal for the Scholarship of Teaching and Learning, 2011, 5（1）.

③ Shulman, L. S.. Teaching as Community Property：Putting an End to Pedagogical Solitude［J］. Change, 1993, 25（6）：6 - 7.

阶段的实践中，卡内基教学学术学会加强了以教学学术研究成果证据为主的教学库（The Gallery of Teaching and Learning）、可视化项目（Visible knowledge Project）、知识媒介实验室（Knowledge Media Lab）、存储包（Keep Toolkit）等的研究。

·教学库（The Gallery of Teaching and Learning）

学生如何学习？教师在教室中如何最佳地使用新技术辅助教学？教师如何将技术很好地融入学习经验？针对教学学术中的这些问题，卡内基教学促进会创建教学库（The Gallery of Teaching and Learning），[1]它为教师提供探究教学的最佳场所。教学库涵盖各种演示，包括在教学中如何使用网页为基础的工具，如何根据日益发达的信息技术而改进教学等。

·存储包（Keep Toolkit）

存储包是卡内基教学促进会开发的一种以网页为基础的工具，能够帮助教师、学生和机构迅速在网页上产生简洁的和动人的知识表达方式。通过存储包，教师可以：

——选择和组织教学材料；

——通过使用案例促进分析和反思；

——将材料和反思转换成可视的、吸引人的表达方式；

——与同事分享想法、评价和建构集体知识；

——简化技术工作，促进知识转换和传播。

·可视化项目（Visible knowledge Project）

可视化项目是卡内基教学促进会投资四百万美元、为期五年的一个教学研究项目，是目前美国最大的高等教育研究项目之一，旨在通过以技术加强教学提高大学教学质量。可视化项目主要通过信息技术研究解决教与学的呈现问题，让教与学的过程、经验、结果等能够看得见和被保留，不至于像"干冰"一样消失，从而将教学的理论与实践探究在现场和可视化的背景下结合起来，并且能够公开、评价、使用和发展完善。

——交互式的学习环境如何强化学生探究知识？

——使用什么技术可将教学效果最大化，用什么技术可巩固学习效果？

---

① The Gallery of Teaching and Learning［EB/OL］. Retrieved 2011 - 12 - 12 from：http：//gallery. carnegiefoundation. org/.

——如何通过新的信息技术清晰地呈现教师的缄默知识，并将其传授给学生？

——如何通过新的在线环境将学生学习的理解程度转换为可视化，教师如何对其进行评价？

——理论建构、工具和模型如何创新？一个更丰富的创新背景如何帮助教师实施深层的教育变革？

——如何将教师自己的认知方式转换成更丰富、有意义的学习经验，从而帮助学生使用新技术和掌握以学习者为中心的学习方法？

——如何让教师把研究方法和教学学术模型有效地整合起来从而促进学生的学习？

·知识媒介实验室（Knowledge Media Lab）

知识媒介实验室主要是为教师、教师团体、项目、机构、学生等提供各种技术和资源，大家通过交流教育知识、经验、想法和反思，知识媒介实验室能够将它们在网络上转换成供大家使用的知识表达方式，供大家分享、学习和利用，促进教与学的提高。

③机构领导及其附属项目（Institutional Leadership and Affiliate Program）

2009 年初，卡内基教学学术学会发起教学学术机构领导及其附属项目，旨在推动教学学术在院校机构层面的实践与影响。①

卡内基教学学术学会的机构领导及其附属项目，是在大学（学院）、学校中心和教育机构、学术与专业团体以及 CASTL 校园领导群项目等有影响力工作的基础上，旨在推进机构间的合作，从而产生对教学学术的行动、探究和创新的承诺与包容。卡内基教学学术机构领导及其附属项目按照一定主题将参与机构组织起来，提高学生学习，促进教学学术的发展与持续。项目实施主题有：②

·建立教学学术团体；

·建立教学学术制度；

·认知情感学习和教学学术；

---

① Hutchings, P., Huber, M. T., Ciccone, A.. Getting There: An Integrative Vision of the Scholarship of Teaching and Learning [J]. International Journal for the Scholarship of Teaching and Learning, 2011, 5 (1).

② CASTL Campus Program [EB/OL]. Retrieved 2011 - 12 - 14 from: http://www. carnegiefoundation. org/scholarship-teaching-learning/castl-campus-program.

·汇集教育资源的团体实践，支持教学学术；

·教学学术的横向主题（Cross-Cutting Themes）；

·拓展教学学术联盟；

·研究生教育中研究、教学和学习的整合；

·将教学学术整合进机构文化，作为政策与机构改革的基础；

·融入通识教育与核心课程之中；

·指导教学学者；

·教学学术中学生的作用；

·本科生研究和教学学术。

3. 影响

卡内基教学促进会领导的大学教学学术研究及其实践对于 20 世纪 90 年代及以后的美国高等教育改革与发展影响巨大，"在过去的二十年间，在美国高等教育领域没有一场改革能够比拓展对教师学术性工作的理解，即对什么能够被称为是学术的重新认识更加重要的改革"①。教学学术可能是卡内基基金会最具野心的活动之一，它通过支持教学学术促进学生学习、重视教学与研究、促使教学认同并奖励教师从事其他形式的学术工作，旨在改变整个美国高等教育环境。

卡内基教学学术学会已经产生了很多教师个人、机构和学校的成功案例，先后出版了一系列相关著作、报告和参考物，包括容易参阅的电子版文档，由卡内基基金会出版的很多个案研究都显示了煽动性的理论的普及，这些都指向教学学术"文化"的产生②。

经过 25 年的发展，由最初博耶提出大学教学学术的理论假设，到卡内基教学促进会设立不同项目在全国范围实践和推广教学学术，并逐渐得到其他学术团体和专业机构的认可与合作，从而形成美国大学教学学术运动，并影响和波及世界其他国家和地区。在这个过程中，大学教学学术的理念得到广泛传播，在一定程度上促使美国高校尤其是研究型大学及其教师重新思考大学使命、反思学术内涵、重新理解与认识教学，回归大学

①　Meara，K. A.，etc. Faculty Priorities Reconsidered：Rewarding Multiple Forms of Scholarship［EB/OL］．http：//www. amazon. com/gp/product/0787979201/103 － 2953909 － 3824631？v = glance&n = 283. 155.

②　Bender，E. T. CASTLs in the Air：The SOTL "Movement" in Mid-Flight［J］．Change，2005，（37）：40 － 49.

之道。

第三节　本章小结

1990 年，博耶在出版的《学术反思》中正式提出教学学术，引发美国全国范围的关注和重视，作为当代大学教学学术讨论与研究的起点。前期的大学教学学术讨论和研究主要局限于思想认识和理论层面，大学教学学术实践的真正开展则是斯坦福大学著名教育学、心理学教授舒尔曼继任卡内基教学促进会主席之后的事情。舒尔曼已经不满足于教学学术理论层面的探讨，他在 1998 年联合美国高等教育协会创办卡内基教学学术学会，开始在全国范围的高校中实践和推广教学学术，从而将教学学术从思想认识与理论层面落实到实践层面。

在卡内基教学促进会的领导和推动下，美国大学教学学术实践已经全面展开，突出表现为：一是大学教学学术实践已经在全国范围、不同类型的院校、几乎所有学科专业中展开；二是大学教学学术实践已经从本科教育阶段蔓延至研究生教育和基础教育阶段；三是不仅包括美国国内，而且包括国际上的很多其他学术组织与专业团体也纷纷自动参与教学学术研究与实践，并在他们的年会中探讨教学学术问题。

第六章

美国大学教学学术研究的影响与争议

1990 年，时任卡内基教学促进会主席的博耶在其出版的工作报告《学术反思》中正式提出教学学术——将教学视为一种学术形式；教学与研究一样，都是一种学术事业，二者在高校中处于同等重要位置。教学学术的理论研究，后经赖斯、格拉塞克、舒尔曼、哈钦斯、特里格威尔、克莱博、麦肯尼等学者的研究、修订与发展；教学学术的实践，则是由舒尔曼于 1998 年组建的卡内基教学学术学会在全国范围实施与推广。经过 25 年的研究与实践，美国大学教学学术取得一定的成绩，但理论争议与实践障碍并存。总的来说，美国大学教学学术在一定程度上促进了美国各界重视本科生教育教学、重视课堂与教学研究、教师评价与奖励机制的改革与完善等，不仅促进了美国高等教育发展，而且促进了世界高等教育发展。

第一节　影响

在卡内基教学促进会的领导与美国高等教育协会等有关机构组织的推动下，美国大学教学学术经过 25 年的研究与实践，已经取得一定成绩，主要表现在三个方面：一是教学学术的研究体系初步形成；二是教学学术的理论化研究已露端倪；三是实践已经全面展开。

一　对大学教学学术的影响

（一）理论化初露端倪

经过 25 年的研究与发展，教学学术的理论研究逐步走向成熟，理论化已露端倪，主要表现为以下五个方面：

1. 概念逐渐明晰

"教学学术"（Scholarship of Teaching）一词出现较早，但因为缺乏明晰的概念界定和相关理论，所以一直没有引起学术界及大众的关注和重视。然而，早期的相关思想、研究与实践为教学学术研究的正式兴起奠定了一定的基础。[①] 1990 年，博耶在《学术反思》中拓展学术内涵，正式提出教学学术，并初步建构教学学术理论，使得教学学术真正开始进入学术研究的范畴和学者的视域，成为当代大学教学学术讨论与研究的起点。但是，博耶在书中并没有明确界定教学学术的概念，只是描述了教学学术的一般特征：教师不仅要钻研学科知识，而且要信息灵通；教师既是学者，又是学生；教师要认真计划教学、不断检查，以求知为共同基础，主动并进行启发式的教学，培养学生批判性和创造性思维，使他们具备继续学习的能力。[②] 由于博耶没有明晰教学学术的概念，使得广大学者从各自立场和不同学科对教学学术展开阐释和解读，导致教学学术出现诸多的概念界定与理解。

克莱博和克莱顿对教学学术的各种概念界定与理解进行梳理、总结后认为，目前学术界对于教学学术的概念界定与理解基本可以归纳为三种：第一种观点是将教学学术平行于传统观念中的研究发现，即开展教学研究和生产能够看得见的产品，如刊物文章、研讨会呈现或专业教科书，把对教与学的研究视为教学学术的重要方面，这种观点与博耶、赖斯等关于教学学术的看法类似。第二种观点是将教学学术等同于优秀教学，作为证据能够被教学奖励或用于教学评价。这种观点假设优秀教师是能够被确认的，例如，学生满意度或同行评议，以及掌握广泛的教学知识。尽管这可能是种个案，特别是与经验基础有关，优秀教师可能或不可能与他们在课堂中的行为有关。第三种观点认为教学学术是用学术的方法教学，通过教学将教育理论和研究运用到他们的实践中。[③]

此外，在教学学术概念界定与理解的统一问题上，学术界也存在分

---

① Badley, G. . Improving the Scholarship of Teaching and Learning [J]. Innovations in Education and Teaching International, 2003, 40 (3): 303 – 309.

② Boyer. E. L. Scholarship Reconsidered: Priorities for the Professoriate [M]. San Francisco: Jossey-Bass, 1990: 23 – 25.

③ Kreber, C. & Cranton, P. . Exploring the Scholarship of Teaching [J]. Journal of Higher Education, 2000, 71 (4): 476 – 495.

歧，并出现两种不同的观点：一种是要统一教学学术的概念界定。这种观点认为，教学学术缺乏明晰、统一的概念界定与理解，不仅会维持旧的教学学术问题，而且会造成新的教学学术问题，不利于教学学术研究的深入发展。[①]另一种是不要统一教学学术的概念界定与理解。这种观点认为，教学学术概念界定与理解的多元化是件好事，因为它能随着不同的学科、院系、机构和国家背景而产生更丰富的意义和功能。[②]统一教学学术的概念界定与理解，将限制和束缚教学学术在不同学科及跨学科中的发展，影响教学学术的潜力和丰富性，不利于教学学术研究的深入发展。

麦肯尼综合上述观点，并结合伊利诺伊州立大学、卡内基基金会、克莱博和克莱顿、理奇林、特里格威尔、哈钦斯等对于教学学术概念界定与理解后认为，教学学术虽然存在诸多不同的概念界定与理解，但其中有两点是大家普遍接受和认同的：一是关于教和学的系统研究与反思；二是研究成果能够公开，并被同事评价、使用、发展与完善。[③]

2. 内涵逐渐完善

教学学术内涵的逐渐完善，主要表现为从"以教为中心"的教学学术（Scholarship of Teaching）转向"以学为中心"的教学学术（Scholarship of Teaching and Learning）。在最初的教学学术中，博耶、赖斯等主要强调教师的角色转换与作用，注重知识如何由教师向学生传递和传播，忽略学生在教学中的主动性。因此，早期的教学学术是以教师的教为中心的教学学术范式（Scholarship of Teaching）。1995 年之后，美国高等教育"教"的范式开始转向"学"的范式。博耶的后继者——舒尔曼认为，教和学是紧密联系的两个方面，教学学术应既是关于教的学术，也是关于学的学术；教学学术应当是对教与学问题的系统研究，不仅包括教的问题，也包括学的问题。因此，他拓展教学学术内涵，提出"教与学的学术"（Scholarship of Teaching and Learning），并获得广泛认可，"教的学术"（Scholarship of Teaching）也就变成为"教与学的学术"（Scholarship of Teaching and Learn-

① Kreber, C.. Conceptualizing the Scholarship of Teaching and Identifying Unresolved Issues: The Framework for This Volume [J] . New Directions for Teaching and Learning, 2001, (86): 1 – 18.

② Mckinney, K. Enhancing Learning through the Scholarship of Teaching and Learning: The Challenges and Joys of Juggling [M] . Bolton: Anker Publishing, 2007: 5.

③ McKinney, K. What is the Scholarship of Teaching and Learning (SoTL) in Higher Education? [EB/OL] . Retrieved2011 – 08 – 25 from: http://sotl. illinoisstate. edu/downloads/pdf/definesotl. pdf.

ing).[①]

3. 研究模式的建立

研究模式的构建，在一定程度上代表了教学学术研究的理论化发展程度。概括地说，教学学术研究模式主要有经验和理论两种模式。

（1）经验模式

教学学术的经验研究模式是指基于学者的研究经历，凭借经验得出的研究模式，它是教学学术理论研究处于初级阶段的研究成果和表现。虽然是基于经验，但对于教学学术的理论研究与发展也有一定的价值并起到一定的促进作用。例如，博耶、舒尔曼、特里格威尔等关于教学学术的研究都属于经验模式。下面，以特里格威尔等的研究模式加以说明。特里格威尔等认为，近年来教学研究的范式已经发生改变，因此，应该从学习的视角来检验学术。建立在这个假设基础之上，他们认为，通过教学学术可以促进学生学习。他们运用现象学方法对教师如何开展学术进行研究，并根据研究结果提出一种教学学术研究模式。这种模式中的学术包括四个维度：一是教与学的知识如何运用到专业领域；二是知识反思、教师成员背景及两者的联系；三是关注已选择的教学方法；四是与其他学者交流沟通的重要性。这种模式的首要关注点不是学生学习，重点在于探讨教学是什么，它如何影响教学效果。[②]

（2）理论模式

教学学术的理论模式不同于经验模式，它是借助一定的理论由其他理论而推导出来的模式，是教学学术理论研究深入发展的一种表现。例如，克莱博根据梅兹诺的成人转化学习理论，并结合哈贝马斯的实践反思层次理论，从而推导出一种教学学术理论研究模式。具体来说：[③]克莱博等认为，教师能够在内容、过程和前提反思（哈贝马斯的反思层次理论）中践行教学学术，并能够在教学、教育和课程三个领域（梅兹诺的成人转化学习理论）中被同行评议。这种模式包括教师收集评教反馈的内容（问题描述）、过程的知识（解决问题的方法）和假设（问题的基础），关注点是

① Shulman, L. S.. Taking Learning Seriously [J]. Change, 1999, 31 (4): 11–17.

② Trigwell, K., Martin, E., Benjamin, J., & Prosser, M.. Scholarship of Teaching: A Model [J]. Higher Education Research and Development, 2000, 19 (2): 155–168.

③ Kreber, C. and Cranton, P. A.. Exploring the Scholarship of Teaching [J]. The Journal of Higher Education, 2000, 71 (4): 476–495.

教师的经验。它的核心观点认为，教师能够在一定的教育研究和理论基础上根据个人教学经验获取知识并进行建构，同时要求教师具备三个方面的知识：教学知识、教育知识和课程知识。教师要清楚地知道教学设计（教学）、学生学习以及如何促进（教育）和课堂目标（课程）的所有知识。克莱博等的目的在于发展和运用一种模式来探索教师如何与教学学术过程相关联，通过反思和投入的认同方式，最终说明一些将来研究的变量。通过运用该模式，克莱博等希望在教学过程中灌输一种强烈的教学学术概念和关于学生观念的转变。

4. 评价标准基本形成

教学学术的评价及其标准的基本形成，不仅是教学学术理论化的重要标志，而且预示教学学术从思想认识的假设层面落实到理论研究与实践操作层面。教学学术的评价及其标准研究经历三个发展阶段：

第一阶段：教学学术的描述性评价。博耶在《学术反思》中对教学学术的评价问题进行简要陈述，但主要是一种简单的描述性评价。博耶认为，只有深入理解教学内容，在教师的理解和学生的学习之间建立桥梁，认真地计划并检查教学程序，联系所授科目，能够培养学生积极的学习态度，使学生形成批判性和创造性的思维；同时，教师自己也被推向新的创造性方向。①博耶的教学学术评价仅是一些描述性的评价，并未对教学学术的评价提供具有实践性的、可操作性的具体指标。

第二阶段：教学学术的普遍性评价。教学学术评价及其标准的开创性研究，是由博耶的卡内基同事——格拉塞克等人于 1997 年完成。1997 年，格拉塞克等在出版的《学术评价》中对所有学术形式的评价标准与指标进行归纳和总结后认为，所有的学术形式基本都具有六个特征：目标明确、准备充分、方法适当、成果显著、有效表达和批判性反思。这六个特征也就构成学术评价的六条标准，不仅适用于一般学术形式的评价，而且适用于教学学术评价。②

第三阶段：教学学术的独特评价。1997 年，斯坦福大学著名教育学、心理学教授舒尔曼接替博耶成为卡内基教学促进会第八任主席，他非常赞

① Boyer, E. L.. Scholarship Reconsidered: Priorities of the professorate [M]. San Francisco: Jossey-Bass, 1990: 23 - 24.

② Glassick, C. E., Huber, M. T., Maerof, G. I.. Scholarship Assessed: Evaluation of the Professoriate [M]. San Francisco: Jossey-Bass, 1997: 6 - 7, 35.

同博耶关于教学学术的观点，并率领卡内基教学促进会继续研究和拓展教学学术工作。舒尔曼对教学学术的评价问题进行了专门研究，他认为，格拉塞克等提出的六条学术评价标准共性过强，缺乏评价教学学术的针对性和特殊性，教学学术应该有不同于其他学术形式的独特评价标准。他在格拉塞克等研究的基础上，结合教学学术的独特特征，将教学学术的评价标准明确为三点：能够公开交流，易于回顾、评价与批判，并能被专业团体人员使用、发展与完善。他认为，不是所有的教学都是学术的，但具备以上三点的教学，基本上可以称之为教学学术。①

5. 学术规范与伦理受到关注

教学学术理论化的另外一个重要体现是，教学学术的学术规范及伦理问题逐渐进入研究者的视域并受到关注，并且已经取得初步的研究成果。教学学术的学术规范与伦理问题是近年来兴起的一个新课题：教学学术中使用学生作业中的摘录、学生的考试数据等是否需要得到允许？如果是，哪种允许是恰当的，它如何被保护？教师是否应该或必须将自己的活动计划递交机构审查委员会（IRB）审查？人文学科如何监督？开展工作之前是否需要知情权？如何发表？教学学术提倡教学由隐私活动成为共同财富，如何处理个人与公众之间的关系？课堂的拥有权？谁受益，谁损益？在复杂的动态的教学过程中成果如何公开与发表？

卡内基教学促进会副主席哈钦斯曾就教学学术的学术规范与伦理问题请教过7位不同专业和机构的教授（卡内基学者），让他们写出解决教学学术的学术规范与伦理问题的办法，然后，哈钦斯拿着这些办法去印证实际中教学学术的学术规范及伦理问题。结果表明，在教学学术的学术规范与伦理中，没有放之四海而皆准的唯一标准。尽管7位教授都声称没有找到教学学术的学术规范与伦理的最佳办法，但他们在教学学术学术规范与伦理问题的解决办法中都体现出：①尊重学生；②致力于推进专业教学；③思考解决本质问题。②麦肯尼经过研究认为，教学学术的学术规范与伦理像其他学术研究一样也存在以下三个方面：知情权（informed consent）、隐

---

① Shulman, L. S.. Taking Learning Seriously [J]. Change, 1999, 31 (4): 11 – 17.

② Hutchings, P.. Ethics and Aspiration in the Scholarship of Teaching and Learning [EB/OL]. Retrieved 2011 – 12 – 16 from: http: //www. creighton. edu/fileadmin/user/CASTL/Introduction_ to_ Ethics_ of_ Inquiry. pdf.

私权（right to privacy）和保护免受伤害（protection from harm）。[1]

　　教学学术的学术规范与伦理问题因学者、学科、学校类型、所在国家区域等不同而略有不同显得更为复杂，但是，教学学术的学术规范与伦理问题正在受到关注，其研究与实践也已经展开，如机构审查委员会（IRB）也制定了一些教学学术的学术规范：由第三方收集数据；由教师收集数据和问题性实习；教室作为公开场合，但学生的隐私权和学习权应该被保护，学生作为学者或研究人员，探究伦理，等等。教学学术在这里的意义已经不是由特殊的教师组成的运用传统方法与规范下的研究，而是为了学生发展而走到一起的不同角色的带有契约性质的团队。一方面，对于教师而言，教学学术是一种专业责任，是伴随着专业角色的义务与责任的结合，是寻求知识、分享发现、贡献于更大团体的学者和实践者，是用学科探究的学术方法接近和提高学生的学习。同时，教学学术也是教授的"专业伦理基础"（professional rationale），将课堂与教室视为实验室或研究场所，通过学术研究提高和理解学科专业的教与学。[2]从这个意义上讲，教学学术是一种道德认同，一种和学生一起发现、辨析和经历的专业责任。因此，教学学术对于教师来说不是一种什么新研究或新任务，它既是对现在的学生和未来一代负责，也是对同事、学科专业研究和努力负责，也是对专业教学负责。另一方面，对于学生而言，学生有可能帮助教师探究、收集和分析数据，在解释和分享成果时扮演重要角色。教学学术的学术规范与伦理，不仅要保护学生的隐私，更要承认学生的贡献。教学学术的学术规范与伦理问题的研究和关注，不仅反映了教学学术的发展与成熟，而且也是教学学术的必然发展趋势之一，更重要的是，它反映了当前人们对于人文学科研究的觉醒。[3]

　　（二）实践全面展开

　　在卡内基教学促进会的领导和美国高等教育协会（AAHE）等机构组

　　[1] Mckinney, K.. Enhancing Learning through the Scholarship of Teaching and Learning: The Challenges and Joys of Juggling [M]. Bolton: Anker Publishing, 2007: 62 – 66.

　　[2] Shulman, L. S.. From Minsk to Pinsk: Why a Scholarship of Teaching and Learning? [J]. The Journal of the Scholarship of Teaching and Learning, 2000, 1 (1): 48 – 52.

　　[3] Hutchings, P.. Ethics and Aspiration in the Scholarship of Teaching and Learning [EB/OL]. Retrieved 2011 – 12 – 16 from: http://www.creighton.edu/fileadmin/user/CASTL/Introduction_to_Ethics_of_Inquiry.pdf.

织的推动下，美国大学教学学术的实践已经在学生、教师（院系）、高校（机构）、国家、国际五个层面，本科生教育、研究生教育、基础教育三个阶段，全国范围的几乎所有学科中全面展开。

1. 实践院校类型多样化

参与教学学术实践的美国高校，由最初的伊利诺伊州立大学（Illinois State University）、布法罗州立大学（Buffalo State College）、南达科他大学（South Dakota State University）、多明尼克大学（Dominican University）等十余所高校，现在扩展至包括研究型大学、综合大学、文理学院和社区学院的一千多所高校。另外，还有很多高校在 1990—2015 年期间组建成立教学学术研究中心或教学研究中心，目的在于加强大学教师教学能力，提升高等教育教学质量。[①]

从分布来看，教学学术研究中心（教学发展研究中心）不仅在综合性大学、文理学院、社区学院和专业院校（如独立的法学院和医学院）等各类高等教育机构中都有设立，而且大部分有博士学位授予权的研究型大学也都设有教学研究中心。确切地说，美国研究型大学中有四分之三的高校设有教学研究中心，其中，包括中西部十大名校联盟（共 12 所大学）的 11 所和所有的常春藤盟校。[②]这些中心主要帮助教师提升教学能力，学会课堂教学研究与管理，出版教学研究成果，联系专业研究与教育教学，搭建理论与实践平台，加强教师、学科、学校等的交流与沟通等，帮助学校完成"促进卓越教学，推动教学创新"的使命。

2. 实践由本科生教育拓展至研究生教育、基础教育

教学学术的实践，不仅在美国本科生教育阶段中展开，而且拓展至研究生教育和基础教育阶段。

研究生教育，不仅存在类似本科生教育阶段的教育教学问题，而且还肩负培养"未来教师"的重任，教学学术随即被引入研究生教育，增加教学培训，注重专业研究与实践教学的结合。

由于教学学术能够促进教师专业发展和学生的全面发展，也引起美国中小学的关注和重视，卡内基教学学术中小学校园项目已经全面展开。

---

① ［美］库克等：《提升大学教学能力——教学中心的作用》，陈劲、郑尧丽译，浙江大学出版社 2011 年版，第 1 页。

② 同上书，第 1—2 页。

3. 其他机构组织的参与

教学学术引起其他机构与专业学会的关注与重视，他们也纷纷参与教学学术的实践。例如，美国高等教育协会（American Association for Higher Education，AAHE）专门成立教师角色与奖励论坛，在 2000 年专门召开了主题为"学术反思的反思：现状与新方向"的学术研讨会，以纪念《学术反思》出版 10 周年。此外，专业学会也主动参与进来，如管理学学会（the Academy of Management）、美国化学学会（the American Chemical Society）和美国社会学协会（the American Sociological Association）等在他们的年会上设立专门环节，主动探讨围绕学科教学的教学学术问题。

综上所述，教学学术的实践，在卡内基教学促进会的领导和推动下，不仅在课堂教学与院系层面开展实施，还开展实施了一些涉及学术内涵、文化、机构、制度、领导、性别、跨学科等深层次问题的项目。事实上，教学学术正在逐渐演变成为一种既能支持学校变革、又能对教师专业发展发挥作用的教育改革方式。

（三）研究体系初步形成

1. 专业研究队伍的形成

经过 25 年的研究与发展，已经有了专门从事教学学术研究的学者，初步形成一支以美国学者为主、其他国家学者共同参与的专业研究队伍。教学学术专业研究队伍的形成表现在三个方面：

一是教学学术研究梯队的形成。教学学术早期研究的学者主要是由卡内基教学促进会的研究人员和卡内基学者构成，他们是第一代的教学学术研究者，有博耶、赖斯、格拉塞克、舒尔曼、哈钦斯、胡博（Huber，M. T.）等；但现在从事教学学术研究的学者已经不限于卡内基研究人员和卡内基学者，其他高校与机构的很多学者也已经开始关注和重视教学学术研究，代表如美国国家英语教师协会的芭芭拉·坎布里奇（Barbara Cambridge，国际教学学术学会现任主席）、美国印第安纳大学教学研究中心主任詹妮弗·罗宾逊（Jennifer Robinson，国际教学学术学会美国区负责人）、美国伊利诺伊州立大学的麦肯尼、加州大学伯克利分校的卡洛斯（Cross，K.）、印第安纳大学的贝克（Becker，W.）和安德鲁斯（Andrews，M.）等；而且，很多学者和研究人员来自全国范围不同类型高校的几乎所有学科专业。

二是参与教学学术研究与培训的卡内基学者已经达到 140 人，他们基本代表了美国所有不同类型的院校、机构和学科专业。经过卡内基促进会的教学学术培训后，他们现在都已基本成为所在高校、院系和学科专业的教研骨干。

三是研究队伍呈现国际化趋势。教学学术早期的研究以美国学者为主，但现在研究和参与教学学术的学者已经遍布世界。代表如加拿大的哈菲（Tom Haffie）、伍德豪斯（Ros A. Woodhouse）、哈伯尔（Harry Hubball）和克拉克（Anthony Clarke），英国的希利、巴德利（Badley）、克莱博，澳大利亚悉尼大学的特里格威尔、萧尔、马丁、帕特里（Fay Patel），新西兰奥克兰大学的甘（Cathy Gunn），丹麦奥胡斯大学的劳瑞森（Karen M. Lauridsen），以色列的库尔茨（Gila Kurtz），中国的姚利民、王玉衡、时伟、侯定凯、宋燕、王晓瑜等。这些学者与美国学者一起讨论和探究教学学术，共同推动教学学术的研究与发展。

2. 形成专业研究机构

美国已经形成大学教学学术研究的专业研究机构，如卡内基教学促进会组建的卡内基教学学术学会、哈佛大学德瑞克伯克教学与学习中心、密歇根大学教学研究中心（CRLT）、印第安纳大学布鲁明顿分校教学学术研究中心、威斯康星大学教学学术研究中心、伊利诺伊州立大学教学学术卡洛斯讲座教授等。

另外，在卡内基教学促进会的领导和推动下，其他一些学会团体和专门机构也致力于教学学术的研究与实践，如美国高等教育协会（American Association for Higher Education）、教学型教授研讨会（Teaching Professor Conference）、莉莉大学教学研讨会（Lilly Conference on College and University Teaching）、国际教学学术学会（International Society for the Scholarship of Teaching and Learning）、高等教育教学协会（Society for Teaching and Learning in Higher Education）、加拿大高等教育研究协会（Canadian Society for the Study of Higher Education）、英国的高等教育研究院（The Higher Education Academy）、澳大利亚的大学教学与教师发展委员会（Committee for University Teaching and Staff Development）等。这些学会团体和专业机构通过培训学者、举办学术研讨会、资助项目等方式，为教学学术的研究与实践搭建平台、提供交流、促进研究，不断扩大教学学术的影响力。

3. 专业出版机构、交流平台与刊物的出现

卡内基教学促进会、美国著名出版社乔西-巴斯（Jossey-Bass）等开

辟专栏出版大学教学学术研究及其相关著作，连续出版了《学术反思：教授工作的重点》（*Scholarship Reconsidered: Priorities of the Professorate*，1990）、《学术评价：教授工作的评估》（*Scholarship Assessed: Evaluation of the Professoriate*，1997）、《教学学术的学科风格：共同基础的探究》（*Disciplinary Styles in the Scholarship of Teaching and Learning: Exploring Common Ground*，2002）、《教学学术：规范与伦理》（*Ethics of inquiry: issues in the scholarship of teaching and learning*，2002）、《教学作为共同财富》（*Teaching as Community Property*，2004）、《大学教学学术：研究型大学的贡献》（*The Scholarship of Teaching and Learning in Higher Education: Contributions of Research Universities*，2004）、《通过课堂，研究教学学术》（*Into the Classroom: Developing the Scholarship of Teaching and Learning*，2006）、《通过教学学术促进学习：机遇与挑战》（*Enhancing Learning Through the Scholarship of Teaching and Learning: The Challenges and Joys of Juggling*，2007）、《反思教学学术：机构的整合与影响》（*The Scholarship of Teaching and Learning Reconsidered: Institutional Integration and Impact*，2011）等一系列有关教学学术研究的论著。

创办或改建大学教学学术刊物，电子刊物如《国际教学学术杂志》（*International Journal for the Scholarship of Teaching and Leaning*）、《教学学术杂志》（*Journal of the Scholarship of Teaching and Leaning*）、《教学型教授》（*The Teaching Professor*）、《视野》（*Insight: a Journal of Scholarly Teaching*）等。纸质刊物如《日出》（*MountainRise*）、《变革》（*Change*）、《大学教学》（*College Teaching*）、《高校教学》（*Teaching in Higher Education*）、《教学新路径》（*New Directions for Teaching and Learning*）、《加拿大教学学术杂志》（*The Canadian Journal for Scholarship of Teaching and Learning*）等。

二　对美国教育的影响

1990 年，时任卡内基教学促进会主席的博耶在其出版的工作报告《学术反思》中正式提出了被誉为像"久违的范式"的教学学术，后经美国的赖斯、格拉塞克、舒尔曼、加拿大的克莱博、英国的希利、澳大利亚的特里格威尔等学者的研究、修订与发展，并在卡内基教学促进会的领导和美国高等教育协会（AAHE）等机构组织的推动下，在美国逐渐演化成为一场具有国际影响力的大学教学学术运动①。作为教师学术工作的拓展，教学学术被视为一项智力性的挑战工作，超越教学与研究二分法的讨论；教与学已经作为一种丰富的学术资源而出现，并具有一定的潜力和不断增长的信心。在美国高等教育过去 40 年的研究中，从来没有像现在这样重视教学和教学学术。②在过去的 20 多年，在美国高等教育领域没有一场改革能够比扩大对教师学术性工作领域的理解，即对什么能够被称为是教学学术的认识更加重要的改革。③教学学术，作为一种提升教学尊严和质量的方法，不仅对美国高等教育的改革与发展，乃至整个美国教育界、美国社会产生一定的影响，而且对国际高等教育发展也产生一定的影响。

（一）对美国高等教育的影响

1. 引发对大学学术内涵反思与探讨的高潮

在博耶 1990 年发表《学术反思》之前，学术一词主要指研究，而不是教学，教学主要是作为研究派生出来的一种活动。④博耶在《学术反思》中认为，当前美国高等教育界将学术局限于研究及其成果的出版与发表，这种对于学术内涵的理解与认识过于狭窄。他认为，学术不仅包括基础研究，而且包括进入实地进行调查、寻找联系、建立起理论与实践的桥梁、给学生有效传递知识。在此基础上，他将学术拓展为发现（研究）、整合、应用和教学四种相对独立但又相互交叉的学术形式。博耶不仅赋予学术一种全新的视角，将行动反思者（进入）、整体哲学论（建立联系）、实践（建立理论与实践）、适当教学（与学生交流）统整起来；⑤而且，他用一种新的语言，一种共同的语言，来帮助新生的学习，给教学以尊严，让学术负有更多的责任，从而引发国际范围的学者对于大学学术内涵和大学教师角色与奖励机制的反思和讨论。

---

①　王玉衡：《试论大学教学学术运动》，《外国教育研究》2006 年第 12 期。

②　Cross, K. P.. Leading Efforts to Improve Teaching and Learning: The Hesburgh Wards [J]. Change, 2001, 33 (4): 30 – 37.

③　O' Meara K., Rice, R. E. (Eds.). Faculty Priorities Reconsidered: Rewarding Multiple Forms of Scholarship [M]. San Francisco, CA: Jossey-Bass, 2005.

④　Rice, R. E.. Toward a Broader Conception of Scholarship: the American Context [A]. In Whiston, T. G. and Geiger, R. L. (Eds.). Research and Higer Education: The United Kingdom and the United States [M]. Buckingham: Society for Research into Higher Education and Open University Press, 1992: 118.

⑤　Badley, G.. Improving the Scholarship of Teaching and Learning [J]. Innovations in Education and Teaching International, 2003, 40 (3): 303 – 309.

如果说，以赫钦斯在 1936 年发表的《美国高等教育》作为对美国现代大学学术内涵的反思与探讨的话，①那么，博耶 1990 年发表的《学术反思》及其提出的教学学术则将这种反思与探讨推到高潮，并在美国逐渐演变成为一场国际性的大学教学学术运动。此外，高等教育皮尤圆桌会议（The Higher Education Pew Roundtables）最近召集了 120 所大学超过 3600 人的研讨会，其中，有 88% 的研究型大学和 56% 的文理学院同意重新界定教师角色和奖励。②另外，美国高等教育协会（AAHE）教师角色与奖励论坛于 2000 年专门举办了主题为"学术反思的反思：现状与新方向"的学术研讨会，以纪念《学术反思》出版 10 周年。

2. 更加重视本科教育教学

教学学术的研究与实践，使得美国高校更加重视本科教育及教学研究工作，也因此导致 20 世纪 90 年代的美国高等教育作为本科教育的年代而被人们怀念 ③。在卡内基教学促进会的调查中，很多受访的美国大学教师声称，自己在本科教育教学方面（与科学研究和研究生教育相比）的兴趣在提高。例如，1997 年至少有 4/5 的教师"非常"或"有一些"认同对本科教育教学的兴趣在增强，而 1969 年时只有 3/5 的人持这一观点。与"教师对本科生的教育教学兴趣有所增加"与这一研究结论相吻合的是，声称"本科教育的质量正在下降"的教师数量也有所降低。④

尽管卡内基的调查结果显示，美国大学教师对本科教育教学的兴趣得到提高，但就整个美国高等教育系统而言，各类院校的情况却表现出明显的差别。有数据显示，虽然对本科教育教学兴趣最大的一直且依然是文理学院，但常常受到批评的研究型大学对本科教育教学的兴趣也越来越浓厚和广泛（见表 6.1）。美国研究型大学教师的本职工作应当是既从事本科教学又从事研究，但实际上，美国研究型大学中存在研究和教学之间的紧张状态，其原因主要是在其特殊的历史演进过程中由联邦政府的需求所催生。美国的大学往往是把欧洲大学的研究生院模式叠加到

①　施晓光：《美国大学思想论纲》，北京师范大学出版社 2001 年版，第 68 页。

②　Cross, K. P.. Classroom Research: Implementing the Scholarship of Teaching [J]. American Journal of Pharmaceutical Education, 1996, (60): 402–407.

③　Boyer, E. L.. Scholarship Reconsidered: Priorities of the Professorate [M]. San Francisco: Jossey-Bass, 1990: XI.

④　[美] 阿特巴赫主编：《为美国高等教育辩护》，别敦荣等译，中国海洋大学出版社 2007 年版，第 272—273 页。

英式寄宿制的本科学院之上，但美国联邦政府则是将国家的研究事业放在大学的内部而不是大学的外部。简言之，研究和教学之间的紧张状况，是在高等教育系统的发展过程中由美国政府驱动而人为形成。大学教师应该按照大学一贯要求的方式履行大学所赋予的职责，并积极响应高等教育为国家利益服务的要求。已有的数据显示，美国高等院校的教师，尤其是研究型大学的教师，每周工作日为 50—60 小时。现在，他们将更多的时间用来教学；与 1970 年以来的任何时期相比，他们对本科教育教学充满兴趣。[①]

表 6.1　　　　　　　　美国本科学位获得人数变化情况
（1994—1995 年/2005—2006 年）

学科	1994—1995 年 总数	2005—2006 年 总数	变化比例 1994—1995/2005—2006
农学	19832	23053	+16
建筑学	8756	9515	+9
生物学/生命科学	55790	69178	+24
经济学	233895	318042	+36
传播学	48104	73955	+54
计算机	24737	47480	+92
教育学	105929	107238	+1
工程	62331	67045	+8
英语	51170	55096	+8
医疗	81596	91973	+13
社会、历史	128154	161485	+26
数学	13494	14770	+10
现代外语语言学	14558	19410	+33
物理科学	19161	20318	+6

　　资料来源：Cohen, A. M. , Kisker, C. B. . The Sharping of American Higher Education：Emergence and Growth of the Contemporary System (2nd. ed) [M] . San Francisco, CA：Jossey-Bass, 2010. 469.

---

　　① ［美］阿特巴赫主编：《为美国高等教育辩护》，别敦荣等译，中国海洋大学出版社 2007 年版，第 273 页。

3. 教学学术逐渐被理解与认可

首先，美国大学教学学术经过 25 年的研究与发展，其理论与实践的轮廓已经逐渐清晰，教学学术在美国逐渐被学者、大学教师、院系、学校、学科机构与专业组织等理解和认可。教学学术的理论化初见端倪，制度化初步形成，实践全面展开。支持和形成教学学术的项目，现在已经在美国很多校园和教师专业发展中开展。①

其次，教学学术在专业研究领域逐渐得到认可，很多学术团体和专业协会开始理解和认同教学学术并参与其中。当教学学术在专业领域内进行，研究成果会对高等教育中的知识本身发展有着潜在的影响作用；而且，当研究结果公开应用于改善实践，必将促进将来的研究。②另外，有些学科已经接受教学学术，虽然还没有广泛接受，但教学学术也还是获得跨学科的不同程度的认可，教学学术的支持者、中立者和异议者约各占三分之一③。

最后，教学学术正在被不同的国家与地区、国际团体和个人理解与认可，越来越多的学术团体和管理者也开始认同教学学术，大家纷纷开始关注教学和学生学习。教育者相信教学是其工作的核心，因此，他们必须提供高质量的教学。管理者则认为学生是顾客，他们将选择最好的产品。也有管理者支持教学学术，是因为以上两者的原因。以往的大多数美国高校聘用大学教师，主要依据其是学者、学科专家而不是教学专家；但现在，大学中越来越多的学者和教育者开始觉醒并主动参与提高教学实践，美国高校逐渐改变了大学教师的聘用、评价与晋升机制。大家对于教学学术基本形成这样的共识："如果我们真的相信，我们必须给学生提供最好的学习环境，提供出众的学习经验，我们必须支持和鼓励我们的同事拓展他们的视野，超越特定的学科专业，包括教学学术，一切都是为了课堂中的学生学习。"④

---

① Trigwell, K. , Martin, E. , Benjamin, J. , & Prosser, M. . Scholarship of Teaching: A Model [J] . Higher Education Research and Development, 2000, (19): 155 – 168.

② Kanuka, H. . Keeping the Scholarship in the Scholarship of Teaching and Learning [J] . International Journal for the Scholarship of Teaching and Learning, 2011, 5 (1) .

③ Healey, M. . The Scholarship of Teaching: Issues around an Evolving Concept [J] . Journal on Excellence in College Teaching, 2003, (14): 5 – 16.

④ Gurm, B. & Macpherson, A. . Scholarship of Teaching and Learning: From the Beginning [EB/OL]. Retrieved from: http: //kwantlen. ca/TD/TD. 1. 1/TD1. 1_ Editorial. htm, May 2007/2012 – 01 – 12.

4. 教学学术逐步形成制度化

制度化（institutionalization）通常是指某一社会体系接纳特定文化要素和文化目的的过程，这个过程主要发生在"结构"（structural level）、"程序"（procedural level）和"统合"（incorporation level）三个维度。①

根据上述原理，教学学术的"结构"制度化是指教学学术出现在院系的各项活动中，参与者知晓教学学术的相关行为并评估这些行为，其中，院系为教学学术活动配备专业管理人员。教学学术的"程序"制度化意味着教学学术政策成为教师的一种行为标准与规范。教学学术的"统合"制度化是指教学学术成为大学组织文化的一部分，其价值观得到普遍认同。具体而言，教学学术的制度化包含以下要素：就教学学术的内涵和目标达成共识；采用适当方式，对"公开发表"及"非公开发表"的教学学术成果进行评价；院系层面对教师参与教学学术的保障机制；大学办学使命中强调教学学术的地位；基于教学学术绩效的教职工晋升机制；研究生教育中培养未来学者的教学学术素养等。②

目前，美国关于教学和教学学术的探讨、研究和实践，发生在不同类型的院校、不同层次的院系、教学中心、大学评议会和专业团体；并且，美国几乎每所大学、每个院系、每个教师都在界定、促进和进行教学学术，③以上充分说明，教学学术的制度化已经初步形成。

5. 课堂教学及其研究受到重视

大学教师传统上主要将研究视为他们的工作，教学一直主要作为研究的派生活动。但是，教学学术替代传统的学术即研究的观念，博耶的新学术观带来的重要启示是学术生态系统，相互依赖而且合作。这种新学术观视学术概念为一种多维的、暂时的、流动的活动，其中，没有谁的观点可以永恒并比别人的重要，从而不断接近真理。它揭示了教学的不可或缺的功能，以及在学术中应具有的地位。学者产生新的知识，并与学生分享，最终服务学科专业和大众。教学开始被教授视为与研究一样重要的工作，

---

① Braxton, J. M., Luckey, W., Helland, P.. Institutionalizing a Broader View of Scholarship through Boyer's Four Domains [M]. San Francisco：Jossey-Bass，2002：5.

② 侯定凯：《博耶报告 20 年：教学学术的制度化进程》，《复旦教育论坛》2010 年第 6 期。

③ Benson, S. A.. Defining the Scholarship of Teaching and Learning in Microbiology [J]. Focus on Microbiology Education，2001，7（3）：1-6.

一些院校和机构已经开始有意识的奖励作为"兼职"的教学。①

2009 年，弗朗西斯（Raymond Francis）等使用博耶当年的调查问卷对美国大学教师角色和学术内涵认识的变化进行对比研究。他们在美国 50 个州随机抽选 5 所大学（学院）：3 所 4 年制公立大学、1 所 4 年制私立大学、1 所 2 年制社区学院，然后在指定院系随机抽选 5 名教师，教师样本总量为 1118 人。调查研究分为两个领域：一是比较博耶最初的研究和当前的研究项目，涉及聘用、晋升、出版、研究和服务；二是对当前项目收集到的数据进行分析，验证不同类型学校、教师排名和聘用中教师的看法。结果对比显示，自从博耶发表《学术反思》之后，美国高等教育界对大学教师角色与学术内涵的看法已经改变很多。②对于这样的变化，美国前高等教育协会主席埃杰顿（Russell Edgerton）是这样认识和评述的：问题不仅仅是简单的"平衡"，对教学、研究和服务进行调整，而是对这些活动背后存在的学术共同基础的恢复。③

6. 大学教学地位的提高

教学一直被视为一种技艺，被当作研究的派生活动。然而，教学学术的提出，使得教学在美国高等教育界第一次与研究处于同一地位，教学也因此作为一种智力活动和一种学术事业而受到广泛关注、重视和尊重。

自从博耶 1990 年提出教学学术之后，大学教学的学术价值已经引起美国高校、机构和学者的关注和重视，美国高校中也出现了"从教到学、从关注别人到关注自己的转移"④。教学学术的研究与兴起，加强了对教与学的理解，包括从教到学生中心的学习。教学学术不仅强调主动学习和批判性思考，而且重视形成性评价。教学学术，不仅连接教学与研究，创建一个新的学科领域，而且与逐渐强调的认知建构主义和深度学习相呼应。⑤

① Simpson, R. D.. Teaching as a Scholarly Activity ［J］. Innovative Higher Education, 1998, 22 (3): 153 – 155.

② Francis, R., Corbett, L., Magarrey, M.. The American Professoriate: Boyer Revisited ［EB/OL］. Retrieved 2011 – 11 – 27 from: http: //www. ied. edu. hk/eai-conference2010/download/Presentation/5. 14. 3. pdf.

③ Hutchings, P., Huber, M. T., Ciccone, A.. The Scholarship of Teaching and Learning Reconsidered: Institutional Integration and Impact ［M］. San Francisco: Jossey-Bass, 2011: 1.

④ Prosser, M.. The Scholarship of Teaching and Learning: What is it? A Personal View ［J］. International Journal for the Scholarship of Teaching and Learning, 2008, 2 (2).

⑤ Wickens, R.. SoTEL: Toward a Scholarship of Technology Enhanced Learning ［J］. Canadian Journal of University Continuing Education, 2006, 32 (2): 21 – 41.

自从博耶 1990 年提出将教学视为一种学术形式，教学的学术功能已经得到极大关注。舒尔曼等已经证明教学学术的可信度和可视性，并在广大学科和院校中开展实施。80%—90% 参与卡内基项目的教师认为，教学学术有助于促进教学观念和教学方法；而且他们的教学学术实践已经影响周围的其他同事。[①]现在，美国很多大学教师对自己的教学实践和学生的学习进行持续性的探究，并将研究成果运用于课堂之外。教学学术对于教师而言，提升教学地位和认同，激发和重新获得教学热情，通过成功的教学学术获得满意和奖励，拓宽和加强教师（学者）团体，加强专业发展项目，促进学习，影响相关政策和程序。教学学术对于学生而言，有利于交流关于学习的经验、想法、感觉、反思和研究方法，借鉴别人的学习经验和方法；并作为合作探究者，获得反思和探究的经验，提高专业实践，获得生动的理论，重视以学生为中心的教学方法。

7. 教师评价与奖励机制有所改善

教学作为学术的思想逐渐被美国高等教育界接受，美国的大学教师评价与奖励机制也有一定的改革，主要表现在以下几个方面。

一是近年来美国很多高校纷纷重新修订教师评价与奖励政策。1994 年秋，卡内基基金会对美国每一所高校是否回顾、更新和修订奖励机制进行了调查。结果显示：接受调查的三分之二的高校回应说，在过去的五年至今，他们正在修订和更新教师评价与奖励机制；另外有 60% 的高校认为，《学术反思》在他们的学校事务讨论中占据重要角色，他们现在不仅重视教学，而且重新界定教师角色行为和包含教学与研究的行为。[②]

二是教师聘用和晋升政策也有所变化。随着教学学术逐渐被广大高校和教师理解与认同，高校更多地要求大学教师在教学、科研与服务等每个领域的均衡工作，此外，一些研究型大学的教师已经因为教学优秀而被提升为全职教授 [③]。

---

① Mckinney, K.. Enhancing Learning through the Scholarship of Teaching and Learning: The Challenges and Joys of Juggling [M]. Bolton: Anker Publishing, 2007: XVI.

② Boyer, E. L.. From Scholarship Reconsidered to Scholarship Assessed [J]. Quest, 1996, (48): 129 – 139.

③ Kreber, C.. Observations, Reflections, and Speculations: What We Have Learned About the Scholarship of Teaching and Where It Might Lead [J]. New Directions for Teaching and Learning, 2001, (86): 99 – 104.

8. 促进大学教师专业发展

大学教师专业发展逐渐受到关注和重视，发展教学学术对于大学教师个人专业发展来说是一种很重要而且有效的方式 ①。教学学术不是一个真空的概念，它是一种真实的想法和实践，旨在让学者从孤立的象牙塔走出，联系学术与实践，联系学者与教师及学习者的真实学术世界。教学学术包括学术性教学，要求更多。当一个人具有教学学术，也就具备博耶说的四种学术能力，从而也就促进大学教师个人专业发展。

根据教学学术，课堂中的学习是合作的，教师不是课堂中的唯一代表，课堂中发生的教与学也不全依赖于教师。教学学术涉及课堂中的每一个人，包括教师和学生，还有管理人员，组成更大的圆圈。学生可以从课堂内外的小组中学习，教师可以向学生学习，教师相互探讨教学并相互学习，教师了解学生如何学习和其他教师如何教，最终，教师撰写关于教学的研究，以专业对话的方式进行交流并作为教学学术的标志。此外，教学学术告诉大学教师还有许多东西要学，需要添加，需要交流和对话。教学研究既是理论的，也是经验的。教师要确认和提取学科知识，让学生学习——探究的技术、分析的技术、讨论和表达。教学就本质而言是探究性的，当教师选择文本、设计大纲，对学科知识进行发现和讨论，不论是过去的还是现在的，教师通过这些获得学术。但是，教学学术不仅仅是获得学术，也不是简单的教学，它要连续考虑教师已经设计的框架和教师在其中是如何活动。作为教学的学者，教师不仅要注意学生反应的不间断性，而且必须使用自己学习到的关于学生学习的知识与经验作为数据来验证或要求改善自己的实践，并且让自己的学习知道他们的教学符合专业对话的基本话题。教学学术意味着教师在教学中投入智力，就像研究中的实践一样。②

9. 促进研究生教育改革

教学学术的研究与实践，也引起美国研究生教育项目及其结构的变化。③美国研究生教育同样存在教育教学问题，而且作为"未来教师"的培

---

① Healey, M.. The Scholarship of Teaching in Higher Education: An Evolving Idea ［EB/OL］. http://www-new1. heacademy. ac. uk/assets/Documents/resources/database/id493 _ scholarship _ of _ teaching_ healey. pdf.

② Bender, E. & Gray, D.. The Scholarship of Teaching ［J］. Research & Creative Activity, 1999, 22（1）.

③ Kreber, C.. Controversy and Consensus on the Scholarship of Teaching ［J］. Studies in Higher Education, 2002, 27（2）: 151 – 167.

养，很有必要让研究生掌握教学学术。

传统的研究生教育主要以研究为主，培养研究生形成终身学习和探究的习惯。这些习惯有助于实验室或图书馆中的研究，然后带到教室中，以某种方式贡献于学科知识，并影响这个领域的教学。研究生被教会如何探究这个学科，但是，他们很少被要求用好奇和批判的眼光去关注学生的学习和有效教学问题。对于那些从事研究生教学的人来说，用他们从事研究的学术方法去检验他们的教学和学生的学习，可能会在教室与实验室、图书馆与学科领域之间建立一座有意义的桥梁。这些未来教师成员的早期鼓励将导致更多的研究生一致经验，联系教学与研究作为智力工作的学术整合的两种共享形式。绝大多数新教师花了大量时间在教学上，对学生的专业学习进行系统调查，将其整合于研究生准备中，为他们提供有价值的研究视角。甚至，那些将来不准备从事教师职业的研究生，也会从将教学作为一种职业活动和将学习作为探究中获益。

10. 提升美国高等教育质量

在日益关注高等教育质量及其保障的情况下，教学学术也许能够扮演重要的角色。高等教育质量虽然非常重要，但却是个非常模糊与含糊的概念，高等教育质量虽然涉及方方面面，但是，课堂教学是根本条件。教学学术重视课堂教学及其研究，将学科专业与教育教学联系起来，无疑为保障高等教育质量提供一条切实可行的路径。美国高等教育系统正在强化大学的教学功能，一些最著名的大学虽然仍旧保持着科学研究的核心功能，但大多数大学还是以教学为其主要功能，这种观点得到越来越多人的认可。[①]

（二）对美国基础教育的影响

卡内基教学学术的研究目的有三：一是促进所有学生学习；二是加强专业教学（实习）；三是将教学作为学术，并得到认同和奖励。为了达到以上目的，卡内基教学学术研究设计了三个项目：发现和培养杰出教学教师（Carnegie Scholars，也称皮尤学者）；支持院校开展教学学术（CASTL Campus Program）；与其他学术与专业团体在专业领域内一道倡导教学学术（CASTL Scholarly and Professional Societies Program）。教学学术的研究和项

---

① ［美］阿特巴赫主编：《为美国高等教育辩护》，别敦荣等译，中国海洋大学出版社 2007 年版，第 21 页。

目，不仅适用于高等教育，而且适用于基础教育。

教学学术因为关注教学研究与反思、促进学生学习和教师专业发展，也受到美国中小学和教师的关注和欢迎。卡内基教学学术校园项目已经从高校推广至中小学，卡内基教学学术学会中小学教学学术项目（CASTL K-12 项目）业已在美国中小学中开展，反过来又在一定程度上丰富和拓展了教学学术研究。

三　对美国社会的影响

教育是社会的存在与反映，教学学术也不例外。教学学术及其研究主要涉及两个方面：一是关于教和学的活动，激发与提高教和学有关的网络工作、研究、讨论和行为；二是与责任和评价为主题的高等教育发展有关。美国大学教学学术，不仅是 20 世纪 90 年代美国社会民主运动的有机组成部分，还获得社会的大力支持，即便是不直接参与教学学术。

"运动"一词常指实现希望的过程，但它现在恰如美国大学教学学术的特征。大量增长的教师，从学科到专业学术团体，超过 200 所院校官方参与卡内基教学学术项目，正在以一种新的方式、政策和实践支持这项工作，当然，更多的是非官方的指向这个工作的活动。这种追求虽然没有列上改革日程，但却分享着它的核心习惯和使命：（1）教学是一项智力活动；（2）学生学习带来的挑战，需要仔细调查，正受到前所未有的关注；（3）学习的充足证据能够指导深思熟虑的改革；（4）教学的重要性不应该"像干冰一样消失"，而应可见、分享并对别人有用。①

卡内基美国高等教育机构分类对美国高等教育发展影响巨大，其分类标准也一直修改完善中，2000 年和 2005 年分别颁布了新的大学分类标准，其中，主要包括两个指标：教学和服务。2000 年 8 月公布的过渡时期的分类方案中，强调教学的重要性并对教学产生重大影响。2005 年的新分类标准通过关注录取时的数量和学位种类而不是研究或选择这样的设置而强调教学。那种已经使用了超过 30 年的大学分类体系正在被一种强调教学作为高等教育转型所代替（见表 6.2）。同时，美国政府资助作为一种研究

---

① Hutchings, P. . The Scholarship of Teaching and Learning in United States [EB/OL] . Retrieved from：http：//www. issotl. indiana. edu/issotl/04/hutchings. pdf, October2004/2012 - 02 - 27.

活动的方式正在下降。另外，美国国家科学基金会（National Science Foundation：NSF）重新修订科研补助金的申请标准，评价者将以此判断研究申请的标准。新标准会问，"研究更广泛的影响是什么？"解释的第一句会问，"这种活动如何在促进发现和理解的同时又促进教学、培训和学习的？"美国国家科学基金会明确指出，教学与研究的假二歧式与它们的外观不一致。通告断言，教学将丰富研究，反之亦然。鉴于美国国家科学基金会的声望，这个断言势必影响到美国的学术界和高校。除此之外，教学学术还代表学术改革的战斗口号，正在挑战美国社会中的层级化，一种挑战大学价值、奖励和行为的斗争。大学教学学术将是一场更大的事业和运动，能够帮助美国社会迈向公平、公正的理想。①

表6.2　　　　　　　　　2005年卡内基高等教育机构分类标准

分类维度	二级指标
本科教育	本科生学位层次：副学士或学士
	本科生学位比例：文理学科比例和专业学科比例
	本科向研究生教育的延伸和扩展：没有、有一些、很高
研究生教育	研究生学位层次：是否授予博士学位
	授予博士学位的学科数量：1个或多个
	授予学位的学科集中程度：综合性、偏重性
在校生结构	只有本科生、只有研究生、混合型
本科生特征	全日制和半日制学生比例
	新生入学情况：广泛的、选拔性的、高度选拔性的
	新生中转学进入比例：较低、较高（以20%为界）
学校规模与设置	在校生人数：1000以下；1000—3000；3000—10000；10000以上
	学生住校情况：基本不住校、基本住校、大部分住校

资料来源：2005 Carnegie Classification Descriptions. http：//www. carnegiefound. org/classifications/indexasp? key＝785. 转引自史静寰等《卡内基高等教育结构分类与美国的研究型大学》,《北京大学教育评论》2007年第2期。

---

① Atkinson, M.. The Scholarship of Teaching and Learning：Reconceptualizing Scholarship and Transforming the Academy [J]. Social Forces, 2001, 79 (4)：1217 – 1229.

四　对国际高等教育的影响

大学教学学术，不仅在美国兴起，而且已经成为一个国际性的话题，[①]
大学教学学术已经演变成为国际性的运动，教学学术的时代已经到来。在
过去的 25 年，教学学术的研究与实践已经走出美国传播至世界。这个工
作已经激发很多国家需要改变学术观念，重新认识学术内涵和教师的评价
与奖励机制，其中，包括加拿大、澳大利亚、英国、丹麦、俄罗斯、爱尔
兰、新西兰、中国香港、中国台湾等国家和地区。

（一）对北美的影响

加拿大已经开展教学学术，并且在过去的 5—6 年里已经蓬勃发展。例
如，加拿大高等教育教学协会（STLHE）1996 年重新修订公布《高校教
学准则》（*Ethical Principles for College and University Teaching*），主要用指导
方针代替行政命令。其中，第一条就是教学胜任力，要求大学教师要"具
备高水平的学科专业知识，确保课程内容是当前的、准确的、有代表性
的、适合学生的课程"；第二条涉及各种教育能力，包括"与学生的交流
能力"。[②]

此外，加拿大的高校还加强教学学术的网络资源建设，以便让师生随
时在网上可以迅速找到支持教学和学习的资源；同时，教学学术正在以自
己的方式进入很多加拿大高校机构的教师聘用和晋升的制度和政策中；[③]另
外，加拿大高等教育教学协会不仅创办《加拿大教学学术杂志》（*The Ca-
nadian Journal for the Scholarship of Teaching and Learning*，CJSoTL），而且于
2004 年成立国际教学学术学会，至今加拿大已经承办了两次国际教学学术
年会（温哥华，2005；埃德蒙顿，2008）。

（二）对欧洲的影响

研究大学教学学术的不只是北美，欧洲的英国、爱尔兰、澳大利亚、
新西兰、丹麦、俄罗斯等国家与地区也开始关注和重视教学学术，并且开

①　Huber, M. T., & Hutchings, P.. The Advancement of Learning：Building the Teaching Com-
mons [M]. San Francisco：Jossey-Bass, 2005：6.

②　Draugalis, J.. The Scholarship of Teaching：Oxymoron or Bulfs-Eye? [J]. American Journal of
Pharmaceutical Education, 1998, (62)：447 – 449.

③　Charbonneau, L.. Scholarship of Teaching and Learning "Not Good Enough" [EB/OL]. Re-
trieved　from：http://www.universityaffairs.ca/margin-notes/congress-09-scholarship-of-teaching-and-
learning-not-good-enough, 26 May 2009/2012 – 01 – 07.

展了一系列相关项目，如英国政府资助的优秀教学中心项目、澳大利亚的国家教学奖励项目、爱尔兰的教学学术研究项目等，作为欧洲高等教育改革的一部分。

1. 英国

英国研究"教学学术"是最近的事情，并且兴趣越来越大。英国研究型大学教学学术的一个主要推动力是《迪尔报告》（The Dearing Report, 1997）：①建立教学研究所，资助和促进教学；②资助高等教育研究机构，发展教学策略；③支持网络教学。在报告的影响下，英国政府启用了新的专业教学标准，旨在提升高等教育教学中的"研究、教学和专业实践的整合能力"，并成为大学教学的关键特征之一。[①]

另外，英国的教师教育发展委员会（Staff and Educational Development Association, SEDA）和高等教育教学研究所（Institute for Learning and Teaching in Higher Education, ILT），最近各自开发了旨在培训教师教学的项目及标准。[②]

苏格兰高等教育促进会（Scottish Higher Education Enhancement Committee, SHEEC）在 2006 年 3 月提出和实施了"研究与教学联结"为主题的活动，伴随着苏格兰主题活动，提高教学中的学生学习经验成为项目中的重点。附属主题是"加强毕业生产出"（enhancing graduate attributes），这个项目旨在挑战狭窄地看待教学与研究关系的观念——教学只是传授传统专业为基础的研究成果。[③]

英格兰高等教育基金管理委员会（Higher Education Funding Council for England, HEFCE）提议将教学作为学术看待，这种学术应该被研究促进（HEFCE, 2000）。教学已经开始摆脱研究和学术的附属地位，自身成为一种学术形式。HEFCE 对学术、教学和研究的重新界定并将它们置于单独的、独立的条目，有助于启迪智慧、提高教学地位和促进批判研究。[④]

---

① Prosser, M. . The Scholarship of Teaching and Learning: What is it? A Personal View [J] . International Journal for the Scholarship of Teaching and Learning, 2008, 2 (2) .

② Kreber, C. . Controversy and Consensus on the Scholarship of Teaching [J] . Studies in Higher Education, 2002, 27 (2): 151 – 167.

③ Kreber, C. . The Scholarship of Teaching and Learning—No One Way [J] . Interchange, Summer2007, (1): 1 – 6.

④ Badley, G. . Improving the Scholarship of Teaching and Learning [J] . Innovations in Education and Teaching International, 2003, 40 (3): 303 – 309.

　　此外，英国还组建伦敦教学学术学会（Lodon SoTL），从 2001 年开始定期召开关于教学学术的国际学术研讨会（见表 6.3），在一定程度上推动了英国大学教学学术的研究与实践，与美国大学教学学术、国际教学学术遥相呼应。

表 6.3　　　　　　　　伦敦教学学术国际研讨会（Lodon SoTL）

届次	年份	会议主题
1	2001	教学学术研究问题的分享
2	2002	学科研究和教学学术的学科视角
3	2003	教学学术背景下的同行评价教学、奖励和认同
4	2004	走向大众的教学学术
5	2005	通过教学学术改革实践
6	2006	教学学术：实践与挑战
7	2008	教学学术联结：教学学术界限的挑战
8	2010	教学学术：学科、教学和文化

注：从 2006 年开始，伦敦教学学术国际研讨会改为两年召开一次。

2. 澳大利亚

　　受到美国大学教学学术的影响，澳大利亚大学教师教学发展委员会（Committee for University Teaching and Staff Development，CUTSD）1997 年资助了一个大规模的教学学术项目，涉及皇家墨尔本科技大学、悉尼科技大学、拉筹伯大学和格林菲斯大学 4 所大学，旨在认同教学学术和提高教学质量。[1]另外，澳大利亚教学学术研究的一个显著成就是，特里格威尔等通过研究于 2000 年构建了一个教学学术模型，[2]在一定程度上促进了教学学术的研究与发展。

3. 瑞典

　　瑞典从 2001 年开始实施 3 年期的高等教育"突破工程"（Breakthrough Project），旨在提高教与学，由教向学的范式转变，并在机构内实现教学学

―――――――――――

　　[1]　Kreber, C.. Controversy and Consensus on the Scholarship of Teaching [J]. Studies in Higher Education, 2002, 27 (2): 151–167.

　　[2]　Trigwell, K., Martin, E., Benjamin, J., & Prosser, M.. Scholarship of Teaching: A Model [J]. Higher Education Research and Development, 2000, (19): 155–168.

术，提升整体教师的教与学知识，创造教师间教学经验、学生学习以及支持同事教学的对话文化。①

4. 丹麦

丹麦的大学继承了欧洲洪堡大学研究的传统，以至于很多教师认为研究是教师的义务。然而，这种情况正在改变，例如，所有助理教授必须接受教学培训，即年轻教师必须接受教学培训后才能获得全面聘用或晋升为全职教授。这使得教学成为大学教师职业的一个重要方面，而且丹麦在很多大学建立教学培训中心，很多这种中心也为全体教师、兼职教师和学生指导者提供其他在职培训项目。这对于欧洲的高校来说，还是相对崭新的现象。②

（三）对亚洲的影响

1. 中国香港地区

受美国大学教学学术的影响，香港特区政府大学教育资助委员会（简称教资会）开展了大学教学发展保障基金项目（The University Grants Council of Hong Kong's Teaching Development Grants Programme），旨在提高和促进香港地区高校的教学质量与发展。另外，教资会还设立"教资会杰出教学奖"，用于表彰优秀学者的教学表现和成就，为香港各大院校的教学注入活力。教资会成立专责小组制订奖项的遴选准则，主要按照教学范畴的四项准则评审，包括采用以学生为本的教学方式、课程设计、教与学相关的学术活动，以及被提名学者为发展有效教学方法所做出的学术贡献。"教资会杰出教学奖"每年在香港高校中评定三个教学奖，每名得奖者可获五十万港元奖金，可用于与教学有关的活动或项目，旨在惠及本院校以至香港整个高等教育界；同时，得奖者将获得香港"良好教学大使"荣誉称号。这些项目举措，不仅有利于提高和促进香港地区高校教学质量、确保学生得到优质的教育；同时，还有助于吸引高素质的学术精英加入香港高等教育界。

2. 中国台湾地区

受到美国大学教学学术的影响，台湾高校不仅积极倡导教学学术、提

① Anderssona, P., Roxâb, T.. The Pedagogical Academy: A Way to Encourage and Reward Scholarly Teaching [J]. European Journal of Engineering Education, 2004, 29 (4): 559–569.

② Gunn, C. etal.. Evolution and Engagement in SoTL: Today, Tomorrow, and Internationally [J]. International Journal for the Scholarship of Teaching and Learning, 2010, 4 (2).

高和促进大学教学质量，还发起"反对独尊 SSCI、SCI 等指标，找回大学求是精神"的联署声明活动。该活动指出，近年来台湾高校过于注重 SS-CI、SCI 刊物并将其作为教师评价与奖励的指标，即使欧美学术先进国家也少有大学是依据教授有无在上述引（论）文索引资料库发表论文与数量多寡作为升迁及终身聘用的标准。欧美多数高校会依据学校性质与各学科的差异，做论文与专著的实质审查，也包含教学品质与社会服务，衡量整体表现。至于是否有在 SSCI、SCI 等期刊发表论文并非关键，尤其许多国际知名的期刊，包括公共行政、法学、科学教育等人文社会领域，SSCI 等有所遗漏，且收录的期刊水准参差不齐，不宜单独作为大学学术评价或经费补助的标准。同时，该活动还提出促进高等教育发展的五点改革与发展建议：①

一是反对独尊 SSCI。"教育部"及"国科会"应全面检讨以 SSCI 等论文期刊数量与影响系数，作为学术评价与经费补助之主要依据，并扩大国际期刊资料库收录之种类与数量，并依据不同学科给予不同的权重。

二是尊重学术多样性。政府当局应正视人文社会领域中出版专著之特性，承认人文社会研究负有对台湾民众的责任，尊重其学术研究多样性，避免再以 SSCI 等量化指标，简化学术成果与社会贡献。

三是建立学校分类机制。呼吁政府短期内着手研议，并尽快建立学校、学科分类等工作，让人文、社会科学及技职体系拥有多元评价标准，研究型大学与教学型大学并重，经费分配具公平原则。

四是找回大学求是精神。落实学术著作实证审查机制，辅助专著评审制度，鼓励学术研究对于台湾本土理论与模式的发展。各大学与各学科重振学术社群伦理与专业规范。

五是正视人文社会评价标准，扩大人文社会评价指标与权重。

综上所述，从博耶到舒尔曼，从美国到世界其他国家和地区，大学教学学术在过去的 25 年里，在包括美国在内的全世界范围迅速发展。尽管各国和地区发展教学学术的原因、方式以及对于教学学术的理解不尽相同，但是，大家的主题是一样的，都是为了高等教育更好地发展，更好地履行大学的使命和促进学生的学习与发展。

---

① 匿名：《"反对独尊 SSCI SCI 等指标 找回大学求是精神"联署声明》，http：//mem-o. cgu. edu. tw/yun-ju/CGUWeb/NCCUEdu2010/找回大学精神_ 联署书_ 20101129_ updatedV2. pdf。

美国大学教学学术研究已经联合其他一些国家与地区的研究工作——如英国、中国香港等，发展自己的教学伙伴网络和优秀教学中心。这些联系，反过来又促使 2004 年国际教学学术学会（The International Society for the Scholarship of Teaching & Learning，ISSOTL）的成立，并创办教学学术国际刊物。另外，有证据表明，教学学术作为明显的探究形式已经在相关出版方面有明显的增长。美国科教信息中心（ERIC）的调查显示，包含"教学学术"词组的刊物已经在所有刊物类型中出现了 163 种。其中，23 种是 2000 年前的，近 8 年则出现了 143 种。[①]此外，教学学术已经在维基百科上出现，迹象表明，教学学术有可能逐渐成为主流。

第二节　争议

美国大学教学学术研究 25 年来虽然取得一定的成绩和进步，但也存在不少的理论争议与实践障碍。例如，教学学术是否存在最佳的定义？有无必要对概念与内涵达成统一的界定与理解？教学学术是个研究领域吗？教学学术与优秀教学、有效教学、学术性教学在理论研究与实践开展中的区分问题？教学学术存在于课堂、课程和机构三个层面，如何在三个层面展开实践和进行评价？[②]教学学术如何与传统教育研究或学科专业研究相联系？教学学术究竟是过程还是结果？根据对教学学术的理解与界定，现在是否比过去做得更多，现在的工作是否比过去更强？[③]概而言之，教学学术存在的问题可归结为理论问题和实践障碍两大方面：

一　理论问题

1990 年，博耶在《学术反思》中正式提出教学学术，并对其进行初步的理论建构，从而引发当代大学教学学术的讨论与研究。教学学术，后经赖斯、格拉塞克、舒尔曼、哈钦斯、胡博、麦肯尼等美国学者以及加拿

① Hatch, T.. The Scholarship of Teaching and Web-based Representations of Teaching in the United States: Definitions, Histories, and New Directions [J]. Educational Action Research, 2009, 17 (1): 63–78.

② Theall, M., Centra, J. A.. Assessing the Scholarship of Teaching: Valid Decisions from Valid Evidence [J]. New Directions for Teaching and Learning, 2001, (86): 31–43.

③ McKinney, K.. The Scholarship of Teaching and Learning: Past Lessons, Current Challenges, and Future Visions [J]. To Improve the Academy, 2004, (22): 3–19.

大的克莱博①、英国的希利、澳大利亚的特里格威尔、马丁、萧尔等的研究、修订与发展，理论化程度已经有很大的提高，但相对而言，研究时间还是过短，理论体系还不成熟，还存在诸多的问题与争议。

1. 合法性问题

博耶虽然在 1990 年正式提出教学学术，将教学视为一种学术形式，但教学学术的合法性一直备受质疑：教学能否独立成为一种学术形式？如果可以，它是一个学科抑或是一个领域？它基于学科而存在，但不同学科之间存在巨大差异，因此，教学学术不仅存在被不同学科认同的问题，而且存在学科之间教学学术的认同问题。

另外，人们一般将教学视为一种向学生传递知识的行为和技艺，而把学术视为将要被传递的知识，二者是两种性质完全不同的活动。教学可以具有学术性，但并不能因此说明它就是学术。另外，博耶的教学学术思想与学术性教学的概念相类似，也没有将教学学术与教学、研究严格区分开来。因此，将教学视为学术可能是旧瓶装新酒，也有可能是教学的艺术堕落为研究科学的开始。②此外，教学学术可能不是第四种学术，而是一种截然不同的学术形式，其本身涉及发现、整合或应用。③

2. 立论依据不足

国内外学者目前关于教学学术的探讨与研究，基本都是建立在博耶的新学术观及其四种学术类型划分的基础之上，然而，博耶的新学术观及其四种学术类型划分本身也存在质疑和问题④。博耶在《学术反思》中提出自己的新学术观，他将学术划分为发现、整合、应用和教学四种学术形式。其立论依据主要是：学者不仅要进行基础研究，还要在理论与实践之间建立联系，并把知识教授给学生。由此，博耶推导出学术是由发现（研究）、整合、应用和教学四种不同但又相互交叉的学术形式组成，进而提

---

① 克莱博教授现任教于英国爱丁堡大学。

② Bender, E. T.. CASTLs in the Air: The SOTL "Movement" in Mid-Flight [J]. Change, 2005, (37): 40 – 49.

③ Rice, R. E.. The New American Scholar: Scholarship and the Purposes of the University [J]. Metropolitan Universities Journal, 1991, 1 (4): 7 – 18.

④ Bender, E. T.. CASTLs in the Air: The SOTL "Movement" in Mid-Flight [J]. Change, 2005, (37): 40 – 49.

出将教学作为一种学术形式，与发现学术（研究）并列。①但是，博耶在书中并没有明确指出其学术分类的理论依据和基础，因此，大家对博耶的新学术观及其分类产生质疑，也就动摇了教学学术的根基和前提。

3. 缺乏理论基础

教学学术研究虽然取得一定的成绩与发展，但是，就教学学术本身研究而言，则明显缺乏理论基础。②教学学术的理论基础问题也一直为学者所关注，有学者认为，教学学术可能源于早期学习理论的研究；与杜威的早期理论和舍恩（Donald Schon）倡导的行动研究有血缘关系；也来自像托拜厄斯（Sheila Tobias）和特里斯曼（Uri Triesman）等人的煽动——教师要追问学生为什么学不懂，并得益于卡洛斯（Pat Cross）和安其罗（Tom Angelo）等的课堂研究理论。③但是，这些理论并不能直接作为教学学术的理论基础，因为它们也能推导出其他理论，而不具备教学学术理论基础的唯一性。

教学学术缺乏理论基础，可能与教育这个母体学科有关。教育是否是一门学科并具科学性，一直备受争议。"教育科学"一词就像"教育""教养"等词一样，对许多学者来说，仍然是含混不清和模棱两可。而且，教育相比其他学科专业而言，几乎没有科学性。另外，随着心理学、哲学、社会学、生物学、脑神经科学等的发展，已经产生了很多很好地与高等教育有关的理论，如学习理论等，但遗憾的是，它们很少应用并建构于教育学科。④教育学科在受到影响和遭受质疑的同时，教学学术也随之受到影响和质疑。

4. 概念与内涵问题

1990 年，博耶虽然在《学术反思》中正式提出教学学术，但却一直没有明晰教学学术的概念与内涵，而且他一直也没有将其明晰的意思。博耶 1995 年因病去世后，教学学术更是被广大学者所阐释和演绎，教学学

①　Boyer, L. E.. Scholarship Reconsidered: Priorities of the Professoriate [M]. San Francisco, CA: Jossey-Bass, 1990: 16.

②　Kanuka, H.. Keeping the Scholarship in the Scholarship of Teaching and Learning [J]. International Journal for the Scholarship of Teaching and Learning, 2011, 5 (1).

③　Bender, E. T. CASTLs in the Air: The SOTL "Movement" in Mid-Flight [J]. Change, 2005, (37): 40-49.

④　Kanuka, H.. Keeping the Scholarship in the Scholarship of Teaching and Learning [J]. International Journal for the Scholarship of Teaching and Learning, 2011, 5 (1).

术的概念与内涵随即迅速变化，也因此产生不少的问题。①种种原因导致教学学术成为一个无定形的词汇，更多等同于教学，而不是一个具体的具备实质含义的概念，以及对这种学术缺乏一致性的认同。

（1）含糊问题

尽管教学学术在理论研究和实践方面有着显著的发展，但富兰克林（Franklin, J.）等人最近的调查显示，大部分教师对于教学学术的概念与内涵依然模糊。②教学学术的概念与内涵至今含糊，一方面表现为教学学术至今没有一个统一的概念界定与内涵认识；另一方面表现为反映在它的多样化描述术语上。据不完全统计，教学学术有以下多种描述：③

· 作为学术的教学（Teaching as Scholarship）；

· 教学中的学术（Scholarship in … Teaching）；

· 教学学术的思想（The Idea of Scholarship of Teaching）；

· 学术性的教学方法（Scholarly Approach to Teaching）；

· 学术性教学（Scholarly Teaching）；

· 在学科专业中发展学术（Developing Scholarship within one's Discipline）；

· 优秀的和学术性的教学（Excellent and Scholarly Teaching）；

· 以学术的方法教学（Teach in a Scholarly Way）；

· 对教与学的学术研究（Scholarly Discourse on Teaching and Student Learning）；

· 学术性的教学实践（Scholarly Teaching Practice）；

· 教学作为学术工作（Teaching as Scholarly Work）；

· 与教学有关的学术（Scholarship Related to Teaching and Learning）；

· 探究学生学习的学术（Scholarly Enquiry into Student Learning）；

· 提高教学及其他（The Improvement of Teaching and so forth）；

· 以学科为基础的教学，探究学生如何学习（Discipline-specific Peda-

---

① Braxton, J., Luckey, W., & Helland, P.. Institutionalizing a Broader View of Scholarship through Boyer's Four Domains［M］. San Francisco, CA: Jossey-Bass, 2002. 59.

② Kreber, C.. Teaching Excellence, Teaching Expertise, and the Scholarship of Teaching［J］. Innovative Higher Education, 2002, 27（1）: 5－23.

③ Boshie, R.. Why is the Scholarship of Teaching and Learning such a Hard Sell?［J］. Higher Education Research & Development, 2009, 28（1）: 1－15.

gogical Inquiry into How Students Learn);

·自主实践（Authentic Practice）;

·对教学的系统反思及公开（Systematic Reflection on Teaching and Learning Mmade Public）;

·对教学的持续学习及对这种知识的论证（Ongoing Learning about Teaching and the Demonstration of Such Knowledge）;

·教学过程的学术性探究（Scholarly Inquiry into the Teaching and Learning Process）;

·教学的学者（Scholars of Our Teaching）;

·一种新的学术概念（A New Concept of Academic Work）;

·教学责任的简称（Shorthand for a Strong Commitment to Teaching）;

·教育改革者的战斗口号（A Rallying Cry for Educational Reformers）;

·观点、技巧和知识的传播过程（Process of Transmitting Perspectives, Skills and Knowledge）。

教学学术概念与内涵的含糊问题，不仅影响到教学学术的理解、认同、研究与发展，而且还影响到人们对于教学学术的信仰问题——教学学术被视为用于提高教学地位和"教学型教师"薪水的把戏①。

（2）窄化问题

随着教学学术研究与实践的发展，现在越来越强调教学学术概念界定与内涵的统一。教学学术概念与内涵的统一，有利于促进教学学术的理解与发展；但同时也可能会窄化教学学术，拉大和博耶、赖斯等最初思想的距离②。

当前，不仅存在诸多的界定和不一致，而且可能存在词汇过于狭窄的界定。③目前，在关于教学学术的概念界定与内涵理解上，学者过于关注专业教学的探究、学科教学知识的发展、同行评价、发表与呈现。其实，出版发表只是学术的一个方面，而不是全部。此外，出版发表有可能会束缚

---

① Bender, E. T.. CASTLs in the Air: The SOTL "Movement" in Mid-Flight [J]. Change, 2005, (37): 40 – 49.

② Braxton, J., Luckey, W. & Helland, P.. Institutionalizing a Broader View of Scholarship through Boyer's Four Domains [M]. San Francisco, CA: Jossey-Bass, 2002: 65.

③ Kreber, C.. Scholarship of Teaching: A Comparison of Conceptions Held by Experts and Regular Academic Staff [J]. Higher Education, 2003, (46): 93 – 121.

教学学术的潜力与丰富性，也可能降低优秀教学的价值。优秀教学与教学学术都有价值和意义，但不是简单的平均主义。

（3）肤浅问题

目前，学术界对于教学学术的概念界定与内涵理解虽然达成一些共识，但基本上还是些肤浅的认识与研究，[1]缺乏理论的深度与高度，没有从根本上解决教学学术概念与内涵的质疑与问题。

（4）多元化问题

一方面，教学学术基于学科背景而存在，不同学科的教学概念与内涵存在差异，因此，教学学术的概念与内涵也存在多元化；另一方面，教学学术存在于个人、学科和机构三个层面，那么就存在这三个层面的教学学术概念界定与内涵理解问题。

（5）统一问题

目前关于教学学术概念与内涵是否需要统一，学术界存在两种不同的观点：第一种观点认为，需要统一教学学术概念与内涵。教学学术概念与内涵的含糊与不统一影响和制约其发展，不仅会维持旧问题，还会带来新问题，除非达成一致的概念界定与内涵认识，否则，教学学术很难在大学尤其是研究型大学中推进、论证、评估和制度化。另外，过多的概念界定与理解，已经使教学学术陷入"概念的泥潭"（conceptual quagmire）。[2]如果没有对概念的清晰界定和内涵的统一认识，博耶的模式将被曲解和导致混乱，聘用和晋升教师将被误导，专业质量的发展将被削弱，研究导向的教育科学可能是有害的或垄断的，教学质量由什么组成也将是模糊的。教学学术的概念与内涵只有反映出它是什么，才能够有力量和被重视，以及值得依靠。[3]第二种观点认为不需要统一教学学术概念与内涵，应该允许多样化的界定与理解。这种观点承认教学学术概念与内涵的争论是不可避免和有用的，但允许包容、多元、适合的学科倾向和机构背景。也就是说，教学学术定义与内涵的多元化可能是件好事，它能随着不同的学科、院

① Spath, M. L.. A Need for Clarity: Scholarship, Scholarly Teaching, and the Scholarship of Teaching and Learning [J]. Nursing Education Perspectives, 2007, 28 (5): 235 – 236.

② Gray, L.. Scholarship of Teaching and Learning: A Review of the Literature [J]. Journal of the Scholarship of Teaching & Learning for Christians, 2006, (1): 5 – 13.

③ Almeida, P., Teixeira-Dias, J. & Jorge Medina, J.. Improving the Scholarship of Teaching and Learning through Classroom Research [A]. In Lytras, M. D., etal. Tech-education [M]. Berlin: Springer, 2010: 203.

系、机构和国家背景而产生意义、潜力和功能。如果统一概念界定与内涵认识，则会影响教学学术在学科间和跨学科的发展，束缚教学学术的潜力和丰富性。另外，教学学术可能还存在其他领域的潜力，不仅仅是促进学生的学习。

综上所述，教学学术的概念与内涵问题，首先源于博耶缺乏明晰的界定，因此，当其他大学教师从事教学学术研究时，他们就面临一直存在的含糊性问题，导致当前的概念混乱和众多文章中对概念的界定和内涵的探讨。其次，混乱可能是由很多专家造成。这些专家基于不同学科背景和利益需要，把教学学术视为一种研究活动，但却不能将它与有效教学区分；而且，很多研究人员更愿意把它作为联系有效教学实践的概念。[①]再次，可能与学术本身的概念与内涵模糊有关。在学术界，学术既被认为是一种活动，也被当成活动的结果。就英文来说，scholarship 虽然是 academic 生活的中心，但其意义模棱两可，而且，学科间对于学术存在不同的看法。最后，可能是英语词汇 scholarly and scholarship 在文献中乱用的原因。scholarly通常用于形容词，指某种特殊的行为，暗指使用学术的文献。例如，学术性教学（scholarly teaching）主要是指教学时使用了学术出版物。而 scholarship 已被证明是更简单的词汇，是某种被人能够理解的方式，是一种行为，是学术性活动产生的结果，能够在学术刊物上出版，因此，scholarly activity 和 scholarship 是互换的概念。[②]

5. 研究方法及方法论问题

教学学术基于学科背景而存在与发展，研究方法及其方法论就成为问题。不同的学科有着不同的研究方法和研究方法论，而且，研究问题的认识论也不尽相同。那么，如果教学学术作为一种独立的学术形式，是否具有属于自己的研究方法，其研究方法论又是什么？

6. 实施问题

尽管在卡内基教学促进会的领导和美国高等教育协会等有关机构组织的推动下，教学学术在美国各类院校中已经展开，但是，教学学术的开展

---

① Potter, M. L. & Kustra, E.. The Relationship between Scholarly Teaching and SoTL: Models, Distinctions, and Clarifications [J]. International Journal for the Scholarship of Teaching and Learning, 2011, 5 (1).

② Trigwell, K., Shale, S.. Student Learning and the Scholarship of University Teaching [J]. Studies in Higher Education, 2004, 29 (4): 523 – 536.

与实施依然存在不少的问题和障碍：

　　·没有固定的、基本的开展方法与实施模式；

　　·开展办法与实施模式因学者、学科和机构而异；

　　·教学学术存在于个人、学科和机构三个层面，如何在三个层面开展与实施？

　　·实施质量的保障问题？

　　7. 证据与识别问题

　　教学学术的证据与识别也是个问题，尽管学者探讨了诸多可以作为教学学术的证据与识别，但依然还有诸多的问题：文献主体在哪里？呈现什么样的学术？发展趋势如何？通常的合作类型有哪些？研究经费的来源？如何区别于教学、传统研究的证据与识别，而不至于将教学学术与教学、传统研究混在一起？

　　另外，教师一般不熟悉定量数据，而主要依赖"软"数据，但是，根据"软"数据在教学学术中搜集证据将是一件很困难的事情，而且不易得到同行的认可。[①]

　　8. 评价问题

　　教学学术评价存在三个问题：一是评价标准问题？虽然格拉塞克、舒尔曼、克莱博等研究制定了一些标准可供用于教学学术评价，但教学学术的评价标准至今含糊不确定；二是评价主体是谁？学者、教师、学生还是学校院系，抑或是学会组织与专业协会？三是教学学术存在于学者、院系和机构三个层面，三个层面的评价及其标准又是什么？

　　9. 与学科的关系问题

　　教学学术主要基于学科而存在与发展，那么，教学学术是基于学科的研究，还是跨学科的研究，抑或是两者兼备？不同学科的教师交流的共同话语和平台何在？

　　10. 成果的推广与应用问题

　　传统研究的成果主要基于学科及其专业途径应用与推广，如学会组织、专业协会、学科刊物、专业研讨会等。那么，不同学科教学学术的研究及其成果如何推广与应用？即便存在学科间的相互学习与借鉴以及跨学

　　① Regassa, L.. A Personal Reflection on the 2008 ISSOTL Conference [J]. International Journal for the Scholarship of Teaching and Learning, 2009, 3 (1).

科研究，但学科间很少也很难真正相互学习和借鉴。另外，如果研究成果仅限于学科内的应用与推广，那么势必会影响与束缚教学学术的作用和潜力。

11. 学术规范与伦理问题

不论是作为研究还是作为教学，都涉及规范与伦理问题。教学学术具有教学与研究的两面性，因此其学术规范及伦理更为复杂。例如，如何使用学生作业中的摘录、学生的考试数据等是否需要得到允许？如果是，哪种允许是恰当的，它如何被保护？老师是否应该或必须将自己的活动计划递交机构审查委员会？人文学科如何监督？开展工作之前是否需要知情权？如何发表？教学学术提倡让教学成为共同财富，如何处理公共与个人之间的关系？课堂的拥有权？谁受益，谁损益？在复杂的动态的教学过程中如何公开成果与发表？

教学学术的联邦保护权至今空白，虽然机构审查委员会（IRB）也制定出一些教学学术规范，但目前限于"在可接受或允许的教育环境下进行，包括正规的教育实习"，特别是"教学指导、课程、课堂管理"方面，免责本身也不明晰。[①]

12. 学术界与国家间的认同问题

国家间存在认识差异，导致各自的教学学术关注点和侧重点不同，那么，学术界和国家间在形成统一的教学学术研究方面就会存在问题。例如，美国的教学学术主要被视为教师专业发展的路径；而在英国和澳大利亚，则倾向于把教学学术作为一种校园活动，换句话说，促进机构环境来支持教学。[②]

13. 与其他几种学术的关系问题

教学学术作为学术的一种形式，虽然逐渐被理解和认可，但是，教学学术与发现学术、整合学术以及应用学术等之间的关系问题尚未明确，四种学术形式之间到底如何沟通、交流、促进呢？

---

① Hutchings, P.. Ethics and Aspiration in the Scholarship of Teaching and Learning [EB/OL]. Retrieved 2011 - 10 - 16 from: http://www.carnegiefoundation.org/sites/default/files/ethics _ of _ inq-intro.pdf.

② Kreber, C.. Teaching Excellence, Teaching Expertise, and the Scholarship of Teaching [J]. Innovative Higher Education, 2002, 27 (1): 5 - 23.

二　实践障碍

在卡内基教学促进会第八任主席舒尔曼的领导下，在卡内基教学促进会、美国高等教育协会等有关机构组织的推动和配合下，教学学术的实践虽然在美国全国范围的院校中已经展开，但是，教学学术实践的障碍与问题重重。

1. 传统观念问题

教学学术的实践，首先受到传统观念的影响。现实中，至少三种传统观念影响和制约着教学学术的实践：一是传统的学术观。传统学术观通常意味着传统研究是关于学科内容的研究，而不是关于教学的研究，其中，学者以创新与发现知识为荣耀和己任。[1] "二战"后，传统学术观已经占据美国主流学术界，大学聘用、评价和晋升教师主要依据其科研能力，"不发表就解聘"（publish or perish）在研究型大学尤其盛行。二是传统的教师观。传统的教师观认为，教师并不是学者和研究者，教师只是知识的传播者，知识创新与理论研究主要是学者或研究人员的事情。这种观念在美国高校中有很大的市场，尤其是二年制的社区学院。[2]三是传统的教学观。传统的教学观受到旧知识观及行为主义学习理论的影响，过于注重教师的教和知识的客观性及其强化，忽略学生学习的主动性和知识的主观性，随着新的知识观（知识分类）和学习理论的诞生，传统教学观受到极大冲击和挑战。

2. 政府的政策问题

教学学术的实践，也受到美国政府科研资助政策的阻碍。一是美国高等教育政策倾向于科研。高校科研帮助美国赢得"二战"，使得"二战"后政府资助高校科研成为美国高等教育的主流，因此，国家、地方和高校的政策由教学、服务向科研倾斜。二是政府教育经费预算减少。受到经济危机和政策转型的影响，美国各级政府大幅削减高等教育经费预算，使美国大学陷入财政危机。这一时期，美国高校财政赤字高达600亿美元，另

---

[1]　McKinney, K.. Attitudinal and Structural Factors Contributing to Challenges in the Work of the Scholarship of Teaching and Learning [J]. New Directions for Institutional Research, 2006, (129): 37 - 50.

[2]　宋燕:《"教学学术"国外研究述评》,《江苏高教》2010 年第 2 期。

有 1000 所高校处在破产的边缘,① 20 世纪 70 年代成为美国高等教育近 50 年来经费最糟糕的时期。②为了生存和发展,美国各高校纷纷出台政策和应对措施,鼓励大学教师加强科研以寻求社会和外部的经费资助,以至于很多大学教师一周中至少要抽出三天的时间在学校以外筹措研究经费,无法安心教学。

3. 传统学术制度与学科领域问题

以研究发现为主的学术制度,从 19 世纪初的洪堡算起,已经存在上百年的时间,并且在"二战"后的美国发挥到淋漓尽致的地步,其规则制度不仅十分健全,而且根深蒂固,成为一种主流学术形态,统治着整个美国学术界。无论是学者,还是正在培养的研究生(未来的学者),都是这种制度和范式下的产物。从而形成一定的学术部落及其领地,其他新兴的学术形式、范式和制度很难进入主流形态并与之抗衡。占据主流的学术形式力量强大而繁荣发展,而新兴的学术形式则为其影响和地位在不断地进行着斗争。这种矛盾与斗争的产生,很大程度上是由先前的学术研究的外部经费资助和获取、分配资助的方式的依赖性造成的。③

在传统学术制度和学科领域占据学术主流的时代,纯硬科学知识往往享有较高的声誉。人们普遍认为,纯硬科学知识对研究者的智力要求很高,这种追求反过来又导致对高智商的个人具有很强的吸引力。相对传统研究而言,教学学术则被认为是一时好奇的、附加的工作,不仅很难进入和融入学术的主流当中,而且被认为是一种相对较新和边缘化的风险行为④。

4. 评价机制与奖励问题

教学学术的实践还存在内外部的评价与奖励问题。首先是外部评价机制问题。受到研究型大学和政策科研资助政策的影响,美国高校现有的大学教师评价与奖励机制倾向于科研成果的发表出版。美国大学教学学术的研究及其兴起,积极呼吁和倡导改革在教师聘用、评价和晋升中过于注重

---

① [美] 里帕:《自由社会中的教育:美国历程》,於荣译,安徽教育出版社 2010 年版,第 389 页。

② 施晓光:《美国大学思想论纲》,北京师范大学出版社 2001 年版,第 160 页。

③ [英] 比彻等:《学术部落及其领地:知识探索与学科文化》,唐跃勤等译、陈洪捷校,北京大学出版社 2008 年版,第 183 页。

④ Huber, M. T.. Balancing Acts: Designing Careers around the Scholarship of Teaching [J]. Change, 2001, 33 (4): 21 - 29.

科研成果发表与出版量化的情况；同时，美国高等教育协会也专门成立大学教师角色与奖励论坛，积极探讨和研究新的大学教师评价与奖励机制。这些工作取得一定的成效，美国一些大学开始重新考虑与修订教师评价与奖励制度，但是，原有科研导向的教师评价机制依然占据着美国高等教育主流地位。其次是内部评价标准问题。教学学术评价及其标准研究虽然有一定的进展，但是，教学学术的成果识别与表达、评价标准、奖励等研究依然存在较大的问题缺陷与实践障碍。例如，教学学术的奖励标准是什么，是按照教学标准，还是按照科研标准？如果得不到适当的奖励或与传统科研相同的待遇，研究人员势必会离开教学学术。①

5. 学科界限问题

不同学科专业的认知、思维、研究方法等均不同，且存在较大差异，尤其是人文学科。那么，教学学术的实践中是否存在适用于所有学科专业的通用模式，抑或存在不同学科专业的教学学术模式？不同的研究立场以及学科专业间的差异，导致教学学术实践出现不少的问题和障碍。

6. 教师负担问题

现实中，过多的教学任务和繁重的其他学校杂务成为大学教师开展教学学术的负担。一方面，大学教师很难将学术成果运用于教学实践；另一方面，大学教师因为水平、精力和时间等的局限，很难归纳总结教学实践经验，将其上升为教学理论或学科研究。

7. 同行评议问题

目前，理论研究中的教学学术评价过于依赖同行评议。现实中，教学学术的评价如果过于依赖同行评议，那么如何保障同行评议的时间、科学与公正？这些都成为教学学术实践的问题。

8. 公开与交流问题

公开与交流是教学学术的核心特征，看似很简单，但在教学学术实践中却是个难度较大的问题。一是学科之间存在差异，缺乏公开与交流平台；二是教学一直被认为是教师私下、隐私的个人活动，如何让教师抛开隐私与顾虑等进行公开与交流？

教学学术要求教学及其研究成果公开，并被同行使用、评价和发展。

---

① Walker, J. D., Baepler, P., & Cohen, B.. The Scholarship of Teaching and Learning Paradox: Results without Rewards [J]. College Teaching, 2008, 56 (3): 183-189.

但是，在实际中，教师的教学工作一向被认为是等级的、个人的、隐私的事情。①如何建立有效的和保障的沟通机制，让教师们摆脱"教学孤岛"（edagogical solitude）、让教学成为一种"共同财富"（community property）？

9. 成果的表达与交流问题

教学学术研究成果虽然要求公开但不一定发表，但在实践中存在三个问题：一是如何呈现、公开与交流教学学术，以至于研究成果不会像"干冰"（dry ice）一样消失？二是教学学术虽然只要求教师呈现与公开，但实际上教师依然很少公开他们的教学学术研究成果；三是不同学科之间如何公开与交流？

10. 经费问题

教学学术实践需要经费的资助与保障，但是，资助与经费往往受到传统观念的影响而主要用于资助传统科研，很少用于资助教学和教学学术。教学学术还不被认为是一种正式、正规的科学研究，因此，经费资助问题就成为教学学术实践的一个困难与问题。

综上所述，博耶在 1990 年呼吁美国高校拓展大学学术内涵，重新全面认识教师智力工作，进而正式提出教学学术并予以积极倡导，从而引发国际范围的当代大学教学学术的讨论与研究。经过 25 年的研究与发展，教学学术也已经有大量的研究与实践，并取得一定的成效。在过去的 25 年里，美国出现大量的关于教学学术的研究，旨在加强"分类的思想"进而提升学习、教学和学生学习的评价。另外，在卡内基教学促进会的领导下，卡内基教学学术学会（CASTL）也一直处于推动教学学术的最前沿，通过学术、出版、资源、研讨会和校园项目等，用最大的努力践行着教学学术的思想。然而在现实中，美国许多学院和大学依然继续拥护着传统的近似二元论的看法：科研比起教学在大学中更易出名和受重视，反过来，许多初级教员面临提升学术生涯和同时保留自己忠实于教学的烦恼的挑战。卡内基教学学术学会的一位高级研究人员承认，这将是一场持续的斗争。②

---

① Hargreaves, A.. Push, Pull and Nudge: The Future of Teaching and Educational Change ［Z］. 第一届教师教育全球峰会主题发言，北京师范大学教育学院，2011 - 10 - 30.

② Clifton, C.. Balancing Acts: The Scholarship of Teaching and Learning in Academic Careers（Review）［J］. The Review of Higher Education, 2005, 28（4）: 623 - 625.

第三节　本章小结

美国大学教学学术经过 25 年的研究与发展，理论化初露端倪，实践业已全面展开，并在美国逐渐形成一场全国范围的学术运动。它是开始于 20 世纪 80 年代美国高等教育改革的延续，也是美国本科教育运动的有机组成部分，还是美国社会民主改革的重要构成部分。

美国大学教学学术已经引起全世界范围的关注和重视，其中，研究和参与教学学术的学者、高校、机构已经遍布世界各地，例如，加拿大、澳大利亚、英国、爱尔兰、丹麦、俄罗斯、南非、中国香港、中国台湾等国家和地区，并且组建国际教学学术学会，为教学学术的研究与交流搭建了国际平台。

25 年来，大学教学学术的研究与发展尽管已经取得一定的成绩，但是，作为一个新兴的研究领域（见图 6 - 1），还存在诸多的问题与争议，尤其是在传统研究范式占据学术主流的形势下，教学学术的研究与实践举步维艰，还需要更多努力和支持，尤其是需要更多人的参与、新科技的发展和新的认识论及方法论。然而，代表着先进理念与崭新思想的教学学术，适应时代、社会和教育的发展需要，虽举步蹒跚，但已踏上征程，恰如"冬天来了，春天还会远吗"？

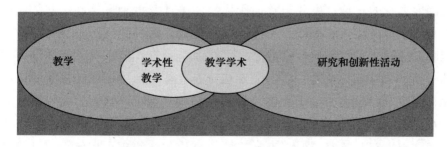

图 6.1　教学学术

资料来源：http：//www. issotl. org/tutorial/sotltutorial/home. html. Retrieved from 2011 - 07 - 10.

第七章

美国大学教学学术研究的思考与启示

　　行文至此，已近尾声。本研究按照研究框架共设计为七章，其中，前六章分别为：研究问题的缘起，美国大学教学学术研究的历史背景，发展历程，基本理论，主要实践，成绩、问题、影响与展望。第七章作为结语，按照研究的常规要求，最后应该要有研究结论，即要给出所研究问题的答案，但是，这对于比较教育研究来说，往往是个难题，一方面，比较教育研究很难下结论；另一方面，比较教育研究也不应轻易下结论。主要原因在于比较教育研究中的国情、文化等不同及复杂性。就是同一研究问题也会因研究人员、国家和地点等的不同而出现偏差。萨德勒早就告诉过我们："任何出色的真实有效的教育都是民族生活与特点的写照。它根植于民族的历史中，适合于它的需要。……常常根植于其制度本身的土壤之中并与它们所依赖的条件紧密地联结在一起，而这些条件不可能或不希望被引进另一个国家的。"①他同时也告诫我们："不能随意地漫步在世界教育制度之林，就像小孩逛花园一样，从一堆灌木丛中摘一朵花，再从另一堆中采一些叶子，然后指望将这些采集的东西移植到家里的土壤中便会拥有一颗有生命的植物。"②然而，比较教育研究难下结论并不意味着比较教育研究没有结论，比较教育研究重在对情况的客观说明与阐释，但它不是简单地寻找和解读历史事实，而是像加贝拉（Gabella）所说的，"更是一个在对历史事实进行追溯和叙述的过

---

① 王承绪主编：《比较教育学史》，人民教育出版社 1998 年版，第 65 页。

② 同上书，第 66 页。

程中发现意义，并将人物、事件和解释组织成一个网络的过程"①；同时，比较教育研究不是只有解释框架的历史研究，它还是一门科学——"就像在实验室里的物理学家一样，要收集准确、完整的史料，并且为这些史料提供一个准确的解释框架"②。比较教育研究的价值在于尽可能地"为我们提供思想，指出方向，但我们却不能将国外解决问题的办法直接移植过来解决国内的问题"③，但它"将促使我们更好地研究和理解我们自己的教育制度"④。从这个意义上讲，比较教育研究者则更类似兹纳尼茨基（Znaniecki Florian Witold）所说的"知识史学家"——"起初，他只是其他人的思想与观察结果的搜集者，通常以'公正的'的评价判断点缀其间。然而最后，客观地决定历史事实的任务，充分重建与诠释过去的理论的任务，因而使它们免于被忘却或误解，最后追溯与解释知识之历史进化的任务，产生出了特殊的理论问题。"⑤这个时候，比较教育研究者亦从"仅仅是其他人寻求真理经历的记录者，变成为真理的探究者，且有其自身特殊的科学探究领域"⑥。

　　基于以上论述和认识，本章作为结语，主要包括三方面内容：一是美国大学教学学术及其研究的述评和研究结论，主要是对美国大学教学学术产生的原因、过程与影响、核心理念与观点、存在的问题及背后所蕴含的深刻含义等作一回顾、澄清、揭示与总结，以期对美国大学教学学术及其研究有一较为全面地了解和深刻认识；二是对美国大学教学学术及其研究的几点思考及其对我国高等教育发展的启示，以作为对本研究第一章研究缘起中几个研究问题的回应；三是本书的不足及后续研究，主要分析本书中存在的问题和不足，并对将来的后续研究工作进行展望。

---

　　①　［美］韦布：《美国教育史：一场伟大的美国试验》，陈露茜等译，安徽教育出版社2010年版，序。

　　②　同上书。

　　③　［美］阿特巴赫主编：《为美国高等教育辩护》，别敦荣等译，中国海洋大学出版社2007年版，第9—10页。

　　④　王承绪主编：《比较教育学史》，人民教育出版社1998年版，第66页。

　　⑤　［波］兹纳尼茨基：《知识人的社会角色》，郏斌祥译，译林出版社2000年版，第102页。

　　⑥　同上书。

第一节　审视

一　美国大学教学学术研究的回顾

发端于 20 世纪 90 年代的美国大学教学学术运动，是当代美国影响最深远也是最重要的一次高等教育改革。[①] 1990 年，时任美国卡内基教学促进会第七任主席的博耶在其出版的工作报告《学术反思》中针对美国研究型大学不重视本科阶段教育、重科研轻教学的狭隘学术内涵理解及"不发表就解聘"（publish or perish）的不科学的大学教师评价与奖励机制，建议拓展学术内涵、重视本科阶段教育教学和重新界定、认识大学教师角色。在书中，博耶拓展学术内涵，创造性地提出了自己的新学术观——发现的学术（研究）、整合的学术、应用的学术和教学学术。其中，博耶将教学视为一种智力活动、一种学术事业和一种学术形式，进而正式提出了教学学术，并对教学学术理论进行了初步的建构。[②] 1990 年博耶发表的《学术反思》，标志着当代大学教学学术讨论和研究的开始。

1997 年，时任卡内基教学促进会临时过渡主席的格拉塞克和其他卡内基学者共同研究和出版了被誉为《学术反思》下篇的《学术评价》，对教学学术的评价及其标准问题进行了探讨，将教学学术的研究工作向前推进了一大步。但是，这个时候的教学学术存在三个致命的问题：一是教学是否作为一种学术形式和具备学术权利，备受质疑；二是教学学术主要停留在"教的学术"层面——注重教师的教而忽视学生的学，其内涵欠缺完整；三是相关教学学术的讨论与研究还主要停留在理念层面，"教学学术理念向实践的推进还有很多的工作要做"，[③]影响和制约着教学学术的进一步发展。这些问题在 1997 年舒尔曼接任卡内基教学促进会主席后得到了一定程度的解决，教学学术的研究与实践也由此走上了一个新的发展方向。

1997 年 8 月，美国斯坦福大学著名教育、心理学教授舒尔曼走马上任

---

① 王玉衡：《美国大学教学学术运动》，北京师范大学出版社 2010 年版，第 181 页。

② Boyer. E. L . Scholarship Reconsidered：Priorities of the Professoriate ［M］. San Francisco：Jossey-Bass，1990.

③ 李政云：《卡内基教学促进会与美国高等教育发展》，博士学位论文，浙江大学，2007 年，第 119 页。

卡内基教学促进会第八任主席。作为博耶的后继者，舒尔曼首先将教学学术的内涵进行了拓展，将"教的学术"（Scholarship of Teaching）推进到"教与学的学术"（Scholarship of Teaching and Learning），从而使得教学学术的内涵更加完整。在舒尔曼看来，教与学紧密相连、不可分开，因此，教学学术不只是包括教的学术，还应包括学的学术。其次，舒尔曼对教学学术与优秀教学、学术性教学与教学学术进行了区分，从而将教学学术从优秀教学与学术性教学中脱离出来，使得教学学术作为一种学术权利得以确立。①学术型教师与实践教学学术的教师是明显存在差异的，前者有可能效忠于学生、探究的原则和探究学生如何学习，然而，这些可能很少或不会与同事分享，这不是教学学术。为了区分学术性教学与教学学术，舒尔曼列出了教学学术的三个标准：（1）能够公开；（2）易被回顾与评价；（3）容易交流和被他人使用、发展。舒尔曼的目的在于，如果教与学在学科中得到重视，作为促进和发展知识，接下来它不应被独立开展，而是应能够像研究一样作为"共同财富"②。最后，舒尔曼不满足简单地描述教学学术的原则和理论研究，他于1998年将卡内基教学促进会与美国高等教育协会（AAHE）联合起来组建了卡内基教学学术学会（CASTL），先后开展了卡内基学者项目（Carnegie Scholars Program，也称皮尤学者项目）、教学学术校园项目（CASTL Campus Program）和学术与专业团体教学学术项目（Scholarly and Professional Societies Program）等，开始在全国范围的高校中运用与推广教学学术。大学教学学术在美国逐渐演变成为一种全国性的学术运动，并波及欧美其他国家，引起全世界范围的关注和重视。

美国大学教学学术经过25年的研究与发展，研究体系初步形成、理论化已露端倪、实践也已全面展开，而且在制度化方面也取得一定的进展③；然而，作为一种新兴的研究，教学学术也还存在诸多的理论争议和实践障碍。但是，就目前教学学术的研究与发展趋势来看，教学学术及其研究已经全面展开，在理论方面向纵深方向发展，表现为由关注课堂教学转向关注课堂之外及领导与管理、制度、文化等方面。就大学教学学术及其研究的

---

① Rice, R. E. Beyond Scholarship Reconsidered: Toward an Enlarged Vision of the Scholarly Work of Faculty Members [J]. New Directions for Teaching and Learning, 2002, (90): 7–17.

② Shulman, L. S.. Teaching as Community Property: Putting an End to Pedagogical Solitude [J]. Change, 1993, (6): 6–7.

③ 侯定凯：《博耶报告20年：教学学术的制度化进程》，《复旦教育论坛》2010年第6期。

影响来看，理论方面，它代表了一种新型的高等教育研究范式，标志着西方高等教育发展的转型；①实践方面，美国、英国、加拿大、澳大利亚、爱尔兰、新西兰、俄罗斯和中国香港、中国台湾等国家和地区已经相应地调整了高等教育政策——重视本科阶段教育教学、重新制订或修改了大学教师评价机制与奖励政策，突出教学并平衡教学与研究之间的关系等。②

二 美国大学教学学术研究的审视

（一）教学学术的核心理念与观点

1. 教学应被视为一种学术形式

在1990年博耶出版《学术反思》之前，学术一词主要指研究，而不是教学；③教学，作为一种技艺，主要被认为是研究的派生活动。另外，大学中有关教学与科研之间关系的研究和争论已经持续了很多年，国内外学者的相关讨论仍在继续，④至今尚无定论。教学与科研之间的含混关系——积极（正相关）、消极（负相关）和不相关（零相关），⑤二者究竟是什么关系，在一定程度上有损于大学教学与科研的发展，进而影响了大学、教师和学生的发展。

博耶在1990年出版的《学术反思》中认为：将教学视为研究的派生活动和把学术局限于研究成果的出版与发表的传统观念已经束缚了人们对

① Atkinson, M. P. The Scholarship of Teaching and Learning: Reconceptualizing Scholarship and Transforming the Academy [J]. Social Forces, 2001, 79 (4): 1217 –1230.

② Trigwell, K., Martin, E., Benjamin, J. and Prosser, M. Scholarship of Teaching: A Model [J]. Higher Education Research and Development, 2000, 19 (2): 155 – 168.

③ Rice, R. E. Toward a Broader Conception of Scholarship: the American Context [A]. In Whiston, T. G and Geiger, R. L. (Eds.). Research and Higher Education: The United Kingdom and the United States [M]. Society for Research into Higher Education and Open University Press, Buckingham, 1992. 117 – 129.

④ 国内代表如李泽彧、曹如军：《大众化时期大学教学与科研关系审视》，《高等教育研究》2008年第3期；刘献君、张俊超、吴洪富：《大学教师对于教学与科研关系的认识和处理调查研究》，《高等工程教育研究》2010年第2期；杨燕英、刘燕、周湘林：《高校教学与科研互动：问题、归因及对策》，《教育研究》2011年第8期；等等。国外代表如 Barnett, R. (Eds.). Reshaping the University: New Relationships between Research, Scholarship and Teaching [M]. New York: McGraw Hill/Open University Press, 2005. Simons, M. and Elen, J.. The "Research-Teaching Nexus" and Education through Research: An Exploration of Ambivalences [J]. Studies in Higher Education, 2007, 32 (5): 617 –631.

⑤ 高德胜：《国外高校教学和科研关系研究述评》，《上海高教研究》1997年第11期。

于学术内涵的理解和认识，现在该是摆脱传统的已经令人生厌的教学与研究论争框架的时候了，需要重新审视与理解教学——最好的教学可以改造研究和实践二者——这一教师智力工作；需要全面认识、尊重和奖励教师的智力工作；作为一个学者究竟意味着什么。上述认识和为促进教育做出的努力能实现到何种程度，很大程度上取决于确定学术内涵的方式，取决于学术受到奖励的方式。①基于以上考虑，博耶提出了自己的学术观——一种全新的大学术观。他将学术划分为发现的学术（研究）、整合的学术、应用的学术和教学学术四种相对独立但又相互交叉的学术形式。博耶将教学上升到学术层面的高度来认识，将教学与研究置于同一地位，认为它们在大学中同等重要，从而和谐地解决了大学中教学与科研之间关系的纷争问题。

教学与科研并重的思想，其实并不是博耶首创，如洪堡早在 19 世纪初创建柏林大学的时候就提出了大学教学与科研相统一的原则。然而，博耶超越传统的教学与科研论争框架，用一种全新的视角看待教学与科研的关系问题，将教学视为一种智力活动，并将其上升为一种学术事业和学术形式，将教学与研究在大学中置于同一地位，这在高等教育界还是第一次，②其影响与意义重大而深远。

2. 教学如何才能成为一种学术形式

首先，教师必须用学术的方法探究教学，把课堂视为研究场所和实验室，进行教学"溯源"③，包括对学习的探究，以一种公开、批判、回顾、建构和提高的方式，通过学术研究提高和理解专业的教与学。另外，教师，不仅要研究和查阅本学科专业的文献资料，通晓本学科专业领域的最新研究前沿动态；而且要了解教育和学习的知识以及学生学习特征，并掌握如何教授的技能。教师，不仅把学生作为知识的接受对象，而且要把学生作为未来的学者进行教育和培养。从这个意义上讲，教学学术是一种和学生一起发现、辨析和经历的专业责任。这对于教师来说不是一种什么新

① Boyer. E. L.. Scholarship Reconsidered: Priorities of the Professoriate ［M］. San Francisco: Jossey-Bass, 1990. XIII.

② Badley, G.. Improving the Scholarship of Teaching and Learning ［J］. Innovations in education and teaching international, 2003, 40 (3): 303–309.

③ Hutchings, P. & Shulman, L. E.. The Scholarship of Teaching: New Elaborations, New Developments ［J］. Change, 1999, 31 (5): 10–15.

的研究或新的任务，既是对现在的学生和未来一代负责，也是对同事、学科专业和专业教学负责。

其次，教师要将蕴藏着知识创造和智力的教学研究成果公开交流，能够被他人所复制、回顾与评价，还能够被专业团体人员使用和发展完善。

最后，如果教师的工作能够满足以下六点，就可以被认为是教学学术：以学科相关知识为基础、开创了新领域或创新、能够被复制或详细阐述、能够呈现、能够被同行评议、对工作有直接影响。①

3. 教师不仅是知识的传播者，而且是知识的创造者和改造者

传统意义上，教学经常被视为一项日常的、附加的、几乎人人都可以从事的工作，这项工作主要是传播和搬运知识，不需要和不存在任何智力成分，也没有任何知识贡献，是一种技艺而不是一门科学，因而，从事这项工作的人——教师——也被认为主要是"知识的搬运工""教书匠"。因此，教师及其教学在传统科学和学术界是没有地位和尊严的，也得不到任何重视；同时，教师及教学是否作为一种职业？其专业性一直经常遭受质疑，直到现在也未停止过。国外"无用之人去教书"（those who can, do; those who can't, teach——萧伯纳：1903），②国内"家有半斗粮、不当孩子王"便是真实的写照。

教师"专业主义"理论取向的"教师即研究者"思想，于20世纪六七十年代在欧美正式兴起，分别由英国的斯腾豪斯（Lawrence Stenhouse）和美国的施瓦布（Joseph Schwab）在各自国家提出和倡导。③博耶则通过教学学术的观点将这种思想上升到了一个新的高度——"教学作为一种学术事业和学术形式"——将课堂和教室视为实验室或研究场所，通过学术研究理解和提高教与学。旨在说明：教师不仅是知识的传播者，而且是知识的创造者和改造者；其教学，不仅传播知识，而且可以改造研究和实践二者，此外，既教育又培养未来的学者。④

---

① Diamond, R. M.. Changing Priorities and the Faculty Reward System [J]. New Directions for Higher Education, 1993, (81): 5 – 12.

② Hoyle, E.. Teaching: Prestige, Status and Esteem [J]. Educational Management Administration & Leadership, 2001, 29 (2): 139 – 152.

③ 吴刚平：《校本课程开发的思想基础——施瓦布与斯腾豪斯"实践课程模式"思想探析》，《外国教育研究》2000年第6期。

④ Boyer. E. L. Scholarship Reconsidered: Priorities of the Professoriate [M]. San Francisco: Jossey-Bass, 1990: 15 – 25.

传统学术观认为，只有学者和研究人员才是知识的创造者和改造者，教师只是知识的教授者和传播者，学生只是知识的接受者。然而，教学学术将教师和学生视为知识的创造者和改造者，不仅打破了学者和研究人员创造创新知识而一统知识界的神化角色和神圣地位，而且有利于理论联系实践。

4. 教学作为共同财富

教学不是一项简单的活动，其中存在着教师的教育教学实践智慧和学生的学习智慧。同为实践智慧，医生、建筑工程师、雕塑家或艺术工作者的工作，可以凭借病人档案、建筑、作品等形式予以保留和传播，作为研究成果和创新。但遗憾的是，教师在课堂中的教育教学实践智慧，由于教学是个人的私下活动以及技术等原因，一方面，教师的教育教学智慧很少能够被保留与传播，"像干冰一样消失"，被当代和未来的教师们遗忘了——一种广泛的个体和集体的健忘症——没有这样一种记录符号和记忆系统，下一步对实践智慧的分析、解释和整理是难以进行的;[①]另一方面，大多数教师的教学是一项孤立、私下的工作，伴随着欠发展的习惯和基础，很少向同事学习，就像"教学孤岛"（pedagogical solitude）[②]。教师即使有少许的教育教学智慧火花，也会因为缺乏交流，孤单难以持续和发展，最终被遗忘和熄灭。

教学要得到尊重和重视，必须将教学的角色从隐私的、个人的行为转为"共同财富"。也就是说，教学要成为一种学术形式，必须要能够公开、能面对评论和评价、采用一种能够让他人进行建构的方式，就像其他研究形式一样，能够让专业团体成员分享、使用和发展完善。教学学术应该包括对教学部分或全部的公开——想法、设计、干预、结果和分析——容易能够让同行回顾与评价，能够为将来研究工作提供一定的价值并产生积极意义。也就是说，教学是一项智力活动，应该提供充足证据能够指导深思熟虑的改革，其重要性不应该"像干冰一样消失"，而应可见、能够分享并对别人有用。通过教学学术，将教学带出阴影，让教育知识（pedagogical knowledge）和如何知道（know-how）能够做到像学术探究一样为大家

---

① Shulman, L. S.. Knowledge and Teaching: Foundations of the New Reform [J]. Harvard Educational Review, 1987, (36): 1 – 22.

② Shulman, L. S.. Teaching as Community Property: Putting an End to Pedagogical Solitude [J]. Change, 1993, (6): 6 – 7.

服务。①

5. 教师及教学需要学习和研究

优秀教学不仅是教师的责任，而且对履行大学的使命和院系的责任也很关键。然而，现代大学中存在四个误区：一是大家普遍认为优秀教师是天生的，教学不需要培训、学习和研究；二是大学聘用教师时，主要是看其科研成果，而不是教学；三是大学中很少有资源用于教师专业发展，学科中的教授很少接受教学培训以承担教学任务；四是作为未来教师的研究生教育，主要是一种科研训练，而非教学训练。

目前，高校提供的大学教师培训，一般主要是针对教学质量差的教师，而且提供的培训课程也很有限，难以全面提高教学质量。大学教师很多或是更愿意通过由行政安排的工作坊中与同事交流来提高教学技巧，因为，教授很少有机会与同事交流教学。然而，当这种机会发生时，重要的发现有可能不被捕捉，因为参与者没有呈现或传递他们的教学知识。这种从上到下的教学培训模式，不可能满足跨学科教师的需要。教学一直被认为是教师与学生之间的私事，教学似乎既不需要研究，也不需要讨论。②

教师和教学中通常有个误区，就是认为教师和教学不需要学习，教师和教学是件一劳永逸的事情。这种观点在一定程度上影响了教师的职业性和专业发展。事实并非如此，教与学会随着社会、科技、文化、学生等的变化一直不断出现新的问题，因此，教师及其教学不是时断时续的学习；教师需要不断学习，教学也需要不断研究。

6. 理论与实践的循环促进

传统观点认为，理论属于高深的研究，是上位概念；而实践是将研究的成果付诸实施，是下位的概念。研究是首要的学术活动，整合、应用和教学等都是研究的派生活动，不被认为是学术的有机组成部分。理论与实践是永远不可交汇的两条平行线，因此，也造成了理论与实践的脱节（如图 7.1 所示）。

---

① Hutchings, P. & Shulman, L. E.. The Scholarship of Teaching: New Elaborations, New Developments [J]. Change, 1999, 31 (5): 10 – 15.

② Louie, B. Y., Drevdahl, D. J., Jill M. Purdy, J. M., Stackman, R. W.. Advancing the Scholarship of Teaching through Collaborative Self-Study [J]. The Journal of Higher Education, 2003, 74 (2): 150 – 171.

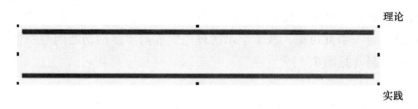

理论

实践

图7.1　理论与实践的脱节

资料来源：Stigmar, M. . Scholarship of Teaching and Learning When Bridging Theory and Practice in Higher Education ［J］. International Journal for the Scholarship of Teaching and Learning, 2010, 4 (2) .

　　但事实并非如此，知识并不一定都是以一种线性的方式发展。因果关系的箭头可能通常是指向两头的。也就是说，理论确实可以指导实践，但实践也会产生理论。①即理论与实践并非平行关系，而是相互交汇的促进关系（如图7.2所示）。

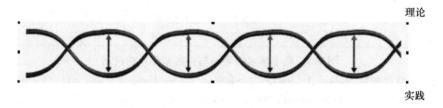

理论

实践

图7.2　理论与实践的整合

资料来源：Stigmar, M. . Scholarship of Teaching and Learning When Bridging Theory and Practice in Higher Education ［J］. International Journal for the Scholarship of Teaching and Learning, 2010, 4 (2) .

　　具体到教学学术来说，教学学术本质上是教学活动的一个方面，是教学活动推展的内在动力，它表明，教学活动是一个有着学术探究与学术实践目的的实践行动。②也就是说，教学理论的生成是建立在对教学实践活动

---

　　① Boyer. E. L. . Scholarship Reconsidered: Priorities of the Professoriate ［M］. San Francisco: Jossey-Bass, 1990: 15 – 16.

　　② Trigwell, K. & Shale, S. . Student Learning and the Scholarship of University Teaching ［J］. Studies in Higher Education, 2004, (4): 523 – 536.

的反思、提升与抽象基础上的，是通过与实践的对话不断发展的，由于与实践情境的紧密对接，教学理论为新一轮的教学实践提供了重要的教与学的知识基础。①由此可见，教学学术的理论生成与实践活动之间是一种循环互动的机制（见图7.3）②。

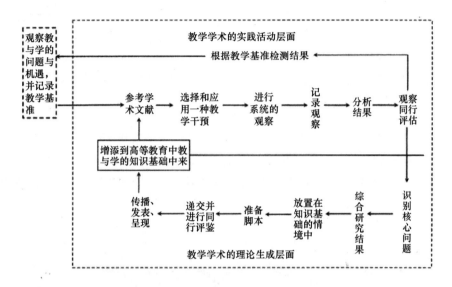

图7.3　教学学术的理论与实践循环互动机制

资料来源：Richlin，L．. Scholarly Teaching and the Scholarship of Teacing ［J］. New Directions for Teaching and Learning，2001，（4）：59. 中文版引自吕林海《大学教学学术的机制及其教师发展意蕴》，《高等教育研究》2009 年第 8 期。

7. 学生作为研究者

传统意义上的学生，主要是知识的学习者，即作为一种知识的被动接受者。但是，随着脑科学、心理学、学习理论和知识论的发展，人们对于学生的学习有了重新的认识。学生不再是传统意义上知识的被动接受者和学习者，而是结合自身经验的主动的知识建构者。因此，学生的角色发生了一定变化，学生不再仅仅是学习者，同时也是研究者。

教学学术，不仅包括教的学术，还包括学的学术。教师已经不再是知

---

① 吕林海：《大学教学学术的机制及其教师发展意蕴》，《高等教育研究》2009 年第 8 期。

② Richlin，L．. Scholarly Teaching and the Scholarship of Teacing ［J］. New Directions for Teaching and Learning，2001，（4）：57 –68.

识的传授者和知识的唯一化身，课本已不是学生获取知识的唯一方式，课堂也不是学生获取知识的唯一地方。在现代社会和科技的背景下，学生获取知识的方式与途径已经多元化。这说明，学生在教学学术中的角色，已经不仅仅是个接受知识的学习者，还是知识的验证者、研究者和创造者。也就是说，学生像教师一样，成为学者和研究人员。同时，迅猛发展的现代科技和新的知识观也为学生角色的转换奠定了基础。

8. 循证教学

循证教学（Evidence-based Teaching and Learning），源于医学术语，[①]即为基于证据的教与学，也就是强调可视化的教学与学习。循证教学旨在通过一定的手段和方法，明晰教与学的过程与结果，让教的人和学的人都能够做到心中有数；同时，优秀的教与学的过程与结果，包括师生的实践智慧、教学智慧、学习智慧等，不再像过去教学过程中如"干冰一样消失"，而是借助先进的科技手段像传统科研一样被记录和保存，从而使得优秀教学的过程与结果能够公开交流、回顾与评价、使用与发展。

教学学术鼓励基于证据的教与学，而且迅猛发展的新科技为获取证据提供了保障，使得循证教学越来越成为可能。但是，循证教学也还存在问题，即不同学科中教学与学习的方式不同，且存在一定的特殊性。这一问题后被舒尔曼提出的基于不同学科的"签名教学法"（signature pedagogies）所推进，即一种不同学科但又紧密联系的教学模式，也就是说，每个学科中的教师与学生像学科专家一样去思考。[②]目前，这种教学模式在美国十分流行，被推广至很多文科与科学项目。

（二）教学学术研究：问题与厘清

1. 学术包括发现的学术（研究）、整合的学术、应用的学术和教学学术等四种学术形式，它们相对独立但又相互重叠。教学学术与研究在大学中处于同等地位，对于大学来说，都很重要。教学学术，并不排斥研究，而是强调研究与教学的互补性。教学学术也不是像有些教师想象的那样，

---

① 任维平、刘颖：《弘扬循证教学思想 完善大学英语教学》，《中国电力教育》2011 年第 34 期。

② Shulman, L. S. . The Signature Pedagogies of the Professions of Law, Medicine, Engineering, and the Clergy: Potential Lessons for the Education of Teachers ［EB/OL］. Retrieved 2012 - 02 - 24 from: http://www.taylorprograms.com/images/Shulman_ Signature_ Pedagogies. pdf, February6 - 8, 2005.

并不要教师对教学投入过多的时间，而是要将教学与研究结合起来，成为一种日常性的事务工作。

2. 首先，教学学术源于教学，但不同于教学，是一种教学"溯源"；因此，教学学术不等同于教学，教学也不都是教学学术；只有将教学的研究成果公开交流、回顾与评价、并被专业人员使用与发展，才能称之为教学学术。其次，教学学术也不是有效教学和优秀教学的同义词，教学学术能够增加有效教学和优秀教学，但教学学术不一定完全形成有效教学和优秀教学，即教学学术是有效教学和优秀教学的必要但不充分条件；教学学术不否认有效教学和优秀教学的价值，应该大力提倡有效教学和优秀教学。最后，教学学术不同于学术性教学，学术性教学是用学术性的方法进行教学，但不一定将研究成果公开，是否公开是教师个人的事情，如果公开就将成为教学学术；学术性教学的目的在于影响教学，产生学习过程，而教学学术有助于正式教育实践和学科知识基础，两者对于学术都是基本的。[1]教学学术包括学术性教学，但要求更多；当一个人具有了教学学术，也就具备了博耶所说的四种学术能力。

3. 教学学术鼓励所有的教师都参与，但并不要求所有的教师都掌握教学学术，应该因人而异，而且学校类型、教师的使命和工作重点也不同。擅长教学的教师好好教学（教学型教师），擅长研究的教师好好搞研究（研究型教师），两者能够兼得的教师从事教学学术（教学科研型教师）。这些教师的工作形式在大学中都是必要和需要的，因此都应该被尊重、重视和奖励，这样才能挖掘和调动所有教师的全部的智力资源。在奖励先进的同时，不能拿一把尺子去衡量所有的教师，不能让所有的教师都适应于同一标准。丰富多样的、富有生命的、高水平的大学，必须调动所有教师全部的积极性、潜力和创造性。

4. 教学学术重视和提倡课堂研究，但不局限于课堂。课堂固然是教与学的主要阵地，但影响教与学的因素却是方方面面的，既有课堂内的、课堂外的，又有校内的、校外的。因此，教学学术不能局限于课堂，应该超越课堂，在更广阔的范围当中探讨教与学的问题。

---

① Richlin, L. & Cox, M.. Developing Scholarly Teaching and the Scholarship of Teaching and Learning through Faculty Learning Communities [J]. New Directions for Teaching and Learning, 2004, (97): 127 – 136.

5. 教学学术虽然是基于学科专业背景的发展与应用，但因为教与学的知识与问题超出了学科的边界，因此，教学学术也随之超越了学科的边界。尽管教学学术因学科而各异，但主题是一致的。①在教学学术中，不同学科的学者，尽管存在学科差异和方法不同，但他们为了共同的问题——如何学习——而聚到一起，围绕教与学的知识与问题交流想法、展开探究；同时，这种研究成果反过来又会促进学科的发展。

6. 教学学术就像教学和研究一样，因人而异，并没有一个最佳的实施模式与方法。教学学术处于学科和专业交叉之中，是混合性质的。②如果追求一种开展教学学术的普适性方法，注定将面临失望与失败。教学学术的研究方法将随着教师的教学、不同学科领域内容的理解和表达方式而变化，因此，教学学术提倡混合研究的方法，而且可能会更有收获。

7. 教学学术不是教师个人的行为，教学学术要成功，需要有政策、制度、领导、团队等的支持。如果教学学术不能被专业奖励和回报，那么很多高水平的研究人员将离开教学学术。

8. 教学学术作为一种学术形式，其研究成果一定要像其他研究一样能够公开，但不一定要发表。发表是研究成果的一种表达形式，研究成果应该有多种多样的表达形式。

9. 教学学术的概念与内涵，虽然迄今为止依然很难用目前的人类语言表述清楚，而且不易掌握，其研究成果也很难评价。但是，教学学术的公开目标是形成对所有学生的学习的长期的明显作用、产生更强的课程和更有力的教育。教学学术或许可以理解为以变革的名义进行的学术，衡量其成功的一个标志是对思想与实践的影响。③

10. 教学学术作为一种学术，并不能一劳永逸地解决所有的教与学问题。教与学的挑战依然存在，它们将随着新学科的诞生而变异和成长，同时也会出现新的实践挑战，因此，新时期的教师和学生要养成分辨课堂教学与研究的习惯。这些问题虽不能完全解决但可以控制，教学学术进行着

---

① Hutchings, P.. Opening Lines: Approaches to the Scholarship of Teaching and Learning [M]. Menlo Park, CA: The Carnegie Foundation for the Advancement of Teaching, 2000: 1.

② Shulman, L. S.. The Scholarship of Teaching and Learning: A Personal Account and Reflection [J]. International Journal for the Scholarship of Teaching and Learning, 2011, 5 (1).

③ Hutchings, P.. Opening Lines: Approaches to the Scholarship of Teaching and Learning [M]. Menlo Park, CA: The Carnegie Foundation for the Advancement of Teaching, 2000: 10.

循环往复的教学实践研究，因为它支持更高的工作。既然这个世界是变化的，那么，探究这个世界也是没有尽头的。教学学术就是帮助人类应付学习的挑战进而达到生存的工具，必须成为教师的日常工作，并成为未来学者与教师的研究生教育的一部分。①

11. 教学学术旨在提高教学质量，促进教学与学习。教学学术虽然提倡学术性教学，但并不否定经验型教学。不仅学术性教学可以形成教学学术，经验型教学也可以形成教学学术。但是，就教学学术的本质和提高教学质量而言，经验型教学应尽量向学术型转变。

（三）教学学术：背后的蕴含

美国大学教学学术从博耶 1990 年发表《学术反思》算起，至今已经超过 20 年，其理论与实践已经取得了一定的成绩，但同时问题与障碍也不少，其中，最大的一个问题是大学教学是否能够作为一种学术形式和是否具备学术权利？国内外学者对此论争仍在继续，有赞同者，亦有异议者。行文至此，本书的观点是暂时抛开教学学术及其研究自身是否作为一种学术形式和具备学术权利的探讨，挖掘和探讨一下其背后的蕴含，这不仅是必要的，而且也是很有价值的。

1. 美国高等教育的发展与其国家利益密切相关

美国当代著名教育史学家里帕（S. Alexander Rippa）曾说过：发生在任何时间或地点的教育都是特定社会的一种反映，教育是该社会不可缺少的组成部分。②另外，在阶级社会里，教育总是阶级的教育，必然由掌握政权的阶级通过政治组织机构、法律形式和思想意识影响来控制教育，从而决定着教育的各个方面，即对教育性质、目的、制度、内容乃至方法都具有强烈的制约作用。③美国高等教育的研究与发展与其国家利益密切相关，④美国大学教学学术也不例外。

美国大学教学学术及其研究的兴起，是美国一定社会的反映，并且与美国的国家利益息息相关。美国留学生从德国带回了大学科学研究的功

---

① Shulman, L. S.. The Scholarship of Teaching and Learning: A Personal Account and Reflection [J]. International Journal for the Scholarship of Teaching and Learning, 2011, 5 (1).

② ［美］里帕：《自由社会中的教育：美国历程》（第 8 版），於荣译，陈瑶、张斌贤校，安徽教育出版社 2010 年版，前言。

③ 黄济、王策三主编：《现代教育论》，人民教育出版社 1996 年版，第 27 页。

④ 於荣：《冷战中的美国大学学术研究》，北京师范大学出版社 2008 年版。

能，并与美国实用主义思想结合，产生了著名的"威斯康星思想"，形成了教育、科研与服务并重的高等教育发展模式，被誉为促进美国社会良好发展的"三轮马车"，偏废任何一方都会影响美国的发展。然而，受到战争和科技功利主义的影响，"二战"后的美国高等教育发展，逐渐偏向了科技功能，相对忽略了教育功能和服务功能，美国大学的发展定位趋同、大学使命混乱而影响了美国高等教育的丰富性、削弱了美国高等教育的发展，同时也产生了越来越多的社会问题，最终损害了美国的国家利益。现在需要重新审视学术的内涵、重新定位大学教授的角色和全面认识教师的智力工作，以便让美国高等教育为国家发挥更大的服务功能。

2. 高等教育发展的相对独立性

美国大学教学学术及其研究的兴起，在一定程度上说明和反映了高等教育的两面性，既有为政治服务的阶级性的一面；同时，又具有相对独立性的一面。美国大学教学学术在反映阶级属性、为国家利益服务的同时，也从一定程度上反映了科技理性引发的在美国功利实用主义背景下的一种高等教育发展的自我反思，这是教育发展相对独立性的一面，它反映了美国高等教育以"责任和服务"为主题特征的，回归人性和人文教育的发展新动向。

"二战"后的美国高等教育发展，越来越呈现出功利与实用的一面，由此招致美国民众和政府的不满和批评，在20世纪80年代达到了顶峰，使得质量问题成为美国20世纪80年代高等教育的主要矛盾[1]。美国政府和社会各界纷纷开始探讨和调查高等教育中存在的问题，并积极提出对策建议，其中仅咨询报告就达数百个之多。其中著名的有：《对共同知识的探究：普通教育之目的》（卡内基基金会，1981），《国家处于危险中：教育改革势在必行》（国家优质教育委员会，1983），《投身学习：发挥美国高等教育潜力》（优质高等教育研究小组，1984），《学院：美国本科生就读经验》（卡内基基金会，1987），《扼杀精神：美国高等教育》（史密斯，1990），《校园生活：寻求共同体》（卡内基基金会，1990），《学术反思：教授工作的重点》（卡内基基金会，1990），《重建本科教育：美国研究型大学发展蓝图》（卡内基基金会，1998），

[1] 顾明远、梁忠义主编：《世界教育大系·美国教育》，吉林教育出版社2000年版，第279页。

《重建本科教育——博耶报告三年回顾》（卡内基基金会，2001）等。从上述著作和报告中，我们可以深刻地感受到，美国政府和民众在美国高等教育发展中进行的反思和创新，以及表现出的巨大责任心。正是这种反思、创新和责任心，才使得美国高等教育往往能够及时返回偏离正常的轨道，回到教育的相对独立性的一面，并使美国高等教育永葆生命活力，处于世界领先地位。这不仅是对美国高等教育发展的负责任，而且是对美国的下一代以及社会和国家的负责任。

3. 以"责任与评价"为主题的美国高等教育发展时代的到来

美国高等教育的发展，与美国政治和社会历史中的主要思潮密切相关。[①]20 世纪七八十年代，受到经济危机的影响以及大学学费的持续上涨和受教育者教育程度的提高与觉醒，尤其是以《国家处于危险之中》等报告对教育问题的爆料，美国政府和社会各界逐渐开始由关注接受高等教育的过程转向关注接受高等教育的结果，即从关注大学生如何学习转向关注大学生到底学了些什么？学得如何？是否适应社会需要？是否能够在社会上生存和发展？高等教育不断为利益相关者所问责，美国高等教育的发展由此开始进入以"责任与评价"为主题的问责制时代。[②]学生、家长、校友会、商业和政府部门官员以及公众关心的常常是学生的学习成果，同时，从父母到立法者每个人都期望高等教育机构能确保可以衡量的结果 [③]。

在高等教育转向"学生消费者至上"的同时，美国高校纷纷加强了"责任与服务"的功能，突出的一个表现是关注教学质量、加强教学及其研究。大学加强教学及其研究的一个方式就是发展大学教学研究中心（也被称为教师教育发展中心、教师教学发展中心或教学学术中心等，各中心名字不尽相同），美国高校于 1990—2010 年这一时期纷纷组建和成立了大学教学研究中心。从学校分布来看，教学中心在社区大学、文理学院、综合型大学和专业院校（如独立的法学院和医学院）等各类高

① ［美］里帕：《自由社会中的教育：美国历程（第8版）》，於荣译，安徽教育出版社 2010 年版，第 320 页。

② ［美］韦布：《美国教育史：一场伟大的教育试验》，陈露茜等译，安徽教育出版社 2010 年版，第 379 页。

③ ［美］库克等：《提升大学教学能力——教学中心的作用》，陈劲、郑尧丽译，浙江大学出版社 2011 年版，第 34 页。

等教育机构中都有设立，不过大部分有博士学位授予权的研究型大学设有教学中心。确切地说，研究型大学中有 3/4 的院校设有教学中心，其中包括中西部十大名校联盟（共 12 所大学）的 11 所和所有的常春藤盟校。①大学教学研究中心的成立与运作，有助于学校完成促进卓越教学、推动教学创新的使命。

4. 大学术观

在博耶 1990 年发表《学术反思》之前，人们狭窄地将研究视为学术的同义词，而且评价学术的标准也变得越来越窄。按照美国高等教育界主流的观点，作为一个学者就必须成为一个研究者，并且，出版物是衡量学术活动的主要尺度。人们对于学术内涵的狭隘认识与理解，使得大学教授对自己的角色和工作感到模糊。研究和出版物成为大多数大学教师取得学术地位的主要手段，然而事实上，不少学者加入教师行列，是因为他们热爱教学或服务，甚至是为了使世界变得更美好，但是，他们的专业性的义务并未得到应有的承认。同时，这种学术职能的矛盾，在影响教授们的积极性、减弱学校活力的时候，不可避免地对学生——未来的学者——产生了负面影响。

狭隘的传统二元论下的学术内涵理解已经束缚了学者和美国高等教育的发展，现在需要对"学术"这一熟悉而崇高的提法以更广阔的、内涵更丰富的解释。在博耶看来，学术不仅意味着参与基础研究，还意味着走出调研，寻求相互联系，在理论与实践之间建立联系，并把知识有效地传授给学生。即学术不仅包括研究发现，而且包括整合、应用和教学。这四种学术形式，虽然相对独立，但又相互联系与促进，从而形成一个有机的学术整体。②

教学学术所倡导的大学术观——研究、整合、应用与教学，对学生尤其是作为未来学者的研究生将产生巨大的影响。在教学学术的影响下，这些未来的学者不再带有狭隘的学术观，而是带着研究与教学并重的观念进入机构工作，将会影响传统的机构文化、制度等，进而引起机构的变革（见表 7.1）。

---

① ［美］库克等：《提升大学教学能力——教学中心的作用》，陈劲、郑尧丽译，浙江大学出版社 2011 年版，第 1—2 页。

② Boyer, E. L. . Scholarship Reconsidered: Priorities of the Professoriate［M］. San Francisco: Jossey-Bass, 1990: 15 - 25.

表 7.1　　　　　　　　　　　二元论与大学术观的比较

比较的维度	二元论	大学术观
产生的逻辑	大学功能的发展 （与社会的关系）	知识生产链
发展的方向	"教学"功能（中世纪）—"科研"功能（19世纪）—"服务"功能（20世纪）	"发现的学术"（探究）—"整合的学术"（科际联系）—"运用的学术"（服务）—"教学的学术"（传播）
要素间的关系	对立	整合
二者的联系	科研	发现的学术
	服务	整合的学术
	教学	运用的学术
		教学的学术

　　资料来源：郭丹丹：《再谈地方本科院校的定位问题——教学学术的视角》,《长春工业大学学报》（高教研究版）2010年第3期。

5. 整体知识观

　　知识在现代被人为地按照学科专业的方式进行划分，从而产生了"学科领域"和"学术部落及其领地"，以及所谓的学者和研究人员。他们进行研究，并不断生成新知识，而教师只是负责教授、传播知识。这种学科划分方式和知识生产模式在很大程度上是工业社会的产物，它顺应了工业革命时代科技发展的需要，在一定程度上推动了社会和知识的发展，也产生了一定的积极意义。但是，这种传统的学科划分方式和知识生产模式的问题也是巨大的，对人和社会的发展的伤害和影响也是巨大和深远的。马尔库塞认为，理论理性和实践理性、学术上的行为主义和社会上的行为主义在发达的工业社会中汇合，产生了一种由极权主义和社会一体化掌控的单向度的思想和形式模式。结果导致："人与社会的发展中出现更多的是模仿而不是调整；理性屈从于现实生活，屈从于产生出更多和更大的同类现实生活的强大能力；制度的效率使人的认识与反应迟钝"。工业社会导致知识成为碎片不再具有整体性，人类丧失否定、批判和超越的能力，沦为"单向度的人"。①

随着知识经济时代的到来，打破了工业社会中的传统学科划分方式和知识生产模式。知识经济是以知识运营为经济增长方式、知识产业成为龙头产业、知识经济成为新的经济形态的人类社会经济增长方式与经济发展模式，是以促进人与自然协调、持续发展为特征。从知识和人的发展来看，知识与人的发展具有一种整体性，虽然间或有某方面个体的突进，但最终还是要回归整体。片面的知识，将形成片面的人和片面的社会，进而会产生更多的人和社会的问题。教学学术则以知识和人为整体，打破了学科专业划分的界限，在一定意义上旨在拯救"破碎的知识"和"单向度的人"。

6. 学者与教授角色及其工作的重新审视与定位

教学学术及其研究，在一定程度上是对学者与教授的角色与工作进行重新反思与定位。简单地将学术归结为研究和把研究成果发表与出版作为评价、奖励和晋升学者与教授的做法已经滞后，不能满足现代高等教育的发展需要，它束缚了学术的发展、大学的发展和学者、教师的发展。

美国之所以成为当代世界最发达的高等教育中心，是因为其巨大的多样性和活力，以及其尽可能地能够发挥众多学者的巨大潜力。然而，在美国高等教育承担巨大使命和责任的时候，学者和教授因为过于狭隘的学术内涵理解与评价出现了"为研究而研究""蜗居于象牙塔内闭门造车""只管自留地而荒了责任田"、因"研究"而忽略"教学"与"服务"等不良现象。目前美国发展的现实问题是："一个困惑不安的世界不再能够负担象牙塔里搞研究的奢华。学术的价值不是取决于学术自身的名词术语，而是取决于它对国家和世界的服务。"②这就需要重新审视与定位学者与教授的角色与工作，美国今后的发展需要一种新型的学者和教授，吸引更多的优秀人才和学者投入学术职业，以解决日渐危机的学术职业问题。他们的角色和工作将不再仅仅是从事基础研究，而是要走出实验室，理论联系实践，并将知识有效地传授给学生。

---

① ［美］马尔库塞：《单向度的人：发达工业社会意识形态研究》，刘继译，上海译文出版社1989年版，第11—12页。

② ［美］博耶：《关于美国教育改革的演讲》，涂艳国、方彤译，教育科学出版社2002年版，第92页。

三　结论

1. 美国高等教育源于殖民学院，后效仿于德国的研究型大学，并结合美国本土实际最终形成了"威斯康星思想"（Wisconsin Idea）的高等教育发展模式。然而，这种模式在经历了"二战"等战争的洗礼、迎来了高等教育大众化和民权运动、遭受了 20 世纪六七十年代经济危机带来的经费之困等之后，明显暴露出先天发展不足的问题。美国高等教育的发展明显滞后，不能满足美国社会、民众的发展需要和高等教育自身发展需要。那么，新时期美国高等教育的使命如何，如何为国家、社会和人民服务，大学发展向何处去等成为美国各界共同关心的问题。美国前加州大学校长、著名高等教育专家克拉克·克尔（Clark Kerr）针对这一时期的美国高等教育发展状况曾"提出了如下的迫切问题：'现时美国的大学模式是否正在逐渐衰亡'，'从 1870 至 1970 这一百年是否将成为美国大学兴起与开始衰退的时代'或'美国大学是否经过一段时间的困境后，将重新壮大并上升到空前显著的地位'。我只把这些问题摆了出来，未作解答"①。其实，很多美国学者已经觉察和意识到了 20 世纪七八十年代美国高等教育发展之问题所在，但他们自己也不知道如何解决。诚如克拉克·克尔所云，美国高等教育发展开始从"黄金时代进入冰河时代"②。美国高等教育发展问题的解决办法，直到 1990 年博耶《学术反思》的发表才有了初步的答案。

博耶本科教育委员会经过调查后曾指出：研究型大学在美国高等教育系统中扮演着主导的角色，但本科教育却是研究型大学经常忽视的问题，它们把自身的真正价值限定在科研方面；高深的研究和本科教育做出富有意义的转变存在于两个完全不同的平面上，前者是愉悦、确立以研究为基础的学术成名和奖励之源，而后者却只是用来维持大学的存在。③这种情况，一方面是受到"二战"及冷战等战争因素的影响；另一方面是受到发达工业社会的推动，以至于美国研究型大学重视科研和研究生教育而忽视本科教育的情况到 20 世纪 80 年代愈演愈烈，最终爆发了美国本科教育改革运动。美国大学教

① ［美］克尔：《大学的功用》，陈学飞等译，江西教育出版社 1993 年版，1982 年前言。
② ［美］克尔：《高等教育不能回避历史：21 世纪的问题》，王承绪译，浙江教育出版社 2001 年版，第 260 页。
③ ［美］博耶本科教育委员会：《彻底变革大学本科教育：美国研究型大学的蓝图》，朱雪文编译，《全球教育展望》2001 年第 3 期。

学学术在 20 世纪 90 年代初正式兴起，后在卡内基教学促进会的领导和其他机构组织的推动下，逐渐演变成为一场具有国际影响力的全国范围的运动。美国大学教学学术不是一个孤立的事件，它既是 20 世纪 80 年代开始的美国教育改革（史称"学校重建运动"的美国当代第四次教育改革浪潮）的延续，又是美国本科教育改革运动的有机组成部分。

美国大学教学学术对学术内涵、大学的使命、美国高等教育发展、学者与教授的角色与工作重点、教学与科研、教师评价与奖励、本科生教育等一系列问题进行了深刻地反思和检讨，它所倡导的拓展学术内涵、赋予学者与教授新的学术角色与责任、重视本科生教育、教学与科研并重、改革大学教师评价机制、全面认识教师的智力工作、将教学视为一种学术形式等一系列策略举措，目的在于提高美国高等教育质量、促进美国高等教育发展。美国大学教学学术有力地配合了美国"学校重建运动"，一方面促进了美国学术界和高等教育中规则、角色、关系、体系的改变，从而使得不同大学能够更有效地服务于现存的目的或者一起服务于新的目的；①另一方面推动了研究型大学对本科教育的彻底检查，从而在保持科研、研究生教育、本科教育关系的平衡上做出富有意义的转变。②美国大学教学学术不仅对当代美国高等教育的发展产生了持久而深刻的影响，这种影响至今依然存在并将持续；而且也为后续美国高等教育与社会发展相结合的教育改革奠定了基础。另外，美国大学教学学术不仅深刻地反映了美国高等教育的研究与发展具有与其国家利益密切相关的政治属性的一面；而且也反映了美国政府和社会各界对于教育发展的高度责任感和具有的深刻反思性与自查性，正是这些品质才保证了美国高等教育的发展能够处于世界领先地位。

2. 美国大学教学学术，在承认教学作为一种智力活动的同时，将教学视为一种学术事业和学术形式，赋予教学以学术的权利和身份，将教学在大学中与研究置于同一位置和同等重要地位，这在美国乃至西方现代高等教育发展中尚属首次。它对将研究视为学术、把成果发表与出版作为评价、奖励和晋升学者与教师的传统学术认识与狭隘理解等问题提出了挑战，其价值巨大、影响深远。美国大学教学学术，将人们对于学术内涵的

①　Morrison, G. S.. Teaching in America [M]. Boston：Allyn and Bacon, 1997：30.
②　[美] 博耶本科教育委员会：《彻底变革大学本科教育：美国研究型大学的蓝图》，朱雪文编译，《全球教育展望》2001 年第 3 期。

理解和对教学的重视提高到一个前所未有的高度。

目前，高等教育质量问题为世界各国所关注和重视，但是，课堂教学作为学校的基本活动，应该作为提高高等教育质量的切实路径与方法。但是，如果教师花在学生身上的时间得不到奖励，那么谈论提高高等教育质量将会是一句空话。教与学，作为一种古老并流传至今的活动，随着知识观、学习观、心理学、脑科学、实践智慧、行动研究等的发展，正在被重新认识、界定和赋予新的内涵和使命；同时，教师的教育智慧、教学智慧、学生的学习智慧等种种经验的、零散的研究与实践正在逐渐受到关注和重视，将通过教学学术赋予它们一种合法的、合理的、更有价值的学术研究。因此，必须肯定和奖励大学教师的多元角色和工作方式，切实重视并研究教与学，提倡运用学术性的方法提高教学与学习，促进大学教师专业，强调学校和教师的核心使命与责任——育人的强调与回归。这也是美国大学教学学术及其研究在美国逐渐兴起，并为世界其他国家和地区关注和重视的原因。

3. 美国大学教学学术，在卡内基教学促进会的领导和有关机构组织的推动下，经过25年的研究与发展，已经取得了一定的成绩。首先，教学学术研究体系已经初步形成。主要表现为：拥有了一只以美国学者为主、世界其他国家和地区的学者参与的专门研究教学学术的研究队伍；建立了专门的学会组织，不仅有美国本土的机构、学会组织等，而且还有国际机构与组织；有了专门出版教学学术的学术交流平台和杂志刊物；包括美国在内的国家、机构和高校，纷纷资助和开展教学学术项目。其次，在理论研究方面，教学学术理论化已露端倪。主要表现在教学学术的概念与内涵逐渐明确、清晰；研究模式与模型已经展开；评价及其标准研究也已经取得进展；学术规范与伦理开始受到关注；由关注课堂教学拓展为关注机构文化、制度、领导等更大范围；制度化取得一定进展，也已全面展开。最后，实践方面，在卡内基教学促进会的领导和有关机构组织的推动下，美国大学教学学术的实践也已在本科生教育、研究生教育、基础教育三个阶段，学生、教师、高校（机构）、国家、国际五个层面，全国范围的几乎所有学科中全面展开。[①]

---

① 何晓雷、邓纯考、刘庆斌：《美国大学教育研究20年：成绩、问题与展望》，《比较教育研究》2012年第9期。

经过 25 年的研究与发展，美国大学教学学术及其研究虽然取得了一定的成绩，但作为一门新兴的研究领域，毕竟研究时间太短，相比其他研究而言，教学学术及其研究还处于刚刚起步的阶段，依然存在诸多的问题与争议。例如，就教学学术内部研究而言，教学是否能够作为一种学术形式而具备学术权利，其理论依据还不充分；教学学术的概念界定与内涵认识至今没有统一；教学学术的研究成果如何表达、识别、评价与奖励，是否与教学和研究的成果不同，也还不是十分明确，等等。另外，就教学学术的外部研究而言，教学学术如何与其他学术形式协调，如何在传统研究占据学术主流的局面中拥有更多的话语权，如何得到认同和承认，等等。这些问题还有待进一步的探讨和研究，同时也需要更多的教师、学者参与、探讨和研究。另外，就教学学术的发展而言，还需要政策、制度等的大力支持，同时还有赖于科学技术的发展。目前，大学教学学术的研究与实践已经在欧美兴起，但还主要集中在实践开展方面，理论研究虽有探讨但还有待进一步深入和提高。

4. 大学教学学术虽然在美国已经兴起，并引起了广大学者的关注和重视，但是，目前关于教学学术的研究主要是按照传统研究的范式在进行，如按照传统研究思维来看待和研究教学学术的概念界定与内涵认识、成果识别与奖励、评价及其研究等。这样的做法很可能会使教学学术落入传统研究的窠臼，偏离了博耶教学学术思想的初衷。虽然，也有欧美学者注意到了这个问题，正在试图用新的认识论与方法论来研究教学学术，但因为没有新的认识论和方法论的突破，教学学术的研究与发展在欧美似乎出现勉为其难的局面。正如所有的研究都有自身的局限性，[①]教学学术也有自身的局限性，它也不是万能的，就一定能解决所有的教学问题，也正因为如此，博耶认为作为学术的四种形式——发现、整合、应用与教学之间整合的必要性，缺一不可。

综上所述，美国大学教学学术，经过 25 年的发展，理论化初露端倪、实践已经全面展开、制度化正在形成，但是，作为一门新兴的研究领域，依然存在诸多的理论争议和实践障碍。教学学术，作为一种新的学术范式，其未来的研究与发展，需要一种新的认识论，不能局限于已有的认识

---

① Kanuka, H.. Keeping the Scholarship in the Scholarship of Teaching and Learning [J]. International Journal for the Scholarship of Teaching and Learning, 2011, 5 (1).

论和研究范式。21 世纪将是责任和服务的时代，任何教育改革与发展都要为学生的学习质量和发展成长负责，学术研究与教育教学将转向注重质量和教与学，不仅注重过程，而且注重结果。无疑，教学学术及其研究的兴起与发展，适应了时代、社会和教育的需要，标志着西方高等教育范式转型。

目前，人们正在积极寻找一种方法，既能支持学校变革，又能对教师专业发展发挥作用，教学学术不失为一种良方。拥有先进理念和代表着崭新思想的教学学术，虽举步蹒跚，但已踏上征程。将教学视为一种学术的教学学术，其观点虽然不一定正确和成立，美国大学教学学术或许成为众多教育改革浪潮中的一朵浪花，亦有可能昙花一现，但它却给予我们思考和启发，价值隽永、意义深远，将永载高等教育发展史册。

第二节　思考与启示

一　思考

联合国教科文组织国际教育发展委员会在 1972 年发表的《学会生存——教育世界的今天和明天》中曾指出：教育体系受着内部和外部两方面的压力。内部压力来自体系内部的失灵与矛盾，然而过去的经验表明，内部压力和紧张状态本身还不足以引起教育结构上的变化；外部压力在我们这个时代特别坚强有力，未来行动的方向主要将从外在因素中推演出来。①也就是说，教育改革的原因与驱动主要来自于教育内部（自身）和教育外部，教育内部（自身）的变化虽然持久但常常不足以引起教育改革，教育改革主要来自教育外部因素（力量）的推动。美国大学教学学术的出现与兴起也是同样道理，它虽然是高等教育内部（自身）持久变化的结果，反映了美国高等教育发展中的一种省察与觉醒，但更是美国高等教育外部因素作用的结果，如政府、民间机构组织及社会各界的原因，更主要是民众觉醒所给予的压力。虽然，大学教学学术在美国近年来的研究与发展并不如想象的那么顺利，也没有取得预期的成效，原因是多方面的，既有教学学术自身研究与发展的不足与缺陷，同时也反映了传统学术观念及

---

① 联合国教科文组织国际教育委员会编著：《学会生存——教育世界的今天和明天》，教育科学出版社 1996 年版，第 117 页。

其势力的强大与顽固。但是，正是这种省察与觉醒使得美国高等教育发展不断创新，并成为当今世界高等教育最发达中心。此外，欧美等一些国家和地区也已经意识到了学术内涵及高等教育中存在的一些问题，出现了教师"教书不育人"恰如医生"治病不治人"的情况，他们试图通过省察与创新寻找解决之法，教学学术就是其中之一。

大学教学学术在欧美发达国家和地区的兴起与研究是外因与内因相互作用的结果，在亚洲和发展中国家尚未给予充分关注和重视，①这是一件值得思考和商榷的事情。相比之下，发展中国家还处于向西方国家传统学术学习、借鉴阶段，还未进入学术内涵反思阶段，因此，大学教学学术在发展中国家的发展滞后与困难更大。以中国为例，至少存在国情、校情、学情三方面的原因。首先就中国的国情来说，虽然社会用人需求标准已经开始变化，出现了大学生供大于求、技工人才"一将难求"的情况，但无奈人口众多、观念滞后，家长将供孩子上大学视为首要义务，孩子是否在大学真正学到知识和生存技能则是其次。因此，中国高等教育在没有进入"责任与评价"时代之前，教学学术可能暂时不会像美国那样有政府、民众及学生的支持，也因此不会有什么大的研究与发展。其次是校情方面。目前，国内高校热衷于建设世界一流大学和研究型大学，主要将科研成果的发表与出版视为主要依据，导致代表着狭隘学术内涵的传统研究仍将占据学术界主流，即使已经出现了一些问题与反思，但这些问题和反思不会对学术界产生影响和动摇，除非像美国一样有政府、民众、学校形成的合力，因此，国内在短时间内不会拓展学术内涵并对教学学术予以关注和重视。最后是学情方面。教学学术与学术自治、学术自由的发展密切相关。在美国，大学教师有选择教材、授课内容的自由，因此，他们可以讲授自己的研究、同事的研究或学生的研究，教研相长、相得益彰，师生因此也容易产生创新思维与批判思维。中国则不同，中国的大学教师授课过于依赖指定的教材——所谓的课本，师生都要面临学校统一组织的考试，所以教授课本上的内容成为中国大学教师的主要授课内容和工作任务，很难将教学与科研联系、结合起来，那么不仅会出现教学与科研两张皮的情况，导致理论与实践严重脱节；更为严重的是，这种教育主要还是强化基本知

① Looker, P. . Globalising the Local: The Scholarship of Teaching and Learning in a Larger Context [J] . Journal of the NUS Teaching Academy, 2011, 1 (1): 21 –31.

识的记忆，何谈产生创新思维与批判思想，怎么会不出现"钱学森之问"。中国高等教育出现的上述情况就像美国 20 世纪七八十年代一样，如果不积极省察与觉醒，就会像博耶所说的，不仅学术、学校、教师、学生会受到伤害，而最终损害的还是国家。

　　尽管存在诸多主观与客观的限制，但近年来学术职业及教学学术问题已经引起了国内学者的注意和关注。例如，华中科技大学的沈红教授及其博士生参与了世界范围的新的一次学术职业变革国际调查与研究，并于 2011 年 11 月在华中科技大学召开了中国大陆首次关于"学术职业及其变革"专题研讨会，也发表了一系列相关论文 ①。湖南大学的姚利民教授及其硕士研究生对教学学术进行了一系列较为深入的探究 ②。清华大学的史静寰教授等在 2011 年对我国不同地区、不同类型的 44 所高校教师的教学学术状况进行了调查研究。③国内学者开始关注和研究学术职业与教学学术等问题，这是值得祝贺和庆幸的事情，但相关研究在我国还是新兴的话题，还处于刚刚起步的阶段，还需要大家的努力和关怀。

二　启示

　　纵观 25 年美国大学教学学术的研究与发展，成绩与问题并存，但其核心要意给予我们的启发就是："'教育不是摇椅上的学问'，它是行为，它只有在实践中才有意义。"④ 教育，特别是高等教育，不仅要为民族国家的行政的和经济的利益服务，而且要成为发展民族身份的重要方面；不仅要成为国家的一个工具，而且要成为社会的灵魂和人民大众的有机组成部

---

　　① 详见沈红《论学术职业的独特性》，《北京大学教育评论》2011 年第 3 期；沈红：《变革中的学术职业——从 14 国/地区到 21 国的合作研究》，《大学（研究与评价）》2007 年第 1 期；张英丽、沈红：《学术职业：概念界定中的困境》，《江苏高教》2007 年第 5 期；等等。

　　② 详见姚利民：《教学学术及其价值》，《河北科技大学学报》（社会科学版）2010 年第 4 期；綦珊珊、姚利民：《教学学术内涵初探》，《复旦教育论坛》2004 年第 6 期；綦珊珊：《论大学教师的教学学术》，硕士学位论文，湖南大学，2005 年；尹航：《大学教师教学学术现状及其提升对策》，硕士学位论文，湖南大学，2008 年；等等。

　　③ 史静寰、许甜、李一飞：《我国高校教师教学学术现状研究——基于 44 所高校的调查分析》，《高等教育研究》2011 年第 12 期。

　　④ 钟启泉：《学习文化的革命》，载钟启泉、安桂清编《研究性学习的理论基础》，上海教育出版社 2003 年版，总序。

分。①教学学术作为一种新的高等教育发展范式，对于我国高等教育而言，完全是个"舶来品"，我们需要一种审慎的态度对待，发扬鲁迅先生所说的"拿来主义"精神，既不能"照单全盘拿来"，也不能"一棒子全部打死"，而应理性地借鉴与批判，取其精华、去其糟粕。以下是本研究基于美国大学教学学术及其研究的几点启示：

（一）回归大学之道：育人为本

近年来高等教育出现了一些问题，其中部分问题也是社会问题的一种反映。教育敬畏开始缺失，②主要表现为：一是"教书不育人"恰如"医生治病不治人"；二是大学逐渐不为人所重视并演变成为不受欢迎的地方，这是一个国家发展中一个非常危险的信号。大学，之所以受到重视和敬仰，不仅因为它是探究高深学问的场所，更重要的它还是育人的地方。美国斯坦福大学前校长唐纳德·肯尼迪曾经说过："对学生负责是大学的主要使命，也是教师的主要学术职责。然而，近年来在美国大学中，科研和发明创新已经占据了更重要的地位。这或许只是代表了一种暂时的过渡状态，最终将被一种逐步达到的新的平衡所取代。在这种新的平衡中，大学的主要产品是人，然后才是技术。研究和学术将与教育青年学生的责任紧密结合起来。"③因此，目前在中国高校中积极提倡教授上讲台有着积极的重大的价值与意义，不仅是提高高等教育质量的必由之路，而且具有以身示范进行育人的重要作用。

大学不仅是探究高深知识的场所，而且是育人的场所。根据美国高等教育专家克拉克·克尔统计：1520 年前建立的 75 个组织，至今还以同样的方式、使用同样的名字、做着同样的事情，其中有 61 个组织是大学。④大学之所以保留至今，显然是为了某个更为崇高的目的存在，而不仅仅是出于功利或需要，也不仅是为了提供栖息之所或制造产品和买卖货物之

---

① ［美］克尔：《高等教育不能回避历史——21 世纪的问题》，王承绪译，浙江教育出版社 1994 年版，第 10 页。

② 李培根：《建设高等教育强国，国家还需何种高等教育理念》，2010 年高等教育国际论坛主题发言. 南京，2010 - 10 - 30. 也可见 http：//www. hie. edu. cn/zhuanti（xin）/zhuanti201012/10. html.

③ ［美］肯尼迪：《学术责任》，阎凤桥等译，新华出版社 2002 年版，第 90 页。

④ ［美］克尔：《高等教育不能回避历史：21 世纪的问题》，王承绪译，浙江教育出版社 2001 年版，第 50—51 页。

地，它是为了一种自为的东西而存在。①然而，近年来大学里开始出现了一些不和谐的现象，导致大学开始成为人们（包括学生）不满意和不受欢迎的地方，人们对于大学和教育的敬畏开始减少。笔者以为，大学敬畏的削弱和丧失首先源自大学内部核心因素——课堂教学敬畏的削弱和丧失，因此，要重建教育敬畏、大学满意、建设高等教育强国，必须首先重建课堂教学敬畏。只有大学课堂教学成为探究高深学问、精神与心灵得到净化与熏陶的神圣之地，才能真正传播与散布教育与知识的尊严与敬畏；才能让人感到教育和知识的威慑力与震慑力；才能形成良性循环：尊重教育与知识—热爱教育与知识—探究教育与知识—教育与知识发挥和显现作用。对大学课堂教学的负责，就是对大学和大学生的负责；对大学生的负责就是对教育、国家、社会和人类及未来的负责。②这不仅是回归大学之道的真正意蕴，而且是"让每一个中国人活得幸福而有尊严"③的起点。

（二）建设世界一流大学：注重人文教育、重视本科教育

美国著名比较高等教育学者阿特巴赫曾经说过：世界各国都在积极建设世界一流大学，但没人知道世界一流大学到底是什么，以及如何建成一所世界大学。④然而，发达国家建设世界一流大学的经验告诉我们：建设世界一流大学，不能"卓越而没有灵魂"，没有高质量的本科教育是不行的。其中，本科生教育教学是基础，建设世界一流大学离不开高质量的本科生教育教学；另外，更重要的是，世界一流大学在重视科研的同时更注重人文教育。

1. 注重人文教育

我们在斥责现代世界由于过于偏重科技理性的发展而导致人文理性缺失的同时，也面对教育，尤其是大学课堂教学中充斥着"教而不育""教而不导"的无奈。这种无奈和错误举动，不管是有心还是无意，无疑加剧了人文教育与理性的沦丧。我们无法改变社会大环境，但我们可以先改变教育内部小环境，可以从我们教师自身做起。要想建设世界一流大学，必须恢复与重视人文教育。只有这样，知识才不会"支离破碎"和成为"碎

①　［美］布卢姆：《走向封闭的美国精神》，缪青等译，中国社会科学出版社1994年版，第263页。
②　何晓雷、刘庆斌：《重建大学课堂敬畏感》，《大学教育科学》2011年第6期。
③　谢来：《温家宝受CNN记者专访谈政改，让每个人活得有尊严》，http://news.huaihai.tv/guojinews/2010/1012/2010-10-12198216.html.2011-09-18。
④　［美］阿特巴赫：《世界一流大学的成本与收益》，覃文珍译，《北京大学教育评论》2004年第1期。

片"；人类才不会丧失否定、批判和超越的能力，沦为丧失自由与创造性的"单向度的人"①。

在这方面，世界一流大学为我们做出了表率。以哈佛大学为例，在哈佛大学过去一个半世纪的发展过程中，学习思想的变化形成了一条稳定而清晰的发展轨迹。简而言之，哈佛大学的教学从以知识"传授"为基础，转变为教师指导下的学生"自我教育"。虽然这是一个简化，但是它却抓住了事物的本质。哈佛大学认为，学生应该很好地掌握现有的各种知识、信息和理论，这是任何学术研究的基础。这个基础可以通过多种方式来奠定：讲座、阅读、使用专门设计的课程资料、信息技术和其他方式。但是，从学生一入学，大学的主要努力方向就是使他们能够成为参与发现、解释和创造新知识或形成新思想的人。从这个角度看，学生是处于实习阶段的学者和研究者。和教师一样，他们主动参与探索未知的事物，或者检验现有的假设和解释，这样就可以看出他们是否能够经受得起严格的训练。很明显，在指导学生成长方面，教师担负着重要的角色。他们为学生设计课程，开设讲座，组织研讨，就学生研究题目提出建议，为学生的实验方案或研究论文的写作提供咨询，引导学生开展正式的与非正式的讨论，邀请研究生参与自己主持的研究项目，对学生的学习和工作效果做出评价。从这个意义上讲，在高等教育系统中，学生的教育活动是精心设计的，在每一个环节上，教师的作用都是至关重要的，但是，学生应有相当大的自由度，他们可以同时学习几门不同的科目，可以选择他们愿意学习的课程和参与他们愿意参与的研究项目。②

2. 重视本科教育

本科教育是基础，必须给予高度重视。目前，中国正在积极和大力创建世界一流大学，但是，本科教育是大学的基础，没有高质量的本科教育，高质量的研究生教育何从谈起，切不可削足适履。另外，我国政府和高校虽然也积极重视本科教育，其中，教育部出台了一系列加强本科教育教学质量的政策文件，高校也出台了保障本科教育教学的措施，但政策与

① ［美］马尔库塞：《单向度的人：发达工业社会意识形态研究》，刘继译，上海译文出版社1989年版。

② ［美］陆登庭：《一流大学的特征及成功的领导与管理要素：哈佛的经验》，阎凤桥译，载教育部中外大学校长论坛领导小组编《中外大学校长论坛文集》，高等教育出版社2002年版，第19—20页。

措施需要落到实处，过程比结果更重要。

首先，以美国高等教育为例，他们的大学本科教育并不是精英教育，而是面对现代人的基本知识与素养的基础教育，也称为通识教育。研究生教育则主要是培养专门的学术研究人才。这是因为，在一些包括美国在内的成熟的知识型社会，很多学生在本科毕业后所从事的工作未必与自己的本科专业直接"对口"，这就决定了本科教育必须重视通识教育框架的搭建以及对学生知识面的拓展，即使学生今后选择继续从事纯粹的学术研究，知识面的拓展也是有益无害的。其次，对于一个现代人而言，要在今后的社会生活和竞争中独当一面，需要有多方面的知识和素养。而在人生打基础的阶段，也只有当他对众多知识领域的内容和特点有了大致的了解与体悟以后，才能确立自己的真正兴趣所在。[1]像哈佛大学、耶鲁大学、哥伦比亚大学等一直都很重视本科教育，知名教授多数都给本科生上课，如哈佛大学的曼昆、耶鲁大学的诺德豪斯、普林斯顿大学的克鲁格曼、哥伦比亚大学的斯蒂格利兹都定期给本科生上经济学原理课，这些大学均以本科教育而著名。[2]只有一流的本科教育，才可能造就世界一流的大学。

（三）提高高等教育质量：课堂教学为基

高等教育质量对于高等教育和大学的发展来说，是个至关重要的问题。但是，它又是个含糊的、发展演变的、无所不包的概念。而教学学术，为发展和提高高等教育教学质量提供了一条切实可行的办法。课堂教学是基本途径，应该从课堂教学抓起；而且应该把教学作为整体、教学科研一体化来提高。

现代教学，尤其是大学教学，经验性的教学已经滞后，远远不能满足现代社会和学生的发展需要。现代社会中仅作为知识搬运工角色的人才需要已经少之又少，替代需要和紧缺的是能够创新创造、不断反思提高的人才。这样的人才，已经不是传统教育和经验性教学所能培养。学校、教师要培养这样的人才，前提是教师自己首先要作为学者和研究者，进行学术性的教学，能够不断反思提高和创新，能够掌握学科专业发展前沿并将信息、能力等传递给学生，教育学生成为一个学者和研究人员。

如果教师花在学生身上的时间得不到最终的认可和奖励，谈论提高教

---

① 叶德磊：《美国本科教育的启迪》，《解放日报》2010 年 11 月 3 日第 8 版。
② 吕孟仁：《美国大学的本科教育及启示》，《吉林工商学院学报》2010 年第 2 期。

学质量和发展高等教育无疑将是一句空话，但同时还应考虑的是如何提高教育教学质量。学生付了高额学费却经常在课堂中碰到平庸的教学，尽管这种教学可能是有意的或是无意的。虽然，绝大多数学生感觉自己上当受骗，认为应该将这样的骗子教师驱逐出去，付了学费理应得到更好的教学，但是，他们最终多是对此采取了零容忍的态度，主要是因为授课教师拥有评分的权力和为了顺利毕业、拿到学位。一方面，很多大学本科生教育的质量在下滑，大学的选择性、声誉和资源对大学生的学习几乎没有影响，[①]大学生学到的知识、技能等较以前相比明显呈现下降趋势；另一方面，随着高等教育国际化的发展和生源的减少，世界各国尤其是发达国家加快了生源的竞争。有数据表明，中国大陆自 2009 年开始至今连续 4 年出现高考报名人数下降趋势，其中，除了生源因素之外，弃考已经成为高考人数锐减的一个重要因素，近 4 年来有超过 300 万人放弃高考（见图7.4），弃考的学生中一部分选择了出国留学，出国留学连续 4 年增速超过20%（见图 7.5）。[②]这个现象应该引起我们的高度关注和重视，没有学生，何谈大学和教授，"覆巢之下无完卵"啊！吸引和保留住学生，为了一切学生，为了学生的一切，切实提高高等教育教学质量已经刻不容缓。

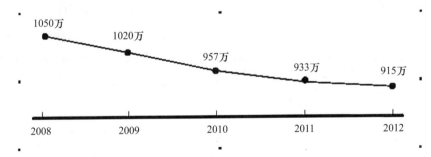

图 7.4　2009—2012 年全国高考报名人数

资料来源：http：//www.edu.cn/2012gaozhao ＿ 12000/20120613/t20120613 ＿790615. shtml.

---

① ［美］约翰·塔戈：《知识工厂的衰落》，载［美］帕克等《课程规划——当代之取向》，谢登斌等译，浙江教育出版社 2004 年版，第 651 页。

② 王南、何青：《4 年超 300 万人放弃高考 出国留学连 4 年增速超 20%》，http：//wei. sohu. com/20120606/n344954291. shtml？pvid ＝ tc＿ news&a ＝ &b ＝ 4％ E5％ B9％ B4％ E8％ B6％85300％ E4％ B8％ 87％ E4％ BA％ BA％ E5％ BC％ 83％ E8％ 80％ 83. 2012 － 06 － 06/2012 － 06 － 07。

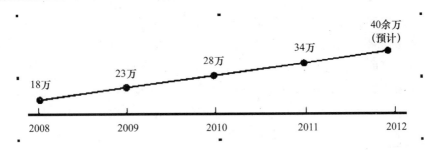

图 7.5　2009—2012 年全国出国留学人数

资料来源：http：//www.edu.cn/2012gaozhao＿12000/20120613/t20120613＿
790615.shtml.

（四）重视大学课程与教学研究

大学课程与教学研究是高等教育研究中的重要组成部分，潘懋元先生很早就关注和提倡大学课程与教学研究，他早在 1956 年就提出在大学中应该理论联系实际的教学方针。[①]后于 1959 年提出教学与科研相统一的原则，[②]并对时任厦门大学客座教授王亚南教授的"研究态度"教学法进行研究和总结，这种教学方法不仅"启发学生的积极思维，深入理解教学内容，同时也培养了学生分析问题解决问题的能力"[③]。其中，李定仁先生于1994 年编撰出版的《大学教学原理与方法》一书，是国内较早系统研究大学教学的专著，[④]随后出现了张楚廷先生的《大学教学学》（2002）[⑤]、徐辉、季诚钧的《大学教学概论》（2004）[⑥]、王伟廉的《高等学校课程研究导论》（2008）[⑦]、姚利民的《大学教师教学论》（2010）[⑧] 等。

[①]　潘懋元：《试论理论联系实际的教学方针》，《厦门大学学报》（哲学社会科学版）1956 年第 3 期。

[②]　潘懋元：《教学、生产劳动、科学研究的矛盾与统一》，《厦门大学学报》（哲学社会科学版）1959 年第 1 期。

[③]　潘懋元：《王亚南教授是如何以研究的态度来进行教学的》，《厦门大学学报》（哲学社会科学版）1979 年第 1 期。

[④]　李定仁：《大学教学原理与方法》，科学出版社 1994 年版。

[⑤]　张楚廷：《大学教学学》，湖南师范大学出版社 2002 年版。

[⑥]　徐辉、季诚钧：《大学教学概论》，浙江大学出版社 2004 年版。

[⑦]　王伟廉：《高等学校课程研究导论》，广东高等教育出版社 2008 年版。

[⑧]　姚利民编著：《大学教师教学论》，湖南大学出版社 2010 年版。

"研究始于惊奇和好奇，但止于教"，[①]因此，尽管教学是世界上最古老的职业，但教育研究，尤其是对教学的系统研究是一项相当新的事业。同时，也导致了"被称为课程的研究领域是充满活力的，但尚未达到应有的'健康'程度"[②]。现实中，相比高等教育其他领域研究和中小学课程与教学论研究而言，大学课程与教学研究明显滞后与不足。大学课程与教学不受重视，主要原因有三：一是大学课程与教学研究为高等教育研究者忽视，属于学科专业研究和教育研究"两不管领域"；二是课程与教学论被人为地局限于中小学基础教育研究领域，很少涉及大学课程与教学领域的研究，从而在一定程度上导致大学课程与教学成为研究"盲点"——在学科专业研究中不重视，在教育研究中被忽略；三是高校教师对教学自身研究不足，主要问题在于"高校教师教学研究的选题、实施、论著撰写、成果应用与推广均存在问题，主要表现为：研究主题较集中，研究范围较狭隘，选题的理论性过强；适合性、创新性较低，前瞻性和可行性较差；查阅相关文献过少和局限，选择和设计研究方案欠合理，开题和执行研究方案不适当；论著撰写的目标不清楚，方法不正确，引用文献著录格式不规范；成果应用和推广不够，表现形式单一，推广与应用效果难以检验与评价等"。[③]

尽管教学学术还存在诸多的问题与质疑，但是，教学学术为学术和学者提供了系统研究教学的基本方法，正如博耶在《学术反思》中所建议的。[④]教学学术，一方面，为大学课程与教学研究提供了一条切实可行的路径；另一方面，将学科专家和教育研究者联合起来，一起研究（学科专业）教与学的问题，理论与实践相结合。

（五）通过教学学术，促进大学教师专业发展

大学教师专业发展一直存在误区和问题，误区在于大学通常聘用学科专家作为大学教师，视教学为研究的附属活动，大学教师不需要进行专门

---

① Shulman. L. S.. Disciplines of Inquiry in Education：A New Overview ［A］. In Jaeger, R. M. (Eds.). Complementary Methods for Research in Education ［M］. Washington, D. C.：Amercian Educational Research Association, 1997. 6.

② ［美］奥恩斯坦等：《当代课程问题》，余强主译，浙江教育出版社 2004 年版，第 33 页。

③ 姚利民、刘玉玲、龙跃君：《论高校教师教学研究中的不足》，《湖南第一师范学院学报》2011 年第 5 期。

④ Nicholls, G.. The Challenge to Scholarship：Rethinking Learning, Teaching and Research ［M］. New York：Routledge, 2005：46.

的教师教育和教学培训，课堂上不会存在教育教学问题，因此，教师教育及其专业发展往往是在中小学界定，中小学教师才有教师教育和教师专业发展，大学教师专业发展问题则很少关注。大学教师专业发展已经引起关注和重视，教学学术将学科专业研究与教育教学研究联系起来，无疑为大学教师专业发展提供了路径与视角。

清华大学前校长梅贻琦先生曾说过："大学者，非大楼，乃大师也。"举凡国内外学术界能称得上大师者，大多是教学与科研兼得之人。被称为"原子弹之父"的美国著名物理学家罗伯特·奥本海默（Robert Oppenheimer）在 1954 年庆祝哥伦比亚大学建校 200 周年的讲话中曾说："科学的专门化伴随进步而来，不可避免。但它充满了危险，是令人痛心的浪费，因为许多美好的给人以启示的东西被从客观世界的大部分地方砍掉。因此，科学家应恰当地发挥如下作用，他不仅发现真理，并传授给同伴，而且，他要进行教学活动，要努力把这些最诚实、最富于智慧的新知识带给每一个希望学习这些知识的人。"①

一般而言，教学往往被简单化。一方面，人们往往认为教学轻而易举，几乎是人人都可以从事的活动；另一方面，学者、研究人员敢于承认研究中不懂的问题，也敢于承认不会做的研究，但大学教师很少敢承认自己不会教学。因为，大学教师如果承认不会教学，往往会招致嘲笑和讥讽。在常人看来，教学只是一种技艺，是件很容易的事情，基本上是人人都可以从事的工作。但事实上，每个教师的确存在很多教学问题，当然，其中不仅是教师的问题，也有学生的问题、教材的问题、学校管理的问题等。教学其实是件非常复杂的事情——谁都可以教学，但教好并达到有效教学、优秀教学，并非是件容易的事情。如果说大学应由大学的学术性对话的质量而不是服务于大学的技术力量来做出界定的话，②那么，大学的教学同样也应由其学术性质量而不是技术性力量来做出界定。美国著名科学家、心理学家西蒙（Simon H. A.）曾经说过：知道事实和知道为什么，以

① ［美］E. L. 波伊尔：《学术水平反思——教授工作的重点领域》，载吕达、周满生主编《当代外国教育改革著名文献》（美国卷·第三册），人民教育出版社 2004 年版，第 23 页。
② ［英］劳里劳德：《反思大学教学：有效运用学习技术的对话模式》（第二版），童康译，华东师范大学出版社 2011 年版，第二版序言。

及怎么做之间有着很大的差异。[①]

（六）大学教师评价应该多元化

大学的发展关键在教师，而教师发展的关键在于激发教师的全部潜力和不同能力；同时，教师的不同能力和特长又是大学丰富性的有机组成部分。因此，大学中衡量和评价教师，不能用统一的标尺和标准，而应该鼓励教师发挥特长，使所有教师的创造性都能发挥出来。擅长研究的教师从事研究（研究型教师），擅长教学的教师从事教学（教学型教师），二者都擅长得更好（教学科研型教师＝教学学术教师）。人文、社会、理工等学科本是存在差异，岂可一把尺子衡量，当如费孝通先生所云"各美其美、美美与共"。

另外，近年来国际学术职业呈现衰落势态，应该引起我们的高度关注和重视。在现实中，大学教师的能力各有不同，关键在全面认识、重视、尊重和奖励教师的智力工作，不仅是科研，还包括教学、整合、应用等。也只有这样，才能留着优秀教师，并有助于吸引社会上的优秀人士参加到教师的队伍中来。

（七）研究生教育注重教学训练

研究生不仅是未来的学者，也是未来的大学教师，因此，要重视和加强研究生教育中的教学训练工作，以便使研究生毕业后适应和从事教学工作。教学学术能够帮助研究生在教学、学习和学术生涯中的平衡方面发挥效用，能对校园文化产生巨大的影响，增加教学职业发展的焦点和价值。欧美很多拥有博士学位授予权大学的教学中心都提供教学方面的入职培训，并将其作为研究生发展项目的关键部分，[②]表明他们的行为和价值观将来可能会影响所在机构的文化标准，使得教学变得更重要。

（八）教学与科研之矛盾：一个伪命题

大学中教学与科研的关系问题一直是个有争议的话题；[③]同时，让人感到不安的是，随着社会的发展与高等教育的进步，实践与知识之间的裂缝

---

① 转引自鞠玉翠《论争与建构：西方教师教育变革关键词及启示》，山东教育出版社 2011 年版，第 204—205 页。

② ［美］库克等：《提升大学教学能力——教学中心的作用》，陈劲、郑尧丽译，浙江大学出版社 2011 年版，第 88 页。

③ 高德胜：《国外高校教学和科研关系研究述评》，《上海高教研究》1997 年第 11 期。

不是在缩小，而是在扩大①。现代大学的职能是科研、教学、社会服务三者缺一不可，因此，构建大学教师专业发展中教学和科研之和谐关系就显得尤为重要。现代学术追求替代了大学的教育任务，殊不知这两者不应该厚此薄彼。②没有科研，教学走不到前沿；没有科研，老师就没有可讲授的内容；没有教学，科研的成果无处展示；没有社会服务，科研和教学就跟现实脱节，无法教书育人。教育的本质是培养人，其中，教学是显性的，是第一位的；科研与教学相互依撑，二者并不矛盾。脱离教学的科研场所不是学校而是研究所，脱离教学的科研人员不是大学教授而是研究员。研究员可以进行深度开掘，教授就必须兼顾深度和广度，触类旁通，注重知识的广博性。③

第三节　本书的不足与后续研究展望

本书对大学教学学术在美国 25 年（1990—2015 年）的兴起与发展、成绩与问题、理论与实践等进行了初步的探讨，相比国内外相关研究而言，本书对美国大学教学学术的理论与实践有一较为深入、全面的研究。但是，一方面由于美国大学教学学术的理论研究与实践自身时间相对较短，在美国高等教育研究界尚未进入主流；另一方面因于本人的手头资料、研究兴趣和时间以及水平有限等，本书主要对美国大学教学学术中的某些方面和个人感兴趣的方面进行了探究，还有很多方面未能涉猎，因此，本书未能对美国大学教学学术的理论与实践做一全面的、透彻的研究。

本书不仅有颇多疏漏之处，也有很多待商榷之处。具体来说，研究的不足与后续研究有以下几个方面：

一、本书主要针对美国大学教学学术的理论与实践进行了初步的探讨，主要研究了为什么有教学学术、什么是教学学术、如何开展教学学术等问题，主要从理论与实践两个方面关注和论证了美国大学教学学术。而

① ［美］佛莱克斯纳：《现代大学论》，徐辉等译，浙江教育出版社 2001 年版，第 6 页。
② ［美］刘易斯：《失去灵魂的卓越：哈佛是如何忘记教育宗旨的》，侯定凯等译，华东师范大学出版社 2007 年版，英文版序言。
③ 张文凌、黄涛：《教授一大拨名师有几许？高校重科研轻教学》，http：//edu. cnwest. com/content/2010 - 02/24/content_ 2823584. htm。

这种研究相对于教学学术研究来说，还只是初级阶段。教学学术，不仅涉及课堂的教与学，而且要超越课堂，具体如何操作？另外，教学学术还涉及教学学术的领导与管理……这些问题是今后努力的方向。

二、教学学术，不仅包括教的学术，而且包括学的学术。本书侧重讨论了教的学术，而对学的学术探讨不足。本书将在后续研究中加强对学的学术和学生在教学学术中角色与作用的探讨。

三、大学教学学术的一些项目与实践在国外，像美国、英国、加拿大、澳大利亚等国家和地区已经展开，但在中国尚未真正的开展，本书的后续研究将在大学教学学术的理论深入探讨和国内的项目与实践方面进行研究。

四、博耶的教学学术思想宏大、内涵深远，其在提出教学学术时认为发现、整合、应用和教学是相对独立又相互交叉的四种学术形式，本书几乎没有关注和涉猎教学学术与其他学术，尤其是整合学术、应用学术之间的关系等高级阶段的问题。另外，就是作为教学学术专题研究的初级阶段，本书尚还存在诸多的问题，如对制度、文化等相关问题关注不够，这些都还有待后续深入研究。

参考文献

外文文献

论著类

1. Anderssona, P., Roxåb, T.. The Pedagogical Academy: A Way to Encourage and Reward Scholarly Teaching [J]. European Journal of Engineering Education, 2004, 29 (4): 559 –569.

2. Atkinson, M. P.. The Scholarship of Teaching and Learning: Reconceptualizing Scholarship and Transforming the Academy [J]. Social Forces, 2001, (4): 1217 –1230.

3. Austin, A. E., McDaniels, M.. Using Doctoral Education to Prepare Faculty to Work Within Boyer's Four Domains of Scholarship [J]. New Directions for Institutional Research, 2006, (129): 51 –65.

4. Badley, G.. Improving the Scholarship of Teaching and Learning [J]. Innovations in Education and Teaching International, 2003, 40 (3): 303 –309.

5. Barr, R. and Tagg, J.. From Teaching to Learning—A New Paradigm for Undergraduate Education [J]. Change, 1995, 27 (6): 13 –25.

6. Bass, R.. The Scholarship of Teaching: What's the Problem? [J]. Creative Thinking about Learning and Teaching, 1999, 1 (1).

7. Becker, W. E., Andrews, M. L. The Scholarship of Teaching and Learning in Higher Education: Contributions of Research Universities [M]. Bloomington, IN: Indiana University Press, 2004.

8. Bender, E. & Gray, D.. The Scholarship of Teaching [J]. Research & Cre-

ative Activity, 1999, 22 (1).

9. Bender, E. T.. CASTLs in the Air: The SoTL Movement in Mid-flight [J]. Change, 2005, (37): 40 –49.

10. Benson, S. A.. Defining the Scholarship of Teaching and Learning in Microbiology [J]. Focus on Microbiology Education, 2001, 7 (3): 1 –6.

11. Blumberg, P., Mandos, L. A., and Mostrom, A. M.. Paths to Scholarship of Teaching and Learning [Z]. The Teaching Professor Conference Workshop May 21 –23, 2010.

12. Boshier, R.. Why is the Scholarship of Teaching and Learning such a hard sell? [J]. Higher Education Research & Development, 2009, (1): 1 –15.

13. Bowden, R. G.. Scholarship Reconsidered: Reconsidered [J]. Journal of the Scholarship of Teaching and Learning, 2007, 7 (2).

14. Boyer, E. L.. Scholarship Reconsidered: Priorities of the professorate [M]. San Francisco: Jossey-Bass, 1990.

15. Boyer, E. L.. Highlights of the Carnegie Report: The Scholarship of Teaching from "Scholarship Reconsidered: Priorities of the Professoriate" [J]. College Teaching, 1991, 39, (1): 11 –13.

16. Boyer, E. L.. From Scholarship Reconsidered to Scholarship Assessed [J]. Quest, 1996, (48): 129 –139.

17. Bowden, R. G.. Scholarship Reconsidered: Reconsidered [J]. Journal of the Scholarship of Teaching and Learning, 2007, 7 (2).

18. Braxton, J. M., Luckey, W. & Helland, P.. Institutionalizing a Broader View of Scholarship through Boyer's Four Domains [M]. San Francisco: Jossey-Bass, 2002.

19. Brew, A.. The Nature of Research: Inquiry in Academic Contexts [M]. London: Routledge, 2001.

20. Cambridge, B. L.. The Scholarship of Teaching and Learning: A National· Initiative [A]. In Kaplan, M. & Lieberman, D. (Eds.). To Improve the Academy [M]. Bolton, MA: Anker Press, 2000. 18 –56.

21. Clifton, C.. Balancing Acts: The Scholarship of Teaching and Learning in Academic Careers (Review) [J]. The Review of Higher Education, 2005, 28 (4): 623 –625.

22. Cohen, A. M. , Kisker, C. B.. The Sharping of American Higher Education: E-
mergence and Growth of the Contemporary System (2nd. ed) [M] . SanFrancisco,
CA: Jossey-bass, 2010.

23. Cross, K. P.. Classroom Research: Implementing the Scholarship of Teaching
[J] . American Journal of Pharmaceutical Education, 1996, (60): 402 – 407.

24. Cross, K. P.. Leading Efforts to Improve Teaching and Learning: The Hes-
burgh Wards [J] . Change, 2001, 33 (4): 30 – 37.

25. Dees, D. M.. A Reflection on the Scholarship of Teaching and Learning as
Democratic Practice [J] . International Journal for the Scholarship of Teach-
ing and Learning, 2008, 2 (2) .

26. Cross, K. P.. A Proposal to Improve Teaching [Z] . AAHE Bulletin, (Sep-
tember) 1986: 13.

27. Dewar, J. M.. An Apology for the Scholarship of Teaching and Learning [J] . In-
Sight: A Journal of Scholarly Teaching, 2008, (3): 17 – 22.

28. Draugalis, J.. The Scholarship of Teaching: Oxymoron or BulFs-Eye? [J] . A-
merican Journalof Pharmaceutical Education, 1998, (62): 447 – 449.

29. Eisner, E. W.. From Episteme to Phronesis to Artistry in the Study and Im-
provement of Teaching [J] . Teaching and Teacher Education, 2002, 18
(4): 375 – 385.

30. Fincher, R. E. & Work, J. A.. Perspectives on the Scholarship of Teaching
[J] . Medical Education, 2006, (40): 293 – 295.

31. Gale, R.. Doctoral Education and the Scholarship of Teaching and Learning
[J] . Peerview, (Spring) 2004: 8 – 12.

32. Ginsberg, S. M. , Bernstein, J. L.. Growing the Scholarship of Teaching
and Learning through Institutional Culture Change [J] . Journal of the Schol-
arship of Teaching and Learning, 2011, 11 (1) .

33. Glassick, C. E. , Huber, M. T. , Maeroff, G. I.. Scholarship Assessed: E-
valuation of the Professoriate [M] . San Francisco: Jossey-Bass, 1997.

34. Glassick, C. E.. Reconsidering Scholarship [J] . Health Management Prac-
tice, 2000, 6 (1): 4 – 9.

35. Grant, W.. Embracing Accountability [J] . New Schools, New Communi-
ties, 1996, 12 (2): 4 – 10.

36. Gray, L.. Scholarship of Teaching and Learning: A Review of the Literature [J] . Journal of the Scholarship of Teaching & Learning for Christians, 2006, 1 (1): 5 – 13.

37. Gunn, C. , etc.. Evolution and Engagement in SoTL: Today, Tomorrow, andInternationally [J] . International Journal for the Scholarship of Teaching and Learning, 2010, 4 (2) .

38. Gurung, R. & Schwartz, B.. Riding the Third Wave of SoTL [J] . International Journal for the Scholarship of Teaching and Learning, 2010, 4 (2) .

39. Halpern, D. F. etal.. Scholarship in Psychology: A Paradigm for the Twenty-first Century [J] . American Psychologist, 1998, 53 (12): 1292 – 1297.

40. Hatch, T.. The Scholarship of Teaching and Web-based Representations of Teaching in theUnited States: Definitions, Histories, and New Directions [J] . Educational Action Research, 2009, 17 (1): 63 – 78.

41. Hattie, J. , & Marsh, H. W.. The Relationship Between Research and Teaching: A Meta-Analysis [J] . Review of Educational Research, 1996, 66 (4): 507 – 542.

42. Healey, M.. Developing the Scholarship of Teaching in Higher-Education: A Discipline-Based Approach [J] . Higher Education Research and Development, 2000, (19): 169 – 189.

43. Healey, M.. The Scholarship of Teaching: Issues around an Evolving Concept [J] . Journal on Excellence in College Teaching, 2003, (14): 5 – 16.

44. Hoekstra, A. , Dushenko, W. T. , Frandsen, E. J.. Fostering a Culture of Scholarship of Teaching and Learning (SoTL) at a Polytechnic Institution [J] . TransformativeDialogues: Teaching & Learning Journal, 2010, 4 (1): 1 – 11.

45. Hoyle, E.. Teaching: Prestige, Status and Esteem [J] . Educational Management Administration & Leadership, 2001, 29 (2): 139 – 152.

46. Huber, M. T.. Balaning Acts: Designing Careers around the Scholarship of Teaching [J] . Change, 2001, 33 (4): 21 – 29.

47. Huber, M. T. & Morreale, S. P. (Eds.) . Disciplinary Styles in the Scholarship of Teaching and Learning: Exploring Common Ground [M] . Washington, D. C. : American Association for Higher Education and The Carnegie Foundation for the

Advancement of Teaching, 2002.

48. Huber, M. T. & Morreale, S. P. (Eds.) . Disciplinary Styles in the Scholarship of Teaching and Learning: Exploring Common Ground [M] . Washington, DC: American Association for Higher Education and The Carnegie Foundation for the Advancement of Teaching, 2002: 11.

49. Huber, M. T. , & Hutchings, P. . The Advancement of Learning: Building the Teaching Commons [M] . San Francisco: Jossey-Bass, 2005.

50. Huber, M. T. , and Hutchings, P. . Building the Teaching Commons [J] . Change, 2006, 38 (3): 24 –31.

51. Hutchings, P. (Eds.) . The Course Portfolio: How Faculty can Improve Their Teaching to Advance Practice and Improve Student Learning [M] . Washington, DC: American Association of Higher Education, 1998.

52. Hutchings, P. . Opening Lines: Approaches to the Scholarship of Teaching an Learning [M] . Menlo Park, CA: Carnegie Foundation for the Advancement of Teaching, 2000.

53. Hutchings, P. . Ethics of Inquiry: Issues in the Scholarship of Teaching and Learning[M] . Carnegie Foundation for the Advancement of Teaching, 2002.

54. Hutchings, P. & Shulman, L. S. . The Scholarship of Teaching: New Elaborations, New Developments [J] . Change, 1999, 31 (5): 10 – 15.

55. Hutchings, P. . Theory: The Elephant in the Scholarship of Teaching and Learning Room [J] . International Journal forthe Scholarship of Teaching and Learning, 2007, 1 (1) .

56. Hutchings, P. , Huber, M. T. , Ciccone, A. . The Scholarship of Teaching and Learning Reconsidered: Institutional Integration and Impact [M] . San Francisco: Jossey-Bass, 2011.

57. Hutchings, P. , Huber, M. T. , Ciccone, A. . Getting There: An Integrative Vision of the Scholarship of Teaching and Learning [J] . International Journal for the Scholarship of Teaching and Learning, 2011, 5 (1) .

58. Kanuka, H. . Keeping the Scholarship in the Scholarship of Teaching and Learning [J] . International Journal for the Scholarship of Teaching and Learning, 2011, 5 (1) .

59. Kreber, C. , Cranton, P. A.. Exploring the Scholarship of Teaching [J] . The Journal of Higher Education, 2000, 71 (4): 476 – 495.

60. Kreber, C.. Conceptualizing the Scholarship of Teaching and Identifying Unresolved Issues: The Framework for This Volume [J] . New Directions for Teaching and Learning, 2001, (86): 1 – 18.

61. Kreber, C.. Observations, Reflections, and Speculations: What We Have Learnedabout the Scholarship of Teaching and Where It Might Lead [J] . New Directions for Teaching and Learning, 2001, (86): 99 – 104.

62. Kreber, C.. The Scholarship of Teaching and Implementation in Faculty Development and Graduate Education [J] . New Directions for Teaching and Learning, 2001, (86): 79 – 88.

63. Kreber, C.. Teaching Excellence, Teaching Expertise, and the Scholarship of Teaching [J] . Innovative Higher Education, 2002, (1): 5 – 23.

64. Kreber, C.. Controversy and Consensus on the Scholarship of Teaching [J] . Studies in Higher Education, 2002, (2): 151 – 167.

65. Kreber, C.. The Scholarship of Teaching and Learning—No One Way [J] . Interchange, Summer2007, (1): 1 – 6.

66. Kreber, C. & Kanuka, H.. The Scholarship of Teaching and Learning and the Online Classroom [J] . Canadian Journal of University Continuing Education, 2006, 32 (2): 109 – 131.

67. Looker, P.. Globalizing the Local: The Scholarship of Teaching and Learning in a Larger Context [J] . Journal of the NUSTeaching Academy, 2011, 1 (1): 21 – 31.

68. Lyons, N.. Advancing the Scholarship of Teaching and Learning: Reflective Portfolio Inquiry in Higher Education—A Case Study of One Institution [J] . Irish Educational Studies, 2003, 22 (1): 69 – 88.

69. Lytras, M. D. etal. (Eds.) . Tech-education [M] . Berlin: Springer, 2010.

70. Martin, E. , Benjamin, J. , Prosser, M. & Trigwell, K.. Scholarship of Teaching: A Study of the Approaches of Academic Staff [A] . In Rust, C. (Eds.) . Improving Student Learning Outcomes [M] . Oxford: Oxford Centre for Staff and Learning Development, Oxford Brookes University, 1999.

71. McKinney, K.. Applying the Scholarship of Teaching and Learning: How

Can We Do Better? [J] . The Teaching Professor, 2003, 17 (7) .

72. McKinney, K. . The Scholarship of Teaching and Learning: Past Lessons, Current Challenges, and Future Visions [J] . To Improve the Academy, 2004, (22): 3 – 19.

73. McKinney, K. . Attitudinal and Structural Factors Contributing to Challenges in the Workof the Scholarship of Teaching and Learning [J] . New Directions for Institutional Research, 2006, (129): 37 – 50.

74. McKinney, K. . Enhancing Learning through the Scholarship of Teaching and Learning: The Challenges and Joys of Juggling [M] . Bolton: Anker, 2007.

75. McKinney, K. , Chick, N. . SoTL as Women's Work: What Do Existing Data Tell Us? [J] . International Journal for the Scholarship of Teaching and Learning, 2010, 4 (2) .

76. Menges, R. J. & Weimer, M. . Teaching on Solid Ground: Using Scholarship to Improve Practice [M] . SanFransisco: Jossey-Bass, 1996.

77. Morrison, G. S. . Teaching in America [M] . Boston: Allyn and Bacon, 1997.

78. Palmer, A. , and Collins, R. . Perceptions of Rewarding Excellence in Teaching: Motivation and the Scholarship of Teaching [J] . Journal of Further And Higher Education, 2006, (2): 193 – 205.

79. Prosser, M. . The Scholarship of Teaching and Learning: What is it? A Personal View [J] . International Journal for the Scholarship of Teaching and Learning, 2008, 2 (2) .

80. Murray, R. . The Scholarship of Teaching and Learning in Higher Education [M] . McGraw/Hill: Open Univeristy Press, 2008.

81. Nicholls, G. . The Challenge of Scholarship: Rethinking Learning, Teaching, and Research [M] . London: Routledge, 2005.

82. O' Meara, K. A. & Rice, R. E. . Faculty Priorities Reconsidered: Rewarding Multiple Forms of Scholarship [M] . San Francisco: Jossey-Bass, 2005.

83. Ott, T. . The Scholarship of Teaching & Learning From Rice to Boyer to Shulman: How a Movement Might Change Everything [J] . Viewpoints, 2006, 7 (2) .

84. Pellino, G. , Blackburn, R. & Boberg, A. . The Dimensions of Academic Scholarship: Faculty and Administrator Views [J] . Research in Higher Education, 1984, 40 (1): 103 – 115.

85. Potter, M. K, & Kustra, E.. The Relationship between Scholarly Teaching and SoTL: Models, Distinctions, and Clarifications [J]. International Journal for the Scholarship of Teaching and Learning, 2011, 5 (1).

86. Prosser, M. & Trigwell, K.. Understanding Learning and Teaching: The Experience of Higher Education [M]. Buckingham: Society for Research into Higher Education and Open University Press, 1999.

87. Regassa, L. A.. Personal Reflection on the 2008 ISSOTL Conference [J]. International Journal for the Scholarship of Teaching and Learning, 2009, 3 (1).

88. Rice, R. E.. The New American Scholar: Scholarship and the Purposes of the University [J]. Metropolitan Universities Journal, 1991, 1 (4): 7 - 18.

89. Rice, R. E.. Toward a Broader Conception of Scholarship: The American Context [A]. In Whiston, T. G. and Geiger, R. L (Eds.). Research and Higher Education: The United Kingdom and the United States [M]. Buckingham: Open University press, 1992. 117 - 129.

90. Rice, R. E.. Beyond Scholarship Reconsidered: Toward an Enlarged Vision of the Scholarly Work of Faculty Members [J]. New Directions for Teaching and Learning, 2002, (90): 7 - 17.

91. Richlin, L.. Scholarly Teaching and the Scholarship of Teaching [J]. New Directions for Teaching and Learning, 2001, (86): 58 - 61.

92. Robinson, J. M., and C. E. Nelson.. Institutionalizing and Diversifying a Vision of the Scholarship of Teaching and Learning [J]. Journal on Excellence in College Teaching, 2003, (14): 95 - 118.

93. Rust, C. (Eds.). Improving Student Learning: Improving Student Learning Outcomes [M]. Oxford: Oxford Centre for Staff and Learning Development, Oxford Brookes University, 1999.

94. Saha, L. J. & Dworkin, A. G.. International Handbook of Research on Teachers and Teaching [M]. New York: Springer, 2009.

95. Schon, D. A.. The New Scholarship Requires a New Epistemology [J]. Change, 1995, 27 (6): 26 - 34.

96. Shapiro, H. N.. Promotion & Tenure & the Scholarship of Teaching& Learning [J]. Change, 2006, 38 (2): 38 - 43.

97. Shulman, L. S.. Knowledge and Teaching: Foundations of the New Reform [J]. Harvard Educational Review, 1987, (36): 1 – 22.

98. Shulman, L. S.. Teaching as Community Property: Putting an End to Pedagogical Solitude [J]. Change, 1993, 25 (6): 6 – 7.

99. Shulman, L. S.. Taking Learning Seriously [J]. Change, 1999, 31 (4): 11 – 17.

100. Shulman, L. S.. FromMinsk to Pinsk: Why a Scholarship of Teaching and Learning? [J]. Journal of Scholarship in Teaching and Learning, 2000, (1): 48 – 53.

101. Shulman, L. S.. Teaching as Community Property [M]. San Francisco: Jossey-Bass, 2004.

102. Shulman, L. S.. Signature Pedagogics in the Professions [J]. Daedalus, 2005, 134 (3): 52 – 59.

103. Shulman, L. S.. The Scholarship of Teaching and Learning: A Personal Account and Reflection [J]. International Journal for the Scholarship of Teaching and Learning, 2011, 5 (1).

104. Simpson, R. D.. Teaching as a Scholarly Activity [J]. Innovative Higher Education, 1998, 22 (3): 153 – 155.

105. Smart, J. C. (Eds.). Higher Education: Handbook of Theory and Research, Vol. XXI [M]. Netherlands: Springer, 2006.

106. Spath, M. L.. A Need for Clarity: Scholarship, Scholarly Teaching, and the Scholarship of Teaching and Learning [J]. Nursing Education Perspectives, 2007, 28 (5): 235 – 236.

107. Stigmar, M.. Scholarship of Teaching and Learning When Bridging Theory and Practice in Higher Education [J]. International Journal for the Scholarship of Teaching and Learning, 2010, 4 (2).

108. Suppes, P.. The Place of Theory in Educational Research [J]. Educational Researcher, 1974, (3): 3 – 10.

109. Theall, M., Centra, J. A.. Assessing the Scholarship of Teaching: Valid Decisions from Valid Evidence [J]. New Directions for Teaching and Learning, 2001, (86): 31 – 45.

110. Tinberg, H., Duffy, D. K., and Mino, J.. The Scholarship of Teaching

and Learning at the Two-Year College: Promise and Peril [J]. Change, 2007, 39 (4): 26 –33.

111. Trigwell, K. , Martin, E. , Benjamin, J. , Prosser, M.. Scholarship of Teaching: A Model [J]. Higher Education Research & Development, 2000, (2): 155 –168.

112. Trigwell, K. and Shale, S.. Student Learning and the Scholarship of University Teaching [J]. Studies in Higher Education, 2004, (4): 523 –536.

113. Walker, J. D. , Baepler, P. , and Cohen, B.. The Scholarship of Teaching and Learning Paradox: Results without Rewards [J]. College Teaching, 2008, 56 (3): 183 –190.

114. Weimer, M.. Integration of Teaching and Research: Myth, Reality, and Possibility [J]. New Directions for Teaching and Learning, 1997, (72): 53 –62.

115. Weston, C. B. , McAlpine, L.. Making Explicit the Development Toward the Scholarship of Teaching [J]. New Directions for Teaching and Learning, 2001, (86): 89 –97.

116. Whiston, T. G. and Geiger, R. L. (Eds.). Research and Higher Education: The United Kingdom and theUnited States [M]. Buckingham: Society for Research into Higher Education and Open University Press, 1992.

117. Wickens, R.. SoTEL: Toward a Scholarship of Technology Enhanced Learning [J]. Canadian Journal of University Continuing Education, 2006, 32 (2): 21 –41.

118. Wilensky, H. L.. The Professionalization of Everyone? [J]. American Journal of Sociology, 1964, (70): 137 –158.

119. Witman, P. D. & Richlin, L.. The Status of the Scholarship of Teaching and Learning in the Disciplines [J]. International Journal for the Scholarship of Teaching and Learning, 2007, 1 (1).

电子文献

120. Bass, R.. The Scholarship of Teaching: What's the Problem? [EB/OL]. Retrieved 2011 – 08 – 20 from: http: //www. doiiit. gmu. edu/Archives/ feb98/rbass. htm.

121. Brooke, C.. Building a Collaborative Culture around the Scholarship of Teaching [EB/OL]. http: //kwantlen. ca/TD/TD. 4. 1/TD. 4. 1. 8 _ Hoekstra_ Dushenko_ Fandsen_ Fostering_ a_ Culture_ of_ SoTL. pdf.

122. Charbonneau, L.. Scholarship of Teaching and Learning Comes of Age [EB/OL]. Retrieved from: http: //www. universityaffairs. ca/scholarship-of-teaching-and-learning-comes-of-age. aspx, 2011 − 08 − 25.

123. Charbonneau, L.. Scholarship of Teaching and Learning "Not Good E-nough" [EB/OL]. http: //www. universityaffairs. ca/margin-notes/congress-09-scholarship-of-teaching-and-learning-not-good-enough/26, May 2009, 2012 − 01 − 07.

124. Conway, S.. Studying the Art of Teaching: A Personal Reflection on the Scholarship of Teaching and Learning [EB/OL]. http: //www. kwantlen. ca/TD/TD. 1. 1/TD1. 1_ Conway. htm, May 2007/2012 − 1 − 12.

125. Emerson, R. W.. The American Scholar [EB/OL]. An Oration Delivered before the Phi Beta Kappa Society, atCambridge, August 31, 1837. Retrieved from: https: //webspace. utexas. edu/hcleaver/www/330T/350kPEEEmersonAmerSchTable. pdf.

126. Francis, R. , Corbett, L. , Magarrey, M.. The American Professiorate: Boyer Revisited [EB/OL]. Retrieved from: http: //www. ied. edu. hk/eai-conference2010/download/Presentation/5. 14. 3. pdf.

127. Gale, R. & Golde, C. M.. Doctoral Education and the Scholarship of Teaching and Learning [EB/OL]. www. aacu. org/peerreview/pr-sp04/pr-sp04feature2. pdf.

128. Gurm, B. & Macpherson, A.. Scholarship of Teaching and Learning: From the Beginning [EB/OL]. Retrieved from: http: //kwantlen. ca/TD/TD. 1. 1/TD1. 1_ Editorial. htm, May 2007/2012 − 01 − 12.

129. Haffie, T. etal.. Scholarship in Teaching and Learning (SoTL) in Canadian Post-Secondary Science: Peer-Reviewed Journal Articles [EB/OL]. Retrieved from: http: //www. wcse. ca/wp-content/slides/f3b. pdf, 2011 − 12 − 02.

130. Haigh, N.. The Scholarship of Teaching & Learning: A practical Introduction and Critique [EB/OL]. Retrieved from: www. akoaotearoa. ac. nz, August 2010/2011 − 10 − 12.

131. Haigh, N.. An Institutional Perspective on the Scholarship of Teaching and Learning [EB/OL]. http://conference. herdsa. org. au/2005/pdf/non_refereed/133. pdf.

132. Healey, M.. The Scholarship of Teaching in Higher Education: An Evolving Idea [EB/OL]. http://www. heacademy. ac. uk/assets/documents/resources/resourcedatabase/id493 _ scholarship _ of _ teaching _ healey. pdf, 2012 - 4 - 30.

133. Huber, M. T., Cox, R.. Carnegie Perspectives: A Different Way to Think about Teaching and Learning [EB/OL]. Retrieved from: www. carnegiefoundation. org/perspectives.

134. Hutchings, P.. Ethics and Aspiration in the Scholarship of Teaching and Learning [EB/OL]. Retrieved from: http://www. carnegiefoundation. org/elibrary/.

135. Hutchings, P.. The Scholarship of Teaching and Learning in Higher Education: An Annotated Bibliography [EB/OL]. http://www. ipfw. edu/celt/learning/PDFs/solt_ carnegie. pdf, Fall 2002/2011 - 07 - 15.

136. Hutchings, P.. Reflections on the Scholarship of Teaching and Learning [EB/OL] http://www. asa. mnscu. edu/facultydevelopment/resources/pod/Packet11/reflectionsonthescholarship. htm.

137. Hutchings, P.. The Scholarship of Teaching and Learning inUnited States [EB/OL]. http://www. issotl. indiana. edu/issotl/04/hutchings. pdf, October 2004/2012 - 04 - 27.

138. Laksov, K. B., Cormac McGrath, C. & Silén, C.. Scholarship of Teaching and Learning—theRoad to an Academic Perspective on Teaching [EB/OL]. http://ki. se/content/1/c6/02/46/41/CME% 20guide% 20no% 206% 20eng. pdf.

139. Legg, J. I. & Freilich, M. B.. Integration of the Scholarship of Teaching Into Faculty Roles and Rewards: Implementing A Task Force Recommendation [EB/OL]. Retrieved from: http://terpconnect. umd. edu/ ~ toh/Chem-Conference/FacultyRewards/Legg. txt.

140. McCarthy, M.. The Scholarship of Teaching and Learning in Higher Education: An Overview [EB/OL]. http://wwvv. openup. co. uk/openup/

chapters/9780335234462. pdf.

141. McKinney, K.. Ethical Issues in the Scholarship of Teaching and Learning [EB/OL]. Retrieved from: http: www. sotl. illinoisstate. edu/downloads/ pdf/sotl_ ethics. pdf.

142. McKinney, K., etc.. Summary of Results on the Status of SoTL at Illinois State [J]. SOTL at ISU, 2008, (2). Retrieved fromhttp: //www. sotl. ilstu. edu.

143. McKinney, K.. What is the Scholarship of Teaching and Learning (SoTL) in Higher Education? [EB/OL]. http: //sotl. illinoisstate. edu/down-loads/pdf/definesotl. pdf.

144. Meara, K. A., etc.. Faculty Priorities Reconsidered: Rewarding Multiple Forms of Scholarship [EB/OL]. http: //www. amazon. com/gp/product/ 0787979201/103 – 2953909 – 3824631? v = glance&n = 283. 155.

145. O'Brien, R.. An Overview of the Methodological Approach of Action Re-search [EB/OL]. Retrieved from: http: //www. web. ca/robrien/pa-pers/arfinal. html.

146. Ott, T.. The Scholarship of Teaching & Learning From Rice to Boyer to Shulman: How a Movement Might Change Everything [EB/OL]. Re-trieved 2011 – 09 – 20 from: http: //faculty. ccp. edu/dept/viewpoints/ w06v7n2/movechange. htm, October 6, 2005.

中文文献

专著

147. ［爱尔兰］弗拉纳根:《最伟大的教育家:从苏格拉底到杜威》,卢立涛等译,华东师范大学出版社 2009 年版。

148. ［法］米阿拉雷:《教育科学导论》,郑军等译,李泽鹏校,光明日报出版社 1989 年版。

149. ［捷］夸美纽斯:《大教学论》,傅任敢译,教育科学出版社 1999 年版。

150. ［美］阿特巴赫主编:《失落的精神家园:发展中与中等收入国家大学教授职业透视》,施晓光主译,中国海洋大学出版社 2006 年版。

151. 〔美〕阿特巴赫等主编：《为美国高等教育辩护》，别敦荣等译，中国海洋大学出版社 2007 年版。

152. 〔美〕阿特巴赫主编：《变革中的学术职业：比较的视角》，别敦荣主译，中国海洋大学出版社 2008 年版。

153. 〔美〕阿特巴赫主编：《国际学术职业：十四个国家和地区概览》，周艳、沈曦主译，中国海洋大学出版社 2008 年版。

154. 〔美〕阿特巴赫等主编：《新世纪高等教育：全球化挑战与创新理念》，陈艺波、别敦荣主译，中国海洋大学出版社 2009 年版。

155. 〔美〕博克：《回归大学之道：对美国大学本科教育的反思与展望》，侯定凯等译，华东师范大学出版社 2008 年版。

156. 〔美〕博耶：《关于美国教育改革的演讲》，涂艳国、方彤译，教育科学出版社 2002 年版。

157. 〔美〕布卢姆：《走向封闭的美国精神》，缪青等译，中国社会科学出版社 1994 年版。

158. 〔美〕格拉汉姆等：《美国研究型大学的兴起：战后年代的精英大学及其挑战者》，张斌贤等译，河北大学出版社 2008 年版。

159. 〔美〕凡勃伦：《学与商的博弈：论美国高等教育》，惠圣译，上海人民出版社 2008 年版。

160. 〔美〕菲尔普斯：《教学导论》（影印本），中国轻工业出版社 2005 年版。

161. 〔加〕富兰：《教育变革的新意义》（第四版），武云斐译，华东师范大学出版社 2010 年版。

162. 〔美〕佛罗斯特：《西方教育的历史和哲学基础》，吴元训等译，华夏出版社 1987 年版。

163. 〔美〕佛莱克斯纳：《现代大学论》，徐辉等译，浙江教育出版社 2001 年版。

164. 〔美〕高尔等：《教育研究方法导论（第六版）》，许庆豫等译，江苏教育出版社 2002 年版。

165. 〔美〕哈格里夫斯：《知识社会中的教学》，熊建辉等译，华东师范大学出版社 2007 年版。

166. 〔美〕赫钦斯：《美国高等教育》，汪利兵译，浙江教育出版社 2001 年版。

167. ［美］亨德森等：《课程智慧：民主社会中的教育决策》，夏慧贤等译，中国轻工业出版社 2001 年版。

168. ［美］克尔：《大学的功用》，陈学飞等译，江西教育出版社 1993 年版。

169. ［美］克尔：《高等教育不能回避历史：21 世纪的问题》，王承绪译，浙江教育出版社 2001 年版。

170. ［美］克拉克：《探究的场所——现代大学的科研和研究生教育》，王承绪译，浙江教育出版社 2001 年版。

171. ［美］肯尼迪：《学术责任》，阎凤桥等译，新华出版社 2002 年版。

172. ［美］库克等：《提升大学教学能力——教学中心的作用》，陈劲、郑尧丽译，浙江大学出版社 2011 年版。

173. ［美］拉斐柏：《美国世纪：一个超级大国的崛起与兴盛》，黄磷译，海南出版社 2008 年版。

174. ［美］里帕：《自由社会中的教育：美国历程（第 8 版）》，於荣译，陈瑶、张斌贤校，安徽教育出版社 2010 年版。

175. ［美］刘易斯：《失去灵魂的卓越：哈佛是如何忘记教育宗旨的》，侯定凯等译，华东师范大学出版社 2007 年版。

176. ［美］罗德斯：《创造未来：美国大学的作用》，王晓阳、蓝劲松译，清华大学出版社 2007 年版。

177. ［美］马尔库塞：《单向度的人：发达工业社会意识形态研究》，刘继译，上海译文出版社 1989 年版。

178. ［美］帕尔默：《教学勇气：漫步教师心灵》，吴国珍等译，华东师范大学出版社 2005 年版。

179. ［美］帕克等：《课程规划——当代之取向》（第七版），谢登斌等译，浙江教育出版社 2004 年版。

180. ［美］奥恩斯坦等：《教育基础》，杨树兵等译，江苏教育出版社 2003 年版。

181. ［美］奥恩斯坦等：《当代课程问题》，余强主译，浙江教育出版社 2004 年版。

182. ［美］舍恩：《反映的实践者——专业工作者如何在行动中思考》，夏林清译，教育科学出版社 2007 年版。

183. ［美］舍恩：《培养反映的实践者》，郝彩虹等译，教育科学出版社

2008 年版。

184. ［美］申克：《学习理论：教育的视角（第三版）》，韦小满等译，江苏教育出版社 2003 年版。

185. ［美］斯马特主编：《高等教育学》，吴娟等译，江苏教育出版社 2010 年版。

186. ［美］斯普林：《美国教育》，张弛等译，安徽教育出版社 2010 年版。

187. ［美］斯特弗等编：《教育中的建构主义》，高文等译，华东师范大出版社 2002 年版。

188. ［美］韦布：《美国教育史：一场伟大的美国实验》，陈露茜等译，安徽教育出版社 2010 年版。

189. ［日］佐藤学：《课程与教师》，钟启泉译，教育科学出版社 2003 年版。

190. ［英］比彻等：《学术部落及其领地：知识探索与学科文化》，唐跃勤等译，陈洪捷校，北京大学出版社 2008 年版。

191. ［英］劳里劳德：《反思大学教学：有效运用学习技术的对话模式（第二版）》，童康译，华东师范大学出版社 2011 年版。

192. ［英］麦克南：《课程行动研究》，朱细文等译，北京师范大学出版社 2004 年版。

193. ［英］帕尔默主编：《教育究竟是什么？100 位思想家论教育》，任钟印等译，北京大学出版社 2008 年版。

194. 别敦荣、王根顺主编：《高等学校教学论》，高等教育出版社 2008 年版。

195. 陈学飞：《美国高等教育史》，四川大学出版社 1989 年版。

196. 龚放：《教授上讲台是提高高等教育质量的必由之路》，高等教育出版社 2009 年版。

197. 顾建民：《自由与责任——西方大学终身教职制度研究》，浙江教育出版社 2007 年版。

198. 顾明远、梁忠义主编：《世界教育大系·美国教育》，吉林教育出版社 2000 年版。

199. 谷贤林：《美国研究型大学管理：国家、市场和学术权力的平衡与制约》，教育科学出版社 2008 年版。

200. 国家教育发展研究中心：《发达国家教育改革的动向和趋势（第五

集）——日本、英国、联邦德国、美国、俄罗斯教育改革文件和报告选编》，人民教育出版社 1994 年版。

201. 贺国庆：《外国高等教育史》（第二版），人民教育出版社 2006 年版。

202. 何顺果：《美国史通论》，学林出版社 2001 年版。

203. 黄福涛：《外国高等教育史》（第二版），上海教育出版社 2008 年版。

204. 黄济、王策三主编：《现代教育论》，人民教育出版社 1996 年版。

205. 教育发展与政策研究中心编译：《发达国家教育改革的动向和趋势：美国、苏联、日本、法国、英国 1981—1986 年期间教育改革文件》，人民教育出版社 1986 年版。

206. 教育发展与政策研究中心编译：《发达国家教育改革的动向和趋势》（第二集），人民教育出版社 1987 年版。

207. 教育部中外大学校长论坛领导小组编：《中外大学校长论坛文集》（第二辑），中国人民大学出版社 2004 年版。

208. 李定仁：《大学教学原理与方法》，科学出版社 1994 年版。

209. 李剑萍：《大学教学论》，山东大学出版社 2008 年版。

210. 刘绪贻主编：《战后美国史：1945—2000》，人民出版社 2002 年版。

211. 林玉体：《美国教育史》，三民书局 2003 年版。

212. 林玉体：《西洋教育史》（新修订第十三版），文景书局 2008 年版。

213. 吕达、周满生主编：《当代外国教育改革著名文献（美国卷·第三册）》，人民教育出版社 2004 年版。

214. 逄锦聚：《大学教育教学论》，高等教育出版社 2005 年版。

215. 钱伯毅主编：《大学教学论》，中国科学技术大学出版社 1991 年版。

216. 乔玉全：《21 世纪美国高等教育》，高等教育出版社 2000 年版。

217. 瞿葆奎主编，马骥雄选编：《教育学文集·美国教育改革》，人民教育出版社 1990 年版。

218. 单中惠：《外国大学教育问题史》，山东教育出版社 2006 年版。

219. 单中惠主编：《西方教育思想史》，教育科学出版社 2007 年版。

220. 史静寰：《当代美国教育》，社会科学文献出版社 2001 年版。

221. 施良方、崔允漷主编：《教学理论：课堂教学的原理、策略与研究》，华东师范大学出版社 1999 年版。

222. 施晓光：《美国大学思想论纲》，北京师范大学出版社 2001 年版。

223. 孙宏：《中美两国教育制度的比较研究》，西北大学出版社 1993

年版。

224. 孙久荣编著：《脑科学导论》，北京大学出版社 2001 年版。

225. 孙士杰主编：《外国教育思想精粹》，中国档案出版社 2000 年版。

226. 檀传宝：《世界教育思想地图：50 位现当代教育思想大师探访》，福建教育出版社 2010 年版。

227. 滕春兴：《西洋上古教育史》，心理出版社 2008 年版。

228. 王承绪主编：《比较教育学史》，人民教育出版社 1998 年版。

229. 王天一等主编：《外国教育史》（上册），北京师范大学出版社 1993 年版。

230. 王伟廉：《高等学校课程研究导论》，广东高等教育出版社 2008 年版。

231. 王学、刘春梅主编：《外国教育思想发展史》，中国物价出版社 2003 年版。

232. 王英杰：《美国高等教育的改革与发展》，人民教育出版社 1993 年版。

233. 王玉衡：《美国大学教学学术运动》，北京师范大学出版社 2011 年版。

234. 吴式颖、任钟印主编：《外国教育思想通史·第二卷》，湖南教育出版社 2002 年版。

235. 徐辉、季诚钧：《大学教学概论》，浙江大学出版社 2004 年版。

236. 徐辉主编：《国外大学教学与教改译丛》，浙江大学出版社 2006 年版。

237. 徐小洲编著：《外国教育史略》，浙江科学技术出版社 2001 年版。

238. 姚利民：《大学教师教学论》，湖南大学出版社 2008 年版。

239. 於荣：《冷战中的美国大学学术研究》，北京师范大学出版社 2008 年版。

240. 袁仲孚、仇金泉编：《当代美国高等教育》，美国源流出版社 1983 年版。

241. 张斌贤等主编：《美国教育经典译丛》，安徽教育出版社 2010 年版。

242. 张楚廷：《大学教学学》，湖南师范大学出版社 2002 年版。

243. 张华：《课程与教学论》，上海教育出版社 2000 年版。

244. 张焕庭：《西方资产阶级教育论著选》，人民教育出版社 1979 年版。

245. 中国高等教育教学质量发展报告编委会：《高等学校本科教学质量研究（2008）》，高等教育出版社 2008 年版。

期刊报纸

246. ［美］阿姆伯普斯特：《美国教育为什么失败》，黄明皖译，《比较教育研究》1980 年第 6 期。

247. ［美］阿特巴赫：《世界一流大学的成本与收益》，覃文珍译，《北京大学教育评论》2004 年第 1 期。

248. ［美］博耶：《美国本科教育存在的八大问题》，袁惠松译，《上海高教研究》1988 年第 2 期。

249. ［美］博耶：《学术评价》，董小燕译，《外国高等教育资料》1996 年第 1 期。

250. ［美］博耶本科教育委员会：《彻底变革大学本科教育：美国研究型大学的蓝图》，朱雪文编译，《全球教育展望》2001 年第 3 期。

251. ［美］卡斯帕尔：《成功的研究密集型大学必备的四种特性》，李延成译，《国家高级教育行政学院学报》2002 年第 5 期。

252. ［美］蒙代尔：《美国教育面临的挑战》，子华译，《国外社会科学》1983 年第 8 期。

253. ［美］金斯伯格：《教学人员的衰落：泛行政化大学的兴起及影响》，徐贝译，严媛校，《国外研究生教育动态》2011 年第 19 期。

254. 陈明伟、刘小强：《大学教师发展：教学学术的新视角》，《教育与教学研究》2010 年第 12 期。

255. 陈伟、易芬云：《从遮蔽到去蔽：教学学术发展的制度分析》，《高教探索》2010 年第 4 期。

256. 陈晓端、闫福甜：《当代美国教育改革六次浪潮及其启示》，《陕西师范大学学报》（哲学社会科学版）2007 年第 6 期。

257. 高德胜：《国外高校教学和科研关系研究述评》，《上海高教研究》1997 年第 11 期。

258. 葛岳静、张健：《大学生学习状况的分析与思考》，《中国大学教学》2002 年第 5 期。

259. 耿冰冰：《大学教师教学学术水平的内涵》，《北京理工大学学报》（社会科学版）2002 年第 4 期。

260. 顾建民、董小燕：《学术评价：美国高校的反思及其启示》，《中国高等教育评估》2002 年第 1 期。

261. 顾建民、董小燕：《美国高校的学术反思与学术评价》，《高等教育研究》2002 年第 2 期。

262. 侯定凯：《博耶报告 20 年：教学学术的制度化进程》，《复旦教育论坛》2010 年第 6 期。

263. 何晓雷、刘庆斌：《重建大学课堂敬畏感》，《大学教育科学》2011 年第 6 期。

264. 何晓雷、邓纯考、刘庆斌：《美国大学教学学术研究 20 年：成绩、问题与展望》，《比较教育研究》2012 年第 9 期。

265. 胡建梅：《重建路漫漫——对美国研究型大学本科教育改革中突出问题的社会学分析》，《世界教育信息》2004 年第 7—8 期。

266. 教育部：《2010 年全国教育事业发展统计公报》，《中国教育报》2011—07—06。

267. 李定仁：《试论高等学校教学过程的特点》，《高等教育研究》2001 年第 3 期。

268. 李方安：《二十世纪西方教师研究运动发展脉络与启示》，《华东师范大学学报》（教育科学版）2009 年第 4 期。

269. 李盛兵：《美国本科教育的新挑战》，《比较教育研究》2008 年第 3 期。

270. 李泽彧、曹如军：《大众化时期大学教学与科研关系审视》，《高等教育研究》2008 年第 3 期。

271. 李政云：《卡内基教学促进基金会教学学术运动述评》，《现代大学教育》2008 年第 1 期。

272. 李志峰、沈红：《学术职业发展：历史变迁与现代转型》，《教师教育研究》2007 年第 1 期。

273. 刘献君、张俊超、吴洪富：《大学教师对于教学与科研关系的认识和处理调查研究》，《高等工程教育研究》2010 年第 2 期。

274. 吕林海：《大学教学学术的机制及其教师发展意蕴》，《高等教育研究》2009 年第 8 期。

275. 马万华：《建构主义教学观对大学教学改革的启示》，《高等教育研究》1999 年第 5 期。

276. 马廷奇：《论大学教师的教学责任》，《高等教育研究》2008 年第 5 期。

277. 潘金林、龚放：《多元学术能力：美国博士生教育目标新内涵》，《学位与研究生教育》2010 年第 7 期。

278. 潘懋元：《试论理论联系实际的教学方针》，《厦门大学学报》（哲学社会科学版）1956 年第 3 期。

279. 潘懋元：《教学、生产劳动、科学研究的矛盾与统一》，《厦门大学学报》（哲学社会科学版）1959 年第 1 期。

280. 潘懋元：《王亚南教授是如何以研究的态度来进行教学的》，《厦门大学学报》（哲学社会科学版）1979 年第 1 期。

281. 綦珊珊、姚利民：《教学学术内涵初探》，《复旦教育论坛》2004 年第 6 期。

282. 任维平、刘颖：《弘扬循证教学思想 完善大学英语教学》，《中国电力教育》2011 年第 34 期。

283. 沈红：《论学术职业的独特性》，《北京大学教育评论》2011 年第 3 期。

284. 史朝：《重建本科生教育：美国八九十年代本科生教育的经验及启示》，《外国教育研究》2000 年第 2 期。

285. 史静寰、赵可、夏华：《卡内基高等教育结构分类与美国的研究型大学》，《北京大学教育评论》2007 年第 2 期。

286. 史静寰、许甜、李一飞：《我国高校教师教学学术现状研究基于 44 所高校的调查分析》，《高等教育研究》2011 年第 12 期。

287. 时伟：《大学教师专业发展模式探析：基于大学教学学术性的视角》，《教育研究》2008 年第 7 期。

288. 宋燕：《"教学学术"国外研究述评》，《江苏高教》2010 年第 2 期。

289. 王春清：《大学生学习现状分析及对策研究》，《吉林农业科技学院学报》2010 年第 3 期。

290. 王嘉毅、詹妮特·弗悌娜：《美国高等学校提高本科教学质量的七条对策》，《高等教育研究》2007 年第 3 期。

291. 王建华：《大学教师发展——"教学学术"的维度》，《现代大学教育》2007 年第 2 期。

292. 王伟廉：《〈大学课程体系现代化研究〉序》，《大学教育科学》2006

年第 6 期。

293. 王晓瑜：《大学教师发展教学学术的若干理论问题探究》，《教师教育研究》2009 年第 9 期。

294. 王晓瑜：《极端中创造平衡 构建新型学术范式——论大学教学学术思想的发展轨迹》，《现代教育科学（高教研究）》2010 年第 2 期。

295. 王玉衡：《试论大学教学学术运动》，《外国教育研究》2005 年第 12 期。

296. 王玉衡：《美国大学教学学术运动》，《清华大学教育研究》2006 年第 2 期。

297. 王玉衡：《威斯康星大学实践美国大学教学学术思想述评》，《比较教育研究》2008 年第 1 期。

298. 王玉衡：《卡内基教学促进基金会：美国大学教学学术运动的推动者》，《大学·研究与评价》2008 年第 5 期。

299. 王玉衡：《美国大学推进教与学学术研究的新举措——以印第安纳大学布鲁明顿分校为例》，《中国大学教学》2009 年第 8 期。

300. 魏宏聚：《厄内斯特·博耶"教学学术"思想的内涵与启示》，《全球教育展望》2009 年第 9 期。

301. 吴刚平：《校本课程开发的思想基础——施瓦布与斯腾豪斯"实践课程模式"思想探析》，《外国教育研究》2000 年第 6 期。

302. 伍红林：《从〈博耶报告三年回顾〉看美国研究型大学本科生研究性教学》，《高等工程教育研究》2005 年第 1 期。

303. 肖丽萍：《二战后美国教育政策的演变及启示》，《教育研究》1997 年第 11 期。

304. 许迈进、杜利平：《美国研究型大学本科教育的变革与创新》，《浙江大学学报》（人文社会科学版）2004 年第 4 期。

305. 徐明慧、罗杰·博学：《"教学学术"运动面临的困境》，《高教发展与评估》2012 年第 2 期。

306. 杨燕英、刘燕、周湘林：《高校教学与科研互动：问题、归因及对策》，《教育研究》2011 年第 8 期。

307. 姚利民：《高校教学现状调查分析》，《高教探索》2007 年第 5 期。

308. 姚利民：《教学学术及其价值》，《河北科技大学学报》（社会科学版）2010 年第 4 期。

309. 姚利民、成黎明：《期望与现实——大学教师教学现状调查分析》，《中国大学教学》2007 年第 3 期。

310. 姚利民、刘玉玲、龙跃君：《论高校教师教学研究中的不足》，《湖南第一师范学院学报》2011 年第 5 期。

311. 姚利民、綦珊珊：《教学学术型大学教师特征论》，《湖南大学学报》（社会科学版）2007 年第 5 期。

312. 俞可：《洪堡 2010，何去何从》，《复旦教育论坛》2010 年第 6 期。

313. 张安富、靳敏：《崇尚教学学术：提高高校教学质量的现实选择》，《中国大学教学》2010 年第 11 期。

314. 张建伟、陈琦：《从认知主义到建构主义》，《北京师范大学学报》1996 年第 4 期。

315. 张晓鹏：《美国研究型大学加强本科之路》，《上海教育》2005 年第 10B 期。

316. 张应强、刘在洲：《高等教育大众化背景下的教学质量保障问题》，《高等教育研究》2003 年第 6 期。

317. 张幼香：《试析 80 年代以来美国经济政策的调整》，《广东行政学院学报》1999 年第 2 期。

318. 赵雷：《美国大学的教学学术管理及其启示》，《扬州大学学报》（高教研究版）2008 年第 4 期。

319. 仲健：《里根总统谈美国教育改革》，《全球教育展望》1985 年第 3 期。

320. 朱旭东：《论大学课堂学术文化的重建》，《清华大学教育研究》2011 年第 3 期。

321. 周鲜华等：《3×3 矩阵式"九成份"教学学术模型的建立》，《现代教育管理》2010 年第 10 期。

电子文献

322. 胡锦涛. 在庆祝清华大学建校 100 周年大会上的讲话［EB/OL］. http：//www. gov. cn/ldhd/2011 - 04/24/content_ 1851436. htm，2011 - 4 - 24/2011 - 06 - 24.

323. 江泽民. 在庆祝北京大学建校一百周年大会上的讲话［EB/OL］. ht-tp：//news. xinhuanet. com/ziliao/2000 - 12/31/content_ 478452. htm，

1998 － 05 － 04/2012 － 05 － 06.

324. 教育部. 高等学校本科教学质量与本科教学改革工程 [EB/OL]. http：// www. zlgc. org/index. aspx.

325. 教育部. 教育部关于全面提高高等教育质量的若干意见 [EB/OL]. http：//www. moe. edu. cn/publicfiles/business/htmlfiles/moe/s6342/ 201204/134370. html, 2012 － 03 － 16/2012 － 04 － 07.

326. 李培根. 建设高等教育强国, 国家还需何种高等教育理念 [EB/OL]. http：//www. hie. cn/zhuanti（xin）/zhuanti201012/10. html.

327. 李雪林. 同济将聘任"教学型教授", 享受与"科研型"教授同样待遇 [EB/OL]. http：//news. tongji. edu. cn/classid-18-newsid-1354-t-show. html, 2005 － 04 － 20/2011 － 07 － 20.

328. 刘延东. 在全面提高高等教育质量工作会议上的讲话 [EB/OL]. http：// www. moe. gov. cn/publicfiles/business/htmlfiles/moe/moe ＿ 838/201203/ 132981. html, 2012 － 03 － 23/2012 － 05 － 06.

329. 吕诺、邬焕庆. 2015 年, 中国将建成世界一流大学? [EB/OL]. http：// www. people. com. cn/GB/jiaoyu/1055/2691987. html, 2004 － 08 － 06/ 2012 － 05 － 06.

330. 匿名. "反对独尊 SSCI SCI 等指标 找回大学求是精神"连署声明 [EB/ OL]. http：//memo. cgu. edu. tw/yun-ju/CGUWeb/NCCUEdu2010/ 找回大学精神＿ 连署书 ＿ 20101129＿ updatedV2. pdf, 2012 － 04 － 27.

331. 温家宝. 2012 年政府工作报告 [EB/OL]. http：//www. china. com. cn/policy/txt/2012 － 03/05/content＿ 24808051 ＿ 8. htm, 2012 － 03 － 05/2012 － 04 － 06.

332. 武汉大学. 武汉大学教师职务评审暂行办法 [EB/OL]. http：// w3. whu. edu. cn/whuhome/7rsgz/9. html, 2001 － 10 － 15/2011 － 07 － 20.

333. 谢来. 温家宝接受 CNN 记者专访谈政改, 让每个人活得有尊严 [EB/ OL]. http：//news. huaihai. tv/guojinews/2010/1012/2010 － 10 － 12198216. html. 2011 － 09 － 18.

334. 许智宏. 中国目前没有世界一流大学, 建设急功近利 [EB/OL]. http：// edu. ifeng. com/news/detail＿ 2010＿ 04/15/526043＿ 0. shtml, 2010 － 04 － 15/ 2012 － 05 － 06.

335. 袁贵仁在全面提高高等教育质量工作会议上的讲话 [EB/OL]. ht-

tp：//www. jyb. cn/high/gdjyxw/201205/t20120522 ＿ 493979. html，2012 － 03 － 22/2012 － 05 － 02.

336. 张文凌、黄涛. 教授一大拨名师有几许？高校重科研轻教学 ［EB/OL］. http：//edu. cnwest. com/ content/2010 － 02/24/content ＿ 2823584. htm，2010 － 02 － 24/2011 － 06 － 24.

337. 浙江大学. 浙江大学关于印发《浙江大学求是讲席教授 求是特聘学者岗位制度实施办法》的通知 ［EB/OL］. http：//tr. zju. edu. cn/pt19/pg 68? ＿ p＿ i＿ i＿ m＿ ＝1&＿ p＿ i＿ i＿ i＿ ＝ pii＿ contentissue＿ 35&pii＿ contentissue＿ 35＿ p＿ i＿ i＿ u＿ ＝ view&pii＿ contentissue＿ 35＿ a＿ i＿ d＿ ＝ art＿ 2899，2011 － 05 － 09/2011 － 07 － 09.

学位论文

338. 李政云：《卡内基教学促进会与美国高等教育发展》，浙江大学博士学位论文，2007 年。

339. 宋燕：《大学教学学术及其制度保障》，华中科技大学博士学位论文，2011 年。

340. 王春艳：《美国高校学术职业研究》，浙江大学博士学位论文，2008 年。

341. 王玉衡：《美国大学教学学术运动研究——从帕森斯社会系统论的观点看》，北京师范大学博士学位论文，2006 年。

342. 吴振利：《美国大学教师教学发展研究》，东北师范大学博士学位论文，2010 年。

343. 吴洪富：《大学场域变迁中的教学与科研关系》，华中科技大学，2011 年。

344. 周劲松：《影响高校毕业生就业的教学因素研究》，湖南师范大学博士学位论文，2007 年。

345. 陈德云：《美国优秀教师专业教学标准及其认证：开发、实施及影响》，华东师范大学，2011 年。

346. 姜美玲：《教师实践性知识研究》，华东师范大学，2006 年。

347. 刘徽：《教学机智：成就智慧型课堂的即兴品质》，华东师范大学，2007 年。

348. 李欢：《博耶教学学术思想研究及启示》，河南大学硕士学位论文，

2010 年。

349. 荆晓前：《舒尔曼大学教学学术思想初探》，河北大学硕士学位论文，2009 年。

350. 黄涛：《美国研究型大学"教学学术"发展研究——以印第安纳大学布鲁明顿分校为例》，西南大学硕士学位论文，2011 年。

351. 綦姗姗：《论大学教师的教学学术》，湖南大学硕士学位论文，2005 年。

352. 宋燕：《大学教学学术性探析》，华中科技大学硕士学位论文，2008 年。

353. 陶成：《博耶教育思想研究》，东南大学硕士学位论文，2005 年。

354. 王丹凤：《教学学术视角下的大学教师专业发展研究》，东北师范大学硕士学位论文，2008 年。

355. 谢方毅：《欧内斯特·L. 博耶的学术思想研究》，西南大学硕士学位论文，2007 年。

356. 杨桂梅：《博耶本科教育思想初探》，河北大学硕士学位论文，2005 年。

357. 尹航：《大学教师教学学术现状及其提升对策》，湖南大学硕士学位论文，2008 年。

网站

358. 卡内基教学促进会：http：//www. carnegiefoundation. org/.

359. 国际教学学术学会网站：http：//www. issotl. org/.

360. 伊利诺斯州立大学教学学术网站：www. sotl. ilstu. edu.

361. International Journal for the Scholarship of Teaching and Learning：http：//academics. georgiasouthern. edu/ijsotl/v5n1. html.

362. The Journal of the Scholarship of Teaching and Learning：https：//www. iupui. edu/~josotl/.

后　记

本书付梓之际，我向多年来关心和帮助过我的人表示衷心的感谢。

首先，感谢我的博士生导师——浙江大学教育学院院长徐小洲教授，感谢徐老师不嫌学生愚钝收为门下，并在学业和人生等诸多方面上予以指导，他以高屋建瓴的学术洞察力和求真务实的治学精神一直鞭策和激励着我。

感谢浙江大学教育学院徐辉教授、田正平教授、周谷平教授、单中惠教授、方展画教授、刘力教授、顾建民教授、刘正伟教授、吴华教授、肖朗教授、吴雪萍教授、汪利兵教授、祝怀新教授、蓝劲松教授、〔韩〕宋吉繕副教授、阚阅副教授等老师的授课和讲座，让我受益终身。

感谢美国伊利诺斯州立大学社会学系教授、卡洛斯教学学术讲座讲授麦肯尼教授（McKinney, K.）、英国爱丁堡大学克莱博教授（Kreber, C.）、澳大利亚悉尼大学特里格威尔教授（Trigwell, K.）、美国波士顿马萨诸塞大学严文蕃教授、美国乔西—巴斯出版社驻上海办事处孔令希先生（Ciessy Kong）、美国 *Metropolitan Universities Journal* 杂志、日本广岛大学高等教育中心主任黄福涛教授，中国香港教育学院莫家豪教授、台湾暨南国际大学比较教育学系洪温柔副教授、东北师范大学张德伟教授、杭州师范大学教育学院张敏教授、南开大学臧佩红副教授、高等教育出版社王玉衡博士、西南大学常宝宁博士，浙江大学教育学院吕阳老师、王莉华博士、屠莉娅博士、邵兴江博士、美国威斯康星大学麦迪逊分校访学的孙立新博士、王文智博士等的指导和帮助。

感谢浙江大学的博士同学们，刘艳舞、陈恩诺、李志永、朴中鹤、张燕军、夏益军、薛珊、胡瑞、沈璐娟、刘庆斌、邓纯考、王良辉、肖菊梅、熊宗武、王少勇等的鼓励和帮助。

感谢我的硕士生导师——西北师范大学教育学院王嘉毅教授，感谢王老师将我领进教育科学研究的神圣殿堂。

感谢在我成长过程中给予鼓励和帮助的师长、好友和同学，他们是福特基金会驻北京办事处何进博士、清华大学史静寰教授、杭州师范大学赵志毅教授、上海交通大学刘念才教授、香港大学贝磊（Mark Bray）教授、白杰瑞教授（Gerard Postiglione）、香港中文大学黄显华教授、华东师范大学白芸博士，浙江大学梅伟惠博士、吕旭峰博士，杭州师范大学胡毅赟博士、容中逵博士，西北师范大学赵明仁博士、杨荣博士、闪兰靖博士等。

感谢兰州财经大学的领导与同事，感谢马克思主义学院院长郎全发教授、副院长魏贤玲教授、副院长陈张林博士、张永凯博士、介小兵副教授、韩作珍博士、石志恒博士等的关怀与帮助。

特别感谢全国教育科学规划办给予本研究的资助；感谢兰州财经大学马克思主义学院给予本书出版的部分资助；感谢徐小洲教授百忙之中为本书作序，给拙作增姿添彩；感谢本书中引用和未引用的中外学者，他们的研究给予我诸多的启示与思考；感谢我的家人，他们的关怀、理解和支持是我前进的永恒动力；感谢中国社会科学出版社孙萍博士等编辑老师，她们认真、辛勤的劳动让本书得以顺利出版。

最后顺便提一下，教学学术在学术界尚存在一定争议，本书虽做了一定努力和探讨，但限于时间、水平和精力，权作引论抛砖引玉，同时也请大家多多批评指正，谢谢。

何晓雷
2016 年 6 月